A INVENÇÃO DO
TRABALHISMO

Angela de Castro Gomes

A INVENÇÃO DO
TRABALHISMO

3ª edição

ISBN — 85-225-0508-X

Copyright © 2005 Angela de Castro Gomes

Direitos desta edição reservados à
EDITORA FGV
Rua Jornalista Orlando Dantas, 37
22231-010 — Rio de Janeiro, RJ — Brasil
Tels.: 0800-021-7777 — 21-3799-4427
Fax: 21-3799-4430
e-mail: editora@fgv.br
web site: www.fgv.br/editora

Impresso no Brasil / *Printed in Brazil*

Todos os direitos reservados. A reprodução não autorizada desta publicação, no todo ou em
parte, constitui violação do copyright (Lei no 9.610/98).

Os conceitos emitidos neste livro são de inteira responsabilidade da autora.

1ª edição — 1988, Vértice /Iuperj; 2ª edição — 1994, Relume-Dumará; 3ª edição — 2005, editora FGV; 1ª reimpressão — 2007; 2ª reimpressão — 2008; 3ª reimpressão — 2010; 4ª reimpressão—2011; 5ª reimpressão—2013; 6ª reimpressão—2015; 7ª reimpressão—2017; 8ª reimpressão — 2019; 9ª reimpressão — 2020; 10ª reimpressão — 2021; 11ª reimpressão — 2025.

REVISÃO: Aleidis de Beltran, Fatima Caroni e Mauro pinto de Faria

CAPA: Adriana Moreno

FOTO DE CAPA: Aspecto do trabalho de menores na fábrica Santana e Propaganda, 1940. Arquivo Lindolfo Collor, Cpdoc/FGV.

FOTO DE CONTRACAPA: Postal da série do Departamento de Imprensa e Propaganda, 1940. Arquivo Getúlio Vargas, Cpdoc/FGV.

Ficha catalográfica elaborada pela Biblioteca

Gomes, Angela Maria de Castro, 1948-
    A invenção do trabalhismo / Angela de Castro Gomes. — 3. ed. — Rio de Janeiro : Editora FGV, 2005.
    320 p.

    Originalmente apresentada como tese da autora (doutorado — Instituto Universitário de pesquisa do Rio de Janeiro, 1987).
    Inclui bibliografia.

    1. Socialismo — Brasil. 2. Trabalhismo — Brasil. 3. Brasil — Política e governo — 1889-1930. 4. Brasil e governo — 1930-1945. I. Fundação Getulio Vargas. II. Título.

CDD – 335

*Para Celina e Luíza, minhas filhas
pelo amor maior.*

Sumário

Apresentação à 3ª edição   *9*

Apresentação à 1ª edição   *12*

Introdução   *17*

1ª Parte: A HORA E A VEZ DOS TRABALHADORES

I — República e Socialismo na Virada do Século   *35*
    1. À cause de la République   *35*
    2. A Voz do Povo   *38*
    3. Identidade social e participação política   *43*
    4. A proposta dos partidos operários   *46*
    5. A República em mãos dos mesmos senhores...   *55*
    6. Povo, política e trabalho na capital federal   *59*
    7. A luta por um partido operário   *63*
    8. Os socialistas na virada do século   *66*

II — O Anarquismo: outra Sociedade, outra Cidadania   *81*
    1. Em cena, os anarquistas   *81*
    2. O que foi o socialismo anarquista   *88*
    3. O anarquismo no sindicato   *92*
    4. O ontem no amanhã: a futura comunidade de homens   *96*
    5. A pátria, o sabre e o padre   *101*
    6. Socialistas, cooperativistas... Quem eram os amarelos?   *111*
    7. A escalada anarquista   *118*

III — Os Anos 20: o Debate ou "a Razão se Dá aos Loucos"   *129*
    1. O ano de 1920   *129*
    2. A questão doutrinária   *138*
    3. O debate ou "a razão se dá aos loucos"   *144*
    4. A CSCB e o debate anarquistas x comunistas   *148*
    5. A escalada dos neocomunistas   *156*
    6. Um novo concorrente no mercado: o Ministério do Trabalho   *163*

2ª Parte: TRABALHADORES DO BRASIL!

IV — A Lógica do "Quem Tem Ofício, Tem Benefício"   *175*
   1. Estado Novo em primeiro movimento   *175*
   2. "If friends make gifts, gifts make friends"   *178*
   3. Estado Novo em segundo movimento   *182*

V — O Redescobrimento do Brasil   *189*
   1. A cultura política   *189*
   2. Revolução de 1930 e Estado Novo   *191*
   3. Questão social e Estado Nacional   *196*
   4. A democracia social brasileira   *198*
   5. A liberdade e a igualdade liberais   *202*
   6. A questão do intervencionismo do Estado   *204*
   7. A crítica ao formalismo político
   ou à questão da representação   *205*

VI — A Invenção do Trabalhismo   *211*
   1. Falando aos trabalhadores brasileiros   *211*
   2. A criação do tempo festivo   *216*
   3. O povo e o presidente   *218*
   4. Dar, receber, retribuir — a política brasileira
   fora do mercado   *226*

VII — Trabalhismo e Corporativismo   *237*
   1. A construção do trabalhador brasileiro   *237*
   2. Sindicato e Estado no pós-42   *246*
   3. A questão do corporativismo brasileiro   *253*

VIII — Do Trabalhismo ao PTB   *265*
   1. As primeiras articulações   *265*
   2. Reforma constitucional e campanha eleitoral   *269*
   3. O presidente e a questão partidária   *279*
   4. Trabalhismo e queremismo   *283*
   5. As eleições de 1945 e o nascimento do PTB   *288*

Finalizando   *299*

Bibliografia   *303*

Apresentação à 3ª edição

Dezessete anos após ser publicado pela primeira vez, em 1988, este livro ganha nova edição. Razão suficiente para que algumas palavras o introduzam a novos leitores, distantes do contexto político e intelectual que o gerou. Quando o livro foi escrito, ainda na primeira metade dos anos 1980, o Brasil se mobilizava para dar fim ao regime militar, ansiando por uma Assembleia Nacional Constituinte que restabelecesse o pacto entre sociedade e Estado, em bases mais democráticas. Havia alívio e esperança. Havia igualmente muita curiosidade intelectual, traduzida em pesquisas nas áreas de ciências sociais, história e direito, que contemplassem temas como o autoritarismo, os militares, a classe trabalhadora, o empresariado, os movimentos sociais — enfim, que discutissem como o país construiu seu conceito de cidadania e de democracia através do tempo, pois, sendo esse um processo contínuo, viveria, em breve, momento estratégico de expansão de direitos.

Nesse marco, meu trabalho concentrava-se na questão da extensão da participação política aos setores populares, investigando como a classe trabalhadora havia se constituído em ator central na cena da política brasileira. O enfoque teórico escolhido estabelecia que a cidadania dessa classe trabalhadora, aliás muito plural, era um fenômeno histórico apreensível pelo acompanhamento de um longo (e inconcluso) processo de lutas entre propostas distintas, elaboradas por diversos atores (entre os quais o Estado), com pesos variados. Ou seja, a linha interpretativa afirmava o protagonismo dos trabalhadores nesse processo, recusando modelos explicativos muito compartilhados à época, que destacavam variáveis sociológicas e políticas de cunho mais estrutural, para afirmar um "resultado" marcado pela "heteronomia" da ação política dos trabalhadores.

Minha formação, reunindo leituras vindas da história e da ciência política, com uma pitada de antropologia, certamente ajudou a desconfiar de dicotomias como autonomia *versus* heteronomia, bem como a me afastar de uma das chaves explicativas então mais utilizadas: o populismo. De forma impressionista, diria que, quando lançado, o livro foi recebido mais lentamente entre historiadores do que entre cientistas sociais, talvez porque tenha tido a chancela de um prêmio da Associação Nacional de Pós-Graduação e Pesquisa em Ciências Sociais (Anpocs), em 1989.

Quase 20 anos passados, a incursão interdisciplinar, a busca de atores coletivos e individuais — com nomes e sobrenomes —, o abandono de um certo vocabulário e de modelos predeterminados de análise não assustam nem espantam ninguém. E não escrevo isso como estratégia de valorização deste texto, mas sim para destacar o quanto se transformou e se diversificou o panorama da produção acadêmica nas áreas das ciências sociais e da história, no qual tal tipo de investigação, sem dúvida, ganhou espaço e se afirmou. Apenas como indicação, foi no início dos anos 1980 que autores como Barrington Moore, E. P. Thompson, Marshall Sahlins, Adam Przeworski e outros começaram a ser mais lidos e discutidos, bastando observar que suas traduções datam, em geral, do fim da década de 1970. No caso da produção brasileira, tive alguns trabalhos como referências importantes, entre os quais os de Maria Hermínia Tavares, Maria Antonieta Leopoldi, Luiz Werneck Vianna e Wanderley Guilherme dos Santos. Já nos anos 1990, sobretudo com o aumento do número e da qualidade dos programas de pós-graduação, multiplicaram-se os estudos sobre a classe trabalhadora, bem como os recortes realizados (a questão de gênero, os estudos regionais, que deslocaram as pesquisas do Rio e de São Paulo, os trabalhos monográficos centrados em fábricas e sindicatos, a questão do corporativismo etc.): uma numerosa, diversificada e competente literatura, que retomou o tema da classe trabalhadora, especialmente no marco de uma história social do trabalho. É essa produção que, felizmente para mim, tem utilizado, criticado e avançado as teses defendidas neste livro, dialogando com elas.

Com essa perspectiva, considero que algumas interpretações centrais de *A invenção do trabalhismo* foram, efetivamente, incorporadas a esse campo de pesquisa. Entre elas, gostaria de destacar a periodização proposta, demarcando linhas tanto de continuidade quanto de descontinuidade entre o pré e o pós-1930 e especialmente dando sentido à "ideologia da outorga", que permitiu ao Estado se apropriar e, assim, obscurecer a "palavra" dos trabalhadores, arduamente construída durante as lutas da Primeira República. Na mesma linha, estão os dois momentos do Estado Novo e a importância do período do pós-1942, quando, em função de um novo contexto internacional e nacional, os investimentos na construção do pacto trabalhista e da estrutura sindical corporativa deslancharam. Creio, igualmente, que a proposta de análise do processo de formação da classe trabalhadora e de sua emergência como ator político, como um processo histórico dinâmico que comporta uma lógica material e outra simbólica, foi, no geral, aceita pelos novos estudos, bem como um debate em torno da eficácia explicativa da categoria populismo.

A meu ver, como o processo de construção do conhecimento social, da mesma forma que todos os demais, é histórico, o que um pesquisador deve almejar é que seu trabalho seja lido e discutido, favorecendo novas investigações que, inevitavelmente, apontarão suas incorreções e insuficiências, mas também poderão reconhecer suas contribuições. Quem pesquisa sabe bem qual é o tamanho da ignorância, podendo ser, prudentemente, humilde e inteligente.

Apresentação à 1ª edição

Este trabalho, apresentado como tese de doutoramento ao Instituto Universitário de Pesquisas do Rio de Janeiro (Iuperj) em junho de 1987, ocupa-se de uma questão que sempre me pareceu essencial: por que afinal, no Brasil, convivemos com uma vivência política que "desconfia" dos políticos e ao mesmo tempo está sempre pronta a "segui-los carismaticamente"? Que tipo de cidadania existe no Brasil? Ou melhor, como este país definiu seu conceito de cidadania e sua experiência de democracia?

Minha estratégia para pensar esta questão foi eleger um tipo de abordagem. Era claro para mim que a "política" no Brasil estava simbioticamente ligada a ganhos de natureza social, isto é, a benefícios que o direito do trabalho inaugurou neste país. Por esta razão, em minha dissertação de mestrado, "Burguesia e Trabalho" (1979), o tema foi o acompanhamento da formulação e implementação da legislação trabalhista a partir da ótica e da atuação do patronato da cidade do Rio de Janeiro. Outros trabalhos já vinham tratando do tema e privilegiando, de um lado, a luta dos trabalhadores pela regulamentação do mercado de trabalho e, de outro, o papel desempenhado pelo Estado, sobretudo na formulação do sindicalismo corporativista. Como o patronato tinha tudo a ver com esta questão, não tendo sido ainda tratado satisfatoriamente pela bibliografia, enveredei por este caminho.

Minha tese de doutorado é, nesse sentido, uma continuidade da mesma preocupação central, colocada desta feita em outros parâmetros. A questão da cidadania passa no Brasil pela questão dos direitos sociais. Mas o que me preocupava era o problema da extensão da participação política, o que envolve necessariamente a classe trabalhadora. Optei então por refletir sobre este tema tendo em mente que a fórmula de exercício da cidadania consagrada neste país é o fruto não necessário de um longo processo, onde várias propostas foram articuladas e competiram com pesos e intensidades diferenciadas. Dizer diversas propostas é também dizer diversas "cidadanias", já que cada proposta entende — porque propõe — a participação de uma maneira específica. O ponto comum deste debate é o fato de ele envolver de alguma forma a classe trabalhadora e unir a participação política aos direitos desta classe trabalhadora. Enfim, tratava-se de investigar como a classe trabalhadora se constituiu em ator político central à política brasileira.

Para tanto, privilegiei os dois atores que em meu texto de mestrado havia abandonado, mantendo-me fiel ao contexto da cidade do Rio de Janeiro. A classe trabalhadora e o Estado seriam os atores principais, secundados agora pelo patronato. Na questão da participação política — e não mais da legislação trabalhista — foram eles os grandes articuladores de propostas, cada qual à sua maneira.

Duas partes bem heterogêneas dão forma a este trabalho. A primeira cobre o período que vai da Proclamação da República (marco inicial da análise) até a promulgação da Constituição de 1934, quando o Ministério do Trabalho, Indústria e Comércio recebe como titular Agamenon Magalhães. Este momento, e não o da Revolução de 1930, é que constitui, a meu ver, um marco no tipo de competição que vinha sendo travada entre diferentes propostas de participação política. Composta de três capítulos, nesta primeira parte a "palavra" está com lideranças da classe trabalhadora. São elas que colocam suas demandas publicamente, desafiando e ao mesmo tempo reagindo ao contexto da época. O ritmo do tempo que aí transcorre é lento, como longas e lentas são as lutas travadas pelos trabalhadores no período. Pequenas lutas, grandes contratempos, um saldo rico em elaborações e avaliações não tão distantes quanto se poderia acreditar. Em todos esses capítulos, a fonte principal foram os jornais operários, complementados por entrevistas com velhos trabalhadores que me ajudaram a vivificar com sua voz coloquial o material documental impresso.

A segunda parte dedica-se basicamente a um curto período cronológico: os anos que vão de 1942 a 1945. O grande ator do cenário político é o Ministério do Trabalho, através da figura do ministro Alexandre Marcondes Filho. Este pequeno espaço de quatro anos está decomposto em cinco capítulos, cada um procurando um certo ângulo de visão do mesmo problema e por isso utilizando fontes diferenciadas.

O primeiro capítulo desta segunda parte — ou seja, o capítulo IV — funciona como uma introdução aos que se seguem, e seu objetivo é esclarecer para o leitor em que contexto político o Estado assume o controle da "palavra operária" e, principalmente, que tipo de lógica comanda sua política social. O quinto capítulo ocupa-se em mostrar o conteúdo do discurso político governamental elaborado nesta primeira metade dos anos 40. A sofisticação e qualidade desse discurso ficam patentes quando se atenta para os nomes dos intelectuais envolvidos no esforço e no cuidado dedicado à sua divulgação. A fonte escolhida foi a revista *Cultura Política*, publicação mestra do Departamento de Imprensa e Propaganda (DIP).

O sexto capítulo continua interessado na produção e emissão deste discurso político, mas em outro nível e para um público bem específico. As falas do ministro Marcondes no programa radiofônico *Hora do Brasil*, emitidas semanalmente ao longo de quase quatro anos, constituíram o material por excelência da reflexão. "Falando aos trabalhadores brasileiros" é um verdadeiro roteiro didático para se acompanhar o grande e bem-executado projeto político do Estado brasileiro do pós-42. Seu resultado foi a produção de uma proposta de participação política que conceituava cidadania, democracia, política enfim, a partir e um novo "ismo": o trabalhismo brasileiro. Esta ideologia política, tão cuidadosamente estruturada, tinha fortes e sólidos apoios nas políticas públicas desenvolvidas por vários ministérios de Vargas. Saúde, educação, alimentação e lazer eram facetas de um mesmo conjunto que ressignificava as intenções e imagens do discurso governamental. É com este ponto de partida que o sétimo capítulo destaca a questão do sindicalismo corporativista.

Nos capítulos V, VI e VII, portanto, a ação do Ministério do Trabalho foi o alvo de minha atenção, e as publicações oficiais do Estado meu material de análise. Já no oitavo e último capítulo, o ângulo de visão adotado privilegiou o encaminhamento da questão político-partidária, fazendo com que as fontes utilizadas fossem a documentação dos arquivos privados dos políticos da época e as entrevistas realizadas. Marcondes, como autoridade que ocupava também a pasta da Justiça e como articulador político-chave, oferece a outra face do processo político então vivenciado. A construção de uma ideologia política — o trabalhismo — e de uma estrutura sindicalista — o corporativismo — completam-se com a montagem de um partido político: o Partido Trabalhista Brasileiro (PTB). É nesse momento que minha análise se encerra, uma vez que com o PTB e o trabalhismo uma proposta de participação política ampliada passa a vigorar no Brasil. Uma proposta que só de forma simplista poderia ser enquadrada como a "proposta do Estado", omitindo-se os laços profundos que a partir da década de 1940 se construíram entre classe trabalhadora e Estado no Brasil.

Muitas foram as instituições e pessoas que ajudaram na feitura deste trabalho. Constitui-se praxe agradecer primeiro às instituições, embora elas não tenham vida sem as pessoas. Aluna desde 1974 do Iuperj, sou devedora de todos aqueles que ministraram os cursos que freqüentei e que discutiram comigo, formal ou informalmente, problemas profissionais. Três professores em particular foram importantes em minha vida no Iuperj, e acredito ser este um bom espaço para manifestar-lhes meu carinho: Renato Raul Boschi, meu orientador no mestrado;

Wanderley Guilherme dos Santos, orientador no doutorado, e César Guimarães, exemplo por excelência da vocação docente. O professor Guillermo O'Donnell também precisa ser lembrado, pela importância que seus cursos tiveram para a elaboração deste trabalho.

Sou, porém, produto híbrido profissionalmente, e meu outro lado também querido é o CPDOC, onde trabalho desde 1976. Impossível mencionar todos aqueles que foram importantes para mim nesta que é a minha casa.

A Anpocs foi também fundamental para a feitura deste trabalho. De um lado, foi através desta instituição que consegui durante dois anos uma bolsa de estudos que me permitiu contratar auxiliares de pesquisa e reproduzir o material necessário ao meu levantamento de dados. De outro lado, como membro do Grupo de Trabalho Pensamento Social no Brasil, pude discutir ao longo de quatro anos textos preliminares desta tese, recebendo sempre sugestões enriquecedoras.

A Universidade Federal Fluminense, através do Departamento de Ciências Sociais, do qual fui professora, possibilitou que durante este último ano eu pudesse me dedicar integralmente à redação deste trabalho, sem as preocupações e ocupações que o magistério impõe. Encontrei também na UFF um amigo e leitor crítico inestimável: José Augusto Drummond atravessou pacientemente os originais dos primeiros capítulos, enriquecendo-os com sugestões valiosas.

Ao CNPq agradeço a bolsa de auxílio à pesquisa que tornou possível a compra de fitas cassete e a remuneração simbólica de um valioso auxiliar para a realização das entrevistas: Eduardo Stotz. Durante o levantamento de dados pude contar com a dedicação de três estudantes universitárias, todas elas mais do que eficientes porque interessadas no que faziam. Cláudia Tavares Ribeiro, Leda Hahn e Simone A. Pereira contribuíram tornando possível a coleta de uma razoavelmente vasta massa de documentação.

Outras pessoas foram extremamente delicadas comigo durante a etapa cansativa e fundamental da pesquisa de campo. As funcionárias do setor de microfilmagem da Biblioteca Nacional, que durante meses colocaram à minha disposição e à de minhas auxiliares as leitoras de sua seção, não serão esquecidas. Do Arquivo Edgard Leuenroth as figuras de Marco Aurélio Garcia e Michael Hall tornaram possível uma consulta rápida e produtiva, num período em que as condições do arquivo eram precárias, devido a seus problemas iniciais de instalações. Já na etapa final deste trabalho contei com o lápis de Dora Flaksman, a quem atribuo a clareza e elegância que este texto possa apresentar. Sua presença foi sinônimo de tranquilidade e esperança de plena compreensão pelos leitores. Na datilografia contei com a habilidade não adjetivável de Lúcia Inez.

Momento difícil para uma pessoa é aquele em que ela é examinada publicamente. A composição de uma banca de doutorado é neste sentido escolha significativa pelo muito que representa. Quero agradecer assim a Boris Fausto, que aceitou presidir minha banca, abrilhantando-a com sua experiência de historiador e com sua delicadeza de *gentleman*. Também a Leôncio Martins Rodrigues, pelo estímulo permanente, e a Luiz Werneck Vianna, Amaury de Souza e José Murilo de Carvalho, que, como professores do Iuperj, me acompanharam. Wanderley Guilherme dos Santos precisa ser mais uma vez lembrado. Uma aproximação inicial de muito respeito e certo temor foi sendo transformada em relacionamento de nenhum temor, bastante carinho e muito respeito.

Finalmente, os familiares que suportam sempre amorosamente momentos difíceis como o da elaboração de uma tese. Meus pais, meu marido e Isaura — a "Tatá" — estiveram comigo todo esse tempo. Mas nestes últimos anos consegui realizar um sonho bem mais bonito e importante do que elaborar uma tese de doutorado. Ganhei duas filhas. Celina e Luíza fizeram de mim outra pessoa. Isto significa o exercício de uma rotina de maternidade, das fraldas ao jardim, fazendo com que minha vida estivesse cheia e "cheia" de crianças. A felicidade indescritível pela possibilidade de realização deste sonho talvez só possa ser entendida pelas mulheres que, como eu, tiveram que lutar muito pela eternidade possível. Por tudo isso e pelo amor maior que sinto, só à Celina e à à Luíza este trabalho é dedicado.

Rio, setembro de 1987

Introdução

> *Quem é o operário?*
> *É um homem honesto, laborioso e que precisa sofrer o rigor da sorte para sustentáculo de todas as classes sociais.*
> *O que é operário?*
> *É um cidadão que representa o papel mais importante perante a sociologia humana.*
> *O que deve ser operário?*
> *Um homem respeitado, acatado, porque só ele sofre para que os felizes gozem; deve ou não ser tão bom cidadão como outro qualquer?*
> *Tem ou não perante a lei natural ou escrita — o direito e dever — de pugnar pelos direitos e defesa das classes a que pertence?*
> *É intuitivo que sim!*
>
> Echo Popular, 10 de abril de 1890

Este pequeno trecho de um artigo do jornal socialista *Echo Popular* traduz bem a questão que é o objeto deste estudo e demarca o momento a partir do qual ela pode ser datada no Brasil. O trecho se inicia perguntando quem é o operário e qual é o seu lugar na sociedade em que vive. A resposta traça uma autoimagem centrada no valor positivo do ato de trabalhar com as próprias mãos, de onde decorre a dignidade da figura do trabalhador e o seu papel central no mundo econômico e social. Se o trabalhador é o esteio da sociedade, mas não é reconhecido como tal pelas outras "classes sociais", cumpre lutar para que esta situação se transforme. Esta luta é uma luta política, pois se traduz na conquista do *status* de "bom cidadão", organizado e representado politicamente, já que cumpridor dos deveres e merecedor dos direitos "das classes a que pertence".

Em resumo, o que o articulista do *Echo Popular* está reivindicando é a transformação da classe trabalhadora em ator coletivo legítimo do cenário político nacional, exatamente no momento em que a escravatura acabava de ser abolida e a República acabava de ser proclamada. Os fundamentos desta proposta de cidadania envolvem a construção de uma identidade social positiva capaz de permitir aos trabalhadores se reconhecerem como classe distinta e solidária, lutando por seus direitos perante as demais classes sociais. A maneira pela qual este processo histórico de constituição da classe trabalhadora como ator político teve curso no Brasil é o que se deseja estudar neste trabalho.

E. P. Thompson (1966), em seu clássico livro sobre o processo de formação da classe trabalhadora inglesa, faz uma observação essencial à natureza de sua análise quando enfatiza que a constituição de uma classe trabalhadora é tanto um fato de história econômica quanto um fato de história política e cultural. W. Sewell (1981), em seu artigo sobre a formação da classe trabalhadora francesa, afirma que, embora usualmente as explicações sobre o desenvolvimento de uma consciência de classe entre trabalhadores atribuam um papel muito importante às relações de produção, a consciência operária, no caso da França, se construiu muito mais segundo o ritmo da política do que do desenvolvimento econômico do país. Em ambos os casos, o ponto fundamental é a caracterização do processo de formação da classe trabalhadora como um fenômeno histórico, e, mais ainda, como um fenômeno cujo compasso se liga essencialmente à história política de cada país (Przeworski, 1977 e 1979).

Thompson e Sewell convergem também em outros pontos fundamentais. Para Sewell, a "mentalidade" da classe trabalhadora francesa foi construída por meio da transformação simultânea da ideologia revolucionária liberal dominante no início do século XIX e da ideologia corporativa artesanal de antiga tradição na Europa Ocidental. Esta fusão permitiu que os trabalhadores se reconhecessem de uma nova forma, assumindo posições na sociedade informados por novos valores, e concebendo suas associações de classe a partir de uma nova perspectiva. Sewell chama este processo de construção de uma "*palavra operária*" (Sewell, 1981, p. 650), ressaltando a força constitutiva do discurso operário e sua relação com a vida política francesa e com as tradições culturais dos trabalhadores.

Thompson considera que uma classe existe (acontece) quando um grupo de homens que compartilham experiências comuns apreende estas vivências em termos políticos e culturais — ou seja, é capaz de materializá-las em tradições, sistemas de valores, ideias e formas institucionais. É no decorrer deste processo que se constrói uma identidade coletiva de interesses próprios a uma classe, distintos dos interesses de outras classes. Por isso, Thompson rejeita frontalmente a ideia de classe como "coisa" (*it*), passível de ser deduzida de uma certa relação com os meios de produção e cujos interesses poderiam ser definidos em abstrato (os "*verdadeiros*" e os "*falsos*" interesses de classe). Para este autor, só se pode entender uma classe como uma formação social e cultural que se constrói tanto a partir das experiências dos trabalhadores no processo de produção quanto a partir de suas tradições intelectuais, de seus modelos de relacionamento social e de seus padrões de organização política e profissional. É fundamental para Thompson, por exemplo, considerar a força do ideal do "*homem livre*" e da tradição associativa dos trabalhadores ingleses, tanto quanto o impacto do radicalismo francês e o papel educativo do jacobinismo na Inglaterra.

O que fica claro nas duas análises é a força constitutiva de um discurso capaz de ressignificar conceitos e tradições. A "*palavra operária*", no dizer de Sewell, trabalha criando uma nova identidade pela releitura de valores e tradições, por vezes multisseculares, que são transformados e fundidos com categorias de outras origens políticas, em momentos densos de mudança social. Tal discurso lida com certos elementos básicos que demarcam o lugar do trabalhador no mundo da produção, na sociedade em geral e diante da política nacional em especial. Estes elementos envolvem toda uma ética do trabalho e de valorização da figura do trabalhador, além de situar a questão de suas formas de organização profissional e política. O problema da organização é, portanto, outra face do processo de criação de uma identidade coletiva. As práticas associativas são a forma de implementar um comportamento operário que abarca o trabalhador dentro e fora de seu local de trabalho e que opera o sentimento de pertencimento que deve marcar este ator coletivo.

O exame do processo histórico de constituição de um ator político remete a múltiplas análises teóricas. De um modo geral, as hipóteses correntes sobre a organização da ação humana — sobre a lógica da ação coletiva — travam, em maior ou menor grau, um diálogo com o marxismo. É bem verdade que este interlocutor de fundo nem sempre assume os mesmos contornos, o que problematiza e dificulta sua caracterização. Uma das formas de situar este debate é seguir as proposições de Marshall Sahlins (1979), para quem o campo de análises está como que dividido entre os que postulam que a ação humana é presidida por uma lógica prática, objetiva e material, e os que postulam a presença de uma lógica simbólica, subjetiva. Evidentemente, por trás desta dicotomia mais abrangente esconde-se uma grande e significativa diversidade de enfoques.

A contribuição de Mancur Olson (1970) poderia ilustrar o que Sahlins considera uma lógica prática. Questionando basicamente as concepções pluralista e marxista, Olson rejeita a explicação da ação política que pressupõe que a existência de interesses comuns entre os indivíduos é suficiente para fazê-los unir-se em nome da maximização destes mesmos interesses. Segundo ele, a grande falha deste tipo de interpretação é acreditar que os benefícios comuns oferecidos pelas organizações constituem incentivos eficazes para a ação coletiva. Neste sentido, Olson critica a concepção marxista segundo a qual a ação política das classes se desenvolve a partir de uma tomada de consciência dos interesses comuns que unem os indivíduos que compõem essas classes. Tratar-se-ia de uma teoria utilitarista, pela qual um cálculo racional moveria e organizaria os indivíduos em tomo de seus verdadeiros interesses, ou seja, dos interesses ditados pelo reconhecimento de uma posição objetiva nas relações de produção. A crítica de Olson, contudo, concentra-se não no caráter utilitarista do enfoque marxista, mas na insuficiência de sua proposta explicativa dos incentivos que movem a ação coletiva.

Este autor defende que o tipo de benefícios comuns produzidos por uma organização deve ser analisado como um "bem público", isto é, um bem que, uma vez produzido, não pode ser negado a um conjunto de indivíduos, mesmo que estes não tenham participado de sua produção. Por esta razão, o cálculo da ação coletiva de Olson, sem abandonar o pressuposto do indivíduo racional e maximizador, passa a considerar a possibilidade de o bem ser consumido independentemente da participação em sua produção. Na medida em que o benefício pode ser usufruído sem custos, o beneficiário em potencial teria que avaliar a importância de sua participação individual constituir um fator determinante para o sucesso da organização. A conclusão de Olson é que, quanto maior é o grupo (e a classe seria um grande grupo), menores são as possibilidades de participação, pois maiores são as chances de se receber benefícios sem incorrer em custos de qualquer espécie. Desta forma, a lógica da ação coletiva não poderia ser acionada pela via de interesses comuns. A solução de Olson remete a outro cálculo, igualmente utilitarista e racional. Por ele, o indivíduo tem que incorrer em custos para receber benefícios a que, de outra forma, não tem acesso. Estes bens não coletivos — os chamados "incentivos seletivos" — permitem a introdução de um fator no cálculo de custos e recompensas capaz de dar racionalidade à participação e criar a ação coletiva.

Certamente os "incentivos seletivos" esclarecem muito sobre uma série de problemas de organização e participação políticas. No entanto, segundo esta visão, a constituição de um ator só é possível através de um cálculo individualista, utilitarista e orientado por uma lógica de proveitos materiais. Olson não considera a possibilidade de um cálculo que aceite custos imediatos em nome de recompensas a longo prazo, ou mesmo a existência de uma ação racional que não tenha custos (no sentido em que emprega), na medida em que é considerada uma atividade que dá prazer, e que se origina de um desejo ou de um compromisso ético. Reconhecer tais fatos é também reconhecer a presença do simbólico para a compreensão de uma lógica da ação coletiva. Por esta via,

Sahlins critica Olson e também uma certa teoria marxista utilitária e naturalista.

Para Sahlins, como também para Baudrillard (1977), a experiência humana não é organizada segundo uma lógica objetiva, natural e pré-simbólica. No entanto, não se trata de pegar a presença de circunstâncias materiais que — por definição — constituem sempre um limite ao qual os homens têm que se adaptar. O problema é que os homens se relacionam com estas circunstâncias, experiências, realidades, enfim, com estes cálculos racionais, sempre segundo um esquema de representações que não é o único possível. O ponto, por conseguinte, não é o saber se são as circunstâncias materiais ou os esquemas interpretativos que têm prioridade na genealogia da ação coletiva. A questão não é de "prioridade, mas sim de qualidade", ou seja, a experiência humana é sempre uma experiência rica em significados. O pensamento não é o reconhecimento de uma realidade natural. A consciência não é uma identificação de situações materiais nas quais ela não interfira.

As análises de Thompson e Sewell, brevemente mencionadas anteriormente, constituem excelentes exemplos de como a construção de um ator coletivo — a classe trabalhadora — foi tratada a partir de um enfoque teórico que privilegiou a presença de uma lógica simbólica. Se ambos os autores ressaltam que a construção da identidade operária é também um fato de história econômica, que tem a ver com a dinâmica da Revolução Industrial na Inglaterra e na França, são categóricos quando enfatizam que as experiências materiais destes trabalhadores são apreendidas segundo modelos interpretativos que se vinculam a suas próprias tradições políticas e culturais, bem como ao compasso da vida política de seus respectivos países.

Para Sahlins, o problema fundamental de um certo marxismo foi justamente ficar aprisionado por uma "lógica racional e material da produção", o que acabou por contradizer as postulações do próprio Marx: os homens transformam a natureza (produzem/trabalham) segundo um construto, isto é, segundo um sistema de representações. Contudo, o escopo do pensamento marxista é amplo e dentro dele encontram-se propostas de análise da ação coletiva que também criticam o que se considera uma versão ortodoxa do significado da consciência de classe. O trabalho de Thompson é mais do que suficiente para demonstrar a importância dos textos que propõem a superação de uma lógica utilitarista. O trabalho de Claus Offe e Helmut Wiesenthal (1979), seguindo uma vertente mais teórica, é outro bom exemplo.

Partindo de uma crítica ao livro de Olson, estes autores defendem a existência de duas lógicas de ação coletiva: uma para a burguesia e outra para a classe trabalhadora. Existiria assim uma lógica da ação coletiva que procuraria superar as dimensões individualista e utilitarista da organização de interesses olsoniana. A possibilidade de constituição da classe trabalhadora como ator político adviria não da agregação de interesses materiais comuns, mas da superação desta problemática. O autorreconhecimento dos trabalhadores como coletividade só seria possível pela definição do que seriam os seus interesses de classe, o que se realiza através de um discurso capaz de conformar uma identidade que supera a presença dos interesses utilitários. Não se nega, portanto, a existência destes interesses, mas sim que eles comandem a ação coletiva dos trabalhadores.

A formação de uma identidade coletiva — de uma interpelação definidora e integradora — seria capaz de subverter a lógica coletiva utilitarista pela redefinição total dos termos do cálculo racional. Neste sentido, poderiam existir diversas identidades para a classe trabalhadora e várias formas de consciência de classe e definição de interesses. Não se trataria de encontrar "uma" consciência de classe "verdadeira", pois conforme aos interesses reais/naturais/materiais do operariado.

Mas é Pizzorno (1976), outro autor marxista que trabalha nessa direção, quem traz uma importante contribuição. Para ele, que elaborou o conceito de identidade coletiva, as ações que compõem um processo de formação de identidade podem comportar dois momentos. Em um deles a lógica da ação coletiva só pode ser entendida quando se abandonam as questões do que pode ser "ganho" ou "perda" para os atores nela envolvidos. O fundamental, neste caso, são as "condutas expressivas" que produzem solidariedade. O objetivo da ação é o reconhecimento de uma identidade comum pelos próprios participantes e pelos outros, o que é uma reivindicação claramente não negociável.

Em outro momento, quando a identidade coletiva é reconhecida, as "condutas instrumentais" passam a predominar e as reivindicações da ação tornam-se mais setoriais e baseadas em um cálculo de perdas e ganhos. Esta dinâmica é permanente, revelando a possibilidade da presença de uma dupla lógica, mais expressiva ou mais instrumental, conforme o momento da constituição das identidades coletivas. Para Pizzorno, este processo histórico só se efetiva quando o ator é capaz de se reconhecer por meio do que chama de uma "área de igualdade". A ação coletiva, especificamente a participação política, é desencadeada quando se está entre iguais.

Fazendo uma leitura livre desses autores, é possível dizer que a formação de uma identidade coletiva consiste na construção de um discurso capaz de produzir uma "área de igualdade" substancial que nega as desigualdades em um espaço definido e, dentro dele, enfatiza um conjunto de valores e tradições solidários, podendo inclusive se materializar em formas institucionais diversas como leis, organizações etc.

O que se pretende neste texto é estudar o processo de constituição da classe trabalhadora no Brasil como ator político. Isto implica lidar com a questão da construção do conceito de cidadania e, mais particularmente, com a questão da extensão de cidadania aos setores populares.

Na América Latina, e não apenas no Brasil, o acesso à cidadania por parte dos setores populares não passou pelas lutas pela ampliação do direito de voto, segundo o modelo clássico de incorporação em regime de representação política liberal. Nestes casos, o acesso à cidadania está relacionado a todo um processo de constituição da identidade da classe trabalhadora conduzido pelos próprios membros desta classe através de suas numerosas lutas políticas. A extensão da cidadania liga-se à trajetória de democratização dos regimes liberais.

Já no caso da América Latina, o acesso à cidadania combina-se com "um processo de formação de atores políticos" — a classe trabalhadora em especial — onde é nítida a intervenção estatal e onde, em princípio, pode estar ausente o problema da extensão da participação político-eleitoral (Landi, 1982).

No Brasil, como é sabido, o acesso à cidadania por parte da classe trabalhadora é bem o exemplo do que Landi descreve. Em nosso país, foi basicamente a partir dos anos do pós-30 e especialmente no período do Estado Novo que a classe trabalhadora foi incorporada como um ator relevante — e até mesmo central — ao cenário da política nacional. Neste sentido, o acesso da classe trabalhadora à cidadania no Brasil assumiu contornos bem significativos. Em primeiro lugar, porque, como Wanderley Guilherme dos Santos (1979) demonstrou, o que se chamava de cidadania não se definia pelo gozo de direitos políticos ou mesmo de direitos civis. A "cidadania regulada", definida pelo Estado a partir da inserção profissional no mundo da produção, consistia no gozo de direitos sociais sancionados por lei. Em segundo lugar, porque o processo pelo qual a classe trabalhadora se configurou como ator político foi fruto de um projeto articulado e implementado pelo Estado, projeto este que pode ser chamado aqui de "trabalhismo" brasileiro.

A literatura e a vida política brasileiras praticamente não deixam dúvidas sobre o sucesso da "ideologia trabalhista". O verdadeiro mito construído em torno da figura de seu criador — o presidente Getúlio Vargas — e a luta até hoje travada pelo espólio do getulismo e do trabalhismo são evidências suficientes para a avaliação da profundidade e permanência deste discurso político. Contudo, se a bibliografia que trata do tema consagra a importância do trabalhismo e do papel do Estado no processo de construção da identidade política da classe trabalhadora no Brasil, a interpretação dominante é a que vê este resultado como a quebra de um processo natural que vinha se desenrolando durante as décadas da Primeira República, sob o comando dos próprios trabalhadores.

A intervenção do Estado, produzindo uma identidade "de fora", teria gerado uma classe trabalhadora cuja atuação política estaria condenada a vínculos com lideranças externas à classe. Daí a chamada heteronomia da ação política dos trabalhadores, subordinados a interesses que não os seus e incapazes de impulsão própria. Daí o sucesso do trabalhismo ser explicado ou pelas condições socioeconômicas de formação da classe trabalhadora (suas origens rurais; as difíceis condições de integração ao trabalho fabril; a renovação constante do contingente de trabalhadores engajados na produção, enfim, as determinações estruturais da industrialização no Brasil); ou pela natureza dos apelos populistas que manipulariam esta massa visando apenas ganhos eleitorais. Daí, por fim, a anomalia da organização corporativa, uma invenção autoritária do Estado Novo que sobreviveria no pós-45. A Constituição de 1946, neste raciocínio, consagraria um processo dúbio, ao manter o sindicato corporativo num regime liberal-democrático. A eleição de Getúlio em 1950, sua morte em 1954 e o posterior crescimento do Partido Trabalhista Brasileiro (PTB) reafirmariam este paradoxo da história política do Brasil.

O que se deseja neste estudo é questionar toda esta linha interpretativa. Para tanto, vai-se retomar o processo histórico de construção da identidade coletiva da classe trabalhadora no Brasil para compreender melhor as razões do sucesso do projeto trabalhista que marca a cultura política deste país até hoje. Isto significa investigar: 1) quem foram seus principais artífices; 2) quando foi testado e implementado; 3) que recursos de poder foram mobilizados pelo Estado; e 4) que elementos básicos este discurso trabalhista articulou.

Seguir esta linha de análise é postular que o pacto entre Estado e classe trabalhadora no Brasil não pode ser entendido apenas segundo um cálculo utilitário de custos e benefícios. Ou seja, as interpretações que assinalam a importância da legislação do trabalho, em sentido amplo, para explicar a adesão da classe trabalhadora ao projeto trabalhista, estão corretas, mas são insuficientes. A hipótese deste trabalho é que o sucesso do projeto político estatal — do "trabalhismo" — pode ser explicado pelo fato de ter tomado do discurso articulado pelas lideranças da classe trabalhadora, durante a Primeira República, elementos-chave de sua autoimagem e de os ter investido de novo significado em outro contexto discursivo. Assim, o projeto estatal que constitui a identidade coletiva da classe trabalhadora articulou uma lógica material, fundada nos benefícios da legislação social, com uma lógica simbólica, que representava estes benefícios como doações e beneficiava-se da experiência de luta dos próprios trabalhadores. Como foi visto, o processo de constituição da classe trabalhadora em ator coletivo é um fenômeno político-cultural capaz de articular valores, ideias, tradições e modelos de organização através de um discurso em que o trabalhador é ao mesmo tempo sujeito e objeto.

É fundamental destacar que o objeto desta análise é sempre o projeto que está sendo proposto, quer seja pelas lideranças da classe trabalhadora, quer seja pelo Estado, com as óbvias diferenças de recursos de poder. O exame do processo de constituição de uma identidade coletiva da classe trabalhadora no Brasil é feito a partir da diversidade de versões construídas pelos atores nele envolvidos. Estas versões são examinadas, não a partir da identificação isolada de elementos que compõem seu conteúdo, mas sim pela articulação desses elementos em uma certa lógica discursiva que constrói seu próprio destinatário (Laclau, 1979).

A classe trabalhadora, por conseguinte, não está sendo entendida como uma totalidade harmônica, um sujeito unívoco em busca de uma identidade. Ela é tratada através do conjunto diferenciado de propostas que lutam e competem pelo monopólio "da palavra operária". A multiplicidade das versões sobre o passado, presente e futuro desta classe trabalhadora toma o que "efetivamente se passou" num aspecto secundário para a análise. O primordial aqui é sempre a proposta dos atores envolvidos no processo e — o que nos remete de forma inevitável ao que "efetivamente se passou" — seu esforço e capacidade para transformar suas versões em "fatos reais" (Lamounier, 1980).

É necessário e conveniente agora voltar ao artigo do *Echo Popular*. Lá está, em síntese, o fundamental dos elementos-chave rearticulados pelo discurso trabalhista no pós-30: uma ética de trabalho; a figura do trabalhador como homem honesto e sofredor; a centralidade de seu papel econômico na criação das riquezas do país; sua importância na sociedade em geral, e, por fim, a naturalidade de sua cidadania.

O processo de constituição da classe trabalhadora no Brasil como ator político vai ser tratado como um processo que tem como que dois movimentos principais. O primeiro deles é lento e toma as décadas da Primeira República, pontilhadas de propostas políticas e de grandes e pequenas lutas comandadas pelos próprios trabalhadores. A "palavra" neste período está com lideranças vinculadas à classe trabalhadora (intelectuais ou não), que indiscutivelmente assumem a construção de propostas sobre sua identidade. A despeito disso, são forçadas a assumir também os temas da conjuntura política nacional: os partidos, na virada do século; o militarismo e o nacionalismo, nos anos 10; a crise econômica e política, nos anos 20. Como já foi assinalado, é a história política de um país que dá a este processo de constituição de atores seu compasso decisivo. É compreensível, desta forma, que neste longo período haja um momento particularmente denso, correspondente a uma conjuntura de grande tensão e mudança política. A virada do século, momento que se segue à abolição da escravatura e à proclamação da República, é especialmente significativa para a construção da "palavra operária".

Quando se cria um mercado de trabalho livre no país é necessário também criar um modelo de trabalhador, e o referencial da escravidão se impõe para a construção de qualquer tipo de discurso que envolva uma ética do trabalho. No caso deste estudo se está privilegiando e acompanhando os esforços de construção de uma ética do trabalho que nasceram da própria classe trabalhadora, por intermédio de variadas lideranças com propostas políticas distintas. Mas vale mencionar que existiram outros projetos de redefinição do conceito de trabalho e do papel do trabalhador na sociedade, que se articularam por iniciativa do patronato e de autoridades públicas.

Desde fins do século XIX — mesmo antes da abolição da escravatura — o tema do trabalho e de trabalhadores livres e educados no "culto ao trabalho" se impôs ao país. Entendia-se claramente que era preciso criar novos valores e medidas que obrigassem os indivíduos ao trabalho, quer fossem ex-escravos, quer fossem imigrantes. A preocupação com o ócio e a desordem era muito grande, e "educar" um indivíduo pobre era principalmente criar nele o "hábito" do trabalho. Ou seja, era obrigá-lo ao trabalho via repressão e também via valorização do próprio trabalho como atividade moralizadora e saneadora socialmente. O "pobre" ocioso era indubitavelmente um perigo para a ordem política e social segundo esta perspectiva, que não era advogada no seio da classe trabalhadora, como se verá com vagar a seguir.

Além disso, vale observar, apenas como registro, que paralelamente aos esforços para a criação de uma ética do trabalho — quer por iniciativa dos trabalhadores quer não — desenvolvia-se também, em especial na cidade do Rio de Janeiro, uma proposta de produção de uma ética do não trabalho (da malandragem), que convivia e disputava espaços com a primeira. Examinar a dinâmica desta convivência extrapola os objetivos deste estudo, mas não se pode deixar de assinalá-la, já que ela percorre toda a Primeira República e tem desdobramentos no pós-30.

O segundo dos movimentos mencionados é bem mais rápido e, embora possa ser, *grosso modo*, datado do pós-30, tem como ponto de inflexão os anos que vão de 1942 a 1945, já no final do Estado Novo. Neste período, a "palavra" não está com os trabalhadores e sim com o Estado. Não se trata mais da postulação de diversas propostas de identidade da classe trabalhadora que competem em um espaço político, enfrentando reações poderosas de outras classes sociais. Trata-se de uma proposta de identidade nitidamente articulada a um projeto político que conta com recursos de poder para difundi-lo, para bloquear a emissão de qualquer outro discurso concorrente e para implementar políticas públicas que o reforcem e legitimem.

O ponto fundamental, porém, para o qual é necessário atentar é o da dinâmica de construção deste projeto de identidade operária desenvolvido pelo Estado. De um lado, este discurso apaga a memória da "palavra" dos trabalhadores, arduamente estruturada na Primeira República. Tudo, literalmente tudo o que se "fala" neste discurso, ignora o passado da classe trabalhadora. Esse passado sequer é retomado para receber críticas. Ele não é mencionado, e, portanto, não existe. No entanto, ao mesmo tempo que esta operação é realizada, a "nova palavra" emitida pelo Estado constrói-se lidando com os mesmos elementos básicos presentes no discurso operário desde o século XIX, apenas relidos e integrados em outro contexto. O valor fundamental do trabalho — como meio de ascensão social e não de saneamento moral — e a dignidade do trabalhador são o eixo em torno do qual se monta sua comunicação com a sociedade e com o mundo da política. O estatuto de trabalhador é o que dá identidade social e política ao homem brasileiro, fato magistralmente materializado pela criação da carteira de trabalho e pela definição da vadiagem como crime. A cidadania, fundada no gozo dos direitos sociais do trabalho e no reconhecimento das associações profissionais — ambos tão almejados e demandados pela classe trabalhadora durante décadas —, é sancionada com a articulação de um pacto político entre Estado e classe trabalhadora que, ao se efetuar, constrói estes dois atores que assim se conhecem e reconhecem.

Dizer, portanto, que a "palavra" está com o Estado não é assumir a construção de um discurso à revelia da classe trabalhadora. O esforço deste trabalho é justamente romper com a ideia de um Estado todo-poderoso que atua sobre uma tábula rasa, pela compreensão da natureza dos laços que possibilitam o pacto entre Estado e trabalhadores, pacto através do qual ambos os termos se definem e passam a atuar.

A ruptura que teria ocorrido entre a "palavra operária" e a proposta do Estado é portanto relativa, uma vez que se observa que não só os interesses materiais dos trabalhadores, como também muitos de seus valores e tradições foram incorporados em outro contexto discursivo. Considerar tal processo histórico espúrio, menos natural ou legítimo por ter sofrido intervenção estatal é postura teórica pouco profícua. A questão é entender que ele teve sucesso porque conseguiu estabelecer laços sólidos o bastante porque simbólicos (político-culturais) e não apenas materiais (econômicos). A identidade coletiva da classe trabalhadora construída no Brasil — sua consciência de classe — é tão "verdadeira" quanto qualquer outra que tenha sido produzida por um processo histórico distinto. Não há, como Pizzorno sustenta, "uma" consciência de classe, "um" interesse "verdadeiro" para a classe trabalhadora, pois não existe, histórica ou teoricamente, nenhum modelo que possa ser seguido e defendido.

Considerando-se o processo de construção de uma identidade coletiva como histórico e fundado numa lógica simbólica, no caso da classe trabalhadora no Brasil é necessário incursionar pelas décadas da Primeira República e "ouvir os trabalhadores", para então avançar para os inícios dos anos 40 e aí "ouvir o Estado", percebendo em sua fala os ecos de outras vozes.

No início do século a "palavra" estava com aqueles que se autodesignavam socialistas e que, num momento extremamente complexo e denso, propunham em nível de discurso e de organização a participação política daqueles que trabalham. Esta experiência, efêmera e fragmentada, é rica em significados. Ela demarca o esforço de construção de uma identidade social para o operário, dando-lhe papel de destaque no mercado e, resguardado este lugar, defendendo a legitimidade de sua participação política.

Confrontando-se com outros discursos republicanos e, principalmente, rompendo com a tradição da propaganda abolicionista, os socialistas debateram-se com a força de nosso passado escravista no universo da política. Sua proposta organizacional de formação de um partido político operário decorreu de uma análise que acreditava na congruência entre as questões de trabalho livre e as da República recém-proclamada. Esta opção, que de início subordinou as associações da classe trabalhadora ao partido, mas que num segundo momento reconheceu sua grande importância como base política, não foi bem-sucedida, nem no início do século, nem durante toda a Primeira República. As insistentes e sucessivas tentativas de formação de um partido operário (socialista) enfrentaram resistências vigorosas, não só dentro do sistema político-partidário dominante, como também dentro da própria classe trabalhadora.

Os anarquistas desempenharam um papel essencial neste sentido, atingindo a proposta socialista muito mais do ângulo da organização do que no que se refere à construção de uma autoimagem do trabalhador. O valor do trabalho e a centralidade da figura do trabalhador para uma futura sociedade anarquista eram pontos inquestionáveis. Desta forma, os libertários reforçaram a ética do trabalho que vinha sendo construída pelos socialistas, bem como seu projeto de identidade fundado na solidariedade dos interesses dos que trabalham. Além disso, enriqueceram o modelo de homem trabalhador com uma perspectiva de educação integral que objetivava sua elevação intelectual e moral. O "operário" — sem deixar de ser definido como aquele que trabalha com suas próprias mãos — devia ser também um homem educado, o que se traduzia não só pelo acesso à educação básica (ler e escrever) e profissional, como também pelo acesso à cultura (à arte e à "política", por exemplo).

Mas a "cidadania" anarquista era concebida basicamente como a participação voluntária em associações profissionais, federadas e confederadas: os sindicatos de ofício. A rejeição da política liberal e dos partidos e eleições completava-se com a rejeição das formas associativas mutualistas que caracterizavam a experiência da classe trabalhadora brasileira desde, pelo menos, a segunda metade do século XIX. A opção pelo "sindicato de resistência", com orientação doutrinária explícita ou implícita e com o objetivo precípuo de lutar contra o patronato e o Estado, caracteriza a proposta anarquista em sua força e fraqueza. As dificuldades de mobilização que o anarquismo experimentou, em especial na cidade do Rio de Janeiro, são mais do que ilustrativas. As dúvidas e as propostas alternativas de alguns importantes militantes libertários ao longo dos anos 10 demonstram que o sindicato de resistência não estava sendo avaliado como uma forma organizacional capaz de colaborar para a construção da identidade da classe trabalhadora, ou seja, da solidariedade desejada pelos anarquistas.

A questão das formas organizacionais avançou com mais dificuldade do que as questões do valor do trabalho numa economia de mercado, e do reconhecimento da classe trabalhadora como fundamental e distinta de outras classes na sociedade em geral. A formação de um Partido Comunista no Brasil, em 1922, e o destaque que a proposta cooperativista ganhou na mesma época iriam alimentar este processo. No caso dos comunistas, a ênfase recaiu sobre a renovação do projeto de um partido político para a classe trabalhadora e sobre a recuperação da legitimidade de sua participação política por meio do voto. Ressignificando a proposta dos socialistas, os comunistas teriam o papel de conduzir o projeto partidário desde então, sustentando-o com eficácia até o período de 1942-5, apesar da repressão.

Já os cooperativistas propunham basicamente um modelo de organização fundado em sindicatos profissionais cuja finalidade era realizar acordos entre a classe trabalhadora e o patronato, dentro dos ditames da ordem e do progresso social. Estes sindicatos operavam por meio de cooperativas, as quais preenchiam funções que abarcavam o crédito aos produtores, a distribuição da produção, a educação etc. Os sindicatos cooperativistas aproximavam-se, portanto, de um modelo associativista mutualista de caráter mais assistencial, sendo radicalmente opostos ao modelo associativo anarquista. Embora com características absolutamente diversas, o sindicato também aparecia — neste contexto discursivo — como o instrumento por excelência capaz de articular a classe trabalhadora.

Era por meio desta forma institucional, legalmente sancionada e protegida pelo Estado, que se propunha o reconhecimento dos trabalhadores pela sociedade em geral e sua relação com o patronato, bem como sua incorporação ao mundo econômico-profissional. A política, identificada com procedimentos eleitorais e partidários, era de início entendida como coisa suja que só servia aos interesses dos que, por profissão, eram parlamentares. Ser cidadão, para a proposta cooperativista, era alcançar um lugar satisfatório no mercado e na sociedade em geral. A cidadania deixava de ser política, seguindo antigo corte de inspiração nitidamente positivista que enfatizava a conquista de direitos sociais.

Mas este projeto original, exemplificado pela presença significativa na cidade do Rio de Janeiro de uma proposta considerada "amarela" ou reformista, iria sofrer alterações indicativas do clima político da década de 20 e da situação da classe trabalhadora em especial. O ponto fundamental de mudança foi a absorção da ação partidária e eleitoral em combinação com o modelo de organização por sindicatos cooperativistas. A atuação dos comunistas em maior escala e a dos socialistas em menor intensidade, todos voltados para o ataque à proposta anarquista, explica a combinação — partido/sindicato — que se montou nos anos 20. E isso ocorreu apesar de os comunistas defenderem um formato distinto de sindicato: o sindicato por indústria e não por ofício, ou cooperativista. Esta nova proposta de organização sindical, que cresceu devido à intervenção política dos comunistas contra os anarquistas, veio combinar legitimamente ações políticas reivindicatórias com práticas assistencialistas no interior dos sindicatos, inaugurando uma nova dimensão de política sindical, sobretudo quando associada à participação partidária e eleitoral.

Importa, por conseguinte, assinalar que em fins dos anos 20 existia entre a classe trabalhadora no Brasil, disseminada por diferentes apelos políticos, toda uma ética valorativa do trabalho e do trabalhador; toda uma prática de relacionamento — de luta e de acordos — com o patronato; e toda uma experiência de organização em partidos políticos e sindicatos. Se as conquistas materiais da classe trabalhadora durante estas décadas foram pequenas e efêmeras, seu ganho principal foi de natureza expressiva, e traduziu-se na construção de uma identidade social, como de resto ocorreu em outras experiências históricas. Assim, ao término da Primeira República, já existia uma figura de trabalhador brasileiro, embora não existisse um cidadão-trabalhador.

É com essa heterogênea herança que o Estado do pós-30 irá lidar. Se de início este Estado entra na arena como mais um competidor, esta posição é reavaliada e abandonada logo que a dinâmica da política nacional o permite. Vencido o período da reconstitucionalização e de seus múltiplos ensaios políticos, e dimensionada a experiência inicial do Ministério do Trabalho, fechou-se com vigor o espaço para qualquer tentativa de encaminhar o processo de constituição da classe trabalhadora a partir dos próprios trabalhadores.

O que se pode observar, contudo, é que este momento de repressão não foi simultâneo ao da construção e implementação do projeto trabalhista. Há como que um hiato entre os dois, que explica a possibilidade de emissão de outra proposta para a classe trabalhadora. A proposta da Igreja, que se serviu deste lapso de tempo, não conseguiu, entretanto, articular elementos necessários para sensibilizar os trabalhadores. Profundamente assistencialista, mas também profundamente desmobilizadora, tal proposta foi desenvolvida em vinculação com um clima político marcado pelo combate ao comunismo e pelo louvor a um Estado forte. Com as alterações sofridas pela política nacional e internacional no início dos anos 40, ficou cada vez mais difícil e desinteressante para as autoridades governamentais dar cobertura a um tipo de projeto como este.

Foi justamente no bojo desta situação política, que anunciava uma significativa reorientação para os rumos do Estado Novo, que o projeto trabalhista passou a ser efetivamente articulado e implementado. Com primor inquestionável, o discurso do governo incorporou o aprendizado político dos anos iniciais da década de 30 e estruturou-se por meio de uma sofisticada argumentação cientificista.

Esta argumentação procurava opor às normas liberais os fatos da realidade empírica, utilizando todo o instrumental da moderna sociologia e estatística. Exatamente porque se tinha "consciência" de que o processo de constituição e divulgação de um apelo político é o mesmo processo de constituição do público deste apelo, o diagnóstico cientificista foi complementado com um amplo conjunto legislativo e com múltiplos instrumentos de comunicação social (jornais, filmes, cartazes, discos, rádio etc.).

Mais do que falar para um público, a intenção era produzir este público identificado como a classe trabalhadora brasileira. É por esta razão que o "trabalhismo" brasileiro manteve tantos laços com as iniciativas governamentais no campo da política social, fossem elas voltadas para as condições de trabalho, educação, saúde, habitação, lazer ou quaisquer outras. E é também por esta razão que a questão das formas institucionais de organização da classe trabalhadora recebeu atenção especial, ocorrendo um esforço cuidadoso para se articular sindicalismo corporativista e emergência de partidos políticos. Trabalhismo e corporativismo são farinha de um mesmo projeto. São, além disso, invenções capazes de se articular com uma realidade política que supõe a vigência da liberal-democracia.

1ª Parte

A hora e a vez dos trabalhadores

Capítulo 1

República e Socialismo na Virada do Século

1. À cause de la République

A Proclamação da República no Brasil está certamente bem longe de significar um momento de transformação revolucionária na acepção clássica de historiadores e cientistas políticos. As imagens de que o povo assistiu "bestializado" ao episódio e de que os políticos estavam agarrados à cauda do cavalo de um general ilustram a visão de que o acontecimento político que derrubou o Imperador e a Monarquia foi um fato surpreendente. O golpe vitorioso de Deodoro concluía, contudo, um processo que se iniciara décadas atrás, envolvendo questões cruciais como a abolição do trabalho escravo e a participação política dos militares, e que se materializara numa campanha com significativo grau de mobilização e organização, como o demonstra a criação do Partido Republicano. Os interesses e a composição dos segmentos que se reuniram em nome da República são reconhecidamente diversos e complexos. A Proclamação, se não é um momento de política revolucionária, é ao menos um momento de crise política que guarda uma característica fundamental dos episódios que inauguram novas experiências históricas: a instabilidade.

A construção de um novo Estado idealizado por atores sociais tão diversificados não poderia suscitar rapidamente um amplo consenso. Por isso, o período inicial do experimento republicano pode ser entendido como o da busca da definição de seus próprios contornos. As crises sucessivas — políticas, econômicas e sociais — que pontuam as duas primeiras décadas da República denotam a vivência do sentimento de permeabilidade do regime, e, mais que isso, de que o poder não estava ocupado. Se no antigo regime o poder estava definido e até materializado na pessoa do Imperador, sendo ele o árbitro da sociedade, com a República a situação se inverteu. O poder estava disponível para ser, como nunca o fora, construído pela sociedade (Furet, 1978, pp. 70 e seg.). O sentido principal da convocação de uma Assembleia Nacional Constituinte que postularia os princípios do novo Estado é justamente este, em suas nítidas vinculações com a teoria e a prática liberais.

O momento pós-republicano está desta forma aberto à "palavra", que é pública e que espelha a possibilidade de propostas políticas diversas e numerosas. É justamente no contexto deste amplo debate, marcado pela diversidade e pela significativa esperança na conquista de um espaço de expressão política efetiva, que começam a emergir ideias mais articuladas, tanto em nível de discurso como de organização, sobre a participação política daqueles que trabalham.

Muito mais do que discutir a pertinência das novas propostas sobre a participação política dos trabalhadores em função da força de suas bases sociais, é importante caracterizar os contornos dessas propostas. Embora no início da República já existisse na cidade do Rio de Janeiro — universo deste trabalho — um contingente relativamente numeroso de trabalhadores capazes de compor um futuro eleitorado, este contingente nem era tão substancial em face do tamanho da população, nem oferecia facilidades de mobilização. Não se deve assim nem superestimar nem subestimar a possibilidade de participação política dos trabalhadores como fator determinante para o novo regime. Seria inadequado colocar este tipo de questão, já que vivíamos os momentos iniciais de um processo de crescimento industrial, com toda a carga de um passado escravista que fora abandonado na antevéspera da República (Villela e Suzigan, 1975, pp. 9-21). O interesse em recuperar as propostas de participação política dos trabalhadores está definido pelo próprio universo de instabilidade política da época, que redimensionou as possibilidades de constituição do conjunto de atores passíveis de serem incluídos no sistema político e redefiniu os instrumentos formais de participação (Pádua, 1985, p. 167).

Seria interessante inicialmente qualificar o clima verdadeiramente disruptivo que marca a virada do século XIX e que torna a cidade do Rio de Janeiro um microcosmo muito especial, dada a sua situação de capital federal e de maior cidade do país. A República foi proclamada no bojo de transformações socioeconômicas profundas que se traduziram na diluição das relações sociais fundadoras de uma ordem de tipo senhorial, lançando o país num processo de construção de novas relações sociais, agora determinadas pelo valor mercantil do dinheiro. Estas novas relações — muito pouco estáveis se colocadas perante o modelo tradicional — experimentavam além disso um momento de particular flutuação devido à política econômica do chamado Encilhamento (Lobo, 1976).

Para os que já se afiguravam como críticos da forma como o novo regime estava sendo implantado, a nova sociedade, com suas fronteiras sociais fluidas, era pouco orientada por regras morais e por isso mesmo capaz de prestigiar rápidos e pouco lícitos enriquecimentos. Homens rudes, movidos pela cobiça e pelo egoísmo, ocupavam espaços antes inimagináveis, sugerindo projetos muito pouco nítidos de igualdade de oportunidade, de democracia, enfim, de República. Evidentemente, o Rio era um campo especial para tais observações, por sua menor dependência da estrutura agrária do país e pela facilidade de acesso à mobilidade social própria de uma grande cidade (Sevcenko, 1983, pp. 38-9).

De forma muito ampla, a sensação era a de que a sociedade estava aberta a novos e insuspeitos experimentos, da mesma maneira como o poder estava aberto a novas ideias e propostas de organização. A instabilidade, não apenas política, era um fator que alimentava ao mesmo tempo esperanças e temores quanto a um futuro que se vislumbrava relativamente indefinido. É preciso lembrar que este sentimento foi muito mais forte e real nos anos iniciais do Governo Provisório do que no período subsequente. Isso ocorreu não porque as crises políticas desaparecessem. Ao contrário, elas iriam se suceder ao longo dos anos, atingindo índices de violência crescentes. Contudo, após a Constituinte, e com os primeiros governos republicanos, o debate político delineou-se de forma mais nítida, afastando as expectativas iniciais e conformando melhor as principais alternativas em confronto.

Ao resgatar as primeiras propostas que colocaram publicamente a possibilidade e a legitimidade de o trabalhador figurar como um ator social e político da República, o que se pretende é captar as principais características dessas propostas, muitas vezes articuladas a formas organizacionais efêmeras, apontando os temas que elas sustentaram e os problemas que tiveram que enfrentar. Se, de início, pode ser percebido um ponto de partida comum, muito rapidamente ele é abandonado, e o que se observa é tanto um debate com os "outros", quanto uma disputa interna pela "fala" dos trabalhadores. De toda forma, esta experiência se caracteriza pelo fato de que aqueles que usaram da palavra em nome dos trabalhadores se autodesignaram "socialistas". A questão é identificar o que era entendido como socialismo, observando a forma como os discursos se constroem e as demandas são expostas. É importante também enfatizar a escolha dessa designação, sobretudo porque as ideias socialistas não eram as únicas disponíveis para a defesa da participação do povo na sociedade moderna.

Dentro deste contexto, dois momentos serão enfocados a seguir, sem a preocupação de acompanhar de perto os acontecimentos que os mediaram. Em primeiro lugar, o momento imediatamente anterior às eleições para a Constituinte, cobrindo o ano de 1890. Neste período, o Rio viveu experiências diversas de mobilização, com vários setores da sociedade discutindo suas formas de adesão à República. É justamente aí que surgem as primeiras propostas de participação dos trabalhadores. Elas vão se manifestar através da organização de partidos operários, o que significou privilegiar a esfera dos direitos políticos de cidadania. Duas experiências são expressivas: a do partido organizado sob a liderança do tenente Vinhaes e a do partido do grupo França e Silva/Gustavo de Lacerda.

Em segundo lugar, será examinado o momento da virada do século. Se em 1890 o que imperava era uma franca esperança em relação às potencialidades do novo regime, o transcorrer de uma década foi suficiente para gerar em amplos setores políticos o sentimento do desencanto. Este foi o caso dos movimentos socialistas, que sofreram sucessivas e diversificadas derrotas ao longo desses anos. De um lado, cessou a tolerância e mesmo a cumplicidade com que o Governo Provisório aceitara as manifestações iniciais em prol da participação política do "povo". Elas tinham sido vistas como um dado fortalecedor da República, o que sem dúvida trouxera benefícios imediatos.[1] De outro lado, como que através de vasos comunicantes, o movimento dos trabalhadores ganhou outros canais de expressão. Os anos iniciais do século — 1902 e 1903 — demonstram de forma clara a irrupção de manifestações grevistas. Os socialistas permanecem no cenário, mas, sem abandonar a ideia de partido, passam a privilegiar a formação de associações e de jornais como instrumentos de ação organizacional. Além disso, não sofrem apenas os ataques dos cada vez mais fortes setores governamentais. Começam também a ser criticados por elementos que falam em nome dos próprios trabalhadores e que oferecem uma proposta distinta: os anarquistas.

2. A Voz do Povo

Em janeiro de 1890 surgiu, na capital da República, o primeiro jornal que pode ser considerado um instrumento de organização operária no Brasil, com um programa de assumida inspiração socialista. Sugestivamente, chamava-se *A Voz do Povo*. Embora suas ideias tivessem antecedentes em publicações do período imperial, após a Proclamação era a primeira vez que a "palavra" estava sendo usada para a orientação e a organização do povo, identificado como a população trabalhadora.

A Voz do Povo foi saudado com simpatia pelo órgão oficioso do Governo Provisório — *O Paiz* —, o que comprova o clima favorável às manifestações em prol do aumento da participação política. Neste momento inicial, reunia-se à sua volta um grupo de elementos dos mais significativos para a época. Os diretores eram Maurício José Velloso, proprietário dos equipamentos, José da Veiga e Gustavo de Lacerda, que por sua experiência anterior e capacidade como propagandista[2] constituía a principal força política do jornal. Colaboravam também Luís da França e Silva e Francisco Juvêncio Saddock de Sá, o qual, desde que voltara da Guerra do Paraguai, havia se envolvido com organizações que tratavam da defesa dos direitos operários.[3] Além disso, na presidência de uma das reuniões iniciais para a discussão da questão da participação política dos trabalhadores, encontrava-se o tenente José Augusto Vinhaes, um dos líderes mais importantes do momento. Como aluno da Escola da Marinha, Vinhaes participara das campanhas abolicionista e republicana. Há ainda dois fatos fundamentais para sua identificação: Vinhaes se vinculara à criação do jornal republicano *O Paiz*, do qual era um dos redatores, e fora o líder do assalto à Repartição Geral dos Telégrafos por ocasião do golpe republicano, sendo então nomeado por Deodoro diretor interino do órgão. Neste cargo realizara uma experiência determinante para a sua popularidade: estabelecera uma série de reformas — entre as quais a redução da jornada de trabalho — que melhoraram substantivamente as condições de trabalho de seus funcionários.[4]

O que importa assinalar com estes dados é que, no momento posterior à Proclamação, um grupo de homens de tradição nas lutas pelos direitos dos que trabalham, e também nas lutas pela República, se associou em torno de um jornal que traduzia o lançamento de uma proposta. Na verdade, como se verá, esta conjunção foi efêmera — durou pouco mais de um mês —, pois logo surgiu uma cisão que dividiu o grupo em duas organizações partidárias, em duas vozes. De toda forma, a proposta socialista, vivenciada e debatida ao longo de 1890, deixou não só registros, como também experiências. Sua matriz inicial era aquela veiculada por *A Voz do Povo*, que no mês de sua fundação esclarecia em torno de que pontos fundamentais se estruturava a ideia de organização de um partido operário no Brasil.

O primeiro desses pontos se referia ao significado da República. Anunciando *"novos horizontes ao povo brasileiro"* ela se instalara como uma *"revolução pacífica, verdadeiramente sublime"* em seus princípios e em sua forma. A Monarquia no Brasil fora *"abatida"* pela *"avalanche da evolução"* que *"arrastou-a até a beira do abismo"* liquidando-a tranquilamente. A República era o reverso da Monarquia, diagnosticada como a *"era do tradicionalismo"*, isto é, dos privilégios e preconceitos aristocráticos. No interior desta tradição

> tacanha, férrea e imoral, o operário não passava de simples representação do servo da gleba, que foi sempre o indivíduo ignaro das sociedades aristocráticas, sem valor moral, sem representação social, sem vontade, sem direitos e sem razão.[5]

Este era o segundo ponto central na construção do discurso do jornal: o grande sentido da República era abrir as portas da existência ao trabalhador brasileiro. A operação implicava inverter os sinais pelos quais a categoria trabalho era identificada na sociedade de então. O trabalho não mais poderia ostentar o sinal da desgraça e do atraso, como acontecia na escravidão. O trabalho e, em decorrência, aqueles que trabalham — o "proletariado" — eram as forças preponderantes na sociedade, seus elementos de prosperidade, de riqueza e de progresso.

A República era o regime da ordem e do progresso, entendidos como o resultado do trabalho, que nos tempos modernos se confundia com a atividade industrial. Foi o operário quem *"fez a prosperidade"* do país, e *"sem ele não há povo que possa atingir a altos destinos"*, ou que possa *"marchar na vanguarda da civilização para a completa supremacia dos povos superiores"*.

Fator de industrialização e prosperidade, o operário era tudo nas nações civilizadas, mas não era nada nas nações atrasadas. Por isso, no Brasil,

> entre as muitas classes em que se dividia o povo, ocupávamos o último lugar. (...) Como homens éramos a canalha. Como cidadãos, éramos a última classe social, aquela que tinha sobre si todos os deveres e que não tinha para si um só dos direitos que se conferia aos seus semelhantes.[6]

O terceiro ponto do discurso do jornal era finalmente sua proposta política: ser a voz desta parcela do povo, até então simplesmente ignorada pela sociedade ou vista como um somatório de valores negativos. Era preciso construir uma identidade social para o operário e dar-lhe lugar e presença no mercado, donde as afirmações incisivas sobre seu papel essencial no movimento de industrialização. Resguardada sua identidade social e moral, era preciso em decorrência defender a legitimidade de sua participação política.

A República, esta revolução regeneradora que tinha como corolário a igualdade, reservava um espaço às aspirações populares de participação e cidadania política. O jornal convidava todos *"os artistas, operários e trabalhadores que sabem ler e escrever"* a se alistarem e a se inscreverem no Partido Operário, tendo em vista as eleições de setembro para a Constituinte.[7]

Neste apelo, é interessante observar as diversas categorias utilizadas. Construir a identidade do trabalhador brasileiro era antes de tudo unificar elementos diferenciados em torno de um programa de ação conjunta. Era promover o autoconhecimento e o reconhecimento pelos outros, o que significava conquistar *status* profissional e segurança numa perspectiva social, e não apenas econômica (Polanyi, 1980, pp. 157-8). O que estava sendo discutido era a forma de vida do homem trabalhador. Daí a conquista da cidadania política como chave para a reunião de artistas, operários e trabalhadores — artistas, no sentido de indivíduos que dominavam uma arte ou um ofício e realizavam um trabalho essencialmente artesanal, e operários e trabalhadores como categorias amplas que compreendiam tanto os chamados operários do Estado, muitos deles visados por iniciativas políticas positivistas, quanto os operários de fábrica, neste momento ainda bem pouco numerosos. O povo trabalhador, o "proletariado" que o jornal interpelava, era um grande conglomerado heterogêneo e disperso que precisava ganhar contornos para si mesmo e para a sociedade em geral. A formação de um partido operário coroava esta análise, cujos fundamentos eram a revalorização do trabalho e do trabalhador e a crença na possibilidade de os direitos operários serem defendidos dentro das regras do sistema representativo de corte liberal.[8]

A proposta de revalorização do trabalho e do trabalhador sem dúvida não nasceu neste momento. Ela se articulava há pelo menos duas décadas e tinha relações nítidas com o enfrentamento da questão servil. O jornal *O Artista,* que data de 1870, pode ser um exemplo paradigmático do discurso que vinha sendo construído no fim do século XIX. Seus redatores e diretores — engenheiros e tenentes-coronéis — proclamavam-se artistas e declaravam ter como objetivo a instrução, único caminho para a política. Entendendo que cabia à imprensa o papel de administrar instrução, e que o trabalho — ao lado do capital e da terra — era um dos fatores de produção de riqueza, o jornal propunha o estabelecimento de um "culto ao trabalho".

As razões da proposta são ilustrativas. No Brasil, a escravidão tornara o trabalho manual um *"símbolo de degradação"* e fixara a ideia de que só o estrangeiro podia *"exercer as artes e auferir as vantagens da indústria"*. Na verdade estas concepções tinham razão de ser, pois o estrangeiro, criado com outras ideias, ao chegar aqui lançava-se ao trabalho e à pequena indústria, conseguindo em muitos casos riqueza e prosperidade. Já o brasileiro *"'fecha a porta da rua para que não o vejam, se as circunstâncias o forçam a um serviço manual"*, e tudo a que aspira realmente é um emprego público. Ao brasileiro *"não faltam aptidão e forças, falta somente o hábito de considerar de igual nobreza todas as profissões".*[9]

Além da relação desta proposta com a temática do progresso, visto como desenvolvimento industrial, é preciso ressaltar suas diferenças frente a outros discursos do período que também tratavam da questão do trabalho. Nesses outros discursos, o trabalho era muitas vezes valorizado por ser um elemento capaz de tirar os homens da miséria e da degradação, na medida em que os ocupava, em que os afastava dos vícios. O trabalho era uma atividade positiva na justa medida em que exercia uma função de regeneração social. Ele se destinava aos que deviam ser recuperados, aos inferiores: desocupados, órfãos, asilados, enfim, às classes pobres.[10]

Este sentido é bem diferente do culto ao trabalho defendido pelo jornal *O Artista*, e também pela proposta de Saddock de Sá, que atravessou as décadas de 1870 a 1920. Nesta visão, o trabalho era o campo de ação do homem na busca de sua felicidade. Ele se destinava a todos e estava alicerçado em sólidos princípios de elevação moral, conforme os ensinamentos de Comte. Não se tratava de um castigo nem de um expediente reformatório. Trabalhar era sinônimo de grandeza e glória, de uma identidade social e moral digna e respeitável (Santos, 1966, pp. 3-5).

A alusão a Comte como orientação doutrinária da proposta de culto ao trabalho de Saddock de Sá é reveladora da fonte de inspiração de algumas das organizações trabalhistas fundadas no pós-1899 que se denominaram socialistas. A relação socialismo-positivismo é sem dúvida um problema complexo cujo exame em profundidade exigiria maiores reflexões. Não é nossa intenção fazê-lo, mas seria interessante destacar alguns pontos relevantes que podem ajudar a iluminar o que se identificava como socialismo na virada do século.

Em primeiro lugar, a referência, dos socialistas ao positivismo não implicava uma influência do Apostolado ou da proposta por ele veiculada através da ação de Teixeira Mendes. A tentativa do Apostolado nesta área resumiu-se à entrega de um documento ao então ministro da Guerra, Benjamin Constant, no qual era reivindicada uma pauta de direitos sociais bem avançada para a época. Mas, para os positivistas ortodoxos, a noção de cidadania não incluía direitos políticos, restringindo-se a direitos civis e sociais alcançados por intervenção do Estado. Portanto, a ideia de constituição de um partido, de exercício do voto e de luta para o acesso a direitos era algo tão estranho ao Apostolado quanto central para os socialistas de 1890 (Carvalho, 1985, pp. 151-2).

As relações dos socialistas com o positivismo possivelmente prendiam-se muito mais ao próprio contexto político e intelectual da época, que relacionava republicanismo com positivismo e os dois com um sentimento mal definido de defesa das chamadas classes proletárias. Segundo o depoimento de José Veríssimo, o positivismo, que até a República só conseguira entusiasmo e fé, a partir daí começou a ter força. Devido à influência militar, principalmente de Benjamin Constant, o positivismo transformou-se numa *"religião do Estado"*. Pululuaram neste momento os adeptos desta doutrina, e uma *"gíria positiva"* passou a pontuar todos os discursos e discussões.[11]

Neste ambiente certamente era fácil absorver a retórica e a visão de mundo positivistas em sentido amplo e utilizá-las para compor uma proposta cujo conteúdo central era diferente: a defesa e a luta pela elevação social e moral do trabalhador, passando pelo exercício dos direitos políticos de representação.

3. Identidade social e participação política

Quando o jornal de Gustavo de Lacerda toma o título de *A Voz do Povo*, ele assume uma concepção própria do que é o povo para a proposta socialista que começava a se articular. Esta concepção está brevemente exposta em um artigo, já citado, que diz: *"entre as muitas classes em que se dividia o povo, ocupávamos o último lugar"*. Ou seja, o conceito de povo construído pelo discurso do jornal referia-se a uma totalidade heterogênea, oposta à aristocracia, na qual estavam incluídos, na faixa mais baixa e destituída, aqueles que trabalham. O jornal não era a voz de todo o povo, mas sim de uma camada especial por ele identificada como carente de um reconhecimento social particular.

Esta observação é importante porque ela nos permite situar o discurso socialista em dois contextos. Em primeiro lugar, no conjunto diferenciado de propostas que compunham a propaganda republicana. Em segundo lugar, em face da tradição da propaganda abolicionista. Estes dois marcos, tomados apenas como referenciais, são úteis para o entendimento de uma das dimensões centrais do discurso socialista. Ela reside no esforço de lutar por um contorno social para esta parcela do povo, e pela legitimidade de sua presença política. Colocando a questão em termos de cidadania, o esforço era pela conquista simultânea de todos os direitos — civis, políticos e sociais —, já que até aquele momento a "classe" em nome da qual se falava só conhecera deveres.

A propaganda republicana no Brasil, como é sabido, reuniu interesses e discursos diversificados, que envolveram propostas de organização e participação política num contínuo de matizes que ia do conservadorismo ao radicalismo. Se não estava definido o que era ser republicano, também não havia uma única forma de se ser republicano conservador ou republicano radical. O que interessa aqui é o teor do que pode ser considerado propaganda republicana radical, pois, embora de forma variada, é ela que introduz no discurso revolucionário a categoria povo, buscando por seu intermédio a legitimidade política. No conjunto destas propostas pode-se destacar dois grupos que falam pelo e para o povo, um civil e outro militar (Carvalho, 1985, pp. 147-51).

Silva Jardim, ao lado de Luís Gama e Lopes Trovão, exemplifica a vertente de agitadores populares que propunham uma República com apoio e participação ativa do povo. Esta vertente incomodava a maioria do Partido Republicano e até mesmo o positivista Benjamin Constant, que reconhecia sua utilidade, mas temia seus desdobramentos. As ideias de Silva Jardim não foram expostas sistematicamente, mas sua concepção de povo refere-se a uma totalidade abstrata e homogênea, que se move e fala como um só corpo e voz. O modelo remete necessariamente à experiência da

Revolução Francesa, que introduz de forma pioneira na política a ideia de que todo o poder que não se funda no povo é corrupto por natureza, pois está privado de sua única fonte de legitimidade (Arendt, 1971).

Este povo concebido em termos de valores integrativos — a pátria, a fraternidade — enfrentava o problema rousseauniano clássico da representação. Por ser soberano, o povo não pode ser representado. Daí possivelmente a ideia fluida de Silva Jardim de uma ditadura republicana para resolver o impasse. Esta forma política implicaria a possibilidade de um instrumento que encarnasse a vontade coletiva e como tal não a destituísse de seu poder. Porém, se a ideia de ditadura republicana de Silva Jardim remete necessariamente a formulações positivistas, ela o faz apenas no uso da terminologia. O radicalismo de Silva Jardim nega a representação em nome da cidadania, entendida como eminentemente política e por isso intransferível a representantes, enquanto o positivismo vai negar justamente a formulação de soberania absoluta e ilimitada do povo. Nos dois casos a ideia de representação foi suprimida, mas por razões políticas opostas. Para o radicalismo de corte rousseauniano de Silva Jardim, por respeito à cidadania coletiva e política do povo. Para o positivismo do Apostolado, pela supressão desta nação, uma vez que a cidadania era apenas civil e social. No primeiro caso, todos eram cidadãos ativos e a política era o reino da participação, da liberdade positiva. No segundo, só havia cidadãos inativos e a política era o reino das obrigações de Estado.[12]

O outro exemplo de discurso que recorre à categoria povo é o dos propagandistas militares, que sofriam forte inspiração ideológica positivista e tinham como reduto a Escola Militar e como liderança a figura de Benjamin Constant. Para este grupo, que defendia primordialmente os direitos civis (de reunião) e políticos (de manifestação e participação política) dos militares, a República era a possibilidade da criação do "soldado-cidadão". Mas como o Exército era entendido como a mais lídima expressão do povo, defender estes direitos era defender *"o próprio povo, que é a agremiação de cidadãos unidos pelos laços da disciplina"*.[13]

O povo, nesta visão, é uma entidade disciplinada, e não uma massa sem contornos. O Exército é entendido como a sua melhor vanguarda, como o seu campo de instrução política. Neste sentido muito específico, o Exército representa o povo, embora a dinâmica da representação esteja fora dos marcos liberais. A ideia é a de uma elite identificada com as causas populares e a da corporação militar como um partido. O povo é concebido como um atributo inerente à nação e indiferenciado do Estado, e não como o soberano inspirador e legitimador da nova ordem política. Os pensamentos de Raul Pompéia e Lauro Sodré ilustrariam esta vertente do republicanismo militar (Cardoso, 1975; Carvalho, 1977 e 1985, p. 150).

Resta, por fim, examinar o teor do discurso abolicionista, para o qual a escravidão constituía o maior obstáculo ao desenvolvimento e ao progresso material e moral do país. Um dos expoentes do movimento — Joaquim Nabuco — não deixava dúvidas sobre qual era a questão essencial a ser enfrentada. A luta pelo fim da escravidão não era motivada pela preocupação com o negro, e sim pela preocupação com um Brasil mais branco e um branco mais trabalhador.

A escravidão corrompia a moral da família e os valores religiosos do povo, aviltava o valor do trabalho, retardando o aparecimento e o desenvolvimento da indústria e o próprio avanço técnico da agricultura. Nabuco, inspirado no liberalismo europeu, via a urbanização e o progresso tecnológico como verdadeiros símbolos da evolução social. Para alcançá-la, era preciso superar o estorvo da escravidão que imobilizava o branco e o país. Ou seja, discutir a eliminação do trabalho do negro-escravo era, antes de tudo, defender o valor do trabalho e do trabalhador branco e livre (Nabuco, 1975, Livro H, Cap. V).

Na sociedade imperial o sistema escravista tornara o trabalho manual totalmente desmerecido. Sua desqualificação era de tal ordem que o próprio processo de trabalho surgia como algo extremamente simples e bruto: como coisa capaz de ser executada por "peças" ou animais. O ato de trabalhar era realizado como uma imposição da dominação (aos escravos) ou da penúria (aos brancos pobres). Além disso, não havia a menor vinculação entre o trabalho e a obtenção de meios para uma vida melhor. Não se trabalhava para ganhar a vida, mas literalmente para não morrer ou ser morto. Por isso, o estímulo ao trabalho só podia ser a repressão. A liberdade, mesmo sem riqueza, envolvia basicamente a possibilidade de não trabalhar (Cardoso, 1977; Franco, 1976).

Os homens de qualidade — os brancos proprietários — distinguiam-se justamente pelo fato de não trabalhar: tinham entre seus bens quem o fizesse por eles. Eram em geral estes homens que possuíam o direito político de cidadania, isto é, eram os cidadãos ativos. Os homens livres e pobres, se eram reconhecidos pela sociedade, estavam em grande parte excluídos da política: eram os cidadãos inativos. Aqueles que trabalhavam, *grosso modo* os escravos, não eram cidadãos de qualquer espécie. Privado da liberdade, da própria condição humana de racionalidade, o trabalhador-escravo era o não cidadão no sentido pleno: a ele não era reconhecido nenhum tipo de direito, uma vez que não lhe era atribuída nenhuma identidade social.

No sistema escravista, a capacidade de trabalho dos homens, geradora de suas relações com a natureza e com os outros homens e, portanto, definidora de sua condição de racionalidade e igualdade criadoras, aparecia assim totalmente transfigurada. O trabalho não era visualizado nem como um dever nem como um direito, e estava completamente desvinculado do ideal de cidadania. A formulação liberal clássica que associa o ato de trabalhar com riqueza e cidadania (aquisição de propriedade e participação no corpo político da nação) estava completamente ausente.

Os abolicionistas — e alguns deles eram também republicanos — enfatizaram em sua propaganda a temática do trabalhador branco. Ela veio ganhando corpo desde o início da década de 1870, envolvendo questões cruciais como a da imigração. Mas não foi no bojo desta campanha que se colocou a questão da identidade social dos trabalhadores, e muito menos que se formulou uma proposta de aquisição simultânea de todos os direitos de cidadania — civis, políticos ou sociais.[14] Esta nova abordagem foi a pretensão e o papel dos socialistas da virada do século. A eles coube propor a representação político-partidária do cidadão-trabalhador.

4. A proposta dos partidos operários

Já no início de fevereiro de 1890, ou seja, um mês após a fundação de *A Voz do Povo*, as disputas entre seus dirigentes evoluíram para a formação de duas facções que competiriam pela organização dos trabalhadores em torno de um partido operário. Uma delas, liderada por Vinhaes, conseguiria maior contingente de adesões e passaria a exprimir nas páginas do próprio *O Paiz*. A outra acabaria por reunir os demais elementos sob a orientação de França e Silva.[15]

Como desdobramentos deste fato verifica-se que no Rio de Janeiro a proposta socialista assumiu duas lideranças distintas e duas colorações, com pontos de convergência e de fricção. A análise do conteúdo destas propostas e do tipo de tática que se defendia na luta pelos direitos dos trabalhadores é justamente o que pode qualificar aquilo que os propugnadores entendiam como socialismo e esclarecer por que razão o haviam eleito como inspiração ideológica.

Uma vez aberta a cisão no interior do grupo original, ambas as correntes se dedicaram à organização de seu partido operário, objetivo em torno do qual se articulava todo o conjunto de reivindicações a ser defendido. Assim, em março de 1890, o grupo do tenente Vinhaes promoveu mais duas reuniões, sempre concorridas. Na primeira, foi criada uma outra entidade — o Centro do Partido Operário — que atuaria ligada ao partido político. Na segunda, Vinhaes discutiu os pontos do programa imediato de seu partido.

Ainda em março de 1890 *A Voz do Povo* fechou, e seu grupo original passou a ser liderado por França e Silva, um operário tipógrafo negro que criou seu próprio jornal: *Echo Popular*. Em torno deste nome e deste jornal organizou-se no mês seguinte um segundo partido operário, com uma diretoria e um manifesto-programa lançado à população. O combate à liderança de Vinhaes seria uma das preocupações constantes do novo partido.[16]

O ponto inicial a ser abordado na análise das experiências socialistas é o destaque por elas atribuído à formação de um partido político. A escolha do partido como instrumento de mobilização e organização dos trabalhadores precisa ser entendida como uma das opções possíveis na época. No final do século praticamente inexistia qualquer tipo de estrutura organizacional de trabalhadores no Brasil. O que se havia experimentado era ou um certo tipo de precária associação gremial com objetivos mutualistas reunindo trabalhadores de mesmo ofício, ou certos clubes formados por elementos defensores da causa do trabalho. Neste caso, eles estavam geralmente vinculados a um ideário de matriz positivista, articulando-se a outras causas políticas e praticamente não mantendo vinculações diretas com a população trabalhadora.

A opção pelo partido — em lugar do centro, clube, grêmio, união etc. decorreu de uma análise política que detectava uma certa congruência entre as questões do trabalho e as da República, o que permitia e aconselhava a eleição de uma estratégia de luta centrada num instrumento político por excelência. O jornal *Echo Popular* avalia o momento político que se vivia como *"o mais propício para que as classes operárias façam valer seus direitos e estabeleçam sua pretensão de representação junto a futuros governos"*.[17] Não era por acaso, acentuava o jornal numa nítida menção a Vinhaes, que surgiam tantos patronos para a classe operária. Isto confirmava que a questão da organização dos trabalhadores, entendida como a da defesa de um novo regime de trabalho, seria cada vez mais a questão primordial da época, como o haviam sido as causas da abolição e da própria República.[18]

Esta colocação é esclarecedora, já que revela que a análise política dos socialistas não se limitava à conjuntura específica marcada pelos preparativos eleitorais para a Constituinte — as eleições estavam marcadas para setembro de 1890. Ela possuía um sentido bem maior que se fundava numa concepção do que devia ser a República. A compatibilidade entre o movimento republicano e o movimento dos trabalhadores resultaria do fato de os fins últimos da República estarem sendo entendidos como a defesa dos princípios clássicos da igualdade e da fraternidade, o que só se realizaria pela inserção do povo numa ordem econômica (um novo regime de trabalho para o progresso do país) e política (uma nova forma de representação). A República que os socialistas tinham em mente — sobretudo os do *Echo Popular*— era uma República social e democrática, cujo paradigma era certamente o da experiência francesa.

A França revolucionária era um exemplo de como o povo fizera sua entrada na história, ganhando identidade e força políticas. A República podia e devia ser o *milieu* por excelência de organização dos trabalhadores, e é justamente dentro desta lógica que se propunha a mobilização através de um instrumento reconhecido pela nova forma de governo. Se o país se agitava em torno de uma nova organização política e se esta se caracterizava pela formação de partidos, os trabalhadores deveriam engajar-se no mesmo tipo de esforço. Mais uma vez é o jornal *Echo Popular* que traduz o clima político da época ao comentar que só causava espanto o interesse do *"operário por um partido, porque ele sempre foi considerado um ente à parte da comunidade"*.[19]

A escolha do instrumento partidário estava ligada à crença na sua pertinência e oportunidade imediatas e também na sua adequação em termos de uma estratégia de luta a mais longo prazo. Os operários queriam ser vistos como parte integrante daquela sociedade que se rearranjava, sendo seu partido tão legítimo e patriótico como qualquer outro. Por isso, o *Echo Popular* denuncia as críticas veiculadas pela imprensa que acusavam o partido operário de ser nocivo e ameaçador aos interesses do país, e de ser formado por perigosos socialistas, perturbadores da organização do trabalho e inimigos da propriedade. Em resposta, o jornal reafirma seu objetivo legítimo de dar à *"família operária uma feição política"*, dentro dos princípios republicanos. O partido operário, como os demais, queria concorrer para a ordem e a prosperidade do país, através da defesa dos interesses dos trabalhadores. Não reconhecer esta possibilidade era tornar a República uma mera continuação do Império, era destituir o sufrágio de qualquer valor. O jornal se insurgia contra isto e convocava todos os trabalhadores que soubessem ler e escrever a se alistarem como eleitores.[20]

Em defesa desta proposta, e como exemplo, o *Echo Popular* citava o Partido Socialista alemão, que obtivera recente vitória eleitoral em seu país. Este era igualmente o modelo de partido operário adotado pelo grupo do tenente Vinhaes, que, na mesma reunião em que lançou seu programa, congratulou-se publicamente com o êxito dos trabalhadores alemães.[21] É interessante observar este fato, já que o Partido Social Democrata alemão não era a única experiência que podia ser tomada como exemplo pelos socialistas brasileiros. Havia também o Independent Labor Party e os diversos partidos socialistas franceses da época da Terceira República. Mas o caso dos alemães talvez tivesse maior impacto por várias razões. Era um partido operário que após um período de interdição e perseguição se reorganizara e fora legalmente reconhecido. O processo se completara com um significativo sucesso eleitoral, já que em 1890 ele concorreu às eleições para o *Reichstag* e conseguiu fazer alguns deputados. Além do mais, a Alemanha era um país onde os trabalhadores lutavam pela plena cidadania política, não tinham uma estrutura sindical de tradição, e desde 1870, sob Bismarck, experimentavam uma política de reformas sociais.[22]

Se a França era o principal espelho para a República, a Alemanha o era para o partido operário. Um partido forte em uma República democrática poderia ser o instrumento ideal para a luta dos trabalhadores por seus direitos. *O Echo Popular* é claríssimo em sua linha de argumentação. O grande objetivo dos trabalhadores é a resolução da questão social, entendida como a questão das necessidades do povo. Entretanto, sem política não se resolve a questão social, como já ficara demonstrado com o episódio da escravidão. As reformas sociais desejadas só poderiam vir através das leis e estas só se fariam com a existência de mais representantes das classes trabalhadoras. Daí a necessidade do partido operário e da defesa de seu objetivo específico. O que se desejava era um partido, o que é diferente de *"governo dos operários, pois eles devido à má educação política e aos preconceitos da sociedade (...) não têm muitos homens ilustres e nem pessoal técnico para assumirem tão grande responsabilidade".*[23]

O que se queria primordialmente era a participação da classe operária no Congresso da República, inovação considerada absolutamente fundamental. Concluindo um artigo em defesa do partido operário, o jornal de França e Silva revelava a concepção francamente liberal que tinha do exercício da participação política. Cada classe, em sua diversidade, teria uma contribuição específica a oferecer, e desta conjunção de competências, fundadas no interesse e no conhecimento da situação de classe, nasceria o progresso do país. É com este tipo de perspectiva que o *Echo Popular* responde aos críticos do partido e da cidadania operária, afirmando:

> (...) o operário não irá ao Parlamento para discutir direito civil, jurisprudência, tratados comerciais e internacionais, pois essas funções cabem aos bacharéis, que frequentaram os bancos acadêmicos, assim como cabe aos médicos discutir higiene e aos militares a segurança interna e externa do país. Ao operário cumpre apontar a inconveniência dos impostos sobre certos gêneros de consumo, que tornam caríssima a vida e sobre outros gêneros de importação e exportação que, colocando o industrial em difíceis contingências, o impede de desenvolver suas fábricas, dar emprego e remunerar bem os operários. Eis a missão das diferentes classes representadas em um Parlamento oriundo da democracia.[24]

O que o grupo de França e Silva colocava como seu objetivo era exatamente fazer leis que beneficiassem o trabalho, leis até então completamente inexistentes no Brasil. A tática de luta era parlamentar e todos deviam unir-se em torno de um programa de ação, recusando a anarquia e as desordens. Os conflitos entre patrões e operários sempre existiram e sempre existirão, e o que se devia fazer era evitar estas desavenças, garantindo a justiça a que os trabalhadores tinham direito. O recurso à greve — que em certos casos até poderia ser necessário — era considerado essencialmente bárbaro e dispendioso, constituindo um mal irreparável à vida das comunidades industriais.

Esta posição contrária à prática grevista seria reafirmada pelo *Echo Popular* ao longo de todo o ano de 1890. Mas é preciso entendê-la dentro da lógica da proposta que se fazia e dentro do tipo de diagnóstico sobre a situação do país. Lançar mão deste meio de luta — a exemplo do proletariado europeu — não era sensato *"porque tais greves entre nós não passam de pruridos e sofreguidões sem apoio da comunidade operária, e daí sua morte como meio improfícuo"*, de todo nocivo e *"altamente prejudicial aos próprios que o manejam como arma de combate"*.[25]

O grupo do tenente Vinhaes também defendia a concepção de um partido operário que devia lutar de *"modo pacífico e ordeiro"* por uma legislação que protegesse os interesses dos trabalhadores longe *"das propostas de vingança e extermínio das classes mais favorecidas"*.[26]

Esta convergência entre os dois grupos pode ser sentida ainda em outros pontos, através do cotejo dos programas lançados pelos dois partidos operários da capital federal. O programa de Vinhaes, veiculado ainda em março de 1890, numa das primeiras reuniões realizadas por sua facção, continha oito pontos. Era bem menos amplo e detalhado que o do grupo de França e Silva, que continha doze itens e foi apresentado por ocasião do dia 1º de maio. No entanto, no que se refere a reivindicações substantivas, os programas eram basicamente os mesmos, girando em torno da defesa dos direitos sociais dos trabalhadores, conforme já havia sido afirmado tanto por *O Paiz* quanto por *Echo Popular*. As principais bandeiras de luta eram as questões do horário de trabalho, a proteção ao trabalho feminino e do menor, a proteção à velhice e à invalidez através de caixas ou montepios, e o aumento salarial. O programa de França e Silva anexava a defesa de melhores condições de habitação, educação e alimentação para a família operária. Por fim, vale ressaltar a proposta de estabelecimento de um tribunal composto por operários e industriais, cujo objetivo seria dirimir conflitos, evitando greves.[27]

Mas, se a defesa de um partido e de um programa de lutas aproximava os dois grupos de socialistas, sua concepção de partido, tanto do ponto de vista organizacional quanto político, iria distingui-los para além das disputas por liderança.

Os ataques movidos pelo *Echo Popular* contra o grupo do tenente Vinhaes permitem compreender esta distinção. Procurando afirmar-se como o verdadeiro partido operário e enfrentando uma situação que demonstrava ter o grupo oposto muito mais capacidade de mobilização, França e Silva e seus seguidores tentaram explicitar as razões que os qualificavam como verdadeiros socialistas. A questão-chave era a da exclusividade da vinculação partidária, ou seja, a da construção de uma identidade social e política em separado. Esta exclusividade tinha uma dupla face. Ela traduzia, de um lado, a luta pelo monopólio da "palavra operária", ou seja, a convicção de que só um partido deveria falar pelos trabalhadores, e, de outro, a visão de que qualquer filiação partidária também deveria ser única. O partido operário não deveria aceitar entre seus membros, e sobretudo entre seus candidatos, homens vinculados a outros partidos políticos.

Esta era a razão fundamental de crítica ao tenente Vinhaes, que, por ser filiado ao Partido Republicano e não ter plena liberdade de articulações, não podia ser o líder de um partido operário. O que o grupo de França e Silva propunha era a construção de uma identidade separada como partido político, considerando que só assim a representação seria verdadeira, no sentido de independente. Os trabalhadores — para os quais o partido se destinava — deviam ter um órgão exclusivo, através do qual pudessem se reconhecer e ser reconhecidos. As alianças eram concebíveis e mesmo úteis, mas seu palco era o Parlamento, e nunca a ampla filiação.

Estas objeções, entretanto, não tinham em vista a composição do partido. À pergunta — quem deve participar do partido operário? — ambas as facções respondiam praticamente da mesma forma: todos aqueles interessados na defesa da causa dos trabalhadores e em especial *"os elementos operários, artistas e industriais"*. A presença de operários e industriais no mesmo partido advinha do entendimento que se tinha sobre a compatibilidade de seus interesses, que convergiam com os interesses gerais do país.

A missão do partido operário era lutar por *"uma pátria próspera e feliz pelo desenvolvimento das artes e das indústrias das quais têm descurado os partidos de ação regular"*.[28] Sem este desenvolvimento tornava-se impossível o trabalho do operário e do artista. Era por esta razão que o partido operário de França e Silva colocava lado a lado reivindicações como a criação de pensões contra invalidez e velhice e a taxação de artigos importados que tivessem semelhante nacional, recomendando que *"o governo não deve mandar construir nada no estrangeiro"*. O protecionismo alfandegário era instrumento de afirmação da indústria e devia ser entendido como instrumento de afirmação da presença econômica e política do operário.[29]

A relação dos dois grupos com grandes nomes de republicanos vinculados à propaganda radical também era nítida. Do mesmo modo, não era incomum que eles contassem com a presença de autoridades civis e militares por ocasião de acontecimentos festivos.[30] No que diz respeito às bases sociais, porém, fica muito claro que durante o período que vai de 1890 a 1893 era a facção de Vinhaes que conseguia mobilizar os trabalhadores da capital federal, chegando a pôr em prática alguns pontos de sua proposta. Este problema — o das bases sociais — está ligado à própria concepção de partido, enquanto organização, adotada pelos dois grupos.

No caso do grupo do tenente Vinhaes, desde as primeiras reuniões de março de 1890 foi lançada uma concepção de organização partidária articulada com as bases. Tal concepção se estruturava em torno de duas instituições, que acabaram por se confundir: a primeira era o partido, que tinha como "chefe" o cidadão José Augusto Vinhaes, e a segunda o Centro do Partido Operário (CPO), dirigido por uma diretoria.[31]

O CPO acabaria por ser a organização operária mais ativa até o ano de 1893, quando se desagregou por questões ligadas à adesão de Vinhaes à Revolta da Armada. Durante este período, o CPO desenvolveu inúmeras ações que extrapolaram em importância sua participação nos episódios eleitorais. A forma pela qual foi composto e algumas de suas iniciativas esclarecem-nos sobre sua representatividade e qualificam melhor sua proposta socialista.

O CPO procurou estruturar-se segundo um modelo muito novo, já que no Brasil os partidos políticos mal existiam, sendo basicamente agrupamentos de notáveis. Neste contexto, o CPO — além de uma diretoria — constituiu um conselho administrativo formado por representantes escolhidos em cada oficina pública ou privada do Distrito Federal. Os representantes — dois por oficina — eram delegados com mandato imperativo, ou seja, podiam ser substituídos a qualquer momento por decisão da maioria dos artistas operários.

Conforme José Augusto Pádua observa em seu texto, um exame da lista de oficinas que elegeram representantes para este conselho administrativo ilustra muito bem não só quais eram as bases do CPO, como também qual era a composição do operariado do Rio naquele momento histórico. Os representantes podem ser reunidos em três grandes grupos. Eles correspondem basicamente: 1) às oficinas do Estado (Arsenal de Marinha, Arsenal de Guerra, Estrada de Ferro Central do Brasil, sendo que cada *ofício* tinha direito a seus dois representantes — pedreiros, caldeireiros etc.); 2) aos serviços públicos (Alfândega — obras e capatazias —, Repartição dos Telégrafos, Companhia de Bondes Vila Isabel, Estrada de Ferro Baturité e Rio de Ouro); e 3) às fábricas privadas, entre as quais se destacam as de tecidos (Tecelagem Carioca, Companhia Progresso, Confiança Industrial, Fábrica de Tecidos Rink, Fábrica de Tecidos Vila Isabel, Oficina Litográfica Paulo Rubim, Companhia de Vidros e Cristais do Brasil).[32]

Embora seja muito difícil pensar que estas adesões significassem uma mobilização mais profunda de artistas e operários, e embora também não se possa avaliar a continuidade destes apoios, é bastante significativo que uma proposta de partido operário conseguisse reunir tão expressivo rol de adeptos.

É igualmente significativo que esta proposta se articulasse a partir de oficinas, categoria que nos remete mais uma vez à realidade de uma cidade em que os trabalhadores eram pensados como operários e artistas, e onde era muito forte a presença do Estado como empregador. Por outro lado, este era um projeto para a futura organização de todo o movimento operário. O que se propunha eram formas de associações de trabalhadores, com base em ofícios, que iriam se articular em um órgão central, do qual emanariam as diretrizes políticas do movimento. O partido ou o "centro do partido" funcionaria criando uma estrutura associativa que envolveria os sindicatos de ofício e também outros tipos de órgãos.

A imagem da experiência histórica alemã é impositiva, já que foi justamente este o caso em que o movimento operário se formou a partir da direção político-ideológica de um partido, o que marca e explica muitas de suas características. Diferentemente da Inglaterra e da França, onde as associações operárias precederam o partido e tiveram prevalência sobre ele, a Alemanha é um exemplo de organização de movimentos operários que têm no partido o ponto catalisador de construção de uma identidade e de uma cultura operárias. As experiências internacionais existentes e conhecidas pelos socialistas no Brasil, portanto, eram múltiplas, não havendo solução predeterminada para esta complexa questão de relação partido/associações de classe. Os modelos eram diversos e o problema do tipo de articulação a ser construída dependia de uma difícil opção.

Se o grupo de França e Silva não conseguiu bases sociais para a efetivação de seu partido, seu discurso era claro quanto a este ponto, e vale a pena ser citado:

> O partido operário reconhece a razão de todas as instituições operárias, desde que estas sacrificando (ilegível) capricho, pretensões que não podem alimentar, por serem corpos secundários, marchem de acordo e entrem em combinações, respeitem e acatem o que emanar do centro, como é de estilo onde a disciplina é um fato e o respeito uma realidade.[33]

Um rápido exame das atividades do CPO durante o período em que atuou no Rio demonstra que ele acumulava na verdade as funções de um partido político e de uma espécie de central sindical. Além de ter lançado candidatos à Constituinte em setembro de 1890 — quando elegeu Vinhaes — e às eleições municipais de outubro de 1892, o CPO atuava como canal de comunicação entre diferentes setores do operariado e entre eles e o governo da República. Por esta razão, Vinhaes viu-se envolvido em episódios grevistas, como o de Santos, em maio de 1891. O CPO acabou sendo também o principal responsável pelas alterações relativas à questão do direito de greve realizadas no Código Penal de 1890. Embora nos dois casos haja muita ambiguidade, o fato é que o CPO assumiu um certo nível de enfrentamento, recebendo críticas dos setores patronais e oficiais. No caso de sua reação ao Código Penal — a mais célebre de suas campanhas —, o CPO defendeu a necessidade de revisão dos artigos que virtualmente proibiam qualquer paralisação do trabalho. A solução encontrada — punindo apenas as paralisações conseguidas com o uso da violência — não agradou a muitos, apesar de ter sido rapidamente aceita por Vinhaes.[34]

Mas o CPO envolveu-se com uma outra gama de iniciativas que é tão fundamental à constituição de uma identidade operária quanto as questões políticas propriamente ditas. Promovia atividades educativas (cursos e conferências), recreativas e também assistenciais utilizando-se do serviço de médicos simpáticos à causa operária.[35] É preciso frisar que um amplo espectro de atuação, longe de prejudicar o processo de reconhecimento social, vem justamente reforçá-lo, ao possibilitar a formação de laços e a criação do sentimento de pertencimento a um todo organizado. Além do mais, o CPO agia como que centralizando a oferta de benefícios aos diversos setores do operariado que mal possuíam qualquer tipo de associação.

É importante destacar, por exemplo, uma das iniciativas mais polêmicas do grupo de Vinhaes: a formação de um Banco dos Operários ainda no primeiro semestre do ano de 1890. A ideia do banco articulava-se com a concepção de Vinhaes de tornar o trabalhador um proprietário, sem que quaisquer transtornos perturbassem o desenvolvimento econômico e político do país. O banco era um órgão onde o operário devia depositar suas economias e encontrar dinheiro a juros módicos, podendo com isso empreender certas realizações. Portanto, voltava-se para um tipo de trabalhador mais qualificado que tinha condições de se transformar num pequeno proprietário (Elia, 1984, p. 72; Carvalho, 1985, p. 152; Pádua, 1985, p. 182).

Muito criticada pelo grupo de França e Silva, esta iniciativa foi apontada como um golpe de agiotagem de Vinhaes. Não é preciso recordar que se vivia o tempo do Encilhamento. O banco teve vida curta e tumultuada (faliu em 1894), mas entre suas intenções figuraram a construção de habitações convenientes e baratas, o estabelecimento de cooperativas de produção e de consumo e a constituição de um montepio para as classes trabalhadoras, além das transações comerciais normais.[36]

Por fim, cabe mencionar uma outra área de ação do CPO. Ao ser eleito em 1890, Vinhaes se autodefiniu na Câmara como um deputado socialista e como o chefe do Partido Operário. Apesar de ter sido lançado por outras chapas, inclusive a do Partido Republicano Federal, optou por se identificar como líder operário, e nesta qualidade procurou pautar sua atuação parlamentar.

Durante os anos que vão de 1890 a 1892, Vinhaes e o CPO desenvolveram esforços que podem ser qualificados como de busca do reconhecimento de seu movimento, tanto pelos próprios trabalhadores quanto pela sociedade como um todo. Neste sentido, é significativo que Vinhaes tenha sido conduzido à Câmara por uma passeata de trabalhadores, acompanhado de foguetes e banda de música, e que o CPO procurasse representar-se em todas as grandes festas republicanas, como o 13 de maio e o 15 de novembro de 1891 e 1892.[37]

A criação e o desempenho do Centro do Partido Operário e os ensaios do partido de França e Silva espelham o esforço de criação de uma identidade para a classe trabalhadora e a busca de um lugar visível na cena política e econômica do país.

5. A República em mãos dos mesmos senhores...

As eleições de 1890, a experiência da Constituinte e o resultado político consagrado pelo texto da Constituição de 1891 demarcaram o andamento e as expectativas das propostas que se confrontavam no alvorecer da República brasileira. Se de início a grande questão era a da definição do que seria a República e de como e quem era republicano, após a Constituição houve uma espécie de clarificação das posições em confronto e um processo de remanejamento de alianças políticas.

Muito *grosso modo*, os conflitos ocorridos no período de 1892 a 1904 poderiam ser descritos como a disputa entre duas forças com propostas crescentemente polarizadas. De um lado estavam os partidários de um governo republicano forte, centralizador, intervencionista, cuja tarefa era promover o progresso do país — progresso entendido como o reverso do atraso colonial, isto é, da herança do domínio português, que permanecia viva numa economia exclusivamente agrária e numa sociedade de privilégios estatuídos. Por isso, o progresso comportava a atenção para as atividades da indústria e do comércio nacional (e não português) e permitia vislumbrar uma sociedade mais permeável à incorporação ordenada do trabalhador assalariado, enfim, uma sociedade mais aberta ao povo. Esta era uma proposta nitidamente positivista em sua inspiração básica, combinando as ideias de um Estado forte e democrático, já que voltado para o desenvolvimento econômico e para o "progressivismo social". O grande defensor desta forma de República era o chamado movimento jacobino do Rio de Janeiro, com suas francas relações com o ideário positivista e com setores militares e intelectuais da capital federal. Sua atuação tanto militar quanto política foi marcante ao longo da década de 1890 e só se encerrou por volta de 1904.[38]

Do outro lado, situava-se a proposta capitaneada pelo republicanismo civil e liberal do núcleo conhecido como o dos republicanos históricos paulistas, que iria ganhar crescentes adeptos de linhagem conservadora/monarquista. Neste caso, tratava-se de construir uma República liberal excludente, federalista, francamente agrarista e ortodoxa em termos de política financeira. Esta acabaria por ser a proposta vencedora a partir da presidência de Campos Salles, mas sua presença já é nítida no texto da Constituição de 1891, que, em matéria de franquias eleitorais, deixa claro o estreito grau de inovações políticas advindas com a República. Pelo texto de 1891 teriam direitos políticos — seriam plenos cidadãos — todos aqueles maiores de 21 anos (e não de 25) que fossem alfabetizados. Eliminava-se o requisito da renda, mas mantinha-se o indicador social com o saber ler e escrever, ao mesmo tempo em que se eximia o Estado da obrigação de dar instrução primária, o que existira no período imperial (Carvalho, 1985, p. 145).

A Constituição reconhecia a autonomia política dos estados federados e sancionava uma atuação intervencionista muito limitada do governo federal. Efetivamente tratava-se de uma nítida opção pelo credo liberal, que desconhecia os direitos sociais (mesmo aqueles anteriormente aceitos) e restringia os direitos políticos àqueles que tivessem acesso privado à educação. Uma opção que afastava a ideia de uma República social, mais protetora e intervencionista em sentido amplo.

O governo do marechal Floriano Peixoto (1891-94), encerrando a disputa aberta e mesmo o impasse representado pelo período de Deodoro e da Constituinte, permitiu um breve interregno. Formou-se uma aliança instável entre os dois grupos, *"pela República"* e contra a *"subversão monárquica"*, representada pela Revolução Federalista e pela Revolta da Armada. Mas a partir da eleição de Prudente de Moraes as questões político-ideológicas se reacenderam, chegando a rivalizar com e a exceder a violência do período anterior, que não foi pequena. O episódio de Canudos, com as sucessivas derrotas do Exército, alimentou a oposição jacobina, que atacava o governo civil, paulista e aristocrático de Prudente de Moraes através de jornais como *O Paiz* (dirigido por Quintino Bocaiúva) e *O Jacobino*, núcleo principal desta tendência política. A situação na capital federal era tensa e este período presidencial acabou por encerrar-se com um atentado fracassado à vida do presidente. Este fato conduziu ao empastelamento de *O Jacobino* e a várias prisões de políticos, como Lauro Sodré, Barbosa Lima e Alcindo Guanabara.

Os anos de governo de Prudente de Moraes foram agitados e cruciais, pois foi neste período de intensa luta política que se firmou efetivamente a possibilidade de instalação da República dos Conselheiros, sob a égide da proposta liberal civil. Se no curso da Primeira República esta fórmula liberal foi vivida de maneira muito pragmática, o ponto a ser ressaltado é que mesmo a prática intervencionista era justificada, e ideologicamente convivia com as premissas e os objetivos do liberalismo.

Não é estranho, portanto, que o desencanto com a República começasse a ser um tema fecundo na política e também na literatura desde meados da década de 1890. O que nos interessa acentuar é que este desencanto e até vigorosa oposição acabaram por espraiar-se, atingindo o precário e recente movimento de organização da classe trabalhadora. As implicações que o contexto político mais amplo tiveram sobre este movimento foram múltiplas, indo desde consequências mais difusas, como uma crescente diminuição da tolerância do regime para com quaisquer iniciativas mais mobilizadoras, até um envolvimento aberto em acontecimentos que pontuaram a época, como a Revolta da Armada em 1893 e a da Vacina em 1904. O primeiro exemplo praticamente assinala o término do grupo socialista do tenente Vinhaes, e o segundo a desagregação do grupo de França e Silva/Vicente de Souza, que se formara posteriormente.

Contudo, se no período que vai de 1892 a 1904 o movimento de organização da classe trabalhadora passou a ser considerado com desconfiança e começou mesmo a ser francamente reprimido pelas autoridades públicas, ele ganhou uma visibilidade bem maior e um princípio de reconhecimento por parte da sociedade mais ampla. Neste sentido, é muito significativo o texto de M. Curvello escrito em fins do ano de 1903, que procura fazer um balanço do movimento socialista no Brasil englobando aí tanto os discípulos de Tolstói, mais calmos e evolucionistas, quanto os seguidores de Kropotkine, mais revolucionários e convictos de *"que é necessário resistir ao mal violentamente para destruir as iniquidades da sociedade presente"*.[39]

Curvello começa por assinalar a repercussão incontestável no Brasil das modernas doutrinas socialistas, que no terreno prático e teórico encontram aqui propagandistas notáveis, como o professor Vicente de Souza, no Rio de Janeiro. Seguindo uma orientação libertária distinta, haveria em São Paulo Benjamin Motta e Neno Vasco, e no Rio, Elísio de Carvalho, Motta Assunção e Joel de Oliveira, entre outros. Todos eles, reunidos pelo autor como exemplos de defesa das reivindicações operárias, estariam trabalhando por um sentimento novo que se via nascer e crescer nas associações, clubes e reuniões de trabalhadores. Estes já faziam suas greves, que iam se repetindo no Rio ao longo do ano de 1903, contradizendo aqueles que argumentavam que no Brasil não havia motivos justos para pronunciamento do operariado.

Um dos argumentos rebatidos pelo autor era o de que no Brasil não havia razões para a questão operária simplesmente porque não havia um operariado numeroso e faminto. Contra tal assertiva, diz ele, bastaria a observação das últimas greves e também da preocupação de políticos e literatos que vinham fazendo da questão operária o tema de seus discursos parlamentares e de seus trabalhos de ficção. No primeiro caso, Curvello cita como exemplo o deputado Barbosa Lima e até o próprio chefe da nação, que recebera e reconhecera a justiça das demandas dos operários das oficinas do Estado por uma menor jornada de trabalho. No segundo, os romances *Canaan*, de Graça Aranha, e *Ideólogo*, de Fábio Luz. Ao lado destes, poderiam ser colocados outros romances, não citados pelo artigo, mas que exemplificam o que ele está apontando. Nesta ótica estariam *Os Sertões*, de Euclides da Cunha, e *O Cortiço*, de Aluísio Azevedo.[40]

O período da virada do século é portanto muito rico e complexo pela intensidade dos conflitos ocorridos e, no caso do movimento operário, por sua franca emergência no cenário político. O fato de a temática social estar sendo colocada abertamente a partir da própria atuação dos trabalhadores — através de suas associações e greves — e também a partir de debates parlamentares, da imprensa e da produção cultural é muito significativo, mesmo considerando-se os limites de tais experiências. É preciso não esquecer que um dos objetivos principais das propostas de organização das classes trabalhadoras nesta época era justamente torná-la visível para a sociedade e, paralelamente, legitimar suas demandas de participação política e reivindicações sociais.

O ano de 1904 neste contexto aparece como um ponto de inflexão, na medida em que assinala o afastamento do jacobinismo republicano. O fechamento da Escola Militar da Praia Vermelha e a derrota da Revolta da Vacina simbolizam o toque de finados para a influência militar e positivista dominante até aquele momento. O governo do país após Campos Salles passava a ter como núcleo a política dos estados. A capital federal — como sede deste governo — deveria espelhar a nova imagem de civilização que se buscava fixar.

6. Povo, política e trabalho na capital federal

De maneira geral, a literatura que trata do movimento operário na Primeira República concorda que as ações desencadeadas pelos trabalhadores não foram focos de tensão política para o regime. Embora se reconheça que no início do século tenha ocorrido um lento mas gradual crescimento do associativismo e mesmo das reações grevistas, o ponto destacado é que o contingente de trabalhadores mobilizado era muito pequeno e inexpressivo econômica e politicamente.

Paralelamente, ressalta-se que as duas primeiras décadas republicanas constituíram um período particularmente violento para a capital federal. Os movimentos sociais que agitaram a cidade foram contudo espontâneos e de caráter policlassista, e deveriam ser destacados da ação dos trabalhadores propriamente ditos. Na verdade, foram estes os movimentos que conturbaram o Rio e ressoaram pelo país como um todo, preocupando o governo republicano e desencadeando uma intervenção segura e severa visando à tranquilidade e à estabilidade políticas.

Este tipo de perspectiva destaca a indiscutível fraqueza numérica e organizativa do movimento operário de então, privilegiando-a como indicador na avaliação da importância política que ele poderia ter. Por outro lado, distingue-se uma população trabalhadora de outra de não trabalhadores, composta por vadios, ladrões, desocupados e criminosos de todas as espécies, que constituiriam um dos principais focos das desordens ocorridas na capital federal.

É justamente em relação a esta perspectiva que convém fazer uma reflexão maior, capaz de recolocar em foco as tensões políticas vividas pelo Rio nos primeiros anos do século. Sem dúvida os trabalhadores urbanos do comércio e da indústria não compunham uma parcela tão numerosa da população da cidade e indiscutivelmente estavam fracamente organizados e mobilizados.[41] Contudo, é preciso observar que o impacto político de movimentos sociais deste teor nem sempre é proporcional à sua força e representatividade reais. A preocupação que as elites governantes podem manifestar ante ações populares — quer venham da classe trabalhadora ou não — depende de outros fatores políticos, que têm a ver com os interesses destas mesmas elites e principalmente com o contexto político maior em que se está vivendo.

Desde os primeiros anos da década de 1890 chegavam ao Brasil notícias das ações terroristas realizadas na Europa pelos anarquistas, o que estimulava ataques às tentativas de organização que aqui se empreendiam. Tanto Vinhaes quanto França e Silva vieram mais de uma vez a público esclarecer que as associações e partidos que dirigiam não tinham este caráter, sendo agremiações politicamente ordeiras que propunham transformações graduais, por eles entendidas como necessárias e inelutáveis.

Mas estes ataques e preocupações não diminuíram e também não se deveram apenas a uma difícil dissociação entre socialismo e anarquismo. Em seu relatório de 1897, Joaquim Murtinho — ministro da Indústria, Viação e Obras Públicas — destaca:

> A ideia socialista está se infiltrando em nossa organização social de um modo insidioso; não temos partido socialista arregimentado, mas o socialismo está invadindo o espírito dos homens públicos do nosso país. A causa de todos estes males, o inimigo a combater é o ideal socialista, que, infiltrando-se em nossa sociedade, transforma cada um de nós em um mendigo do Estado (Moraes Filho, 1981, p. 20).

No dizer do ministro, o socialismo infiltrava-se não só no seio do povo, como também entre elementos da própria elite, no interior do governo. Além disso, o socialismo era percebido como uma ameaça ao liberalismo, ao defender um Estado claramente intervencionista, em assuntos como o reconhecimento dos direitos sociais, afastado pela Constituição de 1891. O ideal socialista adaptava-se mal ao espírito da República dos Conselheiros, que só através da ortodoxia liberal exercia sua prática intervencionista, dirigindo-a a certos assuntos e não a outros.

A divulgação do socialismo e suas possibilidades de ganhar adeptos dimensionavam-se em face do quadro de confrontos políticos onde o jacobinismo militar e a "gíria positivista" eram ainda disseminados e davam demonstrações de ousadia (o atentado a Prudente de Moraes é de 1897). As relações complexas, mas existentes, entre propagandistas socialistas — como França e Silva e Vicente de Souza — e parlamentares — como Lauro Müller e Barbosa Lima — não eram escamoteadas. Lauro Müller, em 1892, fizera transcrever nos Anais da Câmara dos Deputados todo o programa elaborado pelo grupo de França e Silva por ocasião do 1º de maio, defendendo o dia de oito horas de trabalho. Barbosa Lima, em 1903, discursara na mesma casa justificando as demandas dos operários das oficinas do Estado (Moraes Filho, 1981, p. 18).

É preciso observar que, afora estes trabalhadores das oficinas do Estado, a maior parte do operariado da capital federal era constituída por uma espécie de artesão-assalariado que trabalhava em numerosos e pequenos estabelecimentos comerciais e industriais. O número de grandes empreendimentos que concentravam trabalhadores era bem pequeno e praticamente restringia-se às fábricas de tecidos. Mas as fronteiras entre esta massa trabalhadora regular e aqueles que trabalhavam por ocasião ou por encomenda eram muito fluidas (Carvalho, 1984a, pp. 2-4). Na verdade, a quantidade de elementos "sem ocupação declarada", ou seja, permanente, era muito grande. Isto não quer dizer que estes elementos não fossem trabalhadores, mas eles o eram em potencial, num momento em que o trabalho se fazia e era pago por jornada (dia) e por tarefa. O trânsito entre a situação de estar ocupado e não estar era muito rápido, e a fixação em um ofício era muito relativa. Assim, o mesmo homem podia em curto período ser trabalhador ocupado, biscateiro, ou mesmo mendigo e ladrão. De forma geral toda esta massa ocupava um mesmo espaço social e até geográfico: o centro da cidade, com seus cortiços e casas de cômodos.

Neste sentido, se certamente é possível ver a greve ocorrida no Rio em agosto e setembro de 1903 e a Revolta da Vacina de 1904 como movimentos de natureza distinta, é preciso considerar que eles se inserem num mesmo contexto político e social. Os chamados conflitos policlassistas tinham forte presença de trabalhadores em sua face mais assustadora de luta contra a polícia e as autoridades constituídas. As greves, algumas bem violentas, assumiam obviamente esta mesma face popular e espontânea (Carvalho, 1984b, pp. 30-40).

O clima de instabilidade que a cidade vivia nestas duas décadas era constituído por este conjunto de movimentos que, embora diferenciados, concorriam para um mesmo tipo de percepção política do governo republicano. Vale mencionar igualmente que tais eclosões encontravam um patronato ainda despreparado, pois é justamente neste momento e por estas razões que comerciantes e industriais do Rio de Janeiro começam a se articular sistematicamente em associações e a planejar medidas mais eficientes para a proteção de seus interesses. O mesmo tipo de situação é vivido pela organização policial, que em 1900 sofre uma significativa reforma modernizadora; em 1903 constitui-se como Guarda Civil e Brigada Policial, para finalmente em 1905 passar a formar a Força Policial do Distrito Federal (Bretas, 1984). É sensível o crescimento organizacional da polícia, da mesma forma que é evidente sua maior presença e violência na repressão aos movimentos sociais da cidade, grevistas ou não. Cada vez mais claramente a polícia — na pessoa dos delegados — emerge como um interlocutor a ser considerado e esclarecido, por um lado, enquanto por outro vai surgindo como o inimigo a ser evitado e combatido pelas camadas populares. A partir de 1905 são muitas as denúncias de ação conjunta da polícia e do patronato contra os trabalhadores, bem como de uma mudança no trato das manifestações operárias. Um trecho de um artigo de Evaristo de Moraes pode ilustrar bem esta situação.

É inegável que os patrões estão esperando uma espécie de reação governamental e especialmente policial, destinada a destruir o movimento operário e a organização por classes, que ora se vai fazendo seriamente. (...)

Longe de se agremiarem licitamente e contraporem sua ação sindical à nossa; longe de procurarem convencionar as condições normais do trabalho, buscando paz e prosperidade — eles querem confiar seus supostos interesses à guarda do governo, provocando-o a investir contra os operários, no sentido de lhes impedir a reunião pública e ordeira e a asseguração legal dos seus direitos, por meio das associações de classe.[42]

A pressão que o patronato estaria exercendo sobre o governo e especialmente sobre a polícia seria um fato perceptível. Suas razões estariam na própria afirmação dos movimentos reivindicatórios operários e na justeza com que eles procuravam lidar com a polícia, processo este que vinha sendo tumultuado.[43] Mais uma vez é Evaristo de Moraes quem historia a questão, dizendo que de início ninguém — nem mesmo o patronato — levara muito a sério as associações operárias. *"Aconteceu porém, que essas* associações de bobagem (*como eles e seus caixeiros diziam*)"cresceram. *"Por meio de greves pacíficas conseguiram as associações que os industriais lhes prestassem a devida atenção, havendo, antes de tudo, legalizado sua existência, registrando seus estatutos na devida forma."* Foi então que os patrões apelaram pela primeira vez à polícia, não obtendo os resultados que almejaram. Esta, algumas vezes, chegou a servir *"de medianeira ou intermediária, reconhecendo a legitimidade das reclamações e reivindicações"* que os trabalhadores apresentavam. *"Foi forçoso confabular com os diretores das associações, entrar em acordo, firmar com eles a combinação do trabalho, quase sempre na presença imparcial da autoridade pública. (...) Foi assim que deram seus frutos as greves dos estivadores, dos carvoeiros, dos carregadores de café, dos sapateiros, dos foguistas, dos marinheiros etc."* Diante disso, cresceu "o ódio do industrialismo". Os patrões agora gritam contra as diretorias, *"clamam contra os fiscais do trabalho, que são a garantia única do cumprimento dos acordos; pedem, cheios de ganância, que o governo e a polícia se ajustem com eles na repressão brutal do movimento operário".*[44]

Sem dúvida, é crescente a ação policial a partir de 1905, da mesma forma que o é a atuação patronal. O movimento operário — vivendo uma fase em que se mantém ativo — muda as suas roupagens, assinalando em seu meio a forte presença do anarquismo e não mais do socialismo. Este permanece vivo em suas tentativas de organizar um partido e de influenciar associações operárias, mas vê-se constrangido pelas alterações do contexto político da época.[45]

O que se quer ressaltar aqui, para o entendimento do sentido que as ações operárias tiveram ou puderam ganhar neste período, é a possibilidade de o policlassista, o popular, afetar este incipiente movimento. As desordens e os verdadeiros motins — à imagem dos *mobs* ingleses —, em que o populacho atuava mais ou menos provocado em consonância com interesses "estranhos", foram uma presença marcante na capital federal. Quase sempre estes movimentos revelavam o descontentamento popular ante a elevação dos preços de bens de primeira necessidade ou ante o rompimento de direitos considerados tradicionalmente legítimos. Se a questão dos salários não era agitada como bandeira de luta principal — o que caracterizava e diferenciava as ações grevistas —, não se deve esquecer a profunda convergência entre os objetivos últimos destas diversas revoltas: uma condição de vida considerada digna para aquelas camadas sociais relegadas e despossuídas.[46]

7. A luta por um partido operário

Após a realização das eleições de 15 de setembro de 1890 para a Constituinte, o primeiro vice-presidente do Partido Operário da capital federal, França e Silva, lança um manifesto no qual constata sua derrota eleitoral e avalia as causas do fato lastimável: a falta de união do operariado em torno de uma chapa realmente operária.

No curso de sua análise, França e Silva reafirma a legitimidade de seu grupo, que desde 1888, e não apenas com a República, vinha lutando pelos fins sociais e políticos das classes trabalhadoras. As críticas a Vinhaes são recorrentes no traçado de um paralelo que avança na caracterização de um tipo de proposta. Enquanto o Partido Operário de França e Silva *"apresentou-se com um programa, onde estão lançados os fundamentos da nossa Igreja"*, o programa de Vinhaes era o dos bancos e das companhias, *"donde lhe vêm mais viavelmente os lucros"*.[47]

Tudo isto afastava a classe operária de seu primeiro objetivo, que era o de se fazer representar por seus próprios membros nos cargos eletivos do país, a exemplo da Alemanha. Neste país o partido operário socialista, sempre perseguido, aviltado e amesquinhado, vinha pouco a pouco alcançando seus fins morais e materiais, na medida em que ia engrossando suas fileiras no Parlamento. Isto é que os trabalhadores brasileiros precisariam entender, já que o momento era de sinistras apreensões, como demonstrava o Código Penal, promulgado como uma franca ameaça à liberdade do operariado. Neste ponto, França e Silva faz uma nova constatação no interior do discurso socialista. Ele afirma que *"o atual governo não quer consórcio com a classe operária"*, tendo dado várias demonstrações do fato. Esta alteração na avaliação das possibilidades da República era importante por ter implicações no tipo de pressão que deveria ser exercida e principalmente por redimensionar a *"política social com direito à representação"* defendida pelos socialistas. Tal fato, contudo, não devia significar o abandono ou o repúdio à República, muito ao contrário.[48]

Por outro lado, o sucesso eleitoral de Vinhaes e mesmo seu desempenho parlamentar, juntamente com o do Centro do Partido Operário, não lhes garantiram maior continuidade política. A crescente desconfiança do Estado em relação ao movimento operário e os problemas internos do grupo conduziram a um processo de esfacelamento que já era claro em fins de 1892. O CPO ainda possuía núcleos organizados em várias oficinas, mas havia perdido muitos quadros, quer entre seus seguidores, quer entre os próprios líderes do partido e do Centro. A participação de Vinhaes na luta político-militar que então se travava foi o fator final para a dissolução do grupo. Seu envolvimento na Revolução Federalista e na malograda Revolta da Armada selou a sorte do grupo. Um rompimento frontal com Floriano Peixoto e a ligação com um movimento estigmatizado como monarquista tornou impossível a sobrevivência do CPO, que viu seus sócios atacados, amedrontados e dispersos. Chegou a ser organizado um novo Centro Operário, com a participação de antigos sócios do CPO, mas de posição francamente governista, que não teve entretanto continuidade (Pádua, 1985, pp. 185 e seg.).

O clima político ficou tão tenso em relação ao movimento operário que até o grupo de França e Silva sofreu acusações e prisões, e seu líder foi obrigado a prestar esclarecimentos ao chefe de polícia quanto à posição de seu partido em relação a essas revoltas. França e Silva assumiu uma postura de neutralidade e não envolvimento, já que os conflitos não diziam respeito às reivindicações operárias. Apesar das permanentes dificuldades, seu grupo sobreviveu e ganhou força e presença políticas.

Algumas informações permitem acompanhar as iniciativas deste grupo de socialistas. No começo do ano de 1892 a comissão executiva do Partido Operário convocou um primeiro congresso que acabou por se reunir em agosto do mesmo ano. O congresso foi efetivamente precário e reuniu basicamente trabalhadores da capital federal já agregados ao grupo de França e Silva. Na ocasião debateu-se e aprovou-se um programa para o Partido Operário Brasileiro, que é interessante sob vários aspectos (Pinheiro e Hall, 1979, pp. 26-30; Moraes Filho, 1981, pp. 240-2). Fundamentalmente nele estavam especificadas as formas pelas quais este partido socialista propunha a apropriação dos meios de produção. A via era a luta parlamentar, evitando o confronto violento com o patronato. O programa tinha o cuidado de afirmar que, em casos de reclamação co-

letiva junto aos patrões e ao governo, os operários só se socorreriam da *"greve pacífica, depois de empregado o processo de diplomacia".*
O congresso não foi um acontecimento expressivo. A ele compareceram cerca de quatrocentas pessoas, e seus resultados práticos para o movimento socialista não foram alentadores, como se pode constatar pelos relatórios de 1893 e 1896 enviados ao Congresso da Internacional Socialista (Pinheiro e Hall, 1979, pp. 26-33). A situação tanto no Rio quanto em São Paulo era de uma arregimentação pequena e difícil, com muito poucos trabalhadores aderindo às corporações operárias e um menor número ainda contribuindo financeiramente. Apesar de formalmente existente, este Partido Operário — que dispunha de um órgão de imprensa, *O Socialista* — não teve qualquer atuação.

É convergente neste sentido o diagnóstico realizado pelo jornal *Tribuna Operária* em fins do ano de 1900, quando constata que a classe operária carioca encontrava-se em total *"estado de decadência"*, reinando em seu seio perfeita apatia. A causa apontada para o fato era mais uma vez a atuação dos profissionais da política, que, aproveitando-se da credulidade dos trabalhadores, venderam nas praças *"a dignidade, honra e autonomia da classe".* A solução para superar tal constatação era, ainda uma vez, reorganizar o Partido Operário, unificando idéias e elegendo um verdadeiro "chefe".[49]

Também em 1900 organizou-se no Rio, sob o lema do "culto ao trabalho", a Associação dos Operários do Brasil (AOB). Ela voltava a reunir de forma clara um certo conjunto de nomes, como Saddock de Sá, França e Silva, Lúcio Reis e Ezequiel de Souza (da Estrada de Ferro Central do Brasil). A AOB teve pouca duração, mas foi basicamente este mesmo grupo, acrescido do nome de Gustavo de Lacerda e liderado por Vicente de Souza, que em 1902 formou o Centro das Classes Operárias (CCO). Esta associação, que teve vida e participação política ativas até 1905, foi uma das mais importantes organizações trabalhistas do Rio a autoproclamar-se socialista (Santos, 1966, p. 22).

Vicente de Souza, indiscutivelmente o novo porta-voz do grupo, há anos se iniciara na propaganda socialista. Viera de Santos, onde colaborara na revista *A Questão Social,* editada pelo Centro Socialista aí existente em 1895. Estabelecendo-se no Rio, onde se tornou professor de filosofia e lógica do Colégio Pedro II, começou a ter maiores contatos com o operariado através da organização do Centro das Classes Operárias.[50] Este centro, durante seu período de atuação, utilizou-se de dois jornais que se declaravam socialistas: a *Gazeta Operária* (outubro de 1902 a fevereiro de 1903), que era dirigido por Mariano Garcia e contava com a colaboração de Evaristo de Moraes e François

Seul, e *A Nação* (dezembro de 1903 a fevereiro de 1904), dirigido pelo jacobino, jornalista e ex-deputado Alcindo Guanabara.[51]

A proposta do grupo de Vicente de Souza, entretanto, não só não abarcava as alternativas existentes no interior do movimento operário, onde os anarquistas já tinham presença razoável, como não esgotava a própria proposta socialista. O jornal *Brasil Operário* (1903), de Elisário Freire e Antonio Melgaço, que tinha como principal articulista Hermes Olinda, seria um permanente crítico das ideias de Vicente de Souza e da atuação do Centro das Classes Operárias.

Acompanhar este debate e o movimento associativo e grevista que se desencadeou especialmente a partir de 1902, privilegiando a participação dos socialistas, é o que pode permitir uma avaliação das continuidades e mudanças no conteúdo desta proposta.

8. Os socialistas na virada do século

O jornal *Gazeta Operária*, fundado no Rio de Janeiro em outubro de 1902, foi uma consequência direta do II Congresso Socialista Brasileiro, realizado em São Paulo em fins de maio do mesmo ano.[52] Neste congresso decidira-se a rearticulação de um partido que lutasse pela reforma social: o Partido Socialista Brasileiro. No Rio, fundou-se então um jornal cujo objetivo específico era defender e divulgar o programa deste partido e incentivar as articulações para a formação da Federação do Partido Socialista da Capital Federal. Os grupos do Rio e de São Paulo manteriam estreito contato através de um conselho geral, cujo secretário era Estevam Estrela.[53]

O papel do jornal era muito importante, dada a difícil situação que atravessava o movimento de trabalhadores. Difícil, em primeiro lugar, pelo desencanto progressivo e profundo com a República, que cada vez mais, em lugar de representar "*a aproximação do verdadeiro ideal democrático, antes (...) o deturpa, o ilude e o afasta dos olhos dos amantes da liberdade e da justiça*".[54] Difícil também pela situação do próprio operariado, que desanimava o espírito de Evaristo de Moraes, convidado por Mariano Garcia a participar da luta pela formação da Federação do Partido Socialista da Capital Federal. Segundo Evaristo de Moraes, "*não houve, como não há, organização operária no terreno profissional, nem no terreno social. Os centros ou associações de classe, ultimamente fundados, vivem à custa dos esforços de meia dúzia de companheiros, que, por sinal, são sempre os mesmos dentro de cada classe*".[55]

Difícil igualmente porque — como constatava Estevam Estrela — entre a "*classe média ou média burguesia*", assim como entre os letrados, a questão social era, com raríssimas exceções, quase que completamente desconhecida. Mas, apesar de toda esta *"desordem mental"* tudo indicava que uma *"nova fase de ação emancipadora"* tomaria conta do operariado da capital federal. Isto devia-se ao fato de existir no Rio *"um punhado de pensadores"* voltados para estimular esta massa oprimida e amorfa a soerguer-se e a lutar por seus direitos.[56]

Na verdade — e aí se coloca uma perspectiva central para esta vertente socialista —, a situação da classe trabalhadora não era muito diferente da de todo o povo brasileiro, que há quatro séculos vivia num *"estado comatoso"* de *"obediência passiva"*. Os dois fatores apontados como causas primeiras deste fato eram a escravidão e o clero. Era justamente este combate que a *Gazeta Operária* devia travar, utilizando-se de fortes doses de *"socialismo científico"*. Estevam Estrela afirma que, pelo estudo psicológico que vinha fazendo dos operários *"modernos"* deste país, todos continuavam a ter o mesmo respeito ao patrão que os escravos tinham aos seus senhores. Não havia diferença, e *"mesmo os estrangeiros, raras exceções, são tão covardes como os escravos"*.[57]

Portanto, os líderes socialistas percebiam-se e situavam-se como um grupo política e intelectualmente esclarecido — uma elite de extração não operária — cuja tarefa era divulgar um projeto libertador entre uma massa trabalhadora passiva e inconsciente por séculos de dominação. Sua visão sobre quem eram os trabalhadores não era nada otimista, e a crença em suas potencialidades não era das mais firmes. O papel dos socialistas, por esta razão, tornava-se central para a construção de uma sociedade alternativa. Duas questões são cruciais nesta formulação: o tipo de sociedade alternativa que se estava propondo e a forma de alcançá-la. Desta junção é que se depreende o conteúdo da proposta socialista deste grupo que, no Rio, reuniu-se em torno da *Gazeta Operária* e da liderança de Vicente de Souza.

É o próprio Vicente de Souza quem situa o caráter que a propaganda socialista devia assumir naquele momento. Ela precisava ser *"oportunista e possibilista"*, para mais tarde, talvez, assumir caráter *"radical e intransigente"*. Ou seja, diante da situação em que se encontrava o operariado, para que ele começasse a se unir e a exigir seus direitos — o que era diferente de *"pedir favores"* —, era necessário uma doutrina *"praticável e racional"* que estivesse ao alcance de *"todas as inteligências"*. O socialismo viria; ele era um produto inelutável do progresso, da evolução humana, que em estágio mais ou menos avançado teria como resultado certo *"a expropriação dos atuais possuidores da riqueza social"*. Mas este era um longo processo, no curso do qual muitas seriam as lutas a travar e os problemas a vencer.[58]

Os trabalhadores deviam entender que, se o advento desta sociedade melhor já estava em curso pela evolução natural, eles precisavam urgentemente se associar e atrair adeptos, para se fortalecer e enfrentar os capitalistas, obtendo deles a maior soma de vantagens que fosse possível. Para tanto, era necessário *"não se querer muito, para se poder obter alguma coisa"*. A estratégia a ser seguida era nitidamente centrada na reforma social, e não na revolução violenta. O operário devia ser político, mesmo reconhecendo que a República não fora geradora do progresso e da igualdade que ele esperava. Por isso, era preciso ter representantes no Parlamento, os quais, mesmo em minoria, trariam maior respeito e atenção para com os reclamos operários.[59]

O trabalhador devia se organizar e combater dentro da ordem e da legalidade, o que era diferente da submissão política. Nesta perspectiva havia uma série de ações que podiam ser desenvolvidas e que conduziriam ao aceleramento do processo de transformação social, sem choques profundos e perigosos. O programa do partido socialista de 1902 e algumas propostas de Vicente de Souza publicadas nos jornais *Gazeta Operária* e *A Nação* ilustram bem a engenharia política e econômica que se tinha em vista.

O programa máximo — semelhante aos "considerandos" do programa de França e Silva em 1892 — reafirmava o objetivo de emancipar o operariado, organizando-o em partido e atraindo para a causa socialista *"os inteligentes e operosos da classe privilegiada"*, bem como a simpatia da opinião pública. Não se tratava de um partido e de uma classe exclusiva de trabalhadores, embora estes devessem ser o cerne da organização. Por isso, eles precisavam ser convencidos da necessidade de se unir em associações de artes, profissões e resistência, como também deviam ser aconselhados à sobriedade e ao combate ao álcool e à ociosidade. O projeto de trabalhador que o programa traça é recorrente: um elemento moralmente digno e voltado para o trabalho, o que lhe dá legitimidade para a participação política.

O programa destaca a importância das lutas eleitorais e propõe uma ação permanente de qualificação eleitoral, com voto para todos os cidadãos a partir de 18 anos, inclusive as mulheres. Propõe o reconhecimento do direito de cidadania a todos os estrangeiros que tenham um ano de residência no país e solicita a estes que — deixando o preconceito patriótico — conquistem este direito, naturalizando-se.

Em relação ao Estado, propõe o exercício de reivindicações tendo em vista a elaboração de uma legislação em defesa do trabalho. Em face do patronato era necessário organizar pressões constantes para se conseguir a limitação das horas de trabalho (oito horas para adultos e seis horas para menores de 14 a 18 anos) e para que as greves viessem a ser os agentes reguladores dos aumentos de salários e da conquista dos direitos sociais. O Estado devia manter-se neutro nos conflitos entre capital e trabalho, reconhecendo a liberdade de reunião e o direito de greve. Tribunais arbitrais — compostos por patrões e operários — dirimiriam os conflitos existentes. Cabia ao Estado, contudo, garantir a instrução a todos os menores e, em nível municipal, oferecer serviços médicos, luz e água gratuitos ao povo.[60]

O partido socialista, em sua ação econômica, devia propagar o princípio das ligas de resistência e apoiar não só as greves que ocorressem — mesmo que realizadas por operários não agremiados —, como também as agitações que visassem à abolição de taxas ou medidas semelhantes, objetivando o barateamento dos gêneros de primeira necessidade. A evolução natural para o socialismo — a certeza de sua inexorável necessidade histórica — não eliminava a ação organizativa e procedimentos conflituais. O ponto central da proposta acentuava, no entanto, a possibilidade de vitórias graduais que poderiam ser conseguidas, em muitos casos, dentro de um espírito de moderação.

Algumas soluções expostas por Vicente de Souza dão bem o sentido do conteúdo da proposta socialista. Retomando sugestões anteriores, este porta-voz do socialismo carioca propõe que as agremiações operárias contribuam com uma soma de dinheiro para formar *"o capital proletário, base da expansão econômica do bem-estar físico e moral do proletariado"*. Sem capital não se combateria o capital, mas com ele os trabalhadores poderiam fundar e manter instituições como bolsas proletárias, casas fornecedoras proletárias para gêneros de primeira necessidade, cooperativas de produção, escolas, postos e consultórios médico-cirúrgicos, um corpo de advogados, companhias de compra e edificação de imóveis, e até casas de diversões.[61]

Todo este projeto, cooperativista em sua linha de concepção, é colocado como passível de ser executado sem maior perturbação da ordem e sem ataques frontais ao capital do patronato. Este seria questionado em termos de uma justa remuneração do trabalho, podendo até ser pressionado a consentir numa participação nos lucros das empresas. Mas a sociedade melhor, a que o socialismo almejava, seria construída pelas iniciativas das próprias associações operárias, que redefiniriam os conceitos de liberdade e igualdade, afastando-os do individualismo que conduzia ao isolamento e à opressão.[62]

O que se pode verificar é que existia nesta proposta tanto uma estratégia de luta gradualista quanto a crença no socialismo como promessa de um milênio inevitável pelas próprias leis naturais da evolução. Uma espécie de milênio científico e positivista que exigia luta e não desconhecia a existência de tensões entre trabalhadores e patronato. O modelo de sociedade que se buscava — com a socialização dos meios de produção — não era propriamente uma solução de compromisso que significasse uma identidade de interesses entre capital e trabalho. É certo que se pregava a realização de acordos para dirimir conflitos, não se fazendo ataques diretos à ideia de propriedade privada. As cooperativas e o *"capital proletário"* apontavam para uma certa concepção de propriedade coletiva que poderia desenvolver-se dentro do *"sistema burguês"*. Esta percepção é algo distinta daquelas de Vinhaes e França e Silva, que enfatizavam a identidade entre os ideais da República, os interesses dos industriais e o avanço do proletariado. O que se encara agora é a necessidade da afirmação e da luta do proletariado em face da República e do patronato, o que se faria dentro de uma perspectiva evolutiva, e não de revolução/ derrubada do Estado.

O Centro das Classes Operárias, de 1902, cujo diretor-presidente era Vicente de Souza, estava evidentemente ligado a este projeto socialista. É extremamente difícil avaliar a ação deste centro, pois as notícias que o envolvem são muito assistemáticas e geralmente ligadas à sua presença em episódios grevistas. Contudo, justamente devido a este fato, pode-se perceber que o centro era uma instituição de referência, procurada por várias associações exatamente nos momentos de protesto. Sua atuação seria vigorosamente combatida por outro jornal socialista da época, o *Brasil Operário,* e por seu principal articulista e ideólogo, Hermes de Olinda. Por outro lado, quando o jornal *A Nação,* do jacobino Alcindo Guanabara, foi inaugurado em dezembro de 1903, Vicente de Souza — na qualidade de diretor do centro — foi convidado a colaborar. Em janeiro de 1904, estavam na diretoria do centro nomes de políticos conhecidos como Barbosa Lima, Lauro Sodré e Alberto de Carvalho.

O Centro das Classes Operárias pretendia ter um papel central na mobilização dos trabalhadores, isto é, no estímulo a suas agremiações e reivindicações. Pelo jornal *Gazeta Operária* pode-se verificar que naquele momento foram criadas ou entraram em atuação diversas agremiações de trabalhadores, algumas das quais se envolveriam em greves bem significativas para a época. Entre essas agremiações, são citadas a União Tipográfica (de novembro de 1902), a União Auxiliadora dos Artistas Sapateiros, a Associação dos Fundidores (de fevereiro de 1903), o Centro dos Empregados das Companhias de Ferro Carril da Capital Federal (também de fevereiro de 1903), a União dos Artistas Chapeleiros, a Liga Federal dos Empregados em Padarias, o Centro dos Caixeiros e a Federação dos Operários em Fábricas de Tecidos da Capital Federal (ambos de fevereiro de 1903), e a Liga dos Artistas Alfaiates. Em alguns casos o jornal trazia conclamações às classes e transcrevia as bases e os objetivos das associações. Dava bastante ênfase às solenidades de fundação, às quais compareciam diretores de outras agremiações e também representantes da *Gazeta Operária* e de outros periódicos.

Sem dúvida estes dados não permitem nenhuma avaliação segura sobre o tipo de relação que se estava estabelecendo entre o Centro das Classes Operárias/*Gazeta Operária* e as demais associações de ofício. Contudo, são indicativos de que o jornal fosse usado como veículo de propaganda e comunicação e que acabasse se envolvendo em diversos episódios grevistas, bem como em campanhas de denúncia contra certos estabelecimentos industriais.

No que se refere aos episódios grevistas, eles abarcaram tanto operários do Estado quanto trabalhadores em pequenas e grandes fábricas, como as têxteis. De maneira geral, as greves eclodiam em algumas fábricas podendo ou não estender-se a outras — levantando denúncias contra as péssimas condições de trabalho e reivindicando aumentos salariais. Elas parecem ser movimentos espontâneos encampados e então encaminhados pelas associações de ofício, algumas das quais recém-criadas e interessadas em lutas que pudessem mobilizar os trabalhadores e aumentar seus efetivos. A ação do grupo de socialistas liderado por Vicente de Souza consistia sempre em dar cobertura a este tipo de acontecimento, noticiando-o e oferecendo seu apoio. O Centro das Classes Operárias não aparece propriamente dirigindo os episódios grevistas, mas a presença e o aconselhamento dos socialistas é um fato que atesta seu propósito de liderar o movimento sindical que então se articulava e agitava. As notícias divulgadas pela imprensa operária da época sobre as greves, destacando a participação do centro ou criticando sua atuação, são indicativas do tipo de ação que se procurava encaminhar.

Em fins de 1902 e durante o ano de 1903 os operários sapateiros estiveram entre os mais ativos, atuando sob a liderança da União Auxiliadora dos Artistas Sapateiros. Por diversas vezes houve paralisações em fábricas, como na Bordalo, em dezembro de 1902. Nesta ocasião desencadeou-se uma greve que conseguiu impor uma tabela de preços organizada pelos próprios operários. Durante todo o período em que a greve ocorreu, a *Gazeta Operária* lhe deu ampla cobertura, elogiando a conduta ordeira dos sapateiros e seus esforços de entendimento com os industriais, sem abandonar uma postura firme de defesa de novos salários e de combate aos fura-greves. Mariano Garcia chegou a comparecer a algumas das assembleias dos grevistas, e, quando o movimento se encerrou, foi saudado pelo presidente da União, respondendo com um discurso que exaltava a ação dos sapateiros. Mariano Garcia não era aliás o único a comparecer a estas assembleias. A uma delas esteve presente Lopes Trovão, que, além de congratular-se com os artistas por sua atitude correta, aconselhou-os a organizar suas cooperativas de produção e de consumo de forma a robustecerem suas forças e seu bem-estar.[63]

Nos meses seguintes à greve da casa Bordalo, o que a *Gazeta* mostra e apoia é todo um esforço da União — calcado em greves — visando à aceitação da tabela de preços então aprovada por outros industriais de calçados. O movimento desenvolvia-se bem, mas foi perturbado pela organização do Centro dos Industriais de Calçado. Os sapateiros tiveram então sua ação refreada, mas ainda ocorreram greves em algumas fábricas.[64]

Foi apenas no fim do ano de 1903 que a situação voltou a se agitar, com o desrespeito total dos industriais à tabela anteriormente aceita. A posição do patronato já organizado em sua associação era dura e resultou no fechamento das fábricas e na utilização de forte repressão policial. Além disso, eles procuraram patrocinar uma outra associação operária — o Centro Salvador da Classe dos Sapateiros — visando ao esvaziamento da resistente União. Nesta ocasião, quem fez a cobertura do episódio foi o recém-criado jornal *A Nação*. Alcindo Guanabara, editor do jornal na época, conta que foi procurado por perto de seiscentos sapateiros que agradeceram o apoio recebido.[65]

Outro setor que se agitou e estabeleceu relações com o grupo socialista de Vicente de Souza foi o têxtil. Estas ligações foram importantes, uma vez que os operários das fábricas de tecidos se constituíam provavelmente nos mais numerosos trabalhadores industriais da cidade.

Nos meses de novembro e dezembro de 1902, a *Gazeta Operária* abriu espaço para uma verdadeira campanha de arregimentação dos têxteis, capitaneada por Antônio Pinto Machado. Seu objetivo era reuni-los em uma só associação ou federação, de forma a lutar por melhores condições de trabalho, por habitações operárias e escolas, por aumento de salários e redução de horas de trabalho, pelo auxílio aos desempregados e pelo combate ao uso de bebidas alcoólicas e ao jogo. Esta campanha, intercalada com denúncias sobre a miséria e os abusos a que estavam sujeitos os operários têxteis, resultou na criação da Federação dos Operários em Fábricas de Tecidos, cujos estatutos seguiriam os moldes da Liga de Resistência dos Tecelões de São Paulo.

O segundo semestre de 1903 foi especialmente agitado na cidade do Rio de Janeiro. Nele ocorreram duas greves nas quais o Centro das Classes Operárias se viu envolvido e criticado por seus opositores do *Brasil Operário*. A primeira foi a greve dos operários do Lloyd Brasileiro, que constituíam uma das bases de apoio mais importante do CCO. Iniciado em julho, o movimento também envolveu os trabalhadores dos serviços de gás. Seu objetivo era forçar a demissão da diretoria do Lloyd, identificada como responsável por todos os desmandos da empresa e pela situação difícil de seu operariado. Tudo indica que a greve contou desde o início com a total colaboração e intermediação do CCO, razão pela qual os editores do *Brasil Operário* a consideraram fracassada. As acusações que eles dirigiram ao CCO e especialmente a Vicente de Souza revelam sua discordância com o tipo de encaminhamento dado por esta organização.[66]

O segundo episódio grevista da época, conhecido como a "grande greve da capital federal", ocorreu nos meses de agosto e setembro de 1903. Foi uma campanha pelas oito horas de trabalho, por melhores salários e melhores condições de trabalho, que mobilizou de início os operários têxteis e se estendeu aos pedreiros, alfaiates, estivadores, sapateiros, chapeleiros, pintores e outros. Mas é interessante observar o contexto político maior que alimentou a eclosão desta greve, que teve início por questões bem particulares em uma fábrica de tecidos e que a partir daí se avolumou chegando a ser considerada um ensaio de greve geral na cidade.

A greve nasceu como um movimento espontâneo e localizado, e sua extensão também não parece ter sido fruto de nenhuma ação premeditada. Porém, como um analista da época percebeu, o operariado encontrava-se acalentado pela ação dos políticos. Na ocasião o deputado Barbosa Lima defendia na tribuna a fixação da jornada de oito horas, o amparo à velhice e à invalidez, além de outras garantias aos operários do Estado. Por ocasião da festa do 1º de maio, o próprio presidente da República aceitara receber uma petição pelas oito horas referente aos operários de oficinas particulares e prometera encaminhá-la ao Congresso. Os trabalhadores, segundo este depoimento, assistiam aos debates que se travavam sobre os direitos dos operários do Estado, e foi este clima, que combinava crença e desconfiança no poder público, que possibilitou a generalização da greve a outras fábricas têxteis e ainda a oficinas de gênero diverso.[67]

A Federação dos Operários em Fábricas de Tecidos, recentemente formada, e a Liga dos Alfaiates atuaram numa espécie de coordenação do movimento. Os episódios foram violentos (fábricas atacadas) e a polícia teve que ser auxiliada pelo Exército e a Marinha. A repressão foi dura: fábricas foram ocupadas militarmente, trabalhadores que moravam em vilas operárias ou nas proximidades das fábricas foram caçados e obrigados a trabalhar, e prisões foram feitas, inclusive a do redator-secretário do jornal *Brasil Operário* (Carvalho, 1984b, p. 30).

A despeito de tudo isto os grevistas resistiram durante certo tempo e procuraram, através de comissões, realizar entendimentos com o ministro da Justiça e com os industriais. É problemático acompanhar o desenrolar da greve, mas o certo é que seu desfecho não foi feliz.[68] A participação do Centro das Classes Operárias é também difícil de ser avaliada. O *Brasil Operário*, no calor dos acontecimentos, atacava o CCO por ser contra a greve e por desestimular os trabalhadores dizendo-lhes que seu movimento seria esmagado. O que fica claro é que o CCO não conseguiu controlar o desenrolar dos acontecimentos, embora certamente tenha feito tentativas, como era de seu feitio.

De qualquer forma, o CCO e o grupo socialista de Vicente de Souza sobreviveram às críticas e ao agitado ano de 1903. Em inícios de 1904 a diretoria do centro manteve na presidência Vicente de Souza, mas perdeu o jornal *A Nação*, que fora usado até então como porta-voz. Durante este ano, apareceram também outros jornais que se proclamavam socialistas e que procuravam explicitamente não ser confundidos com o anarquismo. Todos, entretanto, tiveram pouca duração. Entre eles, vale mencionar *Lumen*, de propriedade de Maurício de Lacerda. Seria apenas em 1906 que Mariano Garcia e outros elementos, como Evaristo de Moraes, voltariam a se reunir em torno de um jornal, que retomou o título de *Gazeta Operária*.[69]

A ação do grupo de socialistas liderados por Vicente de Souza e reunidos no CCO sofreu um redirecionamento durante o ano de 1904, devido às ligações com os elementos jacobinos que desencadearam a chamada Revolta da Vacina (Sevcenko, 1984). Em setembro, Lauro Sodré discursou combatendo o projeto de vacinação obrigatória que acabou sendo aprovado em outubro. Foi a partir daí que se organizou a Liga Contra a Vacinação Obrigatória, que funcionava junto com o CCO, do qual Sodré era um dos diretores. O episódio do levante e seu desbaratamento acabou por conduzir ao desaparecimento do CCO e à desintegração da liderança de Vicente de Souza, que foi um dos líderes presos na ocasião (Carvalho, 1984b, pp. 6-11 e p. 32).

A repressão de 1904 também significou um forte movimento jacobino, não só pelo fechamento da Escola Militar da Praia Vermelha — um de seus núcleos mais significativos —, como por toda uma mudança no clima político da época. Após o quadriênio de Rodrigues Alves (1902-1906), a "política dos governadores" montada por Campos Salles estava definitivamente estabelecida no país. Completava-se de forma ruidosa um processo que se iniciara com a própria Proclamação e que se constituíra numa filtragem de posições político-ideológicas nefastas ao regime, "quer por carência, quer por excesso de republicanismo" (Sevcenko, 1983, p. 25). Os socialistas não foram completamente afastados do cenário sindical e político da cidade. Eles mantiveram sua influência em certos setores do operariado, embora passassem a enfrentar crescentes dificuldades devido à intolerância das autoridades públicas e patronais, e sobretudo devido ao avanço do anarquismo.

Notas

1. Um bom exemplo do que se está assinalando é a manifestação popular de apoio à República ocorrida no Arsenal de Marinha em dezembro de 1889. A ela compareceu quase todo o ministério, e o jornal do governo, *O Paiz*, descreveu-a como *"o espetáculo mais importante e genuinamente popular que o diretório republicano tem assistido",* organizado por *"milhares de leais homens do trabalho, habituados à luta pela vida e à opressão dos governos"* (monárquicos, naturalmente). Citado por Pádua, 1985, p. 67.

2. Gustavo de Lacerda considerava-se e era considerado um importante propagandista socialista. Tendo, segundo ele mesmo, aderido a estas ideias durante seu curso na Escola Militar do Rio Grande do Sul, dedicou-se à atividade jornalística, tornando-se proprietário de alguns jornais (por exemplo, *O Rebate,* de propaganda republicana, e *A Folha da Tarde*) e colaborando em outros (como a *Gazeta Popular* e *Imprensa,* de Rui Barbosa). Em 1889, antes da Proclamação, publicou com Mariano Garcia (outro nome importante do socialismo da virada do século) o jornal operário *A Nova Fase.* Gustavo de Lacerda escreveu o livro *O Problema Operário no Brasil* e faleceu em 4.8.1909. *O Echo do Mar,* n. 8, 11.9.1909, p. 1.

3. Francisco Juvêncio Saddock de Sá, um torneiro mecânico, é geralmente identificado como um dos precursores das reivindicações trabalhistas no Brasil, pelas quais lutou de 1882 até 1921, quando morreu. Seu primeiro envolvimento foi no Clube dos Proletários, centro que reunia homens interessados nos direitos dos que trabalham. Deste clube, muito desconhecido, participavam nomes como Lauro Sodré, o que indica relações com militares republicanos e com influências positivistas. Em 1882, Saddock de Sá enviou um memorial e um trabalho contendo suas ideias não só ao Clube dos Proletários, como também a outras organizações do gênero existentes naquela época, como a Assembleia dos Operários de Niterói. A grande tônica das Considerações gerais sobre a unidade social dos povos era a defesa da união, da instrução e da moralidade das classes proletárias do país, único caminho para que se tornassem respeitadas e admiradas (Santos, 1966, e Sodré, 1970, pp. 104-6).

4. A reunião unitária mencionada ocorreu no dia 29.1.1890 no Lyceu de Artes e Ofícios. Os dados sobre esta reunião e sobre Vinhaes estão em Pádua, 1985, p. 171. A bibliografia registra a presença deste líder e do próprio movimento socialista, mas muito fragmentariamente. Alguns exemplos são Maran, 1975, Cap. V; Silva, 1977, Cap. II; Fausto, 1976, Cap. I, e Beiguelman, 1977, Cap. I.

5. "O operário e a República", em *A Voz do Povo,* n. 2, 7.1.1890, p. 1.

6. "A classe operária", em *A Voz do Povo,* n. 4, 9.1.1890, p. 1.

7. "Convite", em *A Voz do Povo,* n. 4, 9.1.1890, p. 1.

8. "O operário e a República", em *A Voz do Povo,* idem.

9. *O Artista,* 4.12.1870, pp. 1-3.

10. Este tipo de visão é típica, por exemplo, dos fabricantes, que suscitavam a questão do trabalho para defender a proteção à incipiente indústria nacional. O texto que se segue é ilustrativo: *"Nos países novos não pode medrar a indústria sem alento dos altos poderes do Estado. Todos os governos civilizados começarão, assim, favorecendo o desenvolvimento do órgão industrial cujos elementos as grandes cidades principalmente encerrarão em seu meio. A moralização das classes pobres pelo trabalho é, quando mais não seja, uma questão de alta polícia."* Citado por Eduardo Stotz em "A formação da classe operária no Rio de Janeiro: 1870-1890", *Relatório de Pesquisa, Convênio UFF-FINEP*, 1984.

11. "O depoimento de José Veríssimo acerca da ascensão do positivismo", em Paim, 1979, pp. 21-2.

12. A ideia de dois conceitos de cidadania, uma cidadania política (grega e rousseauniana) e outra civil (liberal), está em Abranches, 1985. Esta formulação aproxima-se e converge com os conceitos de liberdade positiva e negativa de Berlim, 1980, pp. 107-42.

13. Lauro Sodré, *Crenças e Opiniões*, Belém, Tipografia do *Diário Oficial*, 1986, p. 241, citado por Carvalho, 1985, p. 150.

14. Dois textos clássicos situam a temática da cidadania em termos da dinâmica dos direitos civis, políticos e sociais. São eles Marshall, 1967, e Bendix, 1964.

15. As duas reuniões ocorreram no mesmo dia, 9.2.1890, e estão noticiadas em *O Paiz*, 10.2.1890, p. 1.

16. Nesta ocasião Vinhaes contava com o apoio de nomes de prestígio, como François Seul e Florindo Ferreira de Aguiar. Este, em artigo intitulado "As classes operárias" (publicado em *O Paiz* de 17.3.1890, p. 3), esclarece que *"Entre todos aqueles que se têm apresentado — ou que têm sido apresentados"*, disputando a chefia do partido operário da capital federal, o sr. Vinhaes é o de sua escolha *"pelos muitos serviços que já conta"*, e pelo prestígio de seu nome, conhecido como *"republicano verdadeiramente democrata"*. Por isto é que *O Paiz*, *"operário pelo coração e republicano de todos os tempos"*, apoia o sr. Vinhaes. Mas o grupo de França e Silva também receberia um reforço importante com a adesão do advogado Evaristo de Moraes entre seus propagandistas.

17. *Echo Popular*, 29.3.1890, p. 1.

18. *Echo Popular*, 6 e 15.3.1890, e *O Paiz*, 11.3.1890.

19. *Echo Popular*, 8.3.1890, p. 1.

20. *Echo Popular*, 8, 11 e 13.3.1890 e 10.4.1890.

21. *Echo Popular*, 10.4.1890, p. 1, e *O Paiz*, 24.3.1890, p. 1.

22. Em 1890 caem as conhecidas leis antissocialistas que colocavam o Partido Social Democrata alemão na ilegalidade. Com isso o partido se reorganiza e começa a participar do jogo eleitoral. Sobre a experiência alemã e particularmente sobre o

Partido Social Democrata, ver Schorske, 1983, e Roth, 1979. Em 25.3. 1890, p. 2, o jornal *Echo Popular* publica o programa do Partido Socialista Português, considerado igualmente *"justo e desenvolvido"*, podendo servir de *"exemplo e subsídio para discussões"*.

23. *Echo Popular,* 17 e 24.4.1890, n. 1.

24. Idem, 2.8.1890, p. 1.

25. Idem, 23.7.1890, p. 1; ver também 25.3.1890, p. 1.

26. *O Paiz,* 10.2.1890, citado por Pádua, 1985.

27. *O Paiz,* 24.3.1890 (programa da facção de Vinhaes) e 1.5.1890 (programa da facção de França e Silva).

28. *Echo Popular,* 5.9.1890, p. 1.

29. Idem, 10 e 26.4.1890. Para o grupo de Vinhaes, ver *O Paiz,* 7.4.1890, p. 1, e 21.4.1890, p. 2.

30. Um exemplo é o discurso do próprio ministro da Marinha, que enaltece o trabalho do tenente Vinhaes. O elogio se dá por ocasião da festa de lançamento do cruzador *Almirante Tamandaré*, à qual compareceram *"pessoas da alta sociedade, assim como a Marinha e o Exército representados por todas as patentes e corporações, a magistratura, os funcionários das repartições (...)*. Na ocasião discursaram o marechal Deodoro, o ministro da Marinha e, entre outros, o tenente Vinhaes, que é homenageado pelo operariado presente. *O Paiz,* 21.2.1890, p. 1.

31. *O Paiz,* 10.3.1890, p. 1, e 11.3.1890, p. 1. A diretoria do CPO era a seguinte: presidente, F. J. Saddock de Sá; primeiro vice-presidente, José Dias de Carvalho Neto; segundo vice-presidente, Aprigio Alves de Mendonça; terceiro vice-presidente, José Francisco da Costa; primeiro secretário, Francisco Hortólio Cervantes; segundo secretário, Maurício José Velloso; tesoureiro, José Francisco Soares.

32. Pádua, 1985, p. 174. Ver também *O Paiz,* 11.3.1890, p. 1.

33. *Echo Popular,* 19.4.1890, p. 1.

34. Quanto ao episódio da greve de Santos, em que Vinhaes sustenta a justiça das reivindicações mas recomenda a manutenção da ordem, ver Beiguelman, 1977, p. 17, e também Pádua, 1985, pp. 180-1. Quanto à resistência ao Código Penal, ver *O Paiz,* dezembro de 1890.

35. *O Paiz,* 21.5.1890, p. 3.

36. Sobre o Banco dos Operários, ver *O Paiz,* maio de 1890 e 2.6.1890. No dia 11.5.1890, p. 7, o jornal transcreve os nomes que compõem a diretoria e o conselho fiscal do banco, seguidos de suas profissões. O banco instalou-se na rua da Alfândega com o capital inicial de cinco mil contos de réis. Carone, 1979, pp. 151-2, transcreve do jornal paulista *Diário do Comércio* de 19.8.1890 um artigo sobre bancos operários de São Paulo e do Rio de Janeiro.

37. *"Em 1891 houve passeata, animada pelas bandas das sociedades Prazer da Estrela e Progresso e Confiança, sessão solene com conferência de Nilo Peçanha e espetáculo concerto com alguns dos artistas mais populares de então, culminando com Augusto Mesquita cantando o hino do Partido Operário. Em 1892, além de passeata e discursos de propaganda socialista, houve a encenação da peça* Fidalgos e Operários, *pela companhia da Phoenix Dramática, na presença de Floriano e de vários ministros de Estado"* (Pádua, 1985, p. 182).

38. Ver, por exemplo, Cardoso, 1975; Sevcenko, 1983; Hahmer, 1975. Mais especificamente, ver Costa, 1984; Fausto, 1976; Carvalho, 1984b; Queiroz, 1987.

39. M. Curvello, "O movimento socialista no Brasil", em Evaristo de Moraes Filho (org.), *O Socialismo Brasileiro*, Brasília, UnB, 1981, p. 254: o texto de Curvello foi transcrito do *Almanaque Brasileiro Garnier*, de 1905. M. Curvello de Mendonça (1870-1914) foi autor de um dos primeiros romances sociais de cunho anarquista: *Regeneração*, Rio de Janeiro, Garnier, 1904. Era sergipano e vinculou-se ao grupo de intelectuais cariocas que participou da criação da Universidade Popular do Ensino Livre (março a setembro de 1904). Segundo Elísio de Carvalho, deste grupo também participaram Joaquim Murtinho, José Veríssimo, Rocha Pombo, Rodolpho Bernardelli, Deodato Maia, Evaristo de Moraes, Fábio Luz, Pedro Couto e Silva Marques, entre outros. E. de Carvalho, *As Modernas Correntes Estéticas na Literatura Brasileira*, Rio de Janeiro, Garnier, 1907.

40. *O Cortiço* data de 1890, e *Canaan* e *Os Sertões* são romances de 1902. Eles exerceram grande impacto na época, diferentemente de *Ideólogo* (1903), obra que não teve maior influência. Fábio Luz era um médico e propagandista anarquista, um intelectual no movimento operário, mas não um literato como Graça Aranha e Euclides da Cunha.

41. A população da cidade do Rio de Janeiro em 1890 era de 522.651 habitantes, e a mão de obra manufatureira perfazia um total de 54.520 pessoas. O censo realizado pelo governo federal em 1906 dava um total de 115.779 operários na cidade, sendo 64.217 brasileiros, 51.249 estrangeiros e 313 de nacionalidade não identificada. Ver Lobo, 1981, p. 303.

42. Evaristo de Moraes, "As greves e a ação da polícia", em *Gazeta Operária*, 1. 12.1906, p. 1. Há outros artigos do mesmo jornal com este tipo de denúncia. Por exemplo: "O novo governo" e "Violência contra violência", em 17.11.1906, pp. 1 e 2. Ver também os artigos de Estevam Estrela em *Gazeta Operária*, 28.12.1902, p. 1, e 4.1.1903, p. 1.

43. Dois exemplos podem ilustrar este tipo de relação entre polícia e interesses dos trabalhadores. Durante o ano de 1903 o chefe de polícia carioca foi cumprimentado pelo jornal *Gazeta Operária* por sua ação contra o jogo do bicho e contra o uso de esguichos no jogo do entrudo. O jornal se dizia contra todos os jogos, que só beneficiavam aqueles que os exploravam. *Gazeta Operária*, 11. 1. 1903, p. 2, e 1.2.1903, p. 1.

44. Evaristo de Moraes, "As associações operárias: desespero atual dos patrões", em *Gazeta Operária*, 8.12.1906, p. 1. Vale registrar que em 7.1.1907 votou-se pela primeira vez no país uma lei de combate aos "indesejáveis" (Decreto n. 1.641) e que em 21.1.1907 foi sancionada a primeira lei de sindicalização (Decreto n. 1.637). Por este decreto, as associações profissionais podiam registrar-se em cartório, com estatuto de pessoas de direito privado e gozando de plena liberdade sindical.

45. O jornal *Gazeta Operária* de 1 e 8.12.1906 noticia e publica o programa do recém-fundado Partido Operário Brasileiro, conforme orientação do congresso socialista realizado em São Paulo em 1902. Em 18.3.1909, p. 4, o jornal *Tribuna do Povo* notifica a posse do diretório do recém-fundado Partido Operário Socialista. O programa do Partido Operário Socialista (1909) está em Moraes Filho (org.), 1981, p. 254. Este autor transcreve também a notícia de fundação de um Partido Socialista no Rio em 1912 (p. 255). O diretor-geral dos partidos em 1909 e 1912 é o mesmo elemento: Melchior Pereira Cardoso, membro da Sociedade de Resistência dos Cocheiros, Carroceiros e Classes Anexas.

46. São inúmeros os motins urbanos neste período. São exemplos a Revolta do Selo (1898); a luta contra o aumento das tarifas dos serviços de bonde (1901); o levante contra o monopólio da carne verde e seus preços elevados (maio de 1902), e por fim o "quebra-lampiões", de 1904. Os dados são de Fausto, 1976, p. 59, e Sevcenko, 1983, Cap. I.

47. *Echo Popular*, 7.9.1890, pp. 1 e 2.

48. Idem, p. 2.

49. "Vinde a nós", em *Tribuna Operária*, 1.11.1900, p. 1.

50. Moraes Filho, 1981, p. 19, e *A Nação*, 10.12.1903, p. 2. Vicente de Souza (1832-1908) era baiano e médico. Fora eleito senador mas não chegara a tomar posse no cargo. Colaborara também com o jornal *O Primeiro de Maio* (1898), da capital federal, onde escreviam Evaristo de Moraes, Mariano Garcia e J. Azurara, entre outros nomes reconhecidos como socialistas.

51. Alcindo Guanabara, juntamente com Barbosa Lima e Lauro Sodré, era identificado como uma das figuras de proa do movimento jacobino no Rio. Todos foram presos em 1897, por ocasião do fracassado atentado ao presidente Prudente de Moraes.

52. Estevam Estrela, "A verdadeira doutrina", em *Gazeta Operária*, 18.1.1903, p 2.

53. *Gazeta Operária*, 28.12.1902, p. 2, e 18.10.1903, pp. 1 e 2.

54. Vicente de Souza, "Para o resgate", em *Gazeta Operária*, 28.9.1902, p. 1.

55. Evaristo de Moraes, "Carta aberta ao Mariano Garcia", em *Gazeta Operária*, 28.9.1902, p. 1.

56. *Gazeta Operária*, 5.10.1902, p. 2, e 18.1.1903, p. 2.

57. *Gazeta Operária*, 2.11.1902, p. 1.

58. Vicente de Souza, "Em marcha", *A Nação*, 10.12.1903, p. 2. As citações são de dois artigos da *Gazeta Operária* de 19.10.1902, p. 1, e 8.2.1903, pp. 1 e 2.

59. Esta posição, defendida por França e Silva e Vicente de Souza, é a mesma de Hermes de Olinda, que, escrevendo no jornal *Brasil Operário* (1.6.1903, p. 3), combate os anarquistas. Nesta questão básica, portanto, todos concordavam.

60. Programa do Partido Socialista Brasileiro, *Gazeta Operária*, 28.9.1902, pp. 2 e 3.

61. Vicente de Souza, "Bolsas proletárias", em *Gazeta Operária*, 9.11.1902, p. 1, e 30.11.1902, p. 2.

62. Em um pequeno artigo da *Gazeta Operária* de 28.9.1902, p. 1, Mariano Garcia enumera os doutrinadores socialistas cuja orientação era admirada: Malon na França; Magalhães Lima em Portugal; Terrati na Itália e, no Brasil, Abreu Lima, Eugênio George, Gustavo de Lacerda, Mansos d'Asia, Estevam Estrela, Soter de Araújo, Silvério Fontes e Vicente de Souza. Considerar que tipos de influências existiam na orientação cooperativista do socialismo deste grupo é algo praticamente impossível. O que se pode fazer é assinalar algumas citações feitas e tentar montar a lógica da proposta.

63. É interessante notar que na reunião de 14.1.1903 realizada na sede da União chega a haver quem proponha a formação de uma comissão para cortar as orelhas dos que fossem trabalhar na casa Bordalo. *Gazeta Operária*, 21 e 28.12.1902 e 4, 11, 18 e 25.1.1903.

64. O Centro dos Industriais de Calçado é criado em 20.7.1903, e seu objetivo é manter estrito controle sobre os operários. Cada fábrica elaboraria um boletim mensal sobre o movimento da mão de obra, a partir do qual se prepararia uma listagem com o nome dos trabalhadores grevistas ou demitidos por falta grave.

65. *A Nação*, 16.12.1903, p. 1. Sobre a cobertura da greve, ver o mesmo jornal em 10, 12, 13, 14, 15 e 22.12.1903. Ver também *Brasil Operário*, n. 13, novembro de 1903, p. 1.

66. *Brasil Operário*, n. 2, 13.5.1903, p. 4; n. 4, 16.6.1903, p. 3, e n. 5, julho de 1903, p. 1.

67. Joaquim Lupércio Gomes, "A grande greve dos tecelões", *A Nação*, 15 e 25.12.1903, p. 3.

68. Hermes Olinda, *Brasil Operário*, n. 9, setembro de 1903, p. 2.

69. Os jornais mencionados são *O Corsário, União Operária, Lumen* e *Avante*, todos de 1904.

Capítulo II

O Anarquismo: outra Sociedade, outra Cidadania

1. Em cena, os anarquistas

A literatura que trata do movimento operário no Brasil, quer a memorialista, quer a acadêmica, é unânime em consagrar o I Congresso Operário realizado no Rio de Janeiro em abril de 1906 como um marco da ascensão do anarquismo entre os trabalhadores. Neste encontro, os delegados libertários, mesmo em minoria, conseguiram afirmar sua orientação doutrinária em face de outras tendências, em especial a socialista.

O Congresso de 1906, contudo, não é situado como um acontecimento-chave apenas porque suas resoluções configuraram a vitória de pontos fundamentais do ideário anarquista, demonstrando seu crescimento diante dos grupos existentes no movimento sindical da época. O significativo é que essa data assinalou um ressurgimento de ações de organização e de reivindicação entre os trabalhadores do Rio e também de São Paulo, onde a presença dos anarquistas era fundamental. O 1º de maio de 1906, as várias greves ocorridas no Rio no segundo semestre deste mesmo ano, a greve paulista de 1907, a formação da Federação Operária do Rio de Janeiro (Forj) e a publicação entre 1908 e 1909 do jornal *A Voz do Trabalhador* dão bem a ideia da força desta proposta no interior do movimento operário.

Mesmo que se considerem as oscilações conjunturais que marcam a história da atuação da classe trabalhadora no Brasil, como aliás a de qualquer outro país, é inegável que de 1906 a 1919/20 foram os anarquistas os maiores responsáveis pelo novo tom que caracterizou o perfil e a atuação dos setores organizados do movimento operário. O descenso ocorrido aproximadamente entre 1909 e 1911 não chega a afetar o que se está caracterizando, e a retomada do impulso de mobilização a partir de 1912 veio consagrar o período áureo do anarquismo, quer em termos de formulações doutrinárias, quer em termos de influência nas associações operárias.

A importância dos anarquistas é, portanto, ponto pacífico na literatura que trata do assunto. Esta, em geral, orienta sua atenção tanto para os temas do ideário anarquista — destacando sua imprensa e as resoluções dos congressos (1906; 1913; 1920) —, quanto para a atuação sindical — privilegiando as reivindicações e os episódios grevistas então acontecidos. Através destas análises o que se pode observar — certamente correndo o risco reducionista — é a consagração de duas visões principais sobre os anarquistas, as quais, apesar de distintas, frequentemente se combinam.

A primeira delas é a do anarquismo como a grande e praticamente única força organizadora do movimento operário na Primeira República. Segundo esta perspectiva, foram os anarquistas que detiveram o monopólio de uma proposta revolucionária de ação coletiva para a classe trabalhadora, surgindo como uma liderança heroica, pura e verdadeira. Desta forma, todas as demais propostas de autorreconhecimento e organização dos trabalhadores ou desaparecem quase que completamente ou são encaradas como "amarelas", "reformistas", isto é, espúrias porque propagadas por elementos que se ligavam aos interesses do patronato e/ou do governo. É quase como se tudo que não fosse anarquista fosse amarelo. Tal visão, assumida e enunciada de forma nítida por muitos líderes e jornais anarquistas, traduz sem dúvida o vigor desta proposta nos anos 10. Mas, por outro lado, contribui para um verdadeiro obscurecimento da diversidade de tendências e facções que existiam no movimento operário da época.

Um pequeno trecho do depoimento de Otávio Brandão, narrando o momento de sua chegada ao Rio em 1919, é ilustrativo da dupla dimensão do que se está assinalando:

> Eu estou lhe dizendo: eu cheguei e vi o dilema. Ou vai ajudar a polícia, ajudar o governo e trair a classe operária, ou adere ao anarquismo. Não há o meio-termo. Eu aderi ao anarquismo dois anos e meio.[1]

A segunda visão — alimentada e compartilhada por textos de memórias de militantes comunistas —, uma vez reconhecendo o papel fundamental dos anarquistas, frisa o que chama de as limitações de sua proposta ideológica. O ponto destacado é a pauta economicista que dominaria o anarquismo e seria responsável pelo abandono da luta política pelo poder. Nesta ótica, as virtualidades revolucionárias do anarquismo estariam comprometidas, já que a defesa dos interesses econômicos dos trabalhadores, postulada como forma de união do movimento operário, bloquearia a atuação no campo da política.[2]

Em articulação com esta segunda perspectiva, seguem-se duas observações. Os anarquistas se aproximariam dos amarelos, pois ambas as propostas, embora por razões opostas, acabariam por ter uma orientação economicista. Ou seja, os anarquistas, por negar a dimensão política, e os reformistas, por a aceitar, afastariam o operariado do esforço de construção de sua identidade coletiva, esforço este materializado em uma prática contestatória cujo objetivo seria a luta política pela participação e tomada do poder. Por carecerem de organização político-partidária e efetiva presença política, os anarquistas não se configurariam como forças adversárias significativas para o governo. Sua ação passaria ao largo das dissidências oligárquicas e militares que marcaram a Primeira República, estas sim, responsáveis pela preocupação política governamental.

A retomada deste quadro de interpretações sobre o anarquismo, apesar de rápida e muito tosca, tem a finalidade de situar os objetivos de nossa análise. Não se trata de reconstruir a trajetória dos anarquistas, mesmo que de forma restrita ao Rio de Janeiro. O que se pretende é examinar certos pontos de sua proposta doutrinária, observando de que maneira eles se relacionam com o contexto político da época e particularmente com a proposta dos socialistas.

Isto significa considerar o anarquismo como uma das formulações que buscaram construir a identidade da classe trabalhadora, defendendo não só uma autoimagem de trabalhador, como principalmente um certo tipo de engajamento e luta com dimensões e objetivos políticos específicos. Se os anarquistas acreditavam que a única forma de ultrapassar as diversidades existentes no movimento operário era afastar a "política" do seu interior, é justamente porque concebiam esta categoria de forma inteiramente diferente. A proposta anarquista recusava a definição de política como disputa eleitoral e como prática partidária e parlamentar, afastando-se radicalmente do modelo liberal, ao mesmo tempo aceito e criticado pelos socialistas. Este fato, amplamente apontado pela literatura, não será entendido aqui como uma negligência da dimensão da política, mas como uma alternativa distinta de lidar com ela. Os anarquistas defendiam outra estratégia de luta para a conquista de uma nova identidade para os trabalhadores na sociedade. Nela a ideia de política era redefinida, e é a partir dessa redefinição que as questões dos interesses econômicos dos trabalhadores e de sua participação podem ser entendidas.

Neste sentido, socialistas e anarquistas se distanciavam por conceberem a categoria política em marcos diferenciados e a partir daí tratarem das reivindicações imediatas dos trabalhadores. Uma das intenções muito claras dos anarquistas ao defender o afastamento dos sindicatos da política oficial era justamente superar suas dissensões internas. Estas dissensões eram grandes, quer em termos de orientações concorrentes, quer em termos de problemas que conturbavam a união dos trabalhadores, como por exemplo sua composição étnica de cor e nacionalidade. Era o próprio discurso anarquista que, chamando a atenção para a presença de várias propostas dentro do movimento operário, determinava como objetivo para sua dominância doutrinária e organizacional a negação da política liberal. Esta demarcação obedecia a um interesse político por excelência e contribuiu para a construção de uma dicotomia: os anarquistas e os outros. Num desdobramento, estes outros transformavam-se todos em amarelos. Ou seja, todos aqueles que se vinculavam à política liberal eram vistos como traidores do movimento operário, sem maiores distinções.

Por esta razão, é necessário considerar qual foi a proposta anarquista para a classe trabalhadora, recuperando suas contribuições e dificuldades, e situando-a no interior do debate travado entre as lideranças de trabalhadores e entre elas e as chamadas autoridades constituídas. Através destes dois eixos, alguns pontos podem ficar mais claros, embora de forma alguma esgotados.

Entre eles, por exemplo, está um primeiro reconhecimento das tendências existentes no período, o que certamente conduz à qualificação do conceito de amarelo e à percepção da permanência de uma orientação de corte socialista. Durante os anos 10, anarquistas e socialistas conviveram, tendo suas áreas de influência e desenvolvendo relações de competição e confronto, mas também de tolerância e colaboração. A identificação do socialismo no interior do movimento operário é realmente problemática, uma vez que para alguns setores do anarquismo os socialistas estavam submersos na categoria amarelo, e para o governo e polícia, mais especificamente, toda reivindicação que envolvesse a classe trabalhadora era tachada de obra de anarquistas.

Com a mesma preocupação é possível perceber a existência de outras correntes, que não podem ser entendidas como fruto da manipulação estatal. Mesmo que de forma limitada, esta identificação aponta para a complexidade do quadro da época e esclarece as dificuldades de penetração mais abrangente de qualquer tipo de proposta, o que era justamente o objetivo dos libertários.

Não se trata também de questionar se o anarquismo teve um projeto revolucionário ou limitado politicamente. Tal indagação guarda implicitamente a referência a um paradigma que qualifica como eficazes aqueles movimentos que se organizam em termos político-partidários e que lutam pela tomada do poder do Estado para a consecução de seu projeto de nova sociedade. Nesta ótica, a proposta anarquista só pode ser entendida como limitada ou utópica, o que acaba por ter consequências analíticas não muito distintas.

Nestes termos é possível repensar a afirmação de que os anarquistas não foram um adversário significativo para o governo da Primeira República, apesar de serem considerados a mais forte presença do movimento operário na época. Retomar este ponto não é discutir se os anarquistas teriam tido uma grande e forte organização política, ou mesmo se eram ou não majoritários no movimento sindical. Afirmar a importância de uma proposta doutrinária não significa necessariamente avaliar seu contingente numérico e seus recursos de poder reais. Os anarquistas, se indiscutivelmente agitaram mais e por mais tempo a classe trabalhadora, compartilharam com os socialistas problemas semelhantes de organização e propaganda. Nunca chegaram a constituir uma força oposicionista de tipo e presença semelhantes às das dissidências oligárquicas ou militares, que atacavam a ordem estabelecida por outros canais, veiculando críticas e recebendo tratamento diferenciado.

Mas, mesmo assim, um exame mais atento da presença do anarquismo no cenário político da Primeira República não indica uma despreocupação por parte das autoridades. A forma como sua atuação foi caracterizada e o temor que se alimentou em torno disso qualificam, de forma inteiramente diversa, o papel deste adversário. No período do pós-Primeira Guerra, com o cenário internacional conturbado pela Revolução Russa e com o cenário nacional agitado pelas greves de 1917 e pelo levante carioca de 1918, fica claro que um grande esforço foi desencadeado pelo governo — mais diretamente por seus órgãos policiais — e também pelo patronato e a imprensa, tendo em vista apontar o anarquismo como seu *"inimigo objetivo"*. As elites dirigentes do país, com lógica semelhante à utilizada para qualificar os socialistas de ameaça à República recém-proclamada, construíram uma estratégia política que identificava os anarquistas como estrangeiros e terroristas. Nesta posição de mal externo que corrói a nacionalidade, eles se tornaram os mais radicais inimigos da ordem constituída. Era secundário o fato de serem ou não uma ameaça real e de terem ou não estabelecido relações com outros movimentos contestatórios. O *"inimigo objetivo"* é justamente aquele que é construído e veiculado pelo discurso como um elemento de alta periculosidade, quer porque esteja em vias de promover conflitos, quer porque, por definição, possa vir a fazê-lo (Arendt, 1979, p.12).

A questão do nacionalismo na Primeira República articulava-se com a estratégia repressiva e excludente de seus governos, o que envolvia diretamente as demandas e ações do movimento operário e o papel dos anarquistas. Embora a literatura costume destacar a grande repressão sofrida pelos anarquistas em fins dos anos 10, ela o faz enfatizando a pequena significação do movimento no cenário político da época. É justamente este dado que pode ser reconsiderado, na medida em que as perseguições aos anarquistas forem interpretadas a partir da análise de sua proposta política e de seu impacto percebido e construído em nível governamental e patronal. Em outros termos, a dimensão política do discurso anarquista só pode ser bem-situada quando vista em contraposição ao próprio discurso de criação da nacionalidade que vinha sendo tecido ao longo da Primeira República.

Compreender o que foi a proposta anarquista — em seu exemplo carioca — é sem dúvida realizar uma análise de fragmentos dispersos ao longo de mais de uma década. Mas através destes fragmentos é possível acompanhar um grande esforço no sentido de construir uma *"palavra operária"*, sobretudo porque em um contexto de maior competição pelo monopólio desta palavra e de maior repressão, se comparado ao início do século. Alguns pontos fundamentais da proposta anarquista devem, desde o início, ser mencionados, para que sua contribuição para o processo de construção de uma identidade coletiva para a classe trabalhadora possa ser melhor situada.

Entre estes pontos está o reconhecimento de que, em relação à construção de uma autoimagem de trabalhador identificado como um homem honesto, mas explorado econômica e socialmente e, por isso mesmo, digno do maior respeito e atenção por parte da sociedade em geral, os anarquistas vieram apenas reforçar o que os socialistas já haviam formulado. O papel central da classe trabalhadora em um país como o Brasil, que lutava por seu desenvolvimento econômico em face de nações mais poderosas, precisava ser reconhecido para que este mesmo desenvolvimento pudesse ter curso.

Por outro lado, os libertários foram forçados a fundir o discurso de construção da identidade da classe trabalhadora, com o discurso de defesa de sua própria imagem como militantes revolucionários. Ao rejeitarem os epítetos de agitadores, homens brutais e estrangeiros, os anarquistas postulavam que, assim como os trabalhadores brasileiros, não eram covardes, ignorantes e inimigos da pátria. Quando lutavam — anarquistas/classe trabalhadora —, estavam defendendo seus legítimos direitos que, por sinal, não confrontavam com os interesses do Brasil, mas sim com os interesses do que certos nacionalistas definiam como pátria.

Em relação à questão organizacional o quadro já é outro. Neste caso os anarquistas tinham uma proposta inovadora num duplo sentido. Em primeiro lugar porque combatiam rigorosamente a opção socialista pelo partido político, tão recente e pobre de resultados positivos que era incapaz de firmar qualquer tipo de tradição significativa entre a classe trabalhadora. Em segundo lugar porque criticavam, não menos rigorosamente, a já antiga tradição associativista de bases beneficentes experimentada pelos trabalhadores, em especial os do Rio de Janeiro.

Os anarquistas propunham como base fundamental para a construção da solidariedade operária — para a criação de um sentido de pertencimento a um grupo — a atuação dentro de sindicatos, definidos como *"sindicatos de resistência"*. Este novo tipo de organização se caracterizava pelo abandono das práticas assistencialistas e pela firme postura da *"ação direta"* ante o patronato e o Estado. Além disso, tais sindicatos deveriam estar vinculados aos princípios da doutrina anarquista. Os problemas e dificuldades que tal opção trouxe para o anarquismo são difíceis de avaliar, mas podem ser considerados significativos sobretudo no caso do Rio de Janeiro. Nesta cidade, até pelo menos inícios dos anos 10, predominavam entre as associações operárias aquelas de assistência mútua ou que, no máximo, combinavam assistência e resistência (Carvalho, 1986, pp. 6-7). Mas, mesmo quando algumas associações realizavam esta combinação, não necessariamente assumiam uma filiação doutrinária com o anarquismo, quer explícita, quer implicitamente.

Em suma, não é difícil entender que a proposta de identidade coletiva para a classe trabalhadora postulada pelos anarquistas, tendo como fundamento o sindicato de resistência, tenha despertado tantas desconfianças entre os trabalhadores, além de muitas dúvidas entre os próprios militantes libertários. As questões da relação entre a classe trabalhadora e o sindicato, bem como as questões da relação entre o sindicato e a doutrina anarquista, marcaram profundamente o projeto anarquista de constituição dos trabalhadores como um ator político.

Um último ponto deve merecer consideração, inclusive porque seu entendimento remete à compreensão do cerne do sentido revolucionário da proposta anarquista de transformação social. A estratégia dos socialistas para a constituição de uma identidade operária em inícios do século privilegiava, como foi visto, uma ampla gama de iniciativas — bolsa de trabalho, crédito, atividades recreativas, assistenciais e educacionais —, sendo o partido operário uma espécie de *"centro sindical"* centralizador e dispensador destes benefícios. Mas o núcleo desta estratégia era inequivocamente a participação político-eleitoral, materializada na própria escolha do instrumento organizacional da classe trabalhadora: o partido político.

No caso dos anarquistas, isto não podia acontecer, não só porque sua proposta rejeitava o partido político e as funções assistencialistas — consideradas desvirtuadoras das associações operárias — como porque o núcleo de sua estratégia revolucionária combinava luta política — através das greves — com educação da classe trabalhadora. Na verdade, para os anarquistas, a luta só se faria e, principalmente, a futura sociedade só se implantaria, se houvesse uma transformação profunda no homem trabalhador. O que o projeto anarquista almejava era uma revolução social e não apenas uma revolução política. Daí o privilégio da educação entendida como ampla formação cultural. O fato de terem sido os anarquistas os principais pioneiros em atividades como teatro, educação musical, práticas de leitura, criação de escolas e universidades populares não é casual. E, por esta razão, não é casual também que velhos militantes operários, anarquistas ou não, considerem até hoje que foi educando que os libertários mais contribuíram para a constituição da identidade da classe trabalhadora.

Se os socialistas produziram uma *"palavra operária"* distinta dos discursos de todos aqueles que falavam do povo e do trabalho no início do século, os anarquistas enriqueceram esta palavra ensinando à classe trabalhadora seu significado através de múltiplos instrumentos culturais. Embora discordando e combatendo politicamente os socialistas, os libertários com eles convergiam no que se referia ao valor positivo do trabalho, à dignidade da figura do trabalhador e à sua distinção e oposição ante todos aqueles que — sem trabalhar — exploravam violentamente.

2. O que foi o socialismo anarquista

Ao longo dos anos 10 existiram inúmeras publicações na cidade do Rio de Janeiro que podem ser consideradas de orientação anarquista. Todas, em geral, tiveram curta duração e uma periodicidade quinzenal ou semanal, à exceção do jornal diário *Voz do Povo*, de 1920. Em grande parte esta imprensa anarquista resultou do esforço de grupos de militantes que consideravam essencial a propaganda de suas ideias, ou foi o produto da atuação de uma associação de classe que, em determinado período e por força de alguns de seus dirigentes, esteve sob a influência desta doutrina.[3]

Em princípio, é difícil caracterizar o que foi o anarquismo a partir desta imprensa heterogênea e dispersa no tempo, sujeita às variações da conjuntura política nacional e internacional. Além disso, grande parte dos periódicos adotava como linha editorial a publicação de *"fatos da vida da sociedade"*, que deveriam ser debatidos, analisados e criticados pelo prisma das ideias anarquistas. A não publicação de textos doutrinários era uma opção considerada sensata, tendo em vista tanto o pequeno número de trabalhos aqui produzidos, quanto a dificuldade que os leitores poderiam encontrar na compreensão de um *"sistema de ideias tão vasto"*. Já através do comentário de acontecimentos cotidianos os argumentos doutrinários poderiam ser melhor concretizados e assim apreendidos pelos trabalhadores. Mas eram os próprios redatores desta imprensa que reconheciam a necessidade da publicação de artigos que esclarecessem os leitores sobre o conteúdo da doutrina que inspirava as críticas e as esperanças presentes em suas folhas. Neste caso, o jornal podia apelar para a transcrição de algum trabalho realizado por autor internacional ou por militante anarquista no Brasil, ou então elaborar editoriais expondo o que entendia por anarquismo.

É ilustrativa a decisão de Orlando Correa Lopes, redator único da revista *Na Barricada* em 1915, de publicar um texto de Neno Vasco extraído do livro *Da porta da Europa*. Para o redator, o trabalho era um exemplo de precisão no esclarecimento do que era a doutrina anarquista. O aspecto a ser destacado é que Neno Vasco identificava-a como *"socialismo* anarquista" e montava sua exposição de forma a esclarecer o porquê desta definição. Seu diagnóstico básico era que a sociedade estava fundada na propriedade privada e que esta era a raiz de todos os males e crimes sociais, materializados na desigualdade, na exploração e na miséria em que viviam os não proprietários. Contudo, esta propriedade existia na medida em que era legalizada e mantida pelo poder do Estado. Era este, em decorrência, que sustentava a situação de opressão vigente. Tal estado de coisas só poderia se alterar se a atual forma de organização da sociedade fosse transformada. Para tanto era necessário que a luta dos oprimidos visasse dois objetivos concomitantemente: abolir a propriedade privada e promover a socialização da terra e dos meios de produção, como queria o *"socialismo"*; e abolir o Estado ou qualquer *"poder que faça as leis"*, já que era por força desta autoridade que a injustiça social subsistia. Daí a proposta: ser socialista e anarquista ao mesmo tempo.

> A *anarquia* é a forma política necessária do socialismo, assim como este é a base econômica indispensável para o funcionamento duma sociedade sem governo, isto é, da anarquia.[4]

Este era um ponto central da propaganda anarquista, presente não só neste texto de Neno Vasco como em outros de maneira muito contundente. A questão da anarquia como proposta de uma *"nova ordem"* para a sociedade era defendida através de dois argumentos interligados. O primeiro destacava que eram os governos os criadores da desigualdade e da violência e que eram eles — tanto os mais quanto os menos autoritários — que criavam a desordem e o caos. O segundo remetia à ideia de ordem para a sociedade, entendendo-a como um princípio inerente às condições de existência do homem. Nesta ótica, não era o governo que garantia a ordem social. Antes, pelo contrário, ele a ameaçava e destruía, substituindo-a pela injustiça.

A caracterização do que se devia entender por anarquia marchava em paralelo com uma série de outras questões essenciais à definição e à propagação desta doutrina entre os trabalhadores em especial e na sociedade em geral. Ela envolvia a própria questão da construção de uma identidade positiva para o militante libertário e para a classe trabalhadora. Mais uma vez o texto de Neno Vasco é exemplar. Os anarquistas desejavam uma sociedade socialista (sem propriedade privada), mas distinguiam-se dos socialistas, de um lado, porque não aceitavam nenhuma forma de governo, e de outro, porque postulavam um método de ação bem diferenciado. Este método é que recebia a designação de anarquismo e era discutido por toda a imprensa libertária no Rio de Janeiro. A inspiração básica era Enrico Malatesta, transcrito ou citado em artigos cuja preocupação era qualificar o anarquismo como o método de luta da classe trabalhadora. Esta compreensão era da maior importância, pois aí residia parte da originalidade da proposta anarquista em face de outras doutrinas que também desejavam a libertação dos trabalhadores e oprimidos.[5]

O grande objetivo dos anarquistas era banir a violência das relações sociais, o que só se conseguiria através de um longo processo de luta, entendido como um processo de conquista da liberdade. Havia consenso quanto à insuficiência das medidas defendidas pelos socialistas, consideradas ilusórias e prejudiciais por nada conquistarem ou assegurarem realmente. Mas esta negação não unia os anarquistas em torno de um único conjunto de procedimentos, reconhecendo-se que havia os que defendiam a resistência passiva, como Tolstói, e os que eram revolucionários, isto é, admitiam o emprego da força como resistência à violência. Contudo, aceitar o emprego de ações violentas não significava rejeitar a utilização de ações pacíficas e sobretudo não significava utilizar o expediente do terrorismo.[6]

Este ponto era muito enfatizado por todos os que escreviam sobre o método anarquista. A preocupação evidente era esclarecer que tipo de ações e objetivos marcava o anarquismo, afastando-o, ao mesmo tempo, do socialismo e das acusações veiculadas pelos patrões, pela imprensa e pelas autoridades em geral. O objetivo era construir uma identidade positiva, denunciando a proposta concorrente, e sem cair no retrato do anarquista como lançador de bombas e homem sem nenhuma moral.

É José Oiticica que, em artigo de 1918 no *Correio da Manhã*, ilustra em tom irônico o esforço desenvolvido durante todo este período de ascensão da proposta anarquista. Respondendo em carta aberta a Rui Barbosa, Oiticica procura demonstrar que não é socialista, como o sr. Evaristo de Moraes, já que não é político, advogado, defensor do sufrágio universal, da representação etc. Anarquista, então? Oiticica ironiza dizendo que padres, generais, condes e políticos já estarão ouvindo sons de dinamite, sentindo fedor de pólvora e vendo punhais erguidos. Pede calma e declara que nunca matou ou roubou, honra pai e mãe, não cobiça a mulher do próximo, não faz contrabando e não especula, não prorroga sessões remuneradas da Câmara, não fuma, não bebe e não joga. E conclui: *"Creio-me, modéstia à parte, um sujeito sofrível, nem ótimo para santo (tenho bom gosto), nem ruim para o xadrez".*[7]

A preocupação dos anarquistas com a conduta e a moral de seus militantes tinha razões práticas bem claras. Era preciso impor-se frente a um discurso de acusação poderoso, e para tanto era preciso determinar o significado do princípio conhecido como *"ação direta"*. Neno Vasco, Carlos Dias, Manuel Moscoso e João Arzua são alguns dos nomes que participaram do debate, com artigos que tinham este objetivo precípuo.

O princípio da ação direta era basicamente caracterizado como um *"método de organização"* dos trabalhadores. Em termos amplos isto significava organização sem delegação de poder, sem representação de corte liberal, o que se aplicaria ao campo da política e da economia. Desta forma, os trabalhadores lutariam diretamente contra as autoridades públicas e contra os patrões, desenvolvendo vários procedimentos, desde os mais pacíficos até aqueles em que teriam que recorrer à força. Uma greve poderia ser empregada tanto como um expediente de resistência e defesa pacífica, quanto como uma forma mais impositiva e violenta de realizar conquistas.

O ponto central que dava caráter revolucionário ao método de organização não era o uso da violência, mas o fato de que se estava recusando todos os paliativos políticos e associativos liberais, como, por exemplo, os partidos parlamentares e a ação eleitoral. A organização surgia diretamente dos locais de trabalho e enfrentava face a face — isto é, sem mediadores formais — seu interlocutor. A crítica que os anarquistas faziam aos socialistas tinha este ponto de inflexão. O exemplo do que estaria ocorrendo na Europa confirmava o acerto deste método. Na Alemanha e em Portugal o que já se observava era que ou os socialistas acabavam sujeitos ao Parlamento, ou terminavam por criticar sua própria posição. Desta forma, as conquistas realizadas pelo operariado europeu não deviam ser vistas como fruto da ação parlamentar, mas justamente como decorrência da ação direta que era desenvolvida nos centros de trabalho e nas ruas e que, impondo-se ao Parlamento, forçara suas deliberações.[8]

Neste sentido mais amplo, anarquismo era uma forma política de pressionar diretamente os dominadores através da utilização de conversas, debates, boicotes, sabotagens, denúncias, greves e levantes, numa escala de intensidade variável que não perdia de vista a abolição da autoridade e da exploração. Mas a realização desta estratégia implicava uma outra dimensão do método anarquista. Em sentido estrito, anarquismo era a organização livre e espontânea dos trabalhadores em associações, já que só assim o instrumento organizacional escaparia da armadilha da disciplina e da autoridade, para converter-se em alavanca da liberdade.

Aqui talvez esteja a questão teórica e prática mais difícil de ser enfrentada pelos militantes anarquistas e, ao mesmo tempo, aquela que melhor sintetiza a natureza e o impasse de sua proposta política. Tratava-se de esclarecer, em primeiro lugar, que a negação da *"disciplina dos partidos autoritários"*, burgueses ou não, não era sinônimo de ausência de modelos de organização e, em decorrência, de formas associativas necessárias à atuação. Em segundo lugar, que o princípio de liberdade de associação era absolutamente crucial.

A liberdade de organização, valor indiscutível para todos os articulistas que trataram do tema, tinha desdobramentos complexos. Ela significava a possibilidade de várias iniciativas e pareceres, isto é, da diversidade no interior da associação. A diversidade era como uma faca de dois gumes: se ela permitia incorrer em erros e disputas desgastantes, era também o único expediente capaz de corrigi-los e de permitir que as "boas ideias" surgissem e o progresso fosse alcançado. Estavam enganados, como afirma Oiticica, aqueles que combatiam e lamentavam as divergências existentes entre os anarquistas. A diversidade era o melhor sinal de vida do movimento, pois o colocava fora do ambiente *"dogmático e engaiolante"* vigente por toda parte. O *"espírito da ação direta"* fundava-se na luta pela liberdade, o que implicava não apenas ser livre do patrão, mas também de todos os guias e dogmas políticos ou religiosos.[9]

O que o anarquismo elegia como sua força integradora era a solidariedade do grupo, entendida como a resultante da diversidade e da igualdade de participação, isto é, como a recusa à uniformidade. Era esta perspectiva que justificava o lugar privilegiado da educação dos trabalhadores para o anarquismo. Era pela educação que se elevavam material e moralmente os homens. Era por ela que se transformavam o operariado e a sociedade. A epígrafe da revista quinzenal *Na Barricada* traduz tal preocupação. *"Quem vai a uma barricada precisa levar, além de uma espingarda na mão, uma ideia no cérebro".*

Contudo, a formação de grupos de propaganda não bastava para a construção desta solidariedade. O problema maior era *"converter"* a grande massa de operários, para que ela pudesse sair do estado de submissão em que se encontrava. Isto implicava uma longa e lenta evolução que exigia a participação efetiva dos trabalhadores na luta que era sua. Como repetiam os militantes, os anarquistas não queriam libertar os trabalhadores; queriam que os trabalhadores se libertassem.

A resposta era procurar atuar o mais eficazmente possível no ambiente operário e, para tanto, eleger a forma de associação mais conveniente.

3. O anarquismo no sindicato

A discussão sobre qual deveria ser a relação entre o anarquismo, e o sindicato esteve presente continuamente em jornais e publicações libertárias, o que revela o reconhecimento da complexidade do assunto, em nível doutrinário e em termos práticos, da experiência brasileira, e sobretudo carioca.

Em grande parte, estes artigos informavam que a opção anarquista no Brasil privilegiava o sindicato de resistência e não outras formas de associação, como as uniões de socorro mútuo ou as cooperativas de produção e consumo. Estas formas eram consideradas muito assistencialistas, a despeito de serem reconhecidas como capazes de minorar a exploração e a miséria dos trabalhadores. Poderiam ser até toleradas, mas nunca estimuladas, e, no caso de serem articuladas por patrões ou autoridades públicas e religiosas, deviam ser violentamente combatidas.

O sindicato de resistência era o melhor instrumento. No caso do Brasil, embora a propaganda anárquica fosse anterior, foi a partir de 1906, após o I Congresso, que os anarquistas se lançaram à tarefa de criação de sindicatos. Esta não era uma questão simples, e tal resolução não afastou debates e questionamentos. Assim é que em 1911 o jornal editado por Manuel Moscoso — *Liberdade* — transcreveu um texto de Malatesta dedicado ao exame da posição dos anarquistas em face do sindicato. Embora seu teor fosse a defesa do anarcossindicalismo, o artigo começava reconhecendo a dificuldade do problema e o fato de, dentro do movimento anarquista, não se ter chegado a um acordo sobre ele. Isto ocorria, como colocava Malatesta, porque de fato o problema não permitia solução completa.

O sindicalismo tinha graves defeitos e perigos. Seu objetivo principal e imediato era a melhoria das condições de vida dos trabalhadores, o que por si só não era um objetivo anarquista. Além disso, a organização interna dos sindicatos podia sempre degenerar em autoritarismo. O que se observava era que quanto mais forte o sindicato se tornava, mais conservador e burocratizado ficava, tendendo a ocupar-se unicamente de interesses materiais e imediatos. O grande exemplo a ser observado eram as *trade-unions* inglesas.[10]

Mas de qualquer forma o sindicato era a associação mais propícia para se encontrar, preparar e ampliar o número de trabalhadores conscientes e preocupados com seus direitos. A experiência citada era a do sindicalismo revolucionário francês. Contudo, isto não significava que o sindicalismo fosse sinônimo de anarquismo ou que fosse se desenvolver progressivamente até desembocar no anarquismo.

Por isso, por exemplo, o congresso que se procurou organizar no Rio em fins do ano de 1915 definiu-se como anarquista, e não como sindicalista. Seus organizadores se autodesignaram anarquistas-comunistas, esclarecendo que apoiavam e aplaudiam a organização sindicalista do operariado, mas não pretendiam que ela fosse o microcosmo da sociedade anarquista do futuro. Vale lembrar que este congresso foi uma iniciativa do Centro de Estudos Sociais — fundado no Rio em 1914 —, e tinha em sua comissão organizadora Orlando Correa Lopes (editor da revista *Na Barricada*), José Henrique Netto e José Elias da Silva.[11]

Esta posição, que valorizava o sindicato, mas o dissociava da doutrina anarquista, vinculava-se a um certo tipo de avaliação do papel dos sindicatos. Segundo esta perspectiva, eles deveriam ser abertos a trabalhadores de todas as tendências políticas, já que uma associação de classe não precisava ter um rótulo definidor. A questão da adoção pelos sindicatos de uma doutrina oficial — no caso o anarquismo — pode ser muito bem-ilustrada pelo debate travado entre dois articulistas no jornal *A Voz do Trabalhador*, a partir de fins do ano de 1913, prolongando-se durante todo o ano de 1914. A posição de Neno Vasco é exemplar ao combater os argumentos de João Crispim, para quem os estatutos e congressos sindicais deveriam definir o anarquismo como finalidade. Segundo Neno Vasco, tal proposta contradizia o anarquismo no que ele tinha de essencial, e cabia refletir sobre suas consequências:

> De duas uma: ou o sindicato é exclusivamente composto de anarquistas e só anarquistas admite; ou o sindicato agrupa profissionalmente os salariados sem distinção de finalidades políticas e sociais.[12]

No primeiro caso o sindicato seria um *"grupo de ideias"* e, como os anarquistas eram uma pequena minoria que pelo arrojo de suas posições não inspirava grande confiança ao grosso do proletariado, estaria destinado a ter reduzida influência, pouco colaborando para os grandes movimentos entre os trabalhadores. Ora, não era isso que se desejava. A grande utilidade do *"sindicato profissional"* era ser um campo fértil para semear ideias e permitir que os anarquistas entrassem em contato com os trabalhadores, ganhando assim sua confiança e adesão. Esta proximidade era essencial para afastar o proletariado dos parasitas da política e, através da ação orientada sobre o terreno econômico, conduzi-los à revolução social, e não simplesmente à revolução política. Concluindo, Neno Vasco afirmava que a declaração oficial dos estatutos sindicais em favor do anarquismo, além de uma *"infantilidade perigosa"*, era um artifício autoritário de alguns delegados, e não a convicção sincera dos membros dos sindicatos. Portanto, nada menos anarquista.

A posição da Associação Gráfica do Rio de Janeiro, criada em 1915, talvez pudesse ser o melhor exemplo de um sindicato que não se definia oficialmente pelo anarquismo e que contava em suas fileiras com um ativo grupo de militantes. Em agosto de 1916, uma pequena polêmica entre dois articulistas da imprensa operária voltou a abordar esta questão, tendo como alvo específico a AGRJ. Ela estava sendo acusada de falta de definição doutrinária, e o articulista de *O Graphico* respondeu a este comentário dizendo que uma associação para ser grande não tinha que se apresentar *"fardada de preto, vermelho ou amarelo"*.[13]

Aliás, o tema das relações anarquismo/sindicalismo esteve na ordem do dia no ano de 1916, como deixa claro, em suas primeiras linhas, um folheto intitulado *O anarquismo perante a organização sindical*.[14] Ele trazia muitas assinaturas (vinte), mas foi elaborado e apresentado por três elementos, entre os quais José Elias da Silva. A data do documento é importante, já que é anterior ao momento de maior agitação no movimento operário, tanto no Rio quanto em São Paulo. Os anarquistas não tinham vivido ainda sua grande experiência de ascenso, o que torna o diagnóstico dos autores extremamente significativo para situar o período que vai de 1906 a 1916 no que se refere à questão da organização sindical.

O texto é interessante, pois nele um grupo de anarquistas procura fundamentar suas críticas ao privilegiamento da ação no interior dos sindicatos, propondo uma nova alternativa política. Sendo talvez o único exemplo de um questionamento mais profundo e articulado da linha anarcossindicalista, o documento provavelmente não traduz uma preocupação marginal ou momentânea dos anarquistas brasileiros. Ele começa por registrar a decisão tomada em 1906, que elegia os sindicatos como o melhor instrumento para levar o proletariado a realizar a transformação social. A partir daí, inicia uma crítica, registrando sua percepção do movimento sindical em nosso país. Este movimento sempre fora muito fraco e oscilante, reunindo poucos trabalhadores. Suas vitórias, quando obtidas, eram efêmeras e não conseguiam manter-se junto ao patronato e ao Estado. O mais grave era que as maiores mobilizações já realizadas, quer fossem greves ou outras campanhas, tinham ocorrido sem estímulo direto dos sindicatos. Na verdade, estas associações surgem muito mais como efeito do que como causa das mobilizações operárias.

Os trabalhadores brasileiros resistiam muito à sindicalização, e quando o faziam queriam ter na associação a *"mãe cuidadosa"* que os protegesse, sem necessidade de participação e luta. Esta constatação é significativa, de um lado porque explica a posição dos militantes anarquistas, levados ora à descrença, ora a uma profunda hostilidade e desprezo em relação aos trabalhadores, e de outro porque demonstra a dificuldade dos trabalhadores de aceitar e entender a forma de organização e de luta sindical encaminhada pelos anarquistas.

A questão é complexa. Ela envolve o que os anarquistas chamavam de a passividade do trabalhador brasileiro. Ou, segundo uma lógica olsoniana (Olson, 1970), sua imobilidade e seu desejo de ter benefícios sem custos de participação. Além disso, os anarquistas também ressaltavam a experiência associativa anterior de nosso país, marcada basicamente pelo mutualismo. Não era raro encontrar entre vários setores da classe trabalhadora uma franca desconfiança e mesmo oposição perante o sindicato de resistência.

As queixas e reprovações dos anarquistas em relação à falta de interesse dos trabalhadores em se associar percorrem suas publicações ano após ano. A união que se conseguia nos sindicatos era pequena e frágil. Dentro deste argumento, os autores do texto de 1916 acabavam por concluir que o movimento sindical não era o melhor meio de criar a solidariedade de interesses desejada pelos anarquistas entre a classe trabalhadora. Era preciso buscar interesses mais gerais e mobilizar através de outros tipos de movimento, como os que denunciavam a Igreja Católica, a guerra, a carestia de vida etc. Se a política dividia, os interesses econômicos imediatos dos trabalhadores também dividiam, e os anarquistas não estavam conseguindo vencer a ideia da associação como *"mãe cuidadosa"*, própria do mutualismo.

Esta discussão iria permanecer mesmo após o ascenso do movimento anarquista no período de 1917-1919. Contudo, a eleição do sindicato de resistência como o grande instrumento de mobilização e organização dos trabalhadores no Brasil também permaneceria em vigor.

No contexto desta grande discussão sobre o que era o anarquismo e sobre quais eram suas relações com o movimento sindical, pode-se mais uma vez dimensionar a preocupação dos libertários com a educação dos trabalhadores. De certa forma, era através deste longo processo de *"formar consciências e criar vontades para a ação"* que sua proposta de luta poderia caminhar e consolidar-se.[15] A multiplicidade de iniciativas culturais que eles encaminharam e o valor que lhes atribuíram explicitam o projeto de identidade coletiva que buscavam construir, ao mesmo tempo em que se vinculam às dificuldades que encontravam para mobilizar o operariado através dos sindicatos de resistência.

Não se trata aqui de discutir os aspectos culturais do projeto anarquista, mas apenas de destacar que estes aspectos qualificam a dimensão política do que os militantes chamavam de seu método de organização. Como Boris Fausto já observou,[16] a crítica desenvolvida às instituições e à cultura da sociedade de classes marchava *pari passu* à tentativa de criar uma cultura e uma moral próprias como núcleos alternativos de formação de um homem novo.

4. O ontem no amanhã: a futura comunidade de homens

Uma das críticas mais recorrentes e veementes feitas ao anarquismo pelos militantes "bolchevistas", mas também pelos próprios socialistas, é que se tratava de uma doutrina que não dispunha de um projeto de futura sociedade. Esta ausência lhe era fatal, pois deixava todo o esforço de seu método de organização sem direcionamento e sem *élan* revolucionários. A elaboração de um ataque vigoroso e pertinente à sociedade atual era um recurso insuficiente para se obter sucesso político. Este dependeria, em grande parte, do que se prometia como mundo alternativo, e os anarquistas eram incapazes de formular um projeto nesse sentido.

A leitura de depoimentos de ex-militantes anarquistas que aderiram ao comunismo nos anos 20 deixa este ponto muito bem-marcado. Todos, em geral, destacam a dispersão e a desordem trazidas para o movimento operário pelos princípios de autonomia individual e pela fluidez do projeto de sociedade anarquista. Contudo, mesmo se reconhecermos a procedência desta crítica — sobretudo quando vinda da parte dos comunistas, que consideravam dispor de um modelo bem preciso de nova sociedade — é necessário avaliar a linha de argumentação desenvolvida como resposta pelos anarquistas.

Ela destaca, em primeiro lugar, que o anarquismo não tinha um modelo previamente assentado e cientificamente elaborado porque tal formulação contradizia as premissas de sua doutrina. Se o anarquismo era um método de luta que via a liberdade e a solidariedade dos homens como resultado de um processo de conquista, a sociedade a ser alcançada deveria ser um produto deste processo, não podendo ser inteiramente predeterminada. Com isto, obviamente, os anarquistas estavam contra-atacando, ao denunciar a dimensão burguesa da doutrina socialista e, sobretudo, a dimensão autoritária da proposta comunista. Mas os anarquistas também consideravam tal crítica infundada porque estavam convencidos que sua doutrina fornecia os critérios fundamentais para uma futura organização social.

Observando-se os artigos de jornais e outros textos anarquistas, é forçoso reconhecer que não são muito numerosos aqueles que tratam do projeto da futura sociedade. Outros aspectos da doutrina estão muito mais presentes. Mas é inequívoco que em muitas passagens o perfil da sociedade anárquica está delineado e há até trabalhos que se dedicam mais especificamente a esclarecer como este novo mundo estaria organizado.

É mais uma vez a Malatesta que os textos anarquistas recorrem de forma contundente. Neno Vasco o cita longamente para registrar uma ideia fundamental, repetida em muitas outras ocasiões por diversos articulistas. Uma sociedade socialista e anarquista seria aquela formada por livres associações e federações de produtores e consumidores. Elas se constituiriam e se modificariam segundo a vontade de seus componentes, sendo estes guiados apenas pela ciência e pela experiência. Ou seja, sem *"qualquer imposição que não provenha das necessidades naturais, a que cada um, vencido pelo sentimento mesmo da necessidade inelutavel, voluntariamente se submete".*[17]

É clara a dimensão iluminista de corte rousseauniano deste modelo de ordem política. Trata-se de uma sociedade onde todos são livres porque participam de forma igualitária de um projeto associativo, cumprindo-se, em decorrência, a promessa da harmonia entre a vontade de todos e a vontade de cada um. Racionalistas, partilhando da noção iluminista de progresso humano, os anarquistas eram individualistas, mas abraçavam uma vertente do pensamento sobre as relações indivíduo-sociedade cujo cerne reside na combinação entre a liberdade e a singularidade dos homens (Wolff, 1950, Cap. 4). Para os anarquistas não se tratava de oscilar entre um indivíduo voltado para si mesmo e qualificado de egoísta e um indivíduo altruísta, voltado para as funções que deveria exercer como membro do todo. Este impasse, que passara a integrar o próprio conceito de indivíduo liberal, não se colocava.

O individualismo e o próprio conceito de liberdade anarquistas remetem a uma maneira diferente de pensar o conceito de sociedade, ou seja, de coletividade que integra os indivíduos. Nesta visão, sociedade e indivíduo estão em harmonia, na medida em que são os valores individuais de aperfeiçoamento permanente do homem que se tornam os valores da sociedade da qual o homem faz parte. A *liberdade qualitativa* (Mannheim, 1963) que marca esta ideia de coletividade fundada em unidades diversas e por isso livres, aproxima este conceito de sociedade de dois outros conceitos esclarecedores: humanidade e comunidade.

A sociedade libertária estaria referida ao conceito de humanidade, na medida em que cobrava dos indivíduos uma forma de inserção coletiva orientada pelos valores universais do homem. A sociedade atual seria inimiga da humanidade e do indivíduo porque seus valores coletivos eram determinados por interesses de grupos particulares. O que caracterizava o projeto anarquista era exatamente a recuperação de valores primordiais: o justo, o belo, o racional, o moral. A coletividade assim construída não possuiria fronteiras de interesses contrapostos e sobretudo não poderia ser pensada em termos da dicotomia indivíduo/sociedade. Humanidade era *"mais"* que sociedade, não por razões quantitativas e sim qualitativas. A proposta era a de um arranjo onde o social e o humano pudessem convergir (Meinecke, 1970, Cap. 3).

Isto era possível porque a solidariedade para os libertários tinha nítido caráter comunitário. Ela emergia da livre interação entre os homens organizados em grupos múltiplos e autônomos. A ideia de sociedade confundia-se com a de uma grande comunidade de homens, presidida pela atividade individual e unida pela força de uma solidariedade que tinha como núcleo laços interpessoais (Drumond, 1985). A ordem social assim criada concebia o poder como emanado coletivamente da sociedade/comunidade e rejeitava qualquer instituição que o encarnasse de forma privilegiada, isto é, assimétrica.[18]

O projeto anarquista poderia ser aproximado de uma vertente do pensamento liberal ilustrada por John Stuart Mill e sobretudo T. von Humbolt. Esta vertente defende a liberdade individual enquanto desenvolvimento harmonioso dos homens, a partir da diversidade de suas experiências em comunidade. O que se deseja é o aperfeiçoamento humano, não apenas em termos de conforto material, mas principalmente em termos de vida interior, de virtude. A centralidade da questão educacional, o livre debate e pensamento como instrumentos de formação e manutenção dos valores básicos desta sociedade reforçam o tipo de vinculação com o anarquismo. Mas o projeto anarquista radicaliza a proposta liberal de pensar o poder. Não se trata mais de limitar o Estado às funções mínimas de promoção do bem comum, qualificadas como segurança e bem-estar social, por exemplo. O que se deseja teoricamente é a eliminação desta instância, mesmo que outra rede de associações tenha que ser montada para a administração da nova sociedade.

Embora em muitos artigos da imprensa libertária no Brasil surjam indicações básicas sobre o modelo de sociedade anarquista, não há quase exemplos de textos que se proponham tal objetivo específico. Uma verdadeira exceção é o livro O *que é o maximismo ou bolchevismo*, escrito por Edgard Leuenroth e Hélio Negro, pseudônimo de Antônio Candeias Duarte. Os autores eram lideranças anarquistas significativas. Participavam do jornal paulista *A Plebe*, e escreveram este texto no início do ano de 1919, imediatamente após o período de grande repressão que se seguiu à chamada insurreição anarquista de novembro de 1918 no Rio (Ador, 1986). Neste momento o regime russo era considerado uma experiência de *"comunismo libertário"*, e os anarquistas brasileiros se articulavam para formar um *"partido comunista"* (sem fins eleitorais) e organizar uma primeira *"conferência comunista"* a ser realizada no Rio. O livro foi escrito tendo em vista estes objetivos e foi distribuído em junho de 1919, data marcada para a conferência, que praticamente não se realizou devido à repressão policial.

A significação do livro de Leuenroth e Candeias não pode porém ser confundida com a dos fatos a que ele se associou. Desenvolvendo princípios e sugestões presentes em inúmeras publicações anarquistas — muitas vezes de maneira igualmente ambígua — os dois autores formularam um completo modelo de organização para a sociedade anárquica.

Em primeiro lugar, a nova sociedade se organizaria por meio de associações pequenas, voluntárias e autônomas, que iriam se articulando sucessivamente em associações maiores. A base comunitária dessas associações seria o trabalho, ou seja, a profissão do indivíduo. Portanto, esta seria uma sociedade onde o trabalho seria obrigatório, já que por seu intermédio os homens se integrariam aos *"sindicatos comunais"* e, com os mesmos poderes, participariam da direção da produção e da distribuição dos bens aí realizada. Nestas unidades não haveria a autoridade de um patrão, e a propriedade privada transformava-se em propriedade social.

Estes *"sindicatos comunais"* se uniriam em *"federações comunais"* (formadas por grupos de atividade e com base geográfica distrital e/ou regional) que por sua vez se relacionariam através de uma *"Confederação Geral do Trabalho"*, projetada como um centro de articulação entre "comunas livres". Além destes órgãos haveria *"conselhos"* locais e regionais integrados por representantes dos centros de trabalho para tratar de assuntos de interesse local ou regional. Estes representantes, ou *"comissários"* também teriam uma instância maior: o "Conselho Geral dos Comissariados". Haveria assim uma série de órgãos comunais federados que responderiam pelas atividades de produção e distribuição e que teriam como base a comunidade de ofício ou profissão. Mas haveria também outro conjunto de órgãos que, mesmo sendo compostos a partir dos representantes dos *"centros de trabalho"*, possuiriam como base a comunidade geográfica (local, distrital, regional).

Dentro deste projeto, portanto, haveria lugar para uma grande *"associação nacional"*. Mas esta instância, embora fruto da solidariedade de todos, não poderia ser equiparada à vontade geral rousseauniana. Esta última constituí-se como um poder político soberano, ganhando materialidade na lei e/ou na figura do legislador. Já a *"associação nacional"* decorrente dos acordos das múltiplas associações não possuiria poder soberano, ou seja, ela seria um poder que existiria ao lado de outros poderes e não acima deles (Lebrun, 1982, p. 29). Os anarquistas propunham portanto um poder político de natureza inteiramente diversa. Se seu projeto tinha bases contratualistas — tratava-se de construir uma sociedade fundada em acordos entre indivíduos livres —, o que decorria deste contrato não era um poder soberano, mesmo considerando-se o poder soberano que emana do povo.

Tal projeto de organização social, fundado em pequenas associações definidas como comunais, destinava-se a operar uma sociedade industrial capaz de assegurar bem-estar a todos os seus membros. Uma sociedade não competitiva — sem mercado e sem Estado — e com um preciso projeto moral: a extinção do jogo, do alcoolismo, do tabagismo e da prostituição, por exemplo. A necessidade da preparação moral do operariado para esta futura sociedade era um argumento sempre presente para justificar a importância da propaganda e das iniciativas na área cultural, fossem elas de que natureza fossem.

A questão é que os anarquistas estavam combinando, no mesmo modelo, a proposta de uma sociedade industrial fundada na moderna divisão do trabalho (só esta garantiria a máxima produtividade e em decorrência o bem-estar), com um tipo de ordem política assentada numa solidariedade muito mais próxima do conceito de solidariedade mecânica, próprio das pequenas comunidades, do que do conceito de solidariedade orgânica próprio das sociedades. Esta conjunção, que também está presente em von Humbolt e, de certa forma, em Durkheim (após o caso Dreyfus) seria a fórmula capaz de manter todos os benefícios oriundos do progresso tecnológico, sem os malefícios advindos de um mundo regido por valores utilitários e competitivos.

Só quando os homens estavam próximos uns dos outros, vivendo momentos de participação, é que os valores primordiais emergiam mais facilmente, vencendo a razão individualista utilitária e produzindo uma nova identidade individual e coletiva. A lógica anarquista que explica a geração de novos valores é a mesma que responde pelo processo de formação de um novo ato social. Ela remete, mais uma vez, à reflexão durkheimiana e a seu conceito de *forte estado coletivo* gerador de coesão em momentos de crise. Também remete forçosamente ao conceito de *communitas* (Turner, 1974), entendido como uma reunião de pessoas que não se percebem como indivíduos segmentados em diferentes posições sociais, mas como indivíduos que estão lado a lado, uns com os outros. Não é por acaso, portanto, que a sugestão do texto de 1916, *O anarquismo perante a organização sindical*, quando questiona os sindicatos e as greves como instrumentos privilegiados para a construção da solidariedade anarquista, é investir em outros tipos de eventos sociais capazes de criar mais eficazmente este *forte estado coletivo*, esta *communitas*, enfim, esta "área de igualdade".

5. A pátria, o sabre e o padre

Sendo universalistas, racionalistas e defendendo um projeto de futura sociedade sem poder soberano, os anarquistas combateram com permanentes denúncias não só o Estado, como a Igreja. A importância do anticlericalismo para a doutrina e propaganda anarquista era muito grande e se conjugava tanto com a defesa que faziam do livre pensamento dos homens, quanto com sua crença no progresso social orientado pela ciência e pela experiência. Muitas lideranças expressivas iniciaram sua vinculação com o movimento anarquista a partir de uma postura anticlerical, como por exemplo Everardo Dias, Benjamim Motta e José Oiticica. No caso do Rio de Janeiro, a ação da Liga Anticlerical, formada por volta de 1909, foi significativa para a expansão das ideias anarquistas. Para se ter um exemplo da centralidade e da nitidez deste ponto, Elvira Boni Lacerda, uma ex-militante anarquista, respondendo à pergunta *"O que era ser anarquista?"*, definiu: *"Bom, ser anarquista... Em primeiro lugar, era não ter religião"*.[19]

Contudo, o anticlericalismo não era uma bandeira original dos anarquistas. Ele existia disseminado no pensamento das elites políticas brasileiras nas primeiras décadas do século, quer ligado a uma versão mais radical de republicanismo, como no caso do movimento jacobino, quer relacionado a versões mais conservadoras, como a dos positivistas do Apostolado (Barros, 1959). Embora o anticlericalismo fosse um ponto de convergência entre o anarquismo e outras propostas políticas científicas existentes na época, havia um *gap* profundo entre as diferentes matrizes de crítica à religião e, em especial, à Igreja Católica.

A questão é que os republicanos defendiam uma nova racionalidade laica, tendo como móvel o combate a uma velha ordem patrimonial e regalista, mas sem negar um espaço de legitimidade para a organização religiosa. Buscavam afirmar a presença do aparelho político estatal, distinto em força e competência da Igreja. Seu anticlericalismo inseria-se em uma proposta maior de construção de um novo Estado nacional. No caso dos anarquistas dava se o inverso. O ataque à religião era uma das formas de crítica à autoridade política opressiva e uniformizadora. As leis de Deus e as leis do Estado tinham um mesmo substrato, sendo frequentemente apontadas como os dois grandes inimigos do anarquismo. O anticlericalismo anarquista era uma forma específica de contestar a sociedade da época: a natureza de seu poder político e de sua ética. São inúmeras as denúncias e os artigos que lidam com casos envolvendo padres e que demonstram seus abusos de poder e seu desregramento moral.

Não causa estranheza, portanto, que a acusação de desordeiros dirigida aos libertários associasse o terrorismo político à desagregação de princípios morais e resultasse numa imagem decadente e perigosa dos anarquistas. Do mesmo modo, a reação dos militantes, buscando responder a estes ataques e construir uma identidade positiva para si próprios e para seu projeto de sociedade, realçava a integridade dos valores que orientavam sua proposta. Eles não eram homens sem moral, inimigos irrestritos de todas as instituições sociais. Não eram contra a família, por exemplo. Combatiam o casamento religioso e o batismo, defendendo a união verdadeira entre homem e mulher. Por isso, postulavam a finitude do laço matrimonial, sem detrimento do amor aos filhos, que, no entanto, não eram propriedade dos pais.[20] Rejeitavam as leis da sociedade moderna porque estas representavam a opressão dos possuidores, mas desejavam servir-se das regras que emanassem da ação direta dos trabalhadores em face da autoridade dos patrões e do Estado. O que consideravam como burla era a crença na possibilidade de se obter leis que realmente beneficiassem o povo por intermédio de representantes parlamentares. Isto jamais ocorreria. Toda regra benéfica ao povo era produzida por seu próprio esforço, era uma conquista e não um favor.

O debate travado em torno desses temas era fundamental para a afirmação do projeto anarquista. Entre eles, porém, um tema ganha especial relevo devido à conjuntura política da época. É o que diz respeito ao antipatriotismo dos anarquistas, fundamento da acusação de "elemento estrangeiro e indesejável à ordem nacional". Quanto a este aspecto, é necessário fazer algumas observações que esclareçam o diálogo entre os argumentos de acusação utilizados por patrões e autoridades públicas em geral e a resposta anarquista.

Apesar de os libertários terem sido sempre combatidos por seu internacionalismo, entendido como equivalente de antipatriotismo, foi na conjuntura do pós-Primeira Guerra que contra eles se desencadeou um verdadeiro *front* ideológico utilizando esta linha de argumentação. É preciso compreender o clima político e intelectual da época, agitado pela eclosão da guerra e da Revolução Russa. Estes acontecimentos tiveram um impacto tão grande que foram interpretados por muitos como sinal de um verdadeiro colapso da civilização ocidental. Por está razão, tornava-se imperioso reconsiderar uma série de temas como a questão da brasilidade e da própria posição dos trabalhadores na sociedade.

Todas as discussões que neste período situaram os problemas de nosso país e se interrogaram sobre o seu destino encontraram um eco político inusitado. O nacionalismo emergia como uma força mobilizadora de grande porte, não só no meio mais restrito das elites políticas e intelectuais, como entre a população urbana em geral. A partir de 1915, por exemplo, Olavo Bilac iniciou sua campanha nacionalista no Rio de Janeiro e em São Paulo, dela resultando, respectivamente, a formação da Liga da Defesa Nacional (1916) e da Liga Nacionalista (1917) (Bandecchi, 1980). O projeto de Bilac visava criar e desenvolver no Brasil um espírito de solidariedade nacional através de múltiplas iniciativas, entre as quais se destacava a educação cívica pelo serviço militar obrigatório. Desta forma, embora houvesse muitas outras vertentes e formas de ser nacionalista, a proposta que ganhou maior publicidade vinculava nacionalismo a militarismo (Oliveira, 1986).

Os anarquistas tinham como uma de suas principais bandeiras o antimilitarismo, e organizaram várias campanhas contra a guerra e especificamente contra a participação do Brasil no conflito.[21] Dentro deste clima, inúmeros artigos da imprensa anarquista propunham-se discutir o que era chamado de *"a acusação do momento"*. O grande tema do debate era a palavra "pátria", que andava em todas as bocas. Por isso, pergunta um artigo de 1915: *"O que é pátria, afinal?"*[22]

Para responder seria preciso verificar o que se fazia e o que não se fazia em nome da pátria, pois só assim se poderia preencher esta *"ideia fluida, vaga e indefinida"*, apontada como criadora de solidariedade entre os homens. Segundo este e outros textos, a pátria era o pretexto usado para se fazer guerras, conquistas, impostos e negócios escusos que geravam exploração. Ela era utilizada para separar os homens, gerando morte e miséria. Em nome da pátria, não se promovia o bem-estar dos que trabalhavam. No Brasil, aliás, era antipatriótico defender o trabalho e o trabalhador. Era crime, e a pátria, até então, só havia dado *"cadeia e chumbo ao operário"*. Assim, o artigo conclui: se pátria é comunidade de interesse, cabe perguntar: entre quem?

Com este argumento, todos os textos anarquistas assumem o ataque ao patriotismo e ao militarismo. Mas o interessante é que ao lado desta afirmação realiza-se uma outra, que procura defender a ideia de que os anarquistas possuíam uma noção distinta de pátria. Ou seja, de que os anarquistas também eram patriotas, mas de forma diferente.

A ideia de pátria para os anarquistas retomaria o mesmo tipo de crítica realizada ao conceito de sociedade. A pátria não devia ser algo que prendesse os homens entre fronteiras para então contrapô-los entre si. A pátria, como a sociedade, era uma comunidade de homens ligada por valores éticos universais. Dentro deste espírito João Arzua — editor de *Guerra Social* (1900) — afirma que a pátria, para os anarquistas, deve ser grande: pátria é *"quando todos os homens são irmãos"*.[23] Do mesmo modo, um artigo de 1916 publicado em *O Graphico* com o objetivo de combater o serviço militar obrigatório afirma que patriotismo não é vestir uniforme e morrer por capricho de um governo: *"Patriotismo! É sim, o esforço máximo para o desenvolvimento do homem, da nação, da humanidade"*. A crítica é ilustrativa, porque o articulista procura mostrar que no Brasil cuidava-se da *"remodelação da caserna"* sem que qualquer atenção maior tivesse sido dispensada à agricultura, à indústria, ao comércio e à instrução. Em outros países, onde tudo isto já fora feito, ainda se poderia aceitar tal preocupação. Mas no nosso país um governo verdadeiramente patriótico devia ter outras prioridades que não a questão militar.[24]

É porém José Oiticica, em um texto de 1918, quem desenvolve com mais clareza a posição que os anarquistas procuravam assumir. Ele rejeita a ideia de pátria que o governo queria propagar, mas afirma que os anarquistas também amavam o Brasil, sua terra, sua natureza e seu povo. Não eram, contudo, militaristas ou nativistas xenófobos, opondo-se a tudo que fosse estrangeiro. A pátria, bem como a sociedade anarquista, seria apenas uma forma de inserção singular num mundo que era universal. A questão era entender que uma coisa não excluía a outra. E por isso ele enfatiza: *"Sinto-me grande em ser brasileiro, porém maior em ser homem"*.[25] O problema estava em compatibilizar valores da humanidade com valores da pátria, sem que os primeiros fossem destruídos pelos segundos (Falcon, 1986, p. 75).

Os valores da pátria podiam perfeitamente subsistir e deviam inclusive orientar a ação dos anarquistas no Brasil. Era preciso conhecer o meio e as necessidades sociais de um país para bem propagar uma doutrina. A causa era internacional, dizia um artigo de *O Graphico,* e concluía: *"Certamente; mas se todos os habitantes da terra veem o sol, a lua e as estrelas, no entanto o fato não se dá para todos na mesma hora e do mesmo modo; até há estrelas, que nem enxergam todos. Quem está, pois, no trópico austral poderá ter por guia a estrela Polar da Ursa, que absolutamente não vê?"*[26]

No período que vai de 1915 a 1919 este foi um tema que se impôs ao anarquismo por força do campo político e intelectual da época. O importante a ser observado é como, a partir de uma doutrina universalista, abriu-se todo um espaço para a reflexão de questões nacionais. O internacionalismo anarquista (assim como o comunista, décadas depois) não devia ser vislumbrado como um obstáculo para a discussão do que era ser brasileiro e de quais eram os problemas do país. O que ocorria é que a perspectiva universalista fornecia um outro ângulo de visão.

Evidentemente, o patriotismo no Brasil tinha dois pesos e duas medidas. Havia o patriotismo daqueles que queriam a guerra e não estabeleciam qualquer tipo de restrição a que os estrangeiros no Brasil detivessem o controle sobre o comércio e a indústria, e havia o patriotismo dos trabalhadores que, por sinal, quando faziam suas denúncias e reivindicações, eram tachados pelos primeiros de antipatriotas. "Estranho patriotismo" é o título de um dos editoriais do jornal *O Graphico* que trata deste assunto em 1917. Qualquer reclamação que os operários formulassem era vista como obra de *"agitador estrangeiro"*, mas não se dizia que, na verdade, era estrangeira a maioria dos patrões que exploravam o braço produtor no país, fosse ele nacional ou não.

Para os anarquistas, o que ocorria era que o governo desejava fabricar uma *"engenhosa rolha"* para calar a boca dos operários que viviam em situação desesperadora devido à enorme alta dos gêneros alimentícios provocada pela eclosão da guerra. Esta rolha chamava-se patriotismo e buscava atrair a antipatia do público para a causa operária, desorientando os próprios trabalhadores ao cultivar entre eles a desunião. Contra isto o jornal se insurgia, afirmando que os operários brasileiros eram homens conscientes, capazes de ter suas próprias ideias. E mais uma vez denunciava o *"jacobinismo patusco"* destes patriotas que não cogitavam em saber se uma ideia era boa ou má, considerando simplesmente que por ser estrangeira era ruim e por ser esposada pelos trabalhadores era também perigosa.[27]

As associações operárias não estavam cheias de anarquistas estrangeiros, como proclamava a polícia carioca. Elas contavam com grande número de operários nacionais, e se *O Graphico* insistia nisso não era para opor-se à presença dos companheiros que nasceram fora do país. Estes eram tão explorados quanto os nacionais, e todos aqueles que lutassem pela causa dos trabalhadores deviam ser considerados amigos, fossem estrangeiros ou não.

Este argumento era enfatizado, pois uma das dificuldades reconhecidas pelo movimento associativo dos gráficos e também de muitos outros setores era a luta entre elementos nacionais e estrangeiros. Neste ponto *O Graphico* era taxativo. Que se deixe este tipo de patriotismo para os *"politiqueiros"*. A força dos trabalhadores estava em sua união, acima de dissensões de cor, nacionalidade e também de partido político. Tudo isto apenas dividia e devia ser afastado do meio operário.[28]

Era por esta razão que as autoridades, em particular a polícia, insistiam tanto na imagem do anarquista como um estrangeiro violento e ameaçador, que dominava e manipulava as associações de classe dos inocentes trabalhadores brasileiros. Esta acusação, apesar de sempre rejeitada pela imprensa anarquista carioca, foi crescendo no período entre 1915 e 1920. A circular de 22.11.1919 do chefe de polícia Aurelino Leal é uma peça deste discurso oficial que afirmava a presença do anarquista como elemento de subversão, assinalando o perigo de um movimento operário dominado por estrangeiros antipatriotas.[29]

A preocupação dos anarquistas em negar esta identidade que lhes era continuamente atribuída lançava-os num diálogo sem interlocutores. Na verdade, eles assumiam e debatiam os temas da conjuntura política, procurando marcar uma identidade alternativa que fugisse à imagem oficial. Era enorme, por exemplo, a preocupação com a fundação de uma grande associação e de um jornal diário que congregasse todos os sindicatos esclarecendo os trabalhadores e a opinião pública em geral. Para os anarquistas, esta seria a melhor forma de mostrar a importância do trabalhador nacional como liderança e componente do movimento sindical, desqualificando a ideia do agitador internacional. Seria também através deste espaço público que os anarquistas poderiam explicar suas ideias, demonstrando que não eram terroristas violentos e homens sem caráter, inimigos da família, da pátria e da moral. Não eram uma terrível ameaça, como se propagava. Aliás, tampouco eram fortes como afirmava o chefe de polícia. Tinham seus direitos legais permanentemente desrespeitados e não eram sequer ouvidos, mas sim perseguidos, presos e violentados.[30]

O que os próprios artigos da imprensa operária e os livros de memórias revelam é a existência de um extremo descompasso entre a força do movimento anarquista no Brasil e o perigo que foi construído a seu redor. Neste sentido, o medo que ele acabou por gerar foi muito maior e politicamente mais importante. Os anarquistas estavam sendo definidos como o *"inimigo objetivo"* da ordem estabelecida, isto é, como um adversário político que por princípio tinha alta periculosidade (Arendt, 1978, p.178).

O problema é entender melhor a razão desta definição. Para tanto, é necessário considerar o projeto político anarquista, confrontando-o com o socialista. Como foi visto, o projeto socialista de construção de uma identidade para a classe trabalhadora centrava-se na defesa da cidadania política. Esta era o eixo privilegiado que subordinava a conquista dos direitos civis e sociais necessários ao pleno reconhecimento deste ator no cenário da política nacional. A escolha do partido político como instrumento de execução desta estratégia apontava para o tipo de conflito que os socialistas desencadeavam em sua ação organizativa. Buscavam construir uma identidade distinta, separada da de outros atores políticos, mas que se realizava através do sistema de representação parlamentar clássica do modelo liberal. Ou seja, na proposta socialista a construção da identidade da classe trabalhadora se fazia através do pertencimento a um sistema de interesses comuns cujas demandas eram negociáveis, uma vez que não prejudicavam as bases que estruturavam o jogo político maior.[31]

O projeto anarquista diferia do socialista em um ponto essencial. Ele também desejava a construção de uma nova identidade para a classe trabalhadora, mas deslocava a demanda de cidadania política do centro de sua proposta. Com isso, não apenas negava e denunciava o partido político como veículo privilegiado de organização, como se afastava das regras vigentes no jogo político liberal. Os anarquistas combatiam tanto os instrumentos institucionais em torno dos quais o poder do Estado se estruturava — o Parlamento e o Exército, por exemplo — quanto os valores que embasavam a autoridade destes aparatos — o nacionalismo e o serviço militar obrigatório.

A proposta anarquista de criação de uma nova identidade para a classe trabalhadora implicava construir um sistema de solidariedade alternativo que, mesmo mobilizando interesses — mensuráveis e mais imediatos —, não aceitava sua inserção no sistema político maior. Esta situação era extremamente ambígua. De um lado, os anarquistas apresentavam demandas visando à melhoria da posição relativa dos trabalhadores numa sociedade específica. Estas demandas precisavam legitimar-se dentro desta sociedade, isto é, obter seu reconhecimento, o que significava mover-se dentro do universo de normas vigentes. Por outro lado, os anarquistas propunham um tipo de demanda que extrapolava qualquer ganho mensurável, uma vez que a solidariedade que desejavam significava a construção de valores que negavam as bases institucionais do sistema político.

O mais difícil, no caso dos anarquistas, é que o processo de construção da solidariedade que desejavam se sobrepunha ao processo de definição dos interesses. Ou seja, a nova identidade não se estruturava basicamente pela conquista de uma posição relativa melhor dentro da sociedade existente. Esta posição devia ser buscada, mas constituía um objetivo instrumental. A nova identidade da classe trabalhadora forjava-se fundamentalmente pelo aprendizado de um outro conjunto de práticas organizacionais e de valores de participação social. Neste sentido, o processo de construção da identidade para os anarquistas priorizava uma lógica simbólica, cujas vantagens não eram mensuráveis, deixando em segundo plano uma lógica utilitária, de custos e benefícios calculáveis. Por isso, os anarquistas postulavam que todo conflito era um fim em si mesmo — era o campo do aprendizado político — e não um meio para se atingir objetivos desejados. A proposta anarquista pautava-se por um objetivo não negociável, o que a colocava em um impasse: ou era aceita, ou era eliminada pela sociedade como um todo (Pizzorno, 1976; 1978; Offe e Wiesenthal, 1979).

A propaganda anarquista, construindo a identidade da classe trabalhadora em termos de objetivos futuros e não negociáveis, precisava de muita mobilização como fundamento da solidariedade. Aí se estabelece um problema básico para movimentos sociais amplamente participativos, mas que têm necessidades práticas de organização. A mobilização exige o apelo a recursos doutrinários eficazes e de longo prazo, enquanto a manutenção da organização exige recursos burocráticos de mais curto prazo (Pizzorno, 1981). O destino de um projeto como este é ou transformar-se, adaptando-se a um espaço dentro do universo político maior, ou permanecer isolado. Neste último caso, o projeto pode ser duramente combatido e mesmo assim sobreviver de forma instável e sem provocar maiores danos. Mas nas duas opções suas potencialidades ficam comprometidas pela eliminação política virtual ou pela perda de eficácia como proposta alternativa.[32]

No caso do Brasil, a República Velha empenhou-se em afastar tanto a proposta anarquista quanto a socialista, como incompatíveis com seu próprio projeto de institucionalização política, que conheceu uma espécie de *boom* durante as primeiras décadas deste século. Foi neste período, por exemplo, que se desencadearam esforços para o fortalecimento e estabilização do jogo político-parlamentar, estabelecido por meio da política dos governadores. A eclosão da guerra ofereceu novas oportunidades para a discussão da questão militar, agora em bases convergentes e não conflitivas com o poder civil. O tema do nacionalismo eclodiu sob múltiplas variações e dramatizou a existência deste processo que colocou a identidade nacional na ordem do dia.

Assim o projeto socialista de que o pertencimento à comunidade nacional fosse definido pela via da cidadania política foi sucessivamente derrotado. No que concerne às elites, esta rejeição não se prendia apenas ao grau de amplitude desta proposta de cidadania. Ela era mais profunda, vinculando-se à própria ideia de cidadania política como instrumental básico de criação da solidariedade nacional. Para as oligarquias da República Velha, a participação política não estava sendo definida a partir de posições diferenciadas no sistema socioeconômico. O exercício da política, desta forma, não dizia respeito aos trabalhadores, mas também não abarcava outros segmentos sociais, como as chamadas classes conservadoras da indústria e do comércio e a própria população urbana em geral.

O perfil do sistema partidário da República Velha traduz muito bem a ideia de que a participação política era exclusivamente desta oligarquia. Ele não comportou qualquer tipo de corte ideológico ou mesmo de definição de interesses mais profundo. Neste período, não se formou nenhum partido de comerciantes e industriais que pudesse explorar as cisões com certos setores agraristas ou importadores (Gomes, 1979). A Igreja, embora tivesse ensaiado a criação de um partido católico, abandonou rapidamente o projeto (Rodrigues, 1981). Em ambos os casos, o que ocorreu não foi um afastamento do cenário político, mas a opção por outras formas de acesso que implicavam o abandono do exercício da cidadania nos moldes político-partidários. A construção da solidariedade nacional buscou caminhos que não se fundavam no exercício da cidadania. Eles possuíam marcante dimensão política, mas sua lógica era outra.

O difícil processo de institucionalização política republicana acabou por reforçar o projeto de construção de um aparato de Estado que pudesse se constituir em centro político de um território vasto e ainda desconhecido. A solidariedade nacional deveria ser estabelecida tendo como referência o pertencimento a esta coletividade territorial, definida como pátria, cantada por suas riquezas e belezas naturais e protegida pelo Exército. Ser cidadão era reconhecer este espaço geográfico, servindo à pátria pelo alistamento militar. Um pequeno trecho de um discurso pronunciado por Olavo Bilac a estudantes mineiros em agosto de 1916 situa exemplarmente esta questão. Para Bilac é preciso que

> (...) o Exército seja o povo e o povo seja o Exército, de modo que cada brasileiro se ufane do título de cidadão-soldado (Bilac, 1917, p. 62).

O confronto que os anarquistas estabeleceram com este universo político foi, portanto, muito radical. Eles não desenvolveram apenas uma crítica ao estreito e corrupto sistema de representação eleitoral e parlamentar. Negaram ao Estado o papel de representante dos interesses da sociedade como um todo, e questionaram os valores centrais que o discurso oficial propagava, reelaborando todas as categorias-chave, como sociedade, cidadania, pátria, trabalho e progresso. A conjuntura dos anos 1919 e 1920 é especialmente reveladora dos termos do confronto que se estabeleceu entre as elites políticas, a imprensa em geral e o patronato, de um lado, e os anarquistas, de outro. O tema do nacionalismo forneceu o ideário da acusação, que combinava uma forte repressão com a consagração da imagem do anarquista como o estrangeiro indesejável. Os anarquistas eram apontados e perseguidos como aqueles que procuravam difundir uma proposta frontalmente oposta àquela ensaiada pelo Estado, que não podia ser tolerada por ele.

A década de 20 inaugurou-se sob o signo da reação ao maximalismo, combinando medidas altamente repressivas com políticas que se queriam preventivas deste mal. Um acontecimento ilustra bem a tônica que dominaria o decorrer da década, dando ideia da extensão e da natureza da preocupação com o movimento anarquista: trata-se de uma Conferência Policial realizada em Buenos Aires em 1920, reunindo representantes das polícias da Argentina, Bolívia, Brasil, Chile, Paraguai e

Uruguai para discutir questões da defesa social da América do Sul. Embora a conferência se destinasse a debater o problema da criminalidade em geral, o que os discursos dos delegados dos diferentes países demonstram é que a questão palpitante por excelência era a do combate aos delitos contra a propriedade, que assumiam formas intelectuais elaboradas e sutis, tornando-se mais frequentes e importantes do que os delitos de sangue.[33]

O clima internacional foi insistentemente lembrado durante o encontro. Os anos de guerra e a Revolução Russa eram como uma chispa que ameaçava produzir um incêndio entre as massas proletárias de todos os países, mesmo os da América do Sul. E de nada adiantavam as leis protetoras que vários governos haviam outorgado aos trabalhadores. Estes, segundo o delegado chileno, permaneciam aguerridos, não considerando os benefícios que tinham recebido como um favor que deveriam agradecer, e sim como uma conquista que apontava na direção de outras.[34]

Na proposta apresentada pela delegação brasileira fica clara a associação entre o bolchevismo, o maximalismo e a prática do terrorismo assassino. O maximalismo é diagnosticado como uma moléstia mental. Ele continha, contudo, algumas ideias impressionantes que seduziam as imaginações simples dos trabalhadores. Como este mal se infiltrava em todos os países, mesmo naqueles que não tinham uma questão operária à europeia, era necessário combatê-lo árdua e conjuntamente, através de procedimentos preventivos e repressivos. Os primeiros deviam robustecer o corpo social e abarcavam leis sobre a saúde e o bem-estar dos trabalhadores, assim como toda uma atividade educativa que lhes incutisse o sentimento de nacionalismo e de reconhecimento do Estado, da lei e da ordem. As medidas repressivas combinavam a legislação de expulsão de estrangeiros (definindo o anarquista como estrangeiro não residente) e um novo projeto (n. 613) que visava particularmente aos nacionais e também

> sociedades civis ou sindicatos, tenham ou não personalidade jurídica, quando incorrem em atos opostos aos seus fins ou nocivos ao bem público.[35]

O resultado do encontro foi a assinatura de um convênio pelo qual os países contratantes comprometiam-se a trocar informações com o intuito de formar um Arquivo Internacional de Informações. Pelo artigo 1º deste convênio, os governos se comprometiam especificamente a controlar os dados referentes a qualquer ação ou publicação de propaganda de elementos anarquistas, devendo também comunicar as resoluções tomadas para a prevenção e repressão deste movimento.

A conferência de Buenos Aires não foi um acontecimento formal a que o Brasil enviou representantes para atestar sua presença. A grande preocupação do encontro tinha profundas raízes na polícia carioca e nas polícias de todas as cidades de porte mais significativo do país. O Parlamento e a imprensa brasileira em geral iriam cada vez mais participar desta investida contra os anarquistas. A relativa tolerância política que havia permitido um período de ascenso ao movimento operário, e em especial ao anarquismo, chegava ao fim. Os anos 20, por certo, estão longe de inaugurar um grande silêncio para os trabalhadores, mas a repressão policial redefiniu os termos de sua ação. Para entender esta nova feição é necessário procurar traçar as linhas que uniam e separavam as iniciativas de organização que marcaram os anos 10.

6. Socialistas, cooperativistas... Quem eram os amarelos?

O I Congresso Operário de 1906 constitui um marco importante para a história do movimento operário no Brasil. Organizado pela Federação Operária Regional Brasileira que havia sido criada em 1905 no Rio, sucedendo à Federação das Classes Operárias, que data de 1903, o congresso foi uma iniciativa que traduziu a disputa existente entre diferentes orientações ideológicas no movimento sindical. Embora suas resoluções consagrassem uma proposta de base anarcossindicalista, este fato estava longe de significar o predomínio ou a vitória dos grupos anarquistas, inegavelmente fortes no Rio e em São Paulo. Não há dúvida de que a emergência dos anarquistas foi o grande destaque do período, mas a permanência dos socialistas, bem como o surgimento de iniciativas de outro teor devem ser observados.

As resoluções do Congresso de 1906, rejeitando a formação de um partido político e condenando forças de organização tais como cooperativas, caixas beneficentes e bolsas de trabalho, iriam esbarrar na insistência dos socialistas e na tradição associativa dos próprios trabalhadores. A permanência de um modelo de associações mutualistas e a desconfiança em relação ao sindicato de resistência marcam o período que vai até 1920, o que obviamente não pode apenas ser atribuído nem à força dos socialistas, nem à ineficiência doutrinária dos anarquistas. A variedade de formas associativas vincula-se certamente à grande diversidade de segmentos que formavam a classe trabalhadora e à extrema dificuldade encontrada para sua mobilização política. Artesãos assalariados em pequenas oficinas, operários de fábricas com grau expressivo de mecanização, trabalhadores a domicílio (como costureiras ou sapateiros), operários de empresas de serviços, privadas ou públicas, e pequenos funcionários compunham o auditório a que se dirigiam as lideranças do movimento operário. Criar uma visão de mundo entre elementos com estilos de vida, experiências de trabalho, valores e interesses tão diferenciados era um desafio para estas lideranças.

Sobretudo, foi o desafio aceito pelos anarquistas em sua escalada que se iniciou em 1906.

O primeiro confronto que os anarquistas enfrentaram foi com os socialistas, neste momento mais preocupados em montar bases associativas para seus partidos. Com diferentes matizes e sob variadas lideranças, os socialistas possuíam influência em certos setores da classe trabalhadora. No período que vai de 1906 a 1920 pode-se observar que, embora a força da propaganda das ideias socialistas estivesse em declínio, a importância de alguns de seus líderes não só não diminuiu, como em certos casos até aumentou. A publicação de jornais autoproclamados socialistas foi muito pequena. Mariano Garcia, por exemplo, relançou a *Gazeta Operária* em 1906. Em 1909 procurou organizar um outro jornal, *A Tribuna do Povo*. Ambas as iniciativas foram por demais efêmeras, e a publicação mais importante dos socialistas foi *O Operário*, que circulou entre fins de 1908 e inícios de 1909.[36]

Pelas páginas destas publicações pode-se verificar que os socialistas, derrotados em suas teses no Congresso de 1906, permaneceram defendendo a estratégia de formação de um partido e de participação na política eleitoral. A tentativa realizada em outubro de 1908 de criação do Partido Socialista é um exemplo. Ele tinha como grandes nomes o próprio Mariano Garcia, Hermes Olinda e Melchior Pereira Cardoso, seu diretor-geral. O manifesto do partido qualificava seu programa como mínimo e estabelecia como metas iniciais a defesa dos interesses econômicos dos trabalhadores e a conquista do poder municipal para sua transformação em comuna socialista.[37]

O início do ano de 1909 foi agitado pelas eleições para a Câmara dos Deputados e para 1/3 do Senado. Os socialistas, através do jornal *O Operário*, deram apoio ao candidato a senador Melchiades de Sá Freire, ex-intendente que teria colaborado para a elaboração de melhores regulamentos municipais. Sá Freire era apresentado como um advogado que punha seus serviços profissionais à disposição dos pobres gratuitamente. É interessante observar que este tipo de relação política é uma constante na capital federal na Primeira República. São advogados e médicos, basicamente, que cultivam um eleitorado popular através da troca de seus serviços por votos. O caso de Azevedo Lima, médico conceituado em São Cristóvão, é talvez o exemplo mais conhecido, já que sua candidatura a deputado federal em 1926 veio a ter o apoio do próprio Bloco Operário, então organizado pelos comunistas.

Ao lado do nome de Sá Freire, *O Operário* apresentou duas chapas para concorrer respectivamente pelo 1º e 2º Distritos da cidade. Entre os candidatos a deputado estavam elementos como Nicanor Nascimento e Alcindo Guanabara. No 2º Distrito, que correspondia ao Engenho de Dentro, conseguiu-se formar uma União Eleitoral encarregada de alistar trabalhadores e de observar a honestidade do pleito eleitoral. Entre os encarregados desta tarefa estava Antônio Pinto Machado, organizador dos trabalhadores têxteis em 1903, e a partir daí ligado à União dos Operários do Engenho de Dentro, integrada principalmente por ferroviários.

Pela avaliação dos socialistas, o resultado destes esforços foi praticamente nulo, pois mais uma vez o operariado não teria votado em seus candidatos. Mas a criação de um novo partido e sua campanha eleitoral permitem observar em que setores a presença dos socialistas continuava significativa.

O Partido Socialista fora organizado com franco apoio da União dos Operários Estivadores e da Sociedade de Resistência dos Trabalhadores em Trapiche e Café, duas das mais ativas associações de trabalhadores existentes no porto do Rio. Ambas, assim como a União dos Foguistas e a Associação dos Marinheiros e Remadores, tinham como advogado e representante por ocasião de conflitos de trabalho Evaristo de Moraes. Formadas durante os anos de 1903 a 1905 — justamente quando o porto sofreu sua remodelação — mantinham contatos com elementos expressivos do socialismo carioca, como por exemplo Evaristo de Moraes, Vicente de Souza, Nicanor Nascimento e Maurício de Lacerda. Este fato evidentemente não as tornava sindicatos socialistas.

Estas uniões e sociedades de resistência eram fortes e combativas, tendo conseguido estabelecer um grande grau de controle sobre a mão de obra empregada no setor, bem como impor às empresas que exploravam o porto acordos proveitosos para os trabalhadores. Não se deve confundir, portanto, a prática de contatos com políticos e de conversações com o patronato com ausência de confrontos significativos (Cruz, 1981; Albuquerque, 1983). As greves realizadas no porto foram numerosas e violentas. Elas ocorreram em 1906 e 1907, até se chegar a um acordo em 1908, e voltaram a ter incidência maior entre 1917 e 1920, durante o surto grevista que agitou o Rio. Nesta última ocasião, o patronato, já bem-organizado em suas associações de classe, reagiu frontalmente à exigência de se empregar nos trabalhos de carga e descarga do porto homens sindicalizados. Os empresários procuraram organizar uma Empresa de Transporte que os libertasse do monopólio estabelecido pela Resistência dos Trabalhadores em Trapiche e Café, e patrocinaram a formação de uma Guarda do Cais do Porto para reforçar o policiamento ali existente (Gomes, 1979, pp. 126-7). Ambas as iniciativas se concretizaram, e em meados de 1919 o comandante da guarda recém-criada sofreu um ataque em que quase perdeu a vida. Este episódio, tanto no que se refere ao tipo de articulação patronal quanto no que diz respeito à reação dos trabalhadores, dá bem a medida da violência, do jogo duro, que existia nas associações do porto. É por esta razão que Boris Fausto considera que ali vigoravam formas de ação próximas de um verdadeiro gangsterismo sindical, o que distinguia e afastava o setor dos marítimos de outros igualmente tachados de amarelos, tornando-o um caso à parte dentro do sindicalismo carioca.[38]

Outro setor em que a relação com os socialistas existiu foi o do serviço de transportes da cidade, que reunia operários de firmas privadas em várias organizações, entre as quais cabe destacar a Associação de Resistência dos Cocheiros, Carroceiros e Classes Anexas. Ativa desde sua criação, ela possuía como advogado Evaristo de Moraes, e era uma das associações que davam apoio ao jornal *Gazeta Operária* em 1906 e ao Partido Socialista em 1909.[39] Em 1911, noticiando a comemoração do aniversário desta importante organização, o jornal anarquista *Guerra Social* criticou a presença nos festejos do cidadão Melchior Pereira Cardoso e dos representantes da União dos Estivadores, da Associação dos Marinheiros e Remadores, do Centro dos Trabalhadores em Carvão Mineral, do Centro dos Operários Municipais, do Centro Cosmopolita e da Phoenix Caixeiral. Esta última, que acabara de ser formada, reunia os empregados do comércio, juntamente com a União dos Empregados do Comércio, que lhe era anterior. As duas associações do setor comercial foram tachadas de *"viveiros de políticos"* que alimentavam a crença no cumprimento de uma regulamentação do horário de trabalho que o Conselho Municipal havia aprovado.[40]

As críticas de *Guerra Social* prendiam-se sem dúvida ao fato de que as associações que reuniam predominantemente trabalhadores do setor privado de serviços, com maior destaque para os ferroviários, marítimos e empregados de transporte urbano, constituíam bases importantes de um sindicalismo que era chamado de reformista ou "amarelo". Diversos episódios ilustram as razões desta identificação, e os ataques dos jornais anarquistas vêm atestar o fato com suas denúncias. Os Congressos Operários de 1912 e 1913 são um bom exemplo, e o movimento grevista de 1917 permite a delimitação mais nítida do campo.

Em novembro de 1912, sob o patrocínio de Mário Hermes, deputado federal e filho do então presidente da República, organizou-se no Rio um Congresso Operário. Seu objetivo era sistematizar as reivindicações dos trabalhadores para que elas pudessem ser encaminhadas ao Parlamento por aquele autorizado porta-voz. Tal congresso foi duramente denunciado pelos anarquistas, que então iniciavam seu período de maior penetração no movimento operário, como uma franca manipulação governamental.

Sem o comparecimento dos anarquistas, o Congresso de 1912 reuniu associações muito pouco expressivas. Do Rio de Janeiro o exemplo significativo foi o dos ferroviários da Estrada de Ferro Central do Brasil. A presença dos ferroviários deveu-se ao fato de que o grande organizador do congresso e seu secretário-geral foi Pinto Machado, o presidente da

União dos Operários do Engenho de Dentro e membro da Liga Operária do Distrito Federal (Batalha, 1986, Cap. V). Importa observar que, além dos anarquistas, deixaram de comparecer a este congresso as associações ligadas aos marítimos e também aos chamados operários do Estado.[41]

Já o Congresso de 1913, patrocinado pelos anarquistas reorganizados na Forj a partir de maio de 1912 e conhecido como II Congresso Operário, numa clara desqualificação da reunião anterior, não contou com a presença dos ferroviários, nem com a dos trabalhadores em transporte urbano, mas teve representantes da Sociedade de Resistência dos Trabalhadores em Trapiches e Café e do Centro Cosmopolita, então sob a liderança do ativo anarquista José da Costa Pimenta. Os operários do Estado também não compareceram a este congresso, embora a ele enviassem uma série de documentos.

A bibliografia trata amplamente das resoluções destes dois congressos operários, bem como do que se realizou no ano de 1920, também com a liderança dos anarquistas. O conteúdo das reivindicações aprovadas em 1912 é, aliás, muito próximo daquele sancionado pelos encontros anarquistas. Este fato demonstra que, a despeito da grande distância existente entre os diferentes grupos que militavam junto à classe trabalhadora, havia bases de convergência no que se referia a demandas específicas, como as que envolviam a melhoria das condições de trabalho existentes.

Uma outra importante área de organização entre os trabalhadores era aquela que abarcava os operários das oficinas do Estado. Estes vinham-se associando desde o início do século, sob inspiração do operário do Arsenal de Guerra, Francisco Juvêncio Saddock de Sá. Com sua doutrina do *"culto ao trabalho"*, marcada por fortes doses de positivismo, Saddock de Sá propunha um modelo associativo de fundo cooperativista. Em 1900 foi criada a Associação dos Operários do Brasil, da qual fazia parte França e Silva, entre outros. De vida muito curta, alguns de seus elementos se ligariam ao Centro das Classes Operárias, que praticamente desapareceu em 1905.

Foi com elementos oriundos destas duas experiências que Saddock de Sá, em 1906, organizou uma comissão cujo objetivo específico era defender os interesses dos operários do Estado em face da discussão do Projeto n. 166, de 1904, apresentado pelo deputado Figueiredo da Rocha, e que naquele ano encontrava-se em pauta. Esta comissão acabou por dar origem ao Círculo dos Operários da União, fundado em 1909, e que ficou sob a orientação de Saddock de Sá até 1921, quando de sua morte.

Este círculo, que reunia operários de diversas repartições estatais,[42] não compareceu ao Congresso de 1912, e como punição, viu serem protelados os debates sobre o projeto de seu interesse (Santos,

1966, p. 46). Do mesmo modo, não enviou representantes ao II Congresso, de 1913, mas remeteu quatro textos para serem apreciados: um exemplar da *Constituição do Círculo dos Operários da União;* um exemplar da representação dirigida pelos círculos em 29 de novembro de 1911 ao Senado Federal; um trabalho de Francisco J. Saddock de Sá apresentado ao Círculo Operário Fluminense e intitulado *Do seguro contra a moléstia e contra a falta de trabalho*, e, por fim, um memorial sobre *O cooperativismo,* do Sindicato Profissional dos Operários do Arsenal de Guerra do Rio de Janeiro, acompanhado dos estatutos e do projeto de sua cooperativa de consumo.[43]

Mantendo pontos de contato com a experiência de Saddock de Sá, mas assumindo contornos próprios, pode-se perceber os inícios da constituição de uma terceira área de organização, com a liderança de Custódio Alfredo de Sarandy Raposo. Este elemento era um funcionário do Ministério da Agricultura que desde 1907 — quando foi sancionada a Lei n. 1.637, de incentivo às cooperativas — começou a militar em defesa de um projeto intitulado de sindicalismo cooperativista. Em 1915, por exemplo, ele era identificado pela revista anarquista *Na Barricada* como um dos *"líderes trabalhistas"* que participavam dos debates patrocinados pelo Centro de Estudos Sociais. Destes encontros, que se realizavam todas as noites de sexta-feira, participavam também Maurício de Lacerda e os socialistas Pedro Couto e Silva Marques, além, evidentemente, do grupo anarquista fundador do centro.[44]

O registro da presença de Sarandy Raposo é interessante, porque foi a partir de 1917 que suas ideias começaram a ter algum tipo de divulgação entre os trabalhadores, sendo que só após a repressão desencadeada contra os anarquistas em inícios dos anos 1920 elas conseguiram um grau maior de publicidade. De qualquer forma, este elemento estava diretamente ligado aos órgãos governamentais, no que se diferenciava de Saddock de Sá. Sarandy, durante os anos 1910, pronunciou conferências e escreveu vários textos que procuravam defender sua versão brasileira de cooperativismo. Em 1911 vários destes trabalhos foram reunidos e publicados pela Imprensa Nacional, sob o título de *Teoria e prática da cooperação.* Foi a Sarandy e a seu cooperativismo que os anarquistas denunciaram a partir de 1912, argumentando que se as cooperativas formadas pelos próprios trabalhadores deviam ser desestimuladas em nome da organização sindicalista, aquelas que recebiam apoio e proteção oficial deviam ser radicalmente combatidas.

A greve de 1917 no Rio é uma excelente ocasião para se visualizar com mais nitidez este quadro de correntes diversificadas. Preparada e desencadeada pela Forj, então em plena atividade, a greve mobilizou basicamente os trabalhadores pertencentes aos ramos industriais do setor privado. Sob a ótica que está sendo destacada, importa registrar que não participaram do movimento, tendo mesmo reagido contra ele, as associações dos marítimos, os sindicatos dos operários do setor de transporte urbano, o Círculo dos Operários da União e os trabalhadores reunidos sob a liderança de Sarandy Raposo. Estes estavam organizados nos Sindicatos Profissionais dos Operários Residentes na Gávea e em Vila Isabel e pronunciaram-se enviando ao prefeito um manifesto no qual condenavam a agitação desencadeada na cidade por inspiração de lastimáveis teorias revolucionárias. Concluindo, solicitavam o apoio governamental para as entidades que seguiam as diretrizes do sindicalismo cooperativista. Alguns dias depois, o Círculo dos Operários da União solidarizou-se com a mensagem, reforçando a crítica aos anarquistas.[45]

No mês de agosto, os Anais da Câmara dos Deputados registraram o recebimento de uma mensagem enviada pelos sindicalistas cooperativistas na qual estava delineado um esboço da orientação que propunham às classes trabalhadoras. Reconhecendo a situação difícil do operariado pressionado pela carestia, os seguidores de Sarandy Raposo defendiam a economia de livre empresa, considerando o cooperativismo o instrumento de luta pelos interesses dos trabalhadores, dentro da ordem e com apoio legal. O documento vinha assinado por 1.196 operários e tinha a solidariedade do Círculo dos Operários da União, da Sociedade dos Empregados Manipuladores em Tabaco (onde militava o socialista Mariano Garcia), da União Socialista e da União Beneficente dos Operários em Fábrica de Cartuchos (estabelecimento subordinado ao Ministério da Guerra), do Centro Comemorativo Primeiro de Maio, além de organizações de outros estados da Federação.[46]

O outro grande grupo que condenou a greve de junho/julho de 1917 foi a Federação Marítima Brasileira, na época reunindo 13 organizações de trabalhadores do porto do Rio. Fundada a 13 de julho de 1916, ela era então presidida por um dos diretores do Lloyd Brasileiro, o comandante Müller dos Reis. Distante da influência da Forj, as associações dos marítimos definiam-se contudo por um comportamento político bem distinto dos sindicalistas cooperativistas e dos operários estatais liderados por Saddock de Sá. Não condenavam a greve ou o conflito violento com o patronato *in totum*, e estavam longe de defender a livre empresa e o cooperativismo como saídas para a situação constrangedora dos trabalhadores (Cruz, 1981, pp. 135-7).

Uma outra área que também rejeitou a iniciativa da Forj foi a dos operários do setor de transporte urbano. Eles se alhearam das lutas de julho de 1917 e justamente nesta ocasião reuniram-se na Federação dos Condutores de Veículos. A sessão inaugural teve como presidente o consultor jurídico da Federação Marítima Brasileira e como convidados de honra vários representantes das associações marítimas e portuárias. Segundo o *Jornal do Brasil*, em seu discurso de posse, o presidente eleito da nova federação fez *"o paralelo do braço e do capital, dizendo que este não pode viver sem aquele e vice-versa"* e que *"na reivindicação do que os operários acham justo devem eles reclamar à sombra da lei, colocando suas aspirações sob o amparo do governo"* (Cruz, 1981, pp. 138-9).

Os anos que decorrem de 1917 a 1919, assinalando o auge da atuação dos anarquistas, parecem não interferir nestas áreas de influências, constituídas a partir dos movimentos ocorridos ainda em 1902-3. Em 1919, por exemplo, *O Graphico* comentava a indicação de Saddock de Sá como delegado brasileiro à Conferência Trabalhista de Washington. Em inícios deste mesmo ano, este jornal voltou a combater uma nova tentativa de organização de partido político entre os trabalhadores. Não colocando em dúvida a seriedade e o valor dos elementos que lutavam pelo partido, insistia em que esta não era a melhor forma de unir e defender o operariado. Um partido só poderia significar mais uma fonte de discórdias, e mesmo que conseguisse eleger alguns representantes, estes nada poderiam fazer, esmagados pela maioria de políticos que combatiam os interesses da classe trabalhadora.

O cogitado Partido Trabalhista não teve seguimento, mas chegou a enviar um representante para a festa de posse da diretoria da União dos Operários em Fábricas de Tecidos, associação forte e na ocasião ligada aos anarquistas. A superioridade do método de ação direta era então considerada indiscutível. As greves de 1917 e as recentes conquistas dos tecelões, que tiveram sua associação reconhecida pelo Centro Industrial do Brasil, eram exemplos cabais disto. Até na Europa o socialismo parlamentar entrava em declínio. Aqui no Brasil, onde, segundo os anarquistas, os políticos eram os maiores inimigos dos trabalhadores, e estes não se interessavam por política — sinônimo de burla e violência —, só havia uma real alternativa a seguir.[47]

7. A escalada anarquista

Em um artigo datado de 1946 José Oiticica faz um balanço da atuação dos anarquistas e reconhece que em 1912 o movimento operário carioca encontrava-se dominado por políticos, só havendo três pequenos sindicatos onde predominavam os libertários. Para Oiticica, este foi o ano em que se intensificou e deslanchou a campanha de propaganda anarquista. Ela encontrou seu auge em 1919, para declinar em seguida sob a repressão de Epitácio Pessoa e Artur Bernardes.

Mas a escalada dos anarquistas foi lenta. O interessante a se observar é que há quase como duas fases neste movimento de ascenso dos libertários. Num primeiro momento, de 1906 a 1916 mais ou menos, os militantes anarquistas envolveram-se em uma série de ações que não eram predominantemente greves, desencadeando uma propaganda de amplo espectro de mobilização. Alguns dados numéricos existentes na literatura convergem com os relatos dos jornais anarquistas e mesmo com as avaliações de seus militantes.

Eulália Lobo, por exemplo, registra que de 1908 a 1916 ocorreram 41 manifestações operárias no Rio de Janeiro, das quais apenas 13 foram greves (Lobo, 1979 e 1981). Este balanço dá forte sentido ao diagnóstico do folheto de 1916, *O anarquista perante a organização sindical*. Este texto assinalava justamente que as principais mobilizações levadas a efeito pelos anarquistas ocorriam fora dos sindicatos e apelavam para temas como a luta contra a carestia, contra a guerra ou contra a Igreja.

Quando se acompanha o noticiário dos periódicos anarquistas do período — *A Voz do Trabalhador, A Guerra Social* e *Na Barricada*, por exemplo — vê-se claramente que de 1907 a 1915 os anarquistas de um lado organizavam numerosas campanhas de ampla repercussão na cidade, e de outro lutavam arduamente para lançar sua influência nas associações operárias já existentes ou para criar novas associações em bases sindicais.

O quadro geral parece alterar-se no período que vai de 1917 a 1920, quando o número de greves elevou-se para 63 e a ocorrência de campanhas com um temário semelhante ao do momento anterior decaiu proporcionalmente. Do mesmo modo, pode-se verificar pelos periódicos — *O Graphico* e *A Voz do Povo* — que crescia a órbita de influência dos anarquistas junto às organizações de trabalhadores, o que se revelava pelo número de sindicatos criados a partir de 1917 e também pela transformação de antigas associações e uniões em sindicatos.

Estes dois momentos dão bem a ideia da trajetória dos anarquistas no Rio e do esforço que empreenderam para influenciar as associações de trabalhadores, com algum sucesso em áreas significativas do operariado industrial do setor privado. É justamente isso que se pode acompanhar pela imprensa anarquista, delineando melhor os passos deste movimento.

Criada por deliberação do I Congresso, de 1906, foi a Forj que, de 1907 a 1909, organizou a comemoração do 1º de maio no Rio, fazendo dela uma oportunidade para divulgar o real sentido desta data e para propagar os ideais de sua doutrina. Em meados de 1908, a Forj lançou o jornal *A Voz do Trabalhador*, como órgão da Confederação Operária Brasileira, passando a utilizá-lo como um veículo para combater os socialistas e sua iniciativa de formar um partido, bem como para rejeitar o sorteio militar e a guerra. Os anarquistas organizaram igualmente a Liga Anticlerical e a Liga Antimilitarista e iniciaram a promoção de comícios que atraíam a atenção da cidade. Foi neste período também que se desenvolveram manifestações em que denunciavam o assassinato do educador libertário Francisco Ferrer, na Espanha, fato dos mais dramáticos devido à importância que a questão educacional tinha no projeto anarquista.

Ao longo destes anos ocorreram algumas greves na cidade, e a posição dos anarquistas foi a de tentar envolver-se nos conflitos para ganhar influência junto às associações de classe. Uma delas foi a greve têxtil de novembro/dezembro de 1908, que chegou a ocasionar a quebra de máquinas em algumas fábricas. Ela fracassou sob forte repressão patronal e policial, mas *A Voz do Trabalhador* a avaliou positivamente, uma vez que se constituíra em uma oportunidade de ação para os trabalhadores.

É bom lembrar que a organização dos têxteis nascera sob o patrocínio de Pinto Machado e Mariano Garcia em inícios de 1903, relacionando-se com o Centro das Classes Operárias. Os têxteis haviam sido o setor mais importante na grande greve que ocorreu naquele ano no Rio. A reação de 1908 era uma excelente oportunidade de aproximação para os anarquistas. Foi mais ou menos isto que ocorreu também com o Centro dos Operários Marmoristas e com os chamados operários canteiros (do Sindicato dos Operários em Pedreiras), que fizeram greves relativamente bem-sucedidas durante o ano de 1909. Nos dois casos eram associações que se projetavam, ao contrário dos sapateiros, que também se agitaram, mas encontravam-se em declínio organizacional. Em julho de 1909 também ocorreu uma greve num dos setores desde logo vinculado aos anarquistas: o dos alfaiates.

Desta forma, pode-se perceber que, embora não sendo responsável pelas manifestações grevistas, os anarquistas delas se aproveitaram com relativo sucesso. A exceção a registrar são as duas greves desencadeadas pela União dos Operários do Gás, uma em meados de 1908 e outra por volta de agosto de 1909. Os gasistas haviam sido orientados pelo conhecido socialista Hermes Olinda, o que, para os anarquistas, explicava o insucesso da segunda greve, apesar de a primeira ter alcançado vitórias. *A Voz do Trabalhador* teve nesta ocasião a conduta que seria a tônica das críticas dos anarquistas. Os trabalhadores não foram condenados, nem mesmo sua associação foi atacada. Toda a responsabilidade foi atribuída às lideranças amarelas, que iludiam e desvirtuavam os movimentos reivindicatórios, levando-os a acordos precoces e desfavoráveis.[48]

Outro setor em que os anarquistas buscavam penetrar era o dos gráficos, agitado por uma grave crise de desemprego ocasionada pela importação de máquinas linotipos, e onde militavam elementos socialistas de renome, como Hermes Olinda, que era ele próprio gráfico. De qualquer forma, o saldo destes anos foi favorável aos anarquistas, que continuaram sua luta em 1911, como o jornal *A Guerra Social* registra.

Junto aos têxteis o trabalho de propaganda era intenso, já que sua associação praticamente desaparecera após o fracasso de 1908. Conferências eram organizadas, mas lamentava-se a apatia do operariado controlado pelo patronato e afastado da luta por seus direitos. Nomes importantes do anarquismo carioca, como Mota Assunção e Ulisses Martins, militavam neste setor como delegados da Forj, insistindo na necessidade de sindicalização e de afastamento dos políticos.

O mesmo tipo de ação foi desenvolvido em relação ao Sindicato dos Operários em Pedreiras, ao Centro dos Operários Marmoristas e ao Sindicato dos Sapateiros. Estes últimos foram vivamente estimulados em seu esforço de reorganização e apoiados na greve parcial que desencadearam por uma tabela geral de preços da mão de obra. O movimento teve dificuldades mas conseguiu realizar alguns acordos com o patronato, o que foi saudado pelos libertários como a comprovação da força da união dos trabalhadores e do método de ação direta.

Outro setor que se rearticulou e no qual os anarquistas começaram a ter contatos foi o dos empregados de hotéis, restaurantes, cafés e bares, que na ocasião chegou a possuir um jornal, *A Verdade*. O Centro Cosmopolita era em 1911 uma associação bem significativa, mas encontrava-se fora da órbita de influência da Forj. De qualquer forma, o que se verifica pelas colunas de *A Guerra Social* é que os anarquistas deram apoio às iniciativas do centro, iniciando uma penetração que teria desdobramentos futuros. Por outro lado, fica muito evidente o tom de crítica do jornal em relação às associações dos estivadores, dos carroceiros e dos empregados do comércio, todas elas consideradas centros onde os politiqueiros baratos encontravam apoio e onde os anarquistas não conseguiam realizar sua propaganda emancipadora.

É bom lembrar que os anos que vão de 1910 a 1912 foram de grande declínio para o movimento operário em geral e para os anarquistas em especial. Foi em maio deste último ano que a Forj se reativou, lançando-se à reorganização da Confederação Operária Brasileira (COB) e à realização do II Congresso Operário, como resposta crítica ao encontro governista de Mário Hermes. Em janeiro de 1913 a COB estava constituída e o jornal *A Voz do Trabalhador* reapareceu. Os anarquistas voltaram a promover manifestações públicas na cidade, como campanhas e comícios de protesto contra a carestia e contra a lei de expulsão de estrangeiros (Decreto n. 2.741, de 8.1.1913).

O II Congresso ocorreu em setembro de 1913 e a ele compareceram associações do Rio que já haviam adotado o título de sindicatos: o Sindicato dos Trabalhadores em Fábricas de Tecidos, o Sindicato dos Sapateiros, o Sindicato dos Carpinteiros, o Sindicato dos Operários das Pedreiras, o Sindicato Operário de Ofícios Vários, o Sindicato dos Marceneiros e Artes Correlativas, além da União dos Alfaiates, da União Geral dos Pintores, da Liga Federal dos Empregados em Padaria e do Centro Cosmopolita, entre outros.

Evidentemente a presença no congresso não implicava filiação à Forj, nem mesmo, necessariamente, plena hegemonia dos libertários nestas associações. Mas sem dúvida este comparecimento indicava a constituição de uma área de influência anarquista entre artesãos assalariados (como os alfaiates), operários industriais (como os têxteis) e também trabalhadores do setor privado de serviços (como os padeiros). A utilização do termo sindicato é também sugestiva, se lembrarmos a resistência e desconfiança existentes em vários setores quanto a esta designação.

As soluções do II Congresso e o ímpeto que a atuação dos anarquistas ganhou em 1912 não teriam os desdobramentos por eles desejados. A guerra e o estado de sítio do governo Hermes da Fonseca impediram uma revivescência maior. O que permaneceu foram os esforços dos grupos de propaganda, que podem ser atestados pela criação do Centro de Estudos Sociais em 1914 e pela publicação de sua revista, *Na Barricada*, em 1915. Este momento foi de grande dificuldade para os trabalhadores, em função da recessão econômica iniciada em 1913, que atingiu a indústria de um modo geral, provocando desemprego e redução de salários. A isto se acrescia a elevação dos preços dos gêneros de primeira necessidade ocasionada pela conjuntura de guerra (Lobo, 1978, pp. 521-48).

As atividades do Centro de Estudos Sociais são importantes, uma vez que ele se constituiu num foro de debates entre socialistas e anarquistas, o que é atestado pelos artigos de sua própria revista. A existência de um diálogo entre elementos como Fábio Luz e José Elias da Silva, de um lado, e Maurício de Lacerda, Silva Marques e Sarandy Raposo, de outro, revela que as relações de confronto e disputa no interior do movimento operário encontravam formas de convivência e que a palavra era um instrumento significativo neste relacionamento. Demonstra também que era em torno de uma iniciativa anarquista que os diversos propagandistas se enfrentavam.

Pode-se perceber que foi justamente a partir de 1915-6 que os libertários colocaram com mais força e nitidez sua proposta, ganhando espaços públicos e começando a entrar em aberto confronto com a polícia e o patronato. Até então, os anarquistas haviam participado de greves e promovido uma série de festas de propaganda e protesto na cidade do Rio. Muitas delas ocorriam em ambientes fechados, embora outras ganhassem as ruas e largos da cidade. Este tipo de iniciativa ganharia ênfase com o estabelecimento da Comissão Popular de Agitação contra a Guerra em 1915 e do Comitê Central de Agitação Popular contra a Carestia em 1917, por exemplo. Mas os anarquistas passariam igualmente a promover grandes *meetings* voltados especificamente para a propaganda de seu ideário, como os comícios contra a lei de expulsão de estrangeiros e os festivais realizados ao ar livre em locais como a Quinta da Boa Vista. Estas grandes festas envolviam, além dos discursos doutrinários, recreações, como bailes e partidas de futebol. Um caráter mais lúdico, capaz de atrair um público maior, unia-se a um objetivo mais preciso, como o de conseguir recursos para o financiamento de jornais anarquistas ou para o auxílio a famílias de líderes presos (Hardman, 1984).

Esta forma de atuação foi ao mesmo tempo causa e consequência da crescente capacidade de mobilização dos anarquistas, que precisavam se tornar visíveis para conseguir reconhecimento social por parte do operariado e das outras camadas sociais. Certos episódios podem ilustrar esta tendência, que indiscutivelmente demonstra a crescente força dos anarquistas e a intenção de demarcar um tipo de identidade. A conquista dos espaços públicos e o caráter das manifestações, que deviam mobilizar grande número de trabalhadores, combinavam-se com a preocupação de que elas fossem tão espontâneas quanto ordeiras. Era preciso mostrar que o proletariado não era uma turba violenta e desorientada e que os líderes anarquistas não eram bandidos, mas homens integrados à civilização de sua época, sabendo o que diziam e queriam.

Este clima teve no ano de 1917 várias demonstrações. As dificuldades da classe trabalhadora eram grandes, e desde o início do ano a Forj promoveu uma série de comícios contra a carestia, contra a guerra e contra o aumento dos impostos. Neste caso, vale observar como a ação de propaganda sistemática articulava-se com um esforço de atuação junto às associações operárias, buscando organizá-las ou reorganizá-las, segundo o modelo sindicalista. A campanha dos anarquistas em 1917 é um caso exemplar da estratégia por eles proposta. Ela agitou inicialmente a bandeira do combate à carestia, e através dela foi desenvolvendo o tema da situação crítica do operariado submetido à opressão econômica e política da sociedade atual. A necessidade de organização e luta decorria daí, assim como o tipo de reivindicação a ser encaminhada: a jornada de oito horas de trabalho, a abolição do trabalho infantil e a proteção ao trabalho da mulher, melhores condições de higiene nos locais de trabalho, responsabilização do patronato pelos acidentes de trabalho, diminuição dos aluguéis e do preço dos gêneros de primeira necessidade, escolas racionalistas etc.

Nesta época, muitos ramos do operariado industrial carioca estavam desmobilizados, levando vida vegetativa. Vinculadas à Forj havia apenas cinco associações: o Sindicato Operário dos Ofícios Vários, os Sindicatos dos Sapateiros, dos Operários em Pedreiras, dos Marmoristas e a Liga Federal dos Empregados em Padaria. Dando apoio à federação, mas sem filiação, estavam a Associação Gráfica, o Centro Cosmopolita, a União dos Oficiais de Barbeiro e o Centro dos Carregadores do Distrito Federal. Ao longo dos seis primeiros meses deste ano, a Forj conseguiu direta ou indiretamente reativar as associações têxteis, dos metalúrgicos, dos alfaiates, dos marinheiros, dos trabalhadores da construção civil, dos vassoureiros e dos entalhadores (Cruz, 1981, pp. 83-103).

Foram justamente estas associações, reunindo basicamente trabalhadores dos ramos industriais do setor privado, que se levantaram em julho e fizeram a greve no Rio de Janeiro. A despeito dos resultados da greve, os anarquistas conseguiram um grande avanço do ponto de vista da penetração nas associações operárias, o que era justamente sua maior deficiência, segundo o próprio diagnóstico de seus militantes. Por outro lado, as associações que eles conseguiram reativar e conduzir à ação eram basicamente aquelas em que vinham desenvolvendo algum tipo de trabalho e que se encontravam em grande parte fora da órbita de outras propostas concorrentes.

Este quadro seria mantido em 1918 para, no final do ano, ser sacudido pela tentativa de revolta anarquista e pela forte repressão então desencadeada. A União Geral dos Trabalhadores (UGT), que substituiu a Forj — fechada pela polícia em agosto de 1917 —, foi dissolvida por um decreto do ministro da Justiça, vários sindicatos foram fechados pelo chefe de polícia Aurelino Leal, entre eles o dos têxteis, o dos metalúrgicos e dos operários da construção civil. Inúmeros operários foram detidos, e José Oiticica e Agripino Nazareth foram pronunciados como os chefes do criminoso movimento maximalista.

A revolta de novembro de 1918 é um ponto de inflexão na história do movimento operário carioca, pois, se ela não provocou um descenso imediato na força dos anarquistas, redimensionou a repressão policial e desencadeou debates entre políticos e na imprensa em geral. Os anos de 1919 e 1920 assinalam diversas greves e manifestações anarquistas, mas a campanha contra esta doutrina e contra qualquer movimento envolvendo trabalhadores cresceu em violência e apoio público.

O grande esforço dos libertários foi procurar manter suas posições e combater a imagem negativa que era projetada a seu respeito.

A tentativa de reorganizar outra federação e sobretudo de fazer circular um jornal diário de todas as associações proletárias indica como era importante combater o *"poder da imprensa burguesa"*. A criação do jornal *Spartacus*, em 1919, e de *Voz do Povo,* em 1920, se de um lado revelava o sucesso dos anarquistas, de outro não alterou a difícil situação que começavam a enfrentar.

É interessante observar que foi justamente a partir de 1917 que, apesar dos confrontos existentes, anarquistas e socialistas estabeleceram relações mais próximas e de colaboração. Por ocasião dos episódios grevistas, os deputados Maurício de Lacerda e Nicanor Nascimento defenderam enfaticamente as lideranças anarquistas no Congresso Nacional, rechaçando as leis de expulsão e as prisões e deportações como atos arbitrários. Após a revolta de 1918, os operários e militantes anarquistas foram defendidos por Evaristo de Moraes e Nicanor Nascimento, entre outros advogados. A defesa qualificou a *"Bernarda"* como uma grotesca comédia, e acusou o chefe de polícia Aurelino Leal de ter planejado o movimento para incriminar os anarquistas e valorizar a polícia. Anteriormente, Evaristo de Moraes defendera Edgard Leuenroth em São Paulo, pelo que recebera os agradecimentos e o respeito do presidente da Associação Gráfica, João Leuenroth. Não é surpreendente, portanto, que Evaristo de Moraes fosse convidado em 1919 pelo Partido Anarquista-Comunista para realizar conferências e que em 1920 escrevesse no jornal *A Voz do Povo*, juntamente com Maurício de Lacerda.[49]

Os anos de 1919 e 1920 marcaram, ao mesmo tempo, o momento de maior visibilidade dos anarquistas entre os trabalhadores e na sociedade em geral, e o início de uma longa fase repressiva que iria atingir todo o movimento operário carioca. Otávio Brandão registra, perplexo: no 1º de maio de 1919 havia milhares de trabalhadores na rua. Foi a maior demonstração já ocorrida na cidade, com passeata, discursos, faixas e tudo mais. No 1º de maio de 1921 não houve nada.[50]

Notas

1. Depoimento de Otávio Brandão ao CPDOC. 1977, 2ª entrevista, fita 1.

2. Vários trabalhos acadêmicos expõem as ideias anarquistas, reforçando algumas vezes os pontos da recusa à luta política e do economicismo. No entanto, poucos têm como objetivo específico o estudo da doutrina anarquista. Vale mencionar o trabalho de Magnani, 1979, que trata dos temas anarquistas a partir do material de jornais libertários paulistas (*La Battaglia* e *A Terra Livre*), e o livro pioneiro de Fausto, 1976, onde há toda uma parte que trata das grandes linhas ideológicas do anarquismo.

3. O pequeno jornal não diário foi, desde Proudhon, na década de 1850, a forma típica de atuação dos militantes anarquistas. Os movimentos mais duradouros acabaram construindo sindicatos, cooperativas, sociedades de auxílio mútuo etc. Agradeço a José Augusto Drummond esta observação, bem como outras do mesmo teor incorporadas ao capítulo.

4. *Na Barricada*, RJ, 15.4.15, pp. 39-41.

5. A imprensa anarquista consultada cita Kropotkin, Proudhon, Eliseu Réclus, Hanon e também Marx. Mas foi Malatesta o autor que obteve maior destaque.

6. Neno Vasco, "O nosso ideal", em *A Guerra Social*, 2.8.11, p. 4.

7. José Oiticica, "Carta-aberta ao Sr. Rui Barbosa" (26.2.18) em *Ação Direta,* 1970, p. 47. Após a década de 1890, quando vários atentados foram cometidos, os anarquistas em todo o mundo tiveram que enfrentar a imagem de terroristas.

8. João Arzua, "Surgindo para o anarquismo", em *A Guerra Social,* 29.6.11, p. 1, e José Oiticica, "A lei" (7.2.29), em *Ação Direta,* 1970, pp. 98-9.

9. José Sarmento, "Nosso ideal", em *O Despertar,* 2.11.1898, p. 1. Neno Vasco, "Ação direta", em *A Guerra Social,* 3.9.11, p. 2, e José Oiticica, "Contra o sectarismo" e "O espírito da ação direta", em *Ação Direta,* 1970, pp. 96-101.

10. Enrico Malatesta, "Anarquismo e sindicalismo", em *Liberdade,* 8.9.11, pp. 2-4.

11. "Desfazendo um imbróglio", em *Na Barricada,* 1.7.15, pp. 147-9. Desde a década de 1880 os militantes sob influência de Kropotkin intitulavam-se anarquistas-comunistas ou anarcocomunistas, marcando suas diferenças com certos bakuninianos que propunham esquemas coletivos muito rígidos e ameaçadores à liberdade.

12. Neno Vasco, "O anarquismo no sindicato", em *A Voz do Trabalhador,* 1.9.13, p. 1. Todas as citações que se seguem são deste artigo. Ver também Batalha, 1986, p. 274.

13. Os artigos de *O Graphico* de 1 e 15.8.16, p. 2, são uma resposta de Neuter (pseud.) ao camarada J. Tupinambá, que escrevera na *Gazeta Operária* (relançada em 1916 por Mariano Garcia), acusando a AGRJ de não ter senão "duvidosos anarquistas e socialistas nenhum". A Associação Gráfica do Rio de Janeiro, criada em 17.10.15, esteve durante quase todo o período que vai até 1919 sob a presidência de João Leuenroth, irmão do conhecido militante paulista Edgard Leuenroth. Mesmo que se considere que a associação não era anarquista (não se filia à Forj), seu jornal é um exemplar significativo para se acompanhar este debate.

14. *O Anarquista Perante a Organização Sindical,* RJ, 1916. Fausto, 1976, pp. 79-80, discute este documento quando trata do anarquismo brasileiro.

15. Neno Vasco, *A Voz do Trabalhador,* 17.5.1909, p. 1.

16. Fausto, 1976, chama atenção de forma pioneira para o que denomina '"subcultura anarquista". Mais recentemente Hardman, 1984, trabalha com os aspectos culturais do anarquismo no Brasil.

17. "O nosso ideal", em *A Guerra Social,* 2.8.11, p. 4.

18. As ideias de poder coletivo e poder assimétrico como duas matrizes conceituais para se pensar a questão do poder estão em Bottomore e Nisbet (org.), 1980, Cap. 16.

19. Depoimento de Elvira Boni ao CPDOC, 1983, p. 50.

20. José Oiticica, "Em defesa da Federação Operária" (19.4.18), em *Ação Direta,* 1970, p. 54.

21. *A Voz do Trabalhador*, 29.11.1908 e 6.12.1908, por exemplo. Em 1915 os anarquistas cariocas estão combatendo a Liga Pró-aliados, presidida por Rui Barbosa, e organizando a Comissão de Agitação Popular contra a Guerra.

22. Orlando Correia Lopes, "Em nome da pátria", *Na Barricada*, 1.5.15, p. 64.

23. João Arzua, *A Guerra Social*, 29.6.11, p. 1.

24. *O Graphico*, 15.3.16, p. 3. O tema do mundo rural, da terra e do trabalhador (o sertanejo) abandonados é central no debate intelectual da segunda metade dos anos 10. A posição dos anarquistas, que aceitam a riqueza natural do país, mas investem contra a ausência de preocupação governamental com o problema, tem parceiros muito significativos, como é o caso de Alberto Torres, entre outros.

25. José Oiticica, "Em defesa da Federação Operária" (19.4.18) em *Ação Direta*, 1970, p. 55.

26. Neuter, "Socialismo e questão operária no Brasil" (II). *O Graphico*, 15.10.1916, p. 2.

27. "Jacobinismo patusco", *O Graphico*, 1.2.18, p. 1.

28. *O Graphico*, 15.1.16, p. 3, 15.2.16, p. 2, e 15.3.16, p. 1.

29. *O Graphico*, 1.2.19, p. 1.

30. *O Graphico*, 16.1.19 e 1.2.19, por exemplo.

31. Os conceitos de sistema de interesse e sistema de solidariedade estão em Pizzorno, 1976.

32. Pizzorno, 1976, trabalha com o conceito de subcultura e com a ideia do isolamento subcultural, usando como exemplo o socialismo alemão. Roth, 1979, também discute a questão. Ele postula que, além das "soluções" de revolução ou incorporação das classes populares, haveria também o que chama de "integração negativa". O sistema político permitiria sua existência num espaço bem definido, o que acabaria por isolar e neutralizar o potencial disruptivo da proposta de transformação.

33. *Conferencia Internacional Sudamericana de Policia,* Buenos Aires, 1920; Convenio e Actas, Buenos Aires, 20-29 febrero de 1920. Buenos Aires, Imp. de J. Tragant, 1920.

34. Discurso do delegado chileno, idem, pp. 39-40.

35. Discurso do delegado brasileiro, idem, pp. 157-8 e p. 165,

36. Em 1916 Mariano Garcia volta a lançar a *Gazeta Operária*. Sobre este líder ver Batalha, 1986.

37. *O Operário*, 3.2.1909, p. 1, e *Tribuna do Povo*, 18.3.1909, p. 4.

38. Até meados dos anos 10 a aproximação entre o sindicalismo do porto e dos transportes marítimos com os socialistas é grande. A partir de 1916, com a formação da Federação Marítima Brasileira, o porto assume um sindicalismo mais "pragmático", onde a presença dos chamados "coronéis marítimos" é pronunciada. Fausto, 1976, p. 56, e Batalha, 1986, p. 178.

39. Há outras associações, como o Centro dos Choferes, a Resistência dos Motoristas e o Centro dos Empregados em Ferrovias, que, posteriormente, em julho de 1917, juntamente com a Associação dos Cocheiros, Carroceiros e Classes Anexas, formam a Federação dos Condutores de Veículos do Rio de Janeiro, que assume uma orientação mais "pragmática" com o apoio da Federação Marítima. Sobre o relacionamento com os socialistas, ver *A Voz do Trabalhador*, 22.11.1908, pp. 1 e 3.

40. *Guerra Social*, 16.7.11, p. 3, e 5.11.11, p. 4.

41. O IV Congresso de 1912 cria a Confederação Brasileira do Trabalho (CBT), misto de central sindical e partido político que vai atuar até fins de 1914 quando cessa de existir (Batalha, 1986, Cap. V).

42. Participam do Círculo dos Operários da União os trabalhadores dos Arsenais de Marinha e do Arsenal de Guerra; da Imprensa Nacional e *Diário Oficial*; da Casa da Moeda; da Estrada de Ferro Central do Brasil; das Fábricas de Pólvora Estrela e do Piquete; das Capatazias da Alfândega; da Fábrica de Cartuchos de Realengo; da Repartição de Águas e Esgotos; das Oficinas da Repartição Geral dos Telégrafos; do Arquivo Público; da Biblioteca Nacional e da Diretoria Geral de Estatística, segundo a *Constituição do Circuito dos Operários da União*, RJ, Imprensa Nacional, 1912. Citado por Cruz, 1981, pp. 134-5, em seu excelente trabalho sobre a greve de 1917 no Rio.

43. "O II Congresso Operário" em Pinheiro e Hall, 1979, p. 181.

44. *Na Barricada*, n. 16, 23.9.15, citado por Dulles, 1977, p. 36.

45. O texto do manifesto está transcrito em *O Paiz*, 1.5.23, p. 7.

46. Cruz, 1981, pp. 131-4. O documento referido está nos Anais da Câmara dos Deputados, sessões de 21 a 31 de agosto de 1917. RJ, Imprensa Nacional, v. V, 1918, pp. 976-96.

47. *O Graphico*, 16.11.19, p. 1, 16.2.19, p. 1, 1.3.19, p. 1, 1.4.19, p. 2, e 1.7.19, p. 1.

48. Manuel Moscoso em *A Voz do Trabalhador*, 8.7.09, p. 1.

49. *O Graphico*, 16.3.18, 16.1.19, 16.2.19 e 1.5.19.

50. Depoimento de Otávio Brandão ao CPDOC, 1977, 1ª entrevista, Fita 1, pp. 39-40.

Capítulo III

Os Anos 20: o Debate ou "a Razão se Dá aos Loucos"

1. O ano de 1920

O espaço de tempo que decorre de 1919 a 1921 é usualmente apontado como o momento de declínio do movimento operário e do anarquismo, sobretudo no Rio de Janeiro. No entanto, este período não foi ainda retomado tendo em vista o esclarecimento dos fatores responsáveis pelo início de uma derrocada que, embora não tenha levado os anarquistas ao desaparecimento, atingiu-os de forma irreversível.

Se o problema é entender melhor as características desta conjuntura do início dos anos 20, é preciso desde logo assinalar que os anarquistas não se encontravam esfacelados ou agonizando no interior dos sindicatos. As dificuldades de arregimentação e os debates em torno do vigor e do verdadeiro sentido da tática sindicalista continuavam intensos e demonstravam as fragilidades permanentes com que os anarquistas se defrontavam. Mas os anos de 1919 e 1920 foram de grande movimentação, tendo sido marcados não só por manifestações públicas de valor propagandístico, como também por uma forte presença na organização sindical carioca.

Não se vivia portanto um momento de decadência no movimento operário ou sindical, e, se os problemas de doutrina e de organização dos anarquistas emergiam de forma grave, isto não se devia à ação de outros grupos com concorrentes. Embora os primeiros núcleos comunistas datem formalmente de fins do ano de 1921 e o próprio Partido Comunista tenha sido fundado em março de 1922, os acontecimentos que desencadearam o declínio do anarquismo não se prendem à competição ou mesmo ao debate crítico com os comunistas.

A versão clássica de Astrogildo Pereira (Pereira, 1979, p. 61) de que o Partido Comunista nasceu *"de um processo espontâneo e a bem dizer instintivo de autocrítica"* no interior do movimento anarquista, iniciado em 1920 e oriundo da constatação de sua incapacidade teórica e política, é cada vez mais discutida pela literatura que trata do tema. A posição de Michel Zaidan (Zaidan, 1985, p. 16 e seg.) é a mais ilustrativa, uma vez que o autor questiona esta linha interpretativa considerando outras versões, como a do anarquista José Oiticica. O fundamental no caso é reter que os primeiros grupos comunistas não surgiram de um amplo e prolongado debate travado entre lideranças e militantes do movimento anarquista, debate este que envolveria não apenas uma reavaliação da experiência do anarquismo, como também uma compreensão precisa da proposta política bolchevista.

O que o exame mais detalhado dos anos iniciais da década de 20 demonstra, em especial para a cidade do Rio de Janeiro, é a existência de uma complexa situação para os anarquistas. Do ponto de vista da ação política e sindical continuavam conseguindo vitórias, mas sofriam derrotas nos episódios de maior vulto e publicidade, o que enfraquecia a imagem do movimento entre os trabalhadores e na sociedade em geral. Do ponto de vista doutrinário, iniciava-se um momento de grande confusão sobre o significado do bolchevismo, que era entendido de várias maneiras diferentes. Mas este fato, em princípio, não colabora para diagnósticos de falência do anarquismo. Ao contrário, o que se pode verificar nas discussões é uma tentativa de afirmação da doutrina anarquista, mesmo no caso daqueles que reconheciam que algumas transformações precisavam ser efetuadas por uma questão de tática revolucionária. Embora se possa considerar que a intensidade e complexidade deste debate fossem maiores no início da década de 20, a existência de divergências e questionamentos não era algo novo dentro do movimento libertário.

O que havia de diferente na conjuntura política que então se abria era o tipo de combate que se articulava contra o anarquismo. Aí o ponto crucial não era apenas o do aumento da violência policial, que efetivamente teve um papel muito importante. O que ocorreu foi o amadurecimento de um conjunto de alianças que reunia ao lado da polícia e do patronato setores da elite política e intelectual da cidade, com franco apoio da Igreja Católica. Esta composição, que somava sólidos recursos materiais e ideológicos, traduzia-se, por exemplo, no revigoramento dos movimentos nacionalistas, que neste momento tinham nítido caráter militante e clerical. Renascia no Rio de Janeiro o que se chamou de "novo jacobinismo", que elegia como seu inimigo — além dos tradicionais galegos — os anarquistas: estrangeiros e ateus.

O declínio que então se iniciou não teve portanto como base o fracasso da militância anarquista nos sindicatos, mas sua expulsão e eliminação por forças policiais com amplo respaldo político e social. Talvez exatamente por isso os anarquistas não tenham sido gradualmente substituídos pelos comunistas, que teriam paulatinamente ocupado um espaço deixado vago pelo desgaste de um movimento e de uma doutrina. O anarquismo e os anarquistas cariocas continuaram existindo no movimento sindical, e justamente porque não houve um amplo debate precedendo a criação de um Partido Comunista, era inevitável que ele ocorresse *a posteriori*, em circunstâncias distintas das narradas por Astrogildo Pereira. Pela mesma ordem de razões, os comunistas tiveram que conquistar seu lugar entre os trabalhadores, disputando espaços e estimulando cisões na organização sindical. Seus primeiros sucessos só se produziram realmente já na segunda metade da década, quando a própria conjuntura política sofreu alterações substanciais devido à revogação do estado de sítio no início do governo de Washington Luís.

O ano de 1920 inaugurou-se, do ponto de vista do diagnóstico dos anarquistas, sob o signo do clima revolucionário que se vivia no mundo e também no Brasil. O 1º de maio de 1919 fora uma das maiores manifestações populares já ocorridas no Rio e também em São Paulo. Uma série de greves seguiu-se a esta grande mobilização, e em agosto começou a circular o importante jornal anarquista *Spartacus*. Os acontecimentos internacionais alimentavam tal diagnóstico. Liam-se notícias sobre os assassinatos de Rosa Luxemburgo e Karl Liebknecht em Berlim após a revolta spartaquista, e sobre as greves que pontilharam o ano de 1919 na França, Inglaterra, Estados Unidos e Argentina. Em 1920 a Itália forneceria as principais manchetes, sobretudo com episódios envolvendo a ocupação de fábricas por operários.

Sem dúvida em 1919, especialmente mais para o fim do ano, ocorreram grandes fracassos em greves significativas, como a de Santos e como a tentativa de greve geral ordenada pela Federação Operária de São Paulo. Foi exatamente nesta ocasião que Everardo Dias e muitos outros elementos foram presos e deportados (Dulles, 1977, livro III). Este episódio seria posteriormente relembrado e situado pelos próprios anarquistas como um marco simbólico do que viria a acontecer com seu movimento. Mas naquele momento a deportação do grande militante foi vista como mais uma bandeira de luta que fortalecia os anarquistas. O fim de *Spartacus* e a violenta atuação da polícia carioca não chegaram a afetar os ânimos. O que se destaca é a criação de um outro jornal, desta feita diário, como órgão da Federação dos Trabalhadores do Rio de Janeiro (FTRJ): a *Voz do Povo*. Ele seria o melhor exemplo de que o movimento anarquista investia na mobilização e na organização dos trabalhadores.

É pelas páginas deste diário que se pode acompanhar os acontecimentos ocorridos durante este ano tão crucial e situar as avaliações que eram feitas pelas lideranças mais combativas do movimento operário, tanto anarquistas quanto socialistas. Isto é possível porque no jornal, dirigido sucessivamente por Carlos Dias, Afonso Schmidt, Álvaro Palmeira e finalmente Astrogildo Pereira, colaboravam consagrados militantes anarquistas como Otávio Brandão, Fábio Luz e Mâncio Teixeira, e socialistas de renome como

Evaristo de Moraes e Maurício de Lacerda. A atuação destes elementos foi muito intensa durante todo o ano. O jornal não cessava de afirmar que o momento era de organização e que para tanto a atividade de propaganda devia ser privilegiada em todos os sentidos. Pode-se observar, por exemplo, que inúmeras conferências foram realizadas em sindicatos, além de comícios por ocasião de datas como o 1º de maio e o 14 de julho, sempre comemoradas. Três oradores eram incansáveis, falando no Rio e também em São Paulo: Otávio Brandão, Álvaro Palmeira e Maurício de Lacerda.

Continuavam a se organizar os festivais realizados no Jardim Zoológico do Rio em benefício de sindicatos invadidos, de militantes presos e do próprio jornal. Outro expediente importante para a propagação do anarquismo era a encenação de peças de teatro, não apenas em salões mais reservados, mas igualmente em teatros como o Carlos Gomes. O ano de 1920 assinalou o sucesso de duas peças de José Oiticica, outro colaborador do jornal: *Pedra que rola* e *Quem os salva?*

Os anarquistas continuavam considerando essencial seu envolvimento em campanhas de largo espectro social, como a da luta contra a carestia dos gêneros de primeira necessidade e contra o aumento dos aluguéis. Foi por isso que reagiram à extinção da Superintendência do Abastecimento, órgão muito criticado encarregado do controle da tabela de preços. Nesta mesma linha, procuraram organizar uma Liga Vermelha pelo barateamento da vida e uma Liga dos Inquilinos e Consumidores.[1]

Mas a ação mais importante dizia respeito à organização dos trabalhadores em suas associações de classe. Neste aspecto é preciso analisar com cuidado a atuação dos anarquistas. Foram muitas as associações que se agitaram neste período, e em diversas delas a presença anarquista é inequívoca. Este é o caso da União dos Operários em Fábricas de Tecidos, que voltou a reivindicar junto ao patronato e que cada vez mais teve que enfrentar, além da repressão patronal e policial, a concorrência de associações profissionais amarelas patrocinadas pelo empresariado.[2] Este é o caso também da Associação de Resistência dos Cocheiros, Carroceiros e Classes Anexas, do Centro dos Operários Marmoristas e da União dos Operários da Construção Civil, redutos anarquistas fortes e ativos, e ainda da Aliança dos Operários em Calçados e Classes Anexas, que venceu em agosto de 1920 uma greve que se prolongou por 48 dias e terminou com a assinatura de uma nova tabela de preços por parte dos industriais do setor. Para Otávio Brandão, os sapateiros, ao lado dos marmoristas e dos metalúrgicos, estavam na vanguarda do movimento associativo de então.

Havia setores, contudo, onde a situação era mais difícil, como o dos empregados de comércio, que possuíam duas associações, uma filiada à FTRJ (Aliança dos Empregados do Comércio e Indústria) e outra que seguia a tática da "ação indireta", acreditando no reformismo parlamentar (União dos Empregados do Comércio). Também os gráficos, considerados uma categoria de grande importância, encontravam-se cindidos em duas associações, já que a Associação Gráfica do Rio de Janeiro não aderira à FTRJ. Sendo assim, organizou-se em março de 1920 o Sindicato dos Trabalhadores Gráficos. O grande esforço dos anarquistas foi tentar promover a fusão destes órgãos, o que de fato não se realizou.[3]

Não é necessário continuar esta enumeração para que se possa perceber que, embora com as tradicionais dificuldades de mobilização e enfrentando a competição com os socialistas e com as associações patronais que começavam a crescer, os anarquistas ainda eram uma significativa força no movimento sindical. Estavam, inclusive, obtendo vitórias ao conseguir penetrar na classe dos marítimos a partir de duas associações: a União dos Operários Estivadores e a Associação dos Marinheiros e Remadores. Através delas a FTRJ procurava organizar a Federação dos Trabalhadores Marítimos e Anexos, encarregada de enfrentar as poderosas figuras dos "coronéis do porto", como Euzébio Rocha e outros, que dominavam, por exemplo, a União dos Trabalhadores do Cais do Porto.

A formação da Federação dos Trabalhadores Marítimos, bem como o fortalecimento da Federação dos Condutores de Veículos, que formariam ao lado da FTRJ, eram objetivos importantes para a obra de mobilização que os anarquistas articulavam para o Rio de Janeiro e para o restante do país. O acontecimento que deveria deslanchar e estimular este processo maior seria o projetado III Congresso, a se realizar no Rio no mês de abril de 1920. Nas palavras de Maurício de Lacerda, o congresso deveria reunir todos para um debate, já que no Brasil existiam operários radicais, mas também moderados e até governistas. O momento era de reunião pela defesa dos interesses dos trabalhadores contra *"a inércia dos poderes públicos e a autocracia do capital mantidos pela repressão"*.[4]

As dificuldades encontradas pela comissão organizadora deste congresso foram muitas, e a realização do encontro não suscitou o impacto que dele se esperava. A maior parte das resoluções tomadas não foram efetivadas, e em avaliações posteriores concordou-se que a Comissão Executiva formada no III Congresso fracassara em suas funções principais.[5]

Este é bem um exemplo do tipo de situação que o movimento operário, e os anarquistas em especial, viviam em 1920. É como se obtivessem vitórias no varejo, mas colhessem derrotas no atacado. A observação das greves ocorridas neste ano pode ser muito ilustrativa. Na verdade, praticamente não houve grandes greves ou greves gerais no Rio de Janeiro, com duas exceções: a greve da Leopoldina, que se realizou em março e chegou a produzir uma conclamação de greve geral, e a greve dos marítimos, que se iniciou em outubro de 1920 e só veio a terminar definitivamente em fevereiro de 1921. Nestes dois casos, a despeito das avaliações que insistiam em ver as greves como demonstrações de vigor e de capacidade de resistência dos trabalhadores, há enorme convergência de diagnósticos de que elas foram um terrível fracasso. Trouxeram grande desgaste para os anarquistas e terminaram como uma verdadeira capitulação com líderes presos e associações invadidas e fechadas pela polícia. Isto aconteceu sobretudo com a greve dos marítimos, que chegou ao fim com a repressão à União dos Operários da Construção Civil e uma grande antipatia popular pelos anarquistas, responsabilizados pela explosão de duas bombas na cidade, uma na Bolsa de Valores e outra no Itamarati (Dulles, 1977, p. 121).

Mas o que deu ritmo ao movimento grevista durante este agitado ano não foram apenas estas duas manifestações, e sim um número significativo de greves parciais e de boicotes, geralmente muito bem-sucedidos. Tecelões (fevereiro, outubro e novembro), marmoristas (maio e junho), sapateiros (julho e agosto), padeiros (outubro), metalúrgicos (agosto), cocheiros (agosto) e marceneiros (julho) movimentaram suas associações com greves de duração e intensidade variadas. Em geral, todas elas lutavam pelo estabelecimento ou pela manutenção da jornada de oito horas de trabalho, pelo respeito a uma tabela de salários e pela presença de delegados das associações operárias nas fábricas. Outro ponto de reivindicação importante era o emprego apenas de membros sindicalizados *(closed shop)*, o que poderia ser controlado pela utilização de uma carteira associativa emitida pelos sindicatos.

Várias destas greves e boicotes atingiram seus objetivos, e diversos proprietários de sapatarias, padarias, marmorarias ou construtoras acabaram assinando acordos nos quais reconheciam as demandas dos trabalhadores. É claro que tais documentos tinham um valor muito relativo e podiam ser abandonados pelos patrões em momento posterior. Isto era do conhecimento das lideranças das associações, que vinham inclusive lutando pelo cumprimento de compromissos fixados em documentos assinados anteriormente que estavam sendo desobedecidos. Mas este fato não tirava o mérito das ações reivindicatórias que exercitavam os trabalhadores e desenvolviam outros meios de luta. Era o caso dos boicotes, que atingiam certas casas que passavam a figurar no "Quadro Negro", publicado pela *Voz do Povo*. O boicote podia envolver a proibição do consumo dos produtos de uma determinada firma ou podia implicar que nenhum trabalhador aceitasse emprego nas condições oferecidas por um dado empregador. A questão do controle que as associações procuravam exercer sobre o mercado de trabalho era muito clara, constituindo uma arma de ataque ao patronato e de mobilização entre os trabalhadores.[6]

Foi esta combinação de sucessos e fracassos, de pesos e eficácia bem diferenciada, que marcou o ano de 1920. Ela não era tão inusitada se confrontada com um balanço dos anos anteriores. O problema é que de 1917 a 1919 tinha havido vitórias em grandes greves, o que não apenas trouxera vantagens para as condições de vida e trabalho do operariado, como expandira o apoio à proposta anarquista. Em 1920 ocorria exatamente o inverso. Nos maiores combates a derrota acontecia de forma fragorosa e impopular. Para tanto, muito contribuiu a repressão montada pelo presidente Epitácio Pessoa. As novas autoridades nomeadas para o cargo de chefe de polícia, Geminiano da França, e para o cargo de terceiro delegado auxiliar, Nascimento Silva, receberam ordens de intensificar a luta contra o anarquismo, incumbindo-se pessoalmente desta tarefa. É bom lembrar que Nascimento Silva foi o delegado do Brasil na Conferência Policial da Argentina que se realizou em fevereiro de 1920.

É bem perceptível, quando se lê o jornal *Voz do Povo*, o aumento da violência e da eficácia da ação policial contra os anarquistas, sobretudo a partir de meados do ano. Em julho, por exemplo, as sedes da União dos Operários da Construção Civil, do Centro Cosmopolita e da Associação dos Carroceiros, Cocheiros e Classes Anexas foram invadidas e fechadas pela polícia. Nesta ocasião, vários elementos foram presos, comícios anarquistas foram proibidos e agentes policiais começaram a encontrar bombas espalhadas no centro da cidade, o que era atribuído aos anarquistas. Exatamente neste mesmo mês a nova sede da *Voz do Povo* foi ocupada sob o comando pessoal de Geminiano da França, que prendeu, entre outros, Álvaro Palmeira, diretor do jornal. O fato teve repercussão na Câmara, através de Maurício de Lacerda, e na chamada grande imprensa, que, mesmo não concordando com os anarquistas, criticou os métodos de força aplicados contra um jornal e seus redatores.[7]

Mas a questão social, ou melhor, a questão do anarquismo, havia sido definida como uma ameaça à ordem constituída, devendo ser eliminada por ação policial. Sendo assim, as prisões de militantes, invasões e destruições de sedes de associações de classe não cessavam.

Havia também as deportações e os relatos dos deportados narrando suas misérias nas prisões do Brasil e na viagem para a Europa. Em novembro de 1920, quando a *Voz do Povo* já se encontrava em vias de desaparecer, o diagnóstico que fazia é que os trabalhadores viviam sob um estado de sítio de fato, o que só iria se agravar com a aprovação do projeto de Adolfo Gordo, conhecido como Lei de Expulsão de Estrangeiros (Decreto n. 4.247, de 6.1.21). Os debates parlamentares envolvendo a discussão de projetos de expulsão de estrangeiros não eram um fato novo, tendo ocorrido em 1907 e 1913. Mas em 1920-21, o projeto aprovado — considerando o anarquismo crime — permitia legalmente a deportação sumária de estrangeiros envolvidos em distúrbios e o fechamento de quaisquer associações que realizassem atos considerados prejudiciais à ordem pública (Gomes, 1979, pp. 89-93).

Havia também um novo tom marcando os debates que se desenvolviam na Câmara e no Senado neste início dos anos 20: tratava-se da preocupação com a imigração de mão de obra para o Brasil. Até o período da Primeira Guerra Mundial a política imigratória de nosso país fora clara no sentido de estimular a vinda de trabalhadores brancos, vistos como mais qualificados e dignos de confiança do que a vasta população negra ou mestiça, só utilizável nos serviços mais rudimentares e pesados. Mas esta avaliação começou a alterar-se substancialmente a partir dos anos 20, quando o fluxo da imigração tornou-se bem menor, estimulando reflexões sobre fontes alternativas de abastecimento de mão de obra.

Desde a época da guerra, alguns intelectuais vinham criticando a política "artificial" de imigração, que na verdade escondia nossa indolência e despreparo em face dos problemas de nossa economia. Alberto Torres é o melhor exemplo que se pode citar. Mas havia intelectuais que avançavam no debate, questionando o desprezo de nossos políticos pelo homem mestiço e pobre do interior, o que em última instância significava reavaliar o problema racial que manchava o povo e sobretudo o trabalhador brasileiro. Manuel Bonfim, destacando as questões de educação e saúde públicas, é um dos nomes que pode ser lembrado, ao lado de Monteiro Lobato, com a trajetória ilustrativa de seu personagem Jeca Tatu. Este, de homem ignorante, supersticioso e indolente — *"a vegetar de cócoras, impenetrável ao progresso"* — torna-se o símbolo do povo brasileiro, vítima indefesa da doença, da falta de educação e da fome (Skidmore, 1976). Não é estranho que o "Jeca" fosse utilizado como bandeira na campanha de Rui Barbosa para a presidência da República em 1919 e que continuasse a povoar os discursos e textos de políticos e intelectuais durante boa parte da década de 20.

É justamente dentro deste contexto de pós-Primeira Guerra que se pode situar a emergência de um movimento nacionalista que, por suas características, tornou-se um interlocutor poderoso para o movimento sindical e anarquista. Este nacionalismo dos anos 20 não se traduzia mais por um sentimento de amor à pátria, fundado na grandeza e beleza territoriais do Brasil, conforme o modelo paradigmático do *Por que me ufano do meu país* do conde Afonso Celso. Ele se manifestava como um movimento social, agressivo e militante, que tinha como objetivo apontar e combater os males de nosso país. Seu formato organizacional era o das "Ações", e seu melhor exemplo, no caso do Rio de Janeiro, era a Ação Social Nacionalista, presidida, não casualmente, pelo mesmo conde Afonso Celso. Fundada em fevereiro de 1920, a Ação Social Nacionalista veio engrossar a crescente onda de movimentos deste teor, como a Liga de Defesa Nacional e a Propaganda Nativista, que lhe eram anteriores (Oliveira, 1986).

O que importa destacar é que este nacionalismo assumiu abertamente uma feição jacobina — xenófoba e combativa — e elegeu como destinatários de seus ataques, além do tradicional inimigo do início do século, o português, um outro estrangeiro responsável pelos males do Brasil: os operários anarquistas. A revista *Gil Blas* evoca o tipo de discurso que estes movimentos elaboravam. Defendendo as demandas dos trabalhadores dentro dos princípios da *Rerum Novarum* de Leão XIII, a revista combatia duramente o anarquismo, equiparado à desordem e ao terror, e apoiava as medidas de expulsão de estrangeiros, advogando a defesa dos braços e dos capitais nacionais. Traduzindo a influência do pensamento de Alberto Torres, privilegiava a agricultura e atacava os portugueses senhores do comércio e da imprensa do Rio (Nagle, 1974, p. 40).

Alguns artigos da *Voz do Povo* demonstram a importância e a força deste novo interlocutor. Um deles é um editorial de autoria de Maurício de Lacerda, intitulado "Jacobinos". Nesse artigo Lacerda confessa em tom irônico seu espanto ante a declaração pública do conde Afonso Celso, qualificando a Ação Social Nacionalista como um movimento jacobino. Afinal, o jacobinismo carioca fora um *"supletivo do terror florianista"*, um *"delírio de perseguição"* que tornara suspeita toda a colônia portuguesa, identificada como monarquista e clerical. Um dos grandes alvos deste jacobinismo fora justamente Ouro Preto, o ministro do Imperador. E agora, pergunta Lacerda, vemos um conde — filho de Ouro Preto e da Igreja — declarar-se jacobino e apontar como inimigos do país os operários anarquistas.[8]

Mâncio Teixeira, Antonio Canelas, Fábio Luz e outros escreveram sobre o ressurgimento do jacobinismo carioca, apontando-o como portador da mesma violência e da mesma intimidade com o chefe da nação. Epitácio Pessoa era um presidente nacionalista, diziam os novos jacobinos à cata de um novo Floriano. Não era de espantar que a Ação Social Nacionalista fosse considerada uma instituição de utilidade pública por um projeto aprovado na Câmara, e como tal pretendesse subvenção do Congresso, para desempenhar melhor seu combate ao elemento estrangeiro.[9] Mas o paralelismo com o jacobinismo da virada do século não era válido no tocante à posição perante a Igreja. Esta deixara seu lugar suspeito de aliada do Império e dos portugueses para tornar-se cada vez mais republicana e brasileira. Não havia dúvida de que à Igreja interessava o combate ao movimento operário independente e aos anarquistas, que surgiam sob sua ótica como ateus, o que era um fato imperdoável.

As páginas da *Voz do Povo* estão pontilhadas de notícias sobre os movimentos nacionalistas e os ataques que eles desfechavam ao anarquismo e aos movimentos reivindicatórios de trabalhadores. Estes ataques, algumas vezes, ultrapassavam as agressões verbais, pois os anarquistas chegavam a denunciar que o governo e a polícia recrutavam elementos nos movimentos nacionalistas para acusar e combater trabalhadores. Não há efetivamente como comprovar tais fatos, mas a agressividade dos militantes nacionalistas tornou-se pública quando alguns oficiais da Marinha fardados e armados invadiram o jornal *A Pátria* e agrediram seu diretor, João do Rio. Este jornal, francamente lusitano, criticava a proposta de nacionalização da pesca, que era patrocinada por estas ligas e ações nacionalistas. Como o episódio envolveu a imprensa e um intelectual — embora com características marginais —, não houve como evitar debates e um clima de certo mal-estar. Isto entretanto não ocorria quando o alvo dos ataques eram os anarquistas.

2. A questão doutrinária

O ano de 1920, como não poderia deixar de ser, foi um momento de intenso debate entre os anarquistas e entre estes e os socialistas. Pode-se dizer que a questão básica em torno da qual as diferentes propostas iriam formar foi, mais uma vez, a da opção sindicalista. Esta questão, que vinha marcando o anarquismo carioca desde a década precedente, assumiu contornos bem-definidos em função das graves injunções da conjuntura política.

Os problemas de organização que foram colocados na ordem do dia pela necessidade de mobilização para o enfrentamento da repressão policial e do associativismo patronal recolocaram o debate sobre a opção sindicalista em duas dimensões principais. A primeira delas dizia respeito ao tipo de interação que deveria existir entre sindicatos e movimento operário, ou seja, ao papel dos sindicatos como *locus* privilegiado para se atuar junto à classe trabalhadora. Neste sentido, o papel dos partidos políticos permanecia em discussão, assim como a defesa da ação direta, não apenas em face do patronato, mas igualmente em face dos poderes públicos. A outra dimensão envolvia o problema do tipo de interação que deveria existir entre sindicatos e anarquismo, ou seja, se o movimento sindical deveria ou não ter um explícito engajamento ideológico. Este ponto, além de abarcar o antigo dilema da neutralidade das associações de classe de trabalhadores, traduzia dificuldades concretas como a do tipo de atitude a ser tomada ante organizações que rejeitavam filiar-se à FTRJ.

Não é fácil mapear os contornos destas questões, sobretudo porque o que emerge das diferentes posições que podem ser acompanhadas pela leitura da *Voz do Povo* é um clima de incerteza e mesmo de confusão e desinformação entre as mais expressivas lideranças anarquistas. Mas é exatamente este fato que pode iluminar a compreensão dos caminhos que foram vistos como alternativas possíveis.

Em inícios de fevereiro, quando o jornal começou a circular, ele possuía uma coluna intitulada "Doutrina sindical". Nela escreviam vários articulistas, e o tom dominante era o da defesa e esclarecimento do que era o sindicalismo: a luta dos trabalhadores através da força organizada de suas associações de classe em defesa de melhores condições de vida e trabalho. A Primeira Guerra, com os problemas novos que criara na Europa, embotara a importância desta tese originária da França. Mas no pós-guerra os anarquistas inclinavam-se mais uma vez para ela.[10] Contudo, a orientação dada ao sindicalismo sofria de um *"vício de origem"*. Por receio de criar fortes conflitos internos ou de dar espaço a políticos reformistas, certas correntes anarquistas insistiam em declarar que o sindicalismo precisava ser neutro em matéria de escolas políticas. Muitos no Brasil defendiam esta posição, que não era aquela que o jornal procurava sustentar naquele momento. O que fica claro nos diferentes artigos, apesar de sua heterogeneidade, é o objetivo de enfatizar o papel crucial dos sindicatos e afirmar que eles precisavam ter uma *"finalidade socialística"* lutando diretamente contra o capital e também contra o Estado.[11]

Este era o problema da Associação Gráfica, que era criticada por organizar a classe no terreno nítido do sindicalismo *"estreito"*, tacanho e inexpressivo que objetivava a defesa de interesses econômicos e não a solidariedade doutrinária dos trabalhadores. Era um mau exemplo que acabara abrindo as portas do sindicato para a colaboração de classes e para a política parlamentar. Por isso, em outro artigo da mesma coluna, distinguiam-se dois tipos de sindicalismo: o revolucionário, que fazia nítida opção pelo anarquismo, e o reformista, que recusava esta opção.[12]

Em certo sentido é possível interpretar este tipo de exigência do momento como uma tentativa não só de afirmação da influência da doutrina anarquista sobre o movimento sindical, como também de expansão de sua capacidade de mobilização. Isto porque, quando as lideranças anarquistas defendiam a finalidade socialística dos sindicatos, queriam propor uma forma de ação direta contra o patronato e também contra os poderes públicos que devia ser contraposta à ação parlamentar. O sindicalismo não devia mais restringir-se à luta corporativa por interesses econômicos e não podia aceitar procedimentos parlamentares. Precisava desencadear uma luta social contra as autoridades públicas, pressionando-as ao máximo, sem se importar com os meios que os dirigentes fossem utilizar para atender suas demandas. Carlos Dias escreve que o essencial é fazer com que os *"dirigentes se mexam"*, através de protestos contra a carestia e a alta dos aluguéis, por exemplo. Por isso, comícios, passeatas e greves de inquilinos podiam se realizar. Os anarquistas deviam, em épocas de eleições, fazer campanhas para a maior abstenção eleitoral possível e atuar perturbando a vida da burguesia em seus locais de moradia, lazer e trabalho.[13] O privilegiamento da ação direta, não mais tendo em vista apenas o patronato, precisava ficar bem marcado como objetivo das associações de classe, que deviam definir-se exclusivamente sob as bases do sindicalismo revolucionário, ou seja, deviam filiar-se oficialmente à FTRJ.

Mas esta posição não era a única existente no jornal durante o ano de 1920. Maurício de Lacerda, um socialista que mantinha franco trânsito no seio dos sindicatos, mesmo os anarquistas, defendia a articulação da ação direta com a chamada ação indireta, isto é, parlamentar. Reconhecendo que todas as conquistas do movimento operário — mesmo as legislativas — resultaram da ação direta e em particular das greves de 1917-19, Lacerda insistia que a ação parlamentar não devia ser completamente descartada. Ela podia facilitar *"o exercício da consciência da classe"* sobretudo nos casos em que a tradição associativista não era muito combativa ou quando a repressão fosse mais brutal. Criticava a postura que via as ligas e uniões que não se definiam pelo anarquismo e pela ação direta como empecilhos para o avanço da luta dos trabalhadores.[14]

Provavelmente foi este tipo de ideia que presidiu o movimento de articulação de um novo partido, movimento esse que começou por volta do mês de agosto de 1920 e desencadeou um debate muito esclarecedor. Respondendo a um artigo de Otávio Brandão que criticava esta iniciativa, o articulista Ávila explicava como entendia este novo partido e por que estava de acordo com ele. Afirmando-se francamente antiparlamentar e a favor da substituição dos parlamentares por *soviets* (o que inevitavelmente seria feito), Ávila considerava necessária a arregimentação eleitoral, ao lado da sindical, por uma questão de tática revolucionária. Segundo sua análise, era muito remota a possibilidade de uma revolução no Brasil promovida apenas por sindicatos operários, que só existiam em poucas cidades industriais do país. Mas, mesmo que ela ocorresse, poderia provocar ou uma contrarrevolução, não só burguesa, mas "nacionalista", ou a implantação de uma ditadura mais violenta do que a existente na Rússia. Perguntava por fim a Brandão: você acha que a imposição de tal ditadura estaria de acordo com a doutrina anarquista?

Ávila confessava que naquele momento não acreditava mais que a revolução pudesse surgir e se desenvolver em qualquer lugar. Reconhecia a necessidade de uma organização transitória, mas desejava que ela fosse a mais democrática possível: *"proletária e aberta a todos os elementos aproveitáveis"*. Por isso, afastara-se de antigos companheiros de propaganda, defendendo a *"organização por ofícios e por ideias"*. Avaliando o exemplo da Inglaterra, ao contrário de Brandão, Ávila considerava a combinação da ação sindical com a ação política capaz de produzir resultados produtivos.[15]

O debate Ávila-Brandão tem como mérito o fato de realçar como uma das questões da época o entendimento do que seria a chamada ditadura do proletariado e a tão propalada experiência bolchevista. Em suas críticas aos que estavam aderindo ao novo partido, entre eles Álvaro e Luiz Palmeira, Brandão qualifica-os de bolchevistas e acusa-os, ao mesmo tempo, de reformistas e parlamentaristas.

O que era este novo partido é algo que aparece de forma obscura. Brandão e outros o colocavam sob o rótulo de bolchevista, já que era a favor de uma prática legal e reformista. Florentino de Carvalho identificava-o claramente como mais um partido socialista, fruto da obra de Maurício de Lacerda, que conseguira ludibriar anarquistas de peso, como o diretor da *Voz do Povo*. Para Florentino não se tratava de um partido bolchevista, o que aliás também seria contrário aos princípios anarquistas. Estes rejeitavam qualquer autoritarismo, mesmo uma ditadura proletária que se pretendia transitória.[16]

Sem dúvida Ávila ilustra a posição daqueles que estavam fazendo uma crítica à centralidade do sindicato e da ação direta para a construção da futura sociedade anarquista, mas que nem aceitavam aderir a métodos autoritários para realizar tal transição, nem entendiam que, por esta razão, transformavam-se em "traidores reformistas". O exemplo de Mâncio Teixeira, outro anarquista que chegou a participar da Coligação Social — era este o nome do novo partido que se formou em meados de novembro de 1920 —, é muito ilustrativo. Ele aderiu à Coligação, mas acabou por se afastar por discordar da presença de certos elementos como Nicanor Nascimento e Nestor Peixoto. Em sua opinião, a Coligação poderia ser composta por homens de diferentes matizes políticos e ideológicos, todos porém devendo ser *"militantes firmes e honestos do proletariado"*. Era o caso do próprio Maurício de Lacerda e de nomes como Clodoveu de Oliveira e Francisco Alexandre, nenhum dos quais era anarquista. O mesmo não ocorria com Nicanor Nascimento, que fora convidado para ser membro do próprio comitê central executivo da Coligação. Diante deste fato, Mâncio Teixeira retirou sua adesão e lamentou a permanência de Ávila e dos irmãos Palmeira.[17]

Outro anarquista que também aderiu à Coligação Social foi Everardo Dias, por considerá-la *"uma escola de treinamento dos elementos mais capazes do proletariado"* (Dulles, 1977, p. 134). Afirmando-se anarquista, mas defendendo a legitimidade da ação através de um partido, ele considerava que os fins libertários poderiam ser compatibilizados com uma experiência transitória de ditadura operária.

O que a experiência da Coligação Social tem de interessante é o fato de demonstrar que, em fins do ano de 1920, havia muito pouca clareza, mesmo por parte dos líderes mais expressivos do anarquismo, sobre o significado da experiência revolucionária russa. Foi dentro deste contexto que a Coligação Social chegou a ser identificada como um partido bolchevista e criticada por uns por seu autoritarismo, e por outros por seu reformismo. Do mesmo modo, entende-se que alguns anarquistas acreditassem que a ditadura do proletariado era compatível com os ideais do anarcocomunismo e por isso aderissem à Coligação, enquanto outros se filiassem justamente por não desejarem esta forma de transição, ameaçadora dos princípios libertários.[18] Havia, também, elementos que não definiam a Coligação nem como um partido bolchevista, nem como um partido, digamos, social-democrata, mas como uma aliança socialista maximalista que responderia às angústias do debate sindicalista.[19]

O jornal *Voz do Povo* acabou por definir-se como contrário à Coligação, já no período em que Astrogildo Pereira respondia pela publicação e em que ela se encontrava em grandes dificuldades financeiras — devido à alta do papel e à falta de fundos — e políticas — pois continuava sendo alvo de um verdadeiro cerco policial. É desta época a divulgação de uma entrevista de Enrico Malatesta, então com 67 anos, sobre a experiência revolucionária dos operários italianos. Excetuando-se os artigos de Florentino de Carvalho, era a primeira vez que o jornal publicava um texto que afirmava ser a ditadura do proletariado uma concepção marxista que conduzia à implantação de um comunismo autoritário. Malatesta não a considerava nem fatal nem possível como forma de experiência transitória compatível com o anarquismo. A ditadura, mesmo do proletariado, matava a revolução social, pois matava seu caráter libertário.

Foi só em fins de 1920, quando a *Voz do Povo* estava prestes a fechar suas oficinas, que sua posição de defesa do anarquismo combinou-se com uma clara crítica ao bolchevismo, entendido como uma experiência revolucionária de tipo autoritário. Era esta também a posição do importante periódico anarquista *A Plebe,* que continuaria sendo publicado ao longo dos anos de 1921 e 22. Mas, em ambos os casos, não se deixaria de considerar a experiência russa como o maior acontecimento revolucionário após a Revolução Francesa. Em tese, os jornais mantiveram o apoio que até então lhe fora dado, a despeito da crítica às formas organizatórias autoritárias que os bolchevistas estavam estabelecendo (Zaidan, 1985, pp. 100-1).

Este foi o tom que dominou todo o ano de 1921, ano marcado por um grande declínio da imprensa anarquista e por um maior avanço da repressão policial. Especialmente no Rio de Janeiro, onde se vivia um clima de "terror branco", o movimento operário tinha cada vez maiores dificuldades para se organizar. O melhor exemplo são as tradicionais comemorações de 1º de maio, que redundaram em grande fracasso, como conta Brandão.

É extremamente provável que datem desta época as primeiras articulações para a formação de um grupo comunista no Rio, o que acabou de fato ocorrendo em inícios do mês de novembro. O encaminhamento que tal processo seguiu certamente não foi o de uma prolongada autocrítica no interior do anarquismo, conforme a versão de Astrogildo Pereira. Se, na verdade, o movimento debatia-se num emaranhado de posições, não havia um caminhar que sugerisse o abandono da doutrina em prol de uma nova opção, no caso o bolchevismo.

A versão anarquista de José Oiticica[20] talvez esteja mais próxima daquilo que o jornal *Voz do Povo* sugere. Até aquele momento todos trabalhavam juntos, a despeito das diversidades de pontos de vista existentes. A organização do Comitê Pró-Flagelados Russos, no segundo semestre de 1921, é bem uma ilustração disto. Ele reunia nomes como os de José Oiticica, Fábio Luz, Astrogildo Pereira e outros. Realizou vários shows, conseguiu arrecadar fundos e estava sob o patrocínio da Federação dos Trabalhadores do Rio de Janeiro. Talvez fosse uma das poucas realizações bem-sucedidas naquele ano de marasmo e fracassos. Segundo Oiticica, foi apenas nesta ocasião que percebeu em certos sindicatos *"frieza, risos e descaso"*. Para seu espanto, foi informado que tratava-se da ação de Astrogildo Pereira, que *"virava a casaca e se passava traiçoeiramente para o bolchevismo"*.

O que esta versão coloca em foco é a surpresa de lideranças como Oiticica, que insistem na traição dos comunistas exatamente porque estes teriam se furtado a um debate, *"minando subterraneamente"* a militância dos anarquistas. O que ela traduz é um processo de arregimentação mais restrito, e que desembocou na formação de um grupo. Tratava-se de 12 pessoas dispostas a construir um partido bolchevista e a conquistar adeptos no movimento sindical, que vivia um momento de descenso.

O relato de uma militante anarquista — Elvira Boni Lacerda — converge com o de José Oiticica e situa um outro ponto importante: a perplexidade daqueles que, não sendo lideranças, dispunham de menos informações ainda para perceber o tipo de cisão que começava a se estruturar. Narrando uma reunião do Comitê Pró-Flagelados Russos, do qual participava, Elvira Boni descreve como tomou conhecimento da divisão entre anarquismo e comunismo:

> Estavam presentes todos os que faziam parte do comitê, e estavam discutindo: "Porque na União Soviética foram fuzilados não sei quantos anarquistas, não sei o quê..." É que tinha havido uma revolta dos anarquistas. Começaram a procurar saber... Então, nessa ocasião, ficou explicado que os anarquistas estavam contra a Revolução Russa.
>
> Eu não sabia nada disso... Nem podia saber se o governo da União Soviética na ocasião estava certo. Foi nessa ocasião que eu percebi a divisão. E dias depois foi fundado o Grupo Comunista.

Aí, volta e meia saíam discussões nos sindicatos. Eu já não ia tanto ao sindicato. Já me retraía um pouco. A gente fica triste com essas coisas... Eu considerava que tanto de uma parte, quanto de outra, estavam errados.

Tem um ditado que diz: "Quem grita mais é quem tem razão." Ficaram gritando e... A razão... Minha mãe dizia que a razão se dá aos loucos.[21]

3. O debate ou "a razão se dá aos loucos"

Em março de 1922 fundou-se o Partido Comunista do Brasil, mas desde janeiro começou a circular a primeira publicação que defendia as ideias da nova corrente: a revista mensal *Movimento Comunista*. Foi praticamente a partir desta ocasião que o debate entre anarquistas e comunistas se explicitou, ganhando claros contornos no tocante à questão dos princípios doutrinários e da disputa de influências no movimento sindical. Embora durante o ano de 1921 já se pudesse perceber algumas críticas aos métodos anarquistas de nítida inspiração "bolchevista" (como é o caso da série de artigos que Astrogildo Pereira escreve para *A Plebe* e *A Vanguarda*, o clima não era o de um enfrentamento amplo e público (Dulles, 1977, pp. 139-41, e Zaidan, 1955, p. 103). Isto só começou a acontecer no ano seguinte, envolvendo em São Paulo, como principais interlocutores, o jornal *A Plebe* e a revista *Movimento Comunista*.[22]

No Rio de Janeiro este debate aflorou um pouco mais tarde, em 1923, quando a conjuntura política era ainda mais difícil para todo o movimento operário. Vivia-se sob o governo Bernardes e, em julho de 1922, em função do levante tenentista, fora decretado o estado de sítio. Na verdade, a situação de profunda crise nos meios sindicais do país e em especial da capital federal datava de antes, mas, com o estado de sítio, a posição da imprensa anarquista, já precária, tornou-se realmente insustentável.[23] O recém-fundado Partido Comunista passou para a ilegalidade e inúmeras associações de classe quase que desapareceram. São escassas as notícias sobre greves — apenas algumas, de categorias — ou sobre outros acontecimentos envolvendo a mobilização de trabalhadores.

É preciso ressaltar também que, se o governo Bernardes foi um momento de grande ofensiva da repressão, foi igualmente aquele em que os debates sobre a questão social na Câmara se intensificaram, resultando na aprovação de algumas leis reguladoras do mercado de trabalho. Assim, à lei de acidentes de trabalho — votada em 1919 — vieram juntar-se em 1923 o projeto que aprovou as Caixas de Aposentadorias e Pensões (CAPs) para os ferroviários e o projeto que criava o Conselho Nacional do Trabalho (CNT). Em 1926, dando prosseguimento a este impulso, foram aprovadas duas leis importantes: a de férias para comerciários e operários industriais e o código de menores. Todas essas leis, contudo, permaneceram sem implementação e sob forte bloqueio do patronato (Gomes, 1979, pp. 90 e seg. e pp. 171 e seg.).

Sem dúvida é excessivo interpretar o projeto político do governo Bernardes como objetivando implementar uma proposta de cooptação do movimento operário (Zaidan, 1981) e explicar o sindicalismo cooperativista, que já existia no Rio desde a década anterior, mas ganhou então mais adeptos, apenas como fruto da intervenção estatal. Mas é inequívoco que a combinação entre repressão e concessão levada a efeito pelo governo contribuiu para o crescimento do cooperativismo e abriu também espaço para um amplo debate entre as diferentes facções políticas do operariado. É certamente através do próprio debate, que envolveu anarquistas, comunistas, socialistas e cooperativistas, que se pode estabelecer o que estas diferentes correntes propunham à classe trabalhadora, e que lógica presidia suas alianças e cisões. É bom recordar que são as propostas que estão sob exame, e não seus desdobramentos em termos de eficácia "real".

Dois jornais cariocas seriam os principais porta-vozes desta polêmica. O primeiro deles foi *A Pátria*, que deixou sua "Seção Trabalhista" sob a orientação de Marques da Costa, líder anarquista membro da União dos Operários da Construção Civil, associação que se tornaria o mais forte e fiel bastião libertário nos anos 20. O próprio Marques da Costa esclarece os termos de sua negociação com o jornal:

> Quando entrei para *A Pátria* tive a franqueza de dizer aos diretores deste jornal quais as ideias que professo; e além disso esclareci desde logo que (...) não me submeteria jamais a qualquer imposição (...). E tracei, desde logo, a orientação desta Seção.
>
> Ao que parece, esta orientação não agradou a todos. Pelo menos não agradou aos comunistas bolchevistas; (...)
>
> Quando sejam convocações, pequenas notas e comunicados — vindos de associações operárias, de grupos e até de partidos operários, vá! Tudo publicaremos sem olhar sua cor. Mas artigos de propaganda etc., ah! meus caros trastes, tende paciência! Posso ser... anarquista, puritano... O que quiserdes, menos duas coisas: bolchevista e burro.[24]

O outro jornal que reabriu sua "Seção Operária", fechada desde 1914, foi *O Paiz*. Folha tradicionalmente oficiosa do governo da República, a partir de fevereiro de 1923 *O Paiz* confiou a orientação desta coluna a Sarandy Raposo, idealizador e líder dos sindicatos cooperativistas então reunidos na chamada Confederação Sindicalista Cooperativista do Brasil (CSCB). A proposta de *O Paiz*, bem como da CSCB, foi explicitada desde o início. A difusão do sindicalismo cooperativista deveria ser feita sem ataques frontais às propostas concorrentes, que seriam insistentemente chamadas a colaborar, num grande esforço de reunião dos trabalhadores, logicamente sob a coordenação da CSCB.[25]

É interessante observar a primeira reação dos comunistas, através de artigo de Astrogildo Pereira no *Movimento Comunista*. Sob o título de "Manobras suspeitas", Astrogildo comenta três fatos que ilustram *"como o capitalismo, através de agentes vários, se esforça por estabelecer um cordão de isolamento em torno do proletariado, subtraindo-o à influência revolucionária".*[26] Os fatos eram a criação do Conselho Nacional de Trabalho, um tumultuado caso que envolveu a direção e a associação dos operários da América Fabril (Weid e Bastos, 1986, Cap. IV), e a assembleia da CSCB na sede de *O Paiz*, inaugurando a nova filosofia da "Seção Operária".

Mas esta posição inicial de repúdio à CSCB e a Sarandy Raposo iria mudar, tendo desdobramentos interessantes. É Otávio Brandão, que na época já se filiara ao PC, que rememora o quadro de aproximações entre comunistas e cooperativistas. Segundo ele, Astrogildo era ingênuo e acreditou em Sarandy, que dizia ter mil e tantas cooperativas e cem mil sócios. Se sua penetração na classe operária do Rio era real, não se sabia ao certo. A questão é que na hora em que Bernardes perseguia meio mundo, permitiu que Sarandy dominasse a seção operária de *O Paiz*. O comitê central (CC) entendeu que não tinha dinheiro para publicar livros ou jornal, a revista *Movimento Comunista* tinha sido confiscada pela polícia,[27] e o PC resolveu então aproveitar a sombra de Sarandy Raposo: publicou-se Lenin, a biografia de Marx etc., tudo isto até o 5 de julho de 1924, quando da insurreição em São Paulo. Neste momento Sarandy pretendeu lançar um artigo de apoio a Bernardes, e o PC mandou avisá-lo de que se publicasse seria classificado de traidor. Ele teve medo e nada publicou.[28]

Para Brandão, o PC fez um cálculo em sua aproximação com Sarandy: seu objetivo era usar *O Paiz* e a própria CSCB para a propaganda do que era o "comunismo", algo desconhecido e muito confuso no Brasil. O partido ganhou neste sentido, pois conseguiu publicar muito. O exame do material que aparece na "Seção Operária" de *O Paiz* é de molde a endossar a perspectiva de Brandão. Principalmente a partir de agosto de 1923, Pedro Sambê — ou seja, Astrogildo Pereira — escreve sistematicamente, na coluna "Colaboração e Controvérsia", sobre a Internacional Comunista e sobre a política de frente única dos Partidos Comunistas. Quando, em abril de 1924, Astrogildo viaja para Moscou como delegado brasileiro, o jornal publica uma série de cartas suas que despertam interesse e debate com os anarquistas. Há numerosos artigos sobre a Revolução Russa e também sobre Lenin. Com o título "A palavra de Marx" transcrevem-se vários parágrafos do *Manifesto Comunista*. No que se refere à divulgação de textos teóricos e de artigos de doutrina e propaganda, não há dúvida de que o PC foi bem-sucedido.

Mas esta é uma perspectiva de análise e de avaliação de resultados que não foi compartilhada pelos anarquistas na época, Antônio Canelas, em maio de 1924, quase um ano após a aproximação entre comunistas e sindicalistas cooperativistas, assume outro ângulo de visão e chega a conclusões diversas. Em um interessante artigo intitulado "Uma tentativa de domesticação", Canelas começa por apreciar a política do governo Bernardes, observando que devido a seu *"caráter reacionário"* seria de esperar *"uma obra de repressão ilegal e sistemática"* sobre o movimento operário. Contudo, seu caminho fora *"algo diverso"* marcando-se por *"uma manobra sorrateira de encurralamento corporativo e político"* cujo instrumento principal era a CSCB. Esta organização, que sempre vivera à sombra da proteção oficial, fora até então uma instituição obscura, sem qualquer ligação real com o *"proletariado avançado"*. Para realizar sua obra de domesticação necessitava de uma ponte pela qual pudesse avançar sobre o campo sindicalista. E *"como encontrou esta ponte miraculosa?"*, pergunta Canelas. Muito simples:

> (...) o Executivo Ampliado da Internacional Comunista de Moscóvia aconselhara aos comunistas de todos os países a realização "frente única das massas proletárias sobre o terreno das ações imediatas". O Sr. Sarandy, antecipando-se aos comunistas, tingiu de encarnado a pontinha das unhas e os lábios e chegou-se a eles dizendo-lhes: Aqui estou, simpáticos! Venha de lá essa tal frente única![29]

Em sua avaliação final o articulista conclui que Sarandy levara a melhor, uma vez que os célebres cem mil sócios da CSCB continuavam desconhecidos, mas sem dúvida o cooperativismo fizera uma grande obra de reconhecimento dos sindicatos revolucionários no Rio de Janeiro. Feito o reconhecimento, o sr. Sarandy podia lançar sua ofensiva, contando com um novo programa e uma nova diretoria, formada por elementos como Maurício de Lacerda, o general Maximino Martins e Joaquim Pimenta, entre outros.

Não importa aqui, como lembrou Elvira Boni, quem está com a razão. O fundamental é percorrer estas versões para recuperar os argumentos que conduzem à aliança entre comunistas e cooperativistas e seu debate com os anarquistas. Canelas, na conclusão de seu artigo, situa um ponto importante, qual seja o da redefinição do programa da CSCB em 1924. Isto nos conduz a iniciar este percurso com uma caracterização do que propunha o cooperativismo.

4. A CSCB e o debate anarquistas x comunistas

Custódio Alfredo de Sarandy Raposo era um funcionário do Ministério da Agricultura também ligado profissionalmente ao Arsenal de Guerra. Desde o início do século desenvolvia uma série de ideias sobre o cooperativismo com relativo patrocínio governamental, tanto que em 1911 conseguiu que seus textos fossem publicados em forma de livro pela Imprensa Nacional. Procurando atuar entre os trabalhadores na defesa de suas teses, Sarandy não conseguiu grande penetração junto às associações operárias, a não ser entre alguns grupos de têxteis reunidos nos Sindicatos Profissionais dos Operários Residentes na Gávea e em Vila Isabel.

A posição de Sarandy começou formalmente a alterar-se no ano de 1920, quando o governo da República apoiou e mandou aplicar suas teorias cooperativistas. Isto se traduziu por sua designação pelo superintendente do abastecimento — Dulphe Pinheiro Machado — para coordenar os trabalhos de estabelecimento de feiras livres e zonas francas, bem como de propaganda e organização de sindicatos profissionais e sociedades cooperativas. Tal indicação foi reforçada pela aprovação no Congresso da concessão de um auxílio pecuniário a estas instituições cooperativistas.

Mobilizando-se rapidamente, já em março de 1921 Sarandy Raposo fundou — em reunião solene na Associação Geral de Auxílios Mútuos da Estrada de Ferro Central do Brasil — a Confederação Sindicalista Cooperativista Brasileira. Mas este processo só seria coroado em fevereiro de 1923, quando Sarandy assumiu a orientação da "Seção Operária" de *O Paiz*. A partir deste momento ele teve um meio efetivo de propagar suas ideias tanto em termos doutrinários quanto organizacionais. Em abril deste ano a seção publicou o conjunto de documentos que historiava o nascimento e o patrocínio oficial do sindicalismo cooperativista, o que seria repetido meses depois com forte tom de crítica e cobrança ao governo. Isto porque, segundo Sarandy, justamente quando o cooperativismo começava a conquistar as massas, o governo da República faltava com suas promessas, não liberando o auxílio pecuniário às cooperativas já formadas, e sobretudo taxando-as com impostos, como o de indústrias e profissões, que ameaçavam sua existência.

O que este longo caso da CSCB com os órgãos governamentais deixa transparecer é que, mesmo sob a ótica de Sarandy, o projeto oficial de auxílio aos trabalhadores estava falhando, e o sindicalismo cooperativista via-se abandonado e desmentido justamente quando ganhava maior visibilidade.

A frustração de Sarandy Raposo é perfeitamente compreensível, uma vez que a CSCB apresentava-se publicamente como portadora de um programa não apenas legal mas oficial, pois estava a cargo de uma repartição pública. Sua confiabilidade ficava assim assegurada, como assegurado ficava o princípio de colaboração entre trabalhadores, patronato e Estado. O programa da CSCB era a defesa de uma transformação social lenta e segura — evolutiva, portanto segura — dentro dos postulados da ordem política e do progresso econômico. Era um programa sindicalista, como o dos anarquistas, que reconhecia os sindicatos profissionais como órgãos vanguardistas e arregimentadores e lutava contra a politicalha e contra a atual organização da sociedade. O que distinguia o sindicalismo cooperativista do sindicalismo revolucionário era sua "forma material de ação". Embora os primeiros também reconhecessem a greve como *"um sagrado direito proletário"*, propunham que a conquista de máquinas, oficinas e fábricas fosse feita por meio de uma sistematização cooperativista, destinada a transformar o capital singular em capital coletivo.[30] Rejeitavam, por conseguinte, a ação direta e opressora, que atuava pela desapropriação violenta de todas as riquezas, declarando inimigos Estado e patrões.[31]

Os cooperativistas entendiam que o sindicato era a instituição básica para a realização de um acordo equitativo entre capital e trabalho e que as cooperativas seriam seus instrumentos de operação.[32]

Por advogar este tipo de solução para os problemas das classes trabalhadoras, a CSCB se constituía através de uma "bancada operária" e de uma "bancada não operária", da qual participavam as mais prestigiosas instituições do país, como a Liga da Defesa Nacional, a Sociedade Nacional de Agricultura, o Centro Industrial do Brasil e o Instituto de Engenharia Militar. Em sua diretoria, conselho e assembleia-geral figuravam lado a lado intelectuais, industriais, servidores do Estado, agricultores e trabalhadores rurais e urbanos.[33]

Nestes primeiros textos que *O Paiz* publicou, o sindicalismo cooperativista apresentava sua proposta em contraposição à do sindicalismo revolucionário, isto é, do anarquismo, demonstrando pontos de contato e divergências, e sobretudo afirmando que a tendência deste último era desaparecer, fundindo-se com os cooperativistas. Não havia comentários analíticos em relação à facção bolchevista e não havia um ataque frontal aos anarquistas, que eram chamados a colaborar. O sindicalismo cooperativista seria a saída do círculo vicioso gerado pelo capitalismo reacionário, de um lado, e pelo anarquismo revolucionário, de outro. Ou seja, o sindicalismo cooperativista tentava conseguir o monopólio da "palavra operária", apresentando-se como um ponto de confluência entre diversas propostas.

Imediatamente após a transcrição desta série de documentos doutrinários, o jornal publicou um artigo esclarecedor no que se refere ao projeto dos cooperativistas.[34] Nele era delineada sua proposta de incorporação da classe trabalhadora à sociedade e ao Estado brasileiro, isto é, o tipo de identidade postulada para os trabalhadores. A primeira afirmação era que *"incorporar"* significava *"interessar na manutenção da ordem e progresso, dando interesses nos frutos do trabalho"*. A incorporação dos trabalhadores não devia ser feita pela atuação política, *"que a todos infelicita e aturde"*, só beneficiando a vaidade e os interesses pessoais de alguns líderes. As conquistas das multidões proletárias não podiam ser revolucionárias nem políticas, mas econômico-profissionais. Justamente por isso, libertar os trabalhadores era o mesmo que libertar economicamente a nação, o que se traduziria numa política de nacionalização do comércio a retalho e a grosso, do crédito popular, agrário e às indústrias, enfim, da nacionalização de todos os capitais.

O texto, certamente de autoria do próprio Sarandy Raposo, é por demais sugestivo das convergências entre o sindicalismo cooperativista e o novo jacobinismo dos anos 20, presente na Liga da Defesa Nacional com seu projeto de nacionalismo econômico, de combate ao analfabetismo via instrução do povo brasileiro e, em especial, de combate ao anarquismo. A franca postura de proteção à indústria nacional iluminava também um dos pontos de interesse e contato com o Centro Industrial do Brasil, tão frequentemente atacado na época com a tese das indústrias artificiais.

Tratava-se de um projeto nacionalista por excelência, que afastava nitidamente os trabalhadores da arena política, rejeitando partidos e eleições, mas aceitando uma pressão de tipo corporativo — feita pelos sindicatos e cooperativas — na defesa, por exemplo, da legislação social. O projeto era francamente sindicalista e antipartidário, mas inteiramente distinto do anarquista. A cidadania, deslocada da arena política, assumia um corte de inspiração positivista e realizava-se pela "incorporação estadista", ou seja, pelo reconhecimento dos direitos sociais e da participação nos ganhos econômicos advindos do trabalho. Não é casual que Francisco Juvêncio Saddock de Sá fosse um nome de honra a ser homenageado dentro da CSCB, nem que o Apostolado do Culto ao Trabalho estabelecesse relações com esta Confederação.

Mas este projeto inicial, idealizado por Sarandy Raposo, iria sofrer alterações significativas. Elas provavelmente resultaram de um conjunto de fatores, entre os quais estariam as dificuldades encontradas pela CSCB junto ao governo e a política de aproximações com o Partido Comunista.

As primeiras notícias mais substanciais que a "Seção Operária" de *O Paiz* dedicou aos comunistas são de maio de 1923, e seu diagnóstico era de que se tratava de uma facção novíssima resultante de uma dupla descrença. A descrença na ação direta expropriadora dos anarquistas, dos quais os comunistas mantinham o espírito revolucionário, e a descrença nos ideais de harmonia entre capital e trabalho dos sindicalistas cooperativistas, embora os comunistas aceitassem a remodelação legislativa, além da ação partidária e eleitoral. Seria de esperar que uma tal facção, originária de duas cisões, fosse pouco ativa e eficaz. Ao contrário, o *"neocomunismo"* que estava sendo lançado no país desenvolvia-se a olhos vistos, aproveitando-se do desprestígio das duas outras correntes. Isto porque acrescentava aos princípios revolucionários do anarquismo um senso prático por este desconhecido. Ao mesmo tempo, os *"neocomunistas"* assumiam todo o formulário sindicalista cooperativista, incorporando ainda a prática eleitoral, por estes rejeitada. Isto é, combinavam a força dos ideais anarquistas com a eficácia dos métodos cooperativistas, não abandonando a prática partidária, até então monopólio dos socialistas.

Os *"expectantes comunistas"* aproveitavam-se assim da falta de acuidade dos políticos brasileiros, que, renegando o sindicalismo cooperativista em suas teses de evolução e harmonia do capital e trabalho, alimentavam esta facção já beneficiada pelo anulamento dos *"sonhadores anarquistas"* e também da corrente socialista. Os neocomunistas cresciam, mas, pelo diagnóstico de Sarandy, caminhavam em direção à CSCB. Em breve o destino destes dois contendores seria a união para a vitória das correntes trabalhistas no Brasil. Os primeiros entendimentos já começavam a ser feitos. Seus objetivos eram o estabelecimento de um acordo "atuador" — e não doutrinário — materializado em um programa mínimo para a formação de uma "frente".[35] Como se vê, os cooperativistas insistiam em apresentar-se como a proposta de confluência natural no panorama do movimento sindical de meados dos anos 20.

Pari passu a estes primeiros contatos iniciou-se na CSCB um debate destinado a reavaliar certos pontos de seu programa, tendo em vista a nova situação enfrentada pelos cooperativistas. Duas eram as teses principais. A primeira, defendida pelo delegado do Instituto de Engenharia Militar, o general Maximino Martins, preconizava a participação dos operários no processo eleitoral através do voto. A CSCB deveria encarregar-se de concretizar esta forma de atuação, fazendo surgir, por exemplo, um partido nacional de trabalhadores. Tal transformação faria afluir para a Confederação novos sócios singulares e institucionais com interesses político-partidários, o que a fortaleceria no interior do movimento operário e da sociedade brasileira. A segunda era defendida pelos líderes dos operários da União e da Municipalidade e optava pela permanência da CSCB no âmbito exclusivo do congraçamento profissional pela prática sindical e cooperativista. Neste caso, a CSCB deveria trabalhar para o ingresso em massa de novos sócios proletários — singulares ou não —, determinando o desligamento dos confederados não operários.[36] Com isso a Confederação afirmaria seu caráter cooperativo e antipartidário, segundo matriz positivista que de há muito tinha penetração entre os operários do Estado.

Em meados de 1923, a "Seção Operária" reconhecia como praticamente certa a vitória da tese do general Martins, que pretenderia ter as portas da CSCB abertas a todos os partidos, operários ou não. Pode-se observar que a aceitação desta tese significava também uma efetiva aproximação com os neocomunistas, que se apresentavam publicamente *"como um partido com estatutos legalizados e com propaganda dentro da lei"*. A efetivação da frente única, tão importante para os neocomunistas como para os cooperativistas, transitava pela aprovação da ação parlamentar, que o general Martins preferia chamar de *"regime evolutivo direto"* em complementação à ação econômico-social, isto é, o *"regime evolutivo indireto"*.[37]

Sarandy Raposo reconheceu prontamente a centralidade desta questão e em julho de 1923 discursou em assembleia-geral da CSCB dizendo:

> Embora convencido da inutilidade de todos os parlamentos não profissionais, isto é, constituídos de indivíduos que não exprimem o pensar e a necessidade de quantos trabalham e produzem riquezas (...), embora convencido que as grandes massas humanas só conseguirão esgotar o formidável poço das decomposições morais, políticas e sociais com aplicações causticantes do sal da verdade sindicalista-cooperativista, sou dos que pensam (...) que não devemos condenar a ação daqueles que ainda acreditam na eficácia dos baldes da política-eleitoral para o esgotamento e esterilização desse poço infecto.[38]

O presidente da CSCB nitidamente aceitava uma proposta que não era a sua. A interação trabalhadores/sociedade mais ampla devia passar pelo sindicato, instrumento puro e purificador. A ação eleitoral e sobretudo o partido estavam manchados pela política, algo sujo e corruptor. A CSCB, a partir de então, precisava remodelar suas próprias linhas de convergência e divergência com as duas outras facções existentes no movimento operário. Sua distância em face do anarquismo crescia. Quando, em outubro de 1923, uma assembleia-geral da Confederação aprovou formalmente a prática da ação parlamentar, os libertários estavam sendo definidos como *"o inimigo irreconciliável do sindicalismo cooperativista, do comunismo, do governo russo, de todos os governos e até de toda revolução limitada"*. Já os neocomunistas estavam cada vez mais no caminho da evolução, apresentando *"em suas atitudes e em seus atos, judiciosas tendências para a prática do cooperativismo e até da ação parlamentar, tendências estas que os aproximam da eficiência do sindicalismo cooperativista"*.[39]

O debate mais direto entre anarquistas, de um lado, e comunistas e cooperativistas, de outro, eclodiu a partir do segundo semestre de 1923 e envolveu dois acontecimentos básicos: os esforços realizados com o objetivo de reorganizar a Federação dos Trabalhadores do Rio de Janeiro e a proposta da CSCB de preparar uma conferência dos presidentes de associações de classe operárias, independentemente de seu teor doutrinário. Evidentemente ambas as iniciativas visavam congregar o movimento sindical e desta forma articulavam-se à orientação de frente única dos comunistas e também dos cooperativistas.

Os resultados obtidos nos dois casos e a reação dos anarquistas são esclarecedores dos motivos que orientaram a postura libertária e da situação em que se encontravam os sindicatos do Rio na ocasião. O principal argumento dos libertários para rejeitar toda e qualquer proposta de unidade sindical e ação parlamentar era que os bolchevistas (os anarquistas eram também comunistas) não desejavam de fato uma aliança ou uma política de "frente única", como definiam. A aliança implicava acordo entre diferenças, e o que os bolchevistas — autoritários e partidários da ditadura do proletariado — propunham era uma reunião de sindicatos subordinados a seu partido. Ainda mais, subordinados à doutrina do PC, e colaborando com o reformismo de Sarandy Raposo. Os bolchevistas ocultavam-se sob um discurso frentista, mas eram na realidade adeptos da reação e do divisionismo no movimento sindical.

Este argumento, presente em praticamente todos os artigos de Marques da Costa, José Oiticica (na série "Resposta necessária"), Domingos Passos e Fábio Luz publicados na "Seção Operária" de *A Pátria*, era atestado com exemplos da ação dos bolchevistas em alguns sindicatos cariocas. Entre eles os anarquistas citavam a luta terrível na Resistência dos Cocheiros, Carroceiros e Classes Anexas, a infiltração entre os sapateiros e metalúrgicos, e sobretudo entre os próprios operários da construção civil.

A acusação feita pelos anarquistas nesta ocasião veio a ser comentada por uma importante liderança comunista que pouco mais tarde abandonou o partido, na célebre cisão que daria origem ao grupo trotsquista. Joaquim Barbosa, então responsável pela seção sindical do PC, observa que as campanhas movidas pelo partido contra os líderes sindicais adversários acabavam muitas vezes por reverter contra eles mesmos, já que os comunistas, não tendo núcleos nos sindicatos, conseguiam apenas ferir os trabalhadores com seus ataques e denúncias.[40] É ele também, já em 1928, que narra o episódio de reorganização da FTRJ, qualificado como completamente infrutífero.[41]

Astrogildo Pereira e Otávio Brandão também analisam o mesmo episódio, embora para eles os responsáveis pelo divisionismo fossem os anarquistas.

A tese de unidade sindical do PC, defendida e reafirmada em inúmeros textos e traduzida na proposta de frente única, esbarrava em uma prática de penetração nos sindicatos efetivamente divisionista (Zaidan, 1985). Mas, de qualquer forma, Otávio Brandão testemunha com apuro que foi durante estes anos de estado de sítio do governo Bernardes que o PC desenvolveu um *"trabalho de formiga"*, estabelecendo seus primeiros núcleos na organização sindical carioca. O partido conseguiu algumas adesões bem significativas em termos de filiação à FTRJ, na época sob controle dos comunistas, e também de participação no projeto de Conferência dos Presidentes de Associações de Classe da CSCB. Entre elas, vale citar a do Centro Cosmopolita (sob a liderança de João Argolo) e a da Associação Gráfica (com Rosendo dos Santos), além das associações dos padeiros, alfaiates, vassoureiros, marceneiros, marmoristas e barbeiros.

Estas associações, portanto, deram apoio à proposta de Sarandy Raposo. Mas, na verdade, a Conferência dos Presidentes das Associações de Classe nunca ultrapassou a realização de numerosas sessões preparatórias, embora tenha chegado a estabelecer as bases e as teses preliminares para o advento de uma frente única proletária. Nesta ocasião, assinaram o documento, além das entidades sob influência do PC, os representantes da Associação dos Operários da América Fabril, da Associação Profissional Têxtil, da Caixa Geral do Pessoal Jornaleiro, da Estrada de Ferro Central do Brasil, da União Geral dos Metalúrgicos, da União dos Operários Municipais e do Apostolado do Culto ao Trabalho.[42]

Praticamente permaneceram com os anarquistas na Forj, recusando a frente única, a União dos Operários da Construção Civil e a União dos Artífices em Sapatos. O esforço que os libertários desenvolveram neste período para reafirmar seus princípios doutrinários e enfrentar a aliança de comunistas e cooperativistas foi muito grande. Em relação a vários pontos de sua doutrina, houve por parte de algumas lideranças anarquistas o reconhecimento explícito da pertinência da crítica dos bolchevistas. O melhor exemplo é uma série de artigos de José Oiticica, intitulada "Meu Diário", publicada em *A Pátria*, onde ele diagnostica que o anarquismo vivia de fato um profundo momento de dispersão de forças devido à *"desunião de vistas e incoerências de práticas"* que dominavam seus militantes. O problema máximo era o do entendimento do que devia significar o sindicalismo libertário. Para Oiticica, a tese da descentralização organizacional do movimento sindical não devia ser confundida com a ausência de disciplina e de centralização de esforços para a luta contra elementos que cada vez mais se unificavam numa forte aliança.

A proposta de Oiticica na ocasião foi a de organizar "seções operárias" no interior dos sindicatos, para que nelas se selecionasse e se preparasse doutrinariamente um forte núcleo de militantes anarquistas. Nestas seções as questões de princípios ideológicos poderiam ser debatidas, mas o sindicato devia ser mantido unificado em torno do espírito de luta contra todos os exploradores, afastando-se das querelas doutrinárias, ou seja, o sindicato não devia ter filiação doutrinária oficial.

O movimento libertário precisava distinguir entre organização de sindicatos e organização de "seções operárias", estas sim com nítida feição anárquica e com pequeno número de integrantes. Estas seções é que se federariam em uma dada localidade, para atuar guiadas pelas orientações que elas mesmas estabelecessem.[43]

Tudo indica que os anarquistas não tiveram sucesso em seus esforços e que o debate os desgastou e prejudicou. Marques da Costa, em um ponderado artigo onde elogia a conduta de Astrogildo Pereira num encontro em que se discutiu o tema da organização sindical, conclui que o Partido Comunista estava sendo mais prejudicial do que todos os partidos — burgueses ou operários — com que os anarquistas já se tinham defrontado.[44]

A questão da organização partidária é outro ponto que marca o isolamento a que ficaram constrangidos os anarquistas. O debate travado na CSCB em torno da adoção da ação parlamentar é o melhor exemplo disto. Nos meses finais do ano de 1923, inúmeros acontecimentos testemunham a ação conjunta de comunistas e cooperativistas. Depois que a nova diretoria do Centro Cosmopolita, presidida por João Argolo, tomou posse, Sarandy Raposo pronunciou conferências na sede desta associação. O mesmo iria acontecer na Associação Gráfica do Rio de Janeiro.

Com a aprovação do novo programa da CSCB — resolvendo o acréscimo da atuação política rigorosamente proletária — foi escolhida uma nova diretoria e conselho fiscal. Entre os nomes que nela figuram estão Maurício de Lacerda (primeiro vice-presidente), Joaquim Pimenta (secretário-geral) e Evaristo de Moraes (presidente do conselho fiscal).[45] A presença destes conhecidos socialistas seria uma constante nas páginas do jornal e nas reuniões de sindicatos sob influência comunista. Joaquim Pimenta começou a publicar artigos em que sistematicamente discutia a questão social no Brasil e a doutrina socialista (Zaidan, 1981, Cap. 11). Por ocasião das comemorações do 1º de maio, Evaristo de Moraes pronunciou conferência no Centro Cosmopolita. Poucos dias depois foi a vez de Maurício de Lacerda falar para este mesmo público.[46]

A entrada dos socialistas neste circuito certamente teve a ver com seus interesses na organização de mais um partido operário. De fato, em 1921, Nicanor Nascimento, Joaquim Pimenta e Everardo Dias tentaram formar um outro Partido Socialista Brasileiro (Dulles, 1977, p. 141). Em 1924 chegou-se a criar um Partido Trabalhista Brasileiro, cujo programa incorporava várias reivindicações do sindicalismo cooperativista. Seus candidatos, contudo, perderam as eleições; e o partido entrou em total recesso (Zaidan, 1981, pp. 186, 220). Foi apenas em maio de 1925, quando os comunistas já haviam abandonado a política de frente única com os cooperativistas, que elementos como o baiano Agripino Nazareth, Evaristo de Moraes e Francisco Alexandre (todos futuros integrantes do Ministério do Trabalho no pós-30) conseguiram organizar, com algum sucesso, um Partido Socialista Brasileiro. Na época tiveram como seu grande aliado o então presidente da União Geral dos Operários Metalúrgicos, Amaro de Araújo (Zaidan, 1981, pp. 221, 231).

A proposta de ação parlamentar incorporada pela CSCB cumpriu os objetivos de reunir em torno desta organização, mesmo que fictícia, líderes comunistas e socialistas. É bem verdade que a esta altura já começavam a surgir certos problemas de relacionamento entre o PC e a CSCB, e a ausência de nomes comunistas na diretoria e no conselho fiscal da Confederação são indicadores disto. Mas seriam outros os motivos que acabariam por encerrar esta convivência. Em julho de 1924, com o segundo levante tenentista, Bernardes estabeleceu o novo estado de sítio. Todas as "seções operárias" foram fechadas por ordem policial, e a imprensa foi colocada sob censura.[47] Sindicatos foram invadidos e fechados, e inúmeras lideranças do movimento sindical foram presas. Segundo o depoimento de Otávio Brandão, os militantes que não desapareceram pegaram anos de cadeia ou morreram em Clevelândia. Não se podia brincar com Bernardes e seu chefe de polícia, o marechal Fontoura, mais conhecido como "Marechal Escuridão". Os anarquistas teriam sido os mais atingidos. Duramente reprimidos em 1921, em 1924 foram deportados em massa. Marques da Costa, por exemplo, foi deportado, e a União dos Operários da Construção Civil ficou fechada durante todo o estado de sítio.[48]

5. A escalada dos neocomunistas

Se foi durante os anos de estado de sítio do governo Bernardes que o PC desenvolveu seu "trabalho de formiga", no dizer de Otávio Brandão, foi a partir de 1926 que desencadeou sua ofensiva dentro das organizações sindicais e também no cenário político, ao menos na cidade do Rio de Janeiro. Este período foi como um marco na atuação do partido, e, para dimensioná-lo, é interessante recorrer à narração de um de seus jovens militantes na ocasião. Leôncio Basbaum caracteriza assim este novo tempo:

> Havia muitas novidades. A primeira delas fora a extinção do Estado de Sítio, em que o País vivia desde 1922. Washington Luís, novo Presidente da República, que substituía Artur Bernardes, deixara o sítio extinguir-se a 31 de dezembro de 1926. Havia pois, agora, uma relativa liberdade e o Partido Comunista começava a aparecer abertamente pela primeira vez. Já estava formado o Bloco Operário e Camponês, do qual eu apenas ouvira falar (...). Já tínhamos mesmo um deputado, o Azevedo Lima, médico muito conhecido em S. Cristóvão, antigo deputado federal pelo Rio e que

agora se iria reeleger pelo BOC através de um pacto com o Partido. Outra novidade era o aparecimento do jornal diário *A Nação*, depois de entendimentos com o seu antigo proprietário, o professor de Direito Leônidas Rezende, um positivista que tentava conciliar sua doutrina com o marxismo. Todavia deixara ao Partido inteira liberdade para a direção do jornal (Basbaum, 1976, p. 45).

Além de *A Nação* (3.1.27 a 11.8.27, quando da Lei Celerada), o primeiro órgão legal dos comunistas, o partido também contou com *Voz Cosmopolita*, jornal operário do Centro Cosmopolita, talvez sua mais importante base entre as associações operárias cariocas. O papel deste jornal seria fundamental para a militância que os comunistas procuraram desenvolver junto aos sindicatos, buscando ativá-los e reorganizá-los, segundo o modelo de sindicatos de indústria.

Uma rápida recuperação das comemorações de 1º de maio dá ideia da situação de forças do movimento sindical carioca. Em 1922, anarquistas e comunistas organizaram juntos a celebração do 1º de maio no Rio, que Astrogildo Pereira considerou um sucesso diante das decepcionantes concentrações ocorridas em São Paulo. Em 1923, os anarquistas conclamaram os trabalhadores a comparecerem à Praça Mauá, e o jornal *A Pátria* descreveu o comício como bem concorrido. Após seu encerramento os manifestantes se dirigiram para a sede da União dos Operários em Construção Civil, sempre seguidos de um piquete de cavalaria. Já segundo a descrição de *O Paiz*, o comparecimento ao "comício monstro" foi fraco, uma vez que os operários estavam cansados dos dissabores da ação direta e encantados com os proveitos do sindicalismo cooperativista. Os trabalhadores preferiram afluir à Exposição do Centenário, cuja entrada foi franqueada pelo governo. Seu entusiasmo revelava-se maior pelos *"jogos de artifício do que pelo proclamado fogo da retórica"*. O outro local de comemorações foi a Vila Pereira Carneiro, em Niterói, onde o benemérito conde recebeu altas personalidades da literatura, do clero, da indústria e do comércio da região.[49]

Em 1924, a Praça Mauá foi o espaço da oratória do Partido Comunista, aliado tático dos cooperativistas. Os anarquistas, em nome da Forj, realizaram uma concentração na Praça 11 de Junho e uma passeata de protesto que se encerrou com um comício em frente à redação de *A Pátria* (Dulles, 1976, p. 184). Já em 1925, o PC registra que o comício de 1º de maio na Praça Mauá revelava a força das uniões amarelas e o despreparo e a posição desfavorável dos comunistas. Apesar disso o acontecimento era estimulante, pois devia forçar o partido a uma atuação mais destacada (Dulles, 1976, p. 227). Nesta mesma data, o presidente da União dos Operários Estivadores — Luís Oliveira — estava sendo lançado, com todo o apoio das autoridades bernardistas, de Sarandy Raposo e do Partido Socialista de Agripino Nazareth, candidato operário à intendência do Distrito Federal (Zaidan, 1981, Cap. III; Dulles, 1976, p. 235).

A União dos Operários Estivadores era um dos sindicatos que, segundo Otávio Brandão, mantinham estreitas relações com os policiais do marechal Fontoura e do coronel Bandeira de Melo, exímio na prática do suborno e da corrupção de lideranças sindicais. Além desta associação de classe, os amarelos também estavam dominando a União Geral dos Operários Metalúrgicos (com o presidente Amaro de Araújo) e a Associação dos Cocheiros, Carroceiros e Classes Anexas (com Joaquim dos Santos), ambas anteriormente ligadas às lutas anarquistas.

Entre os têxteis, ao lado da Associação Profissional Têxtil (orientada por Carlos Gomes de Almeida) e da Associação dos Operários da América Fabril (com Libânio da Rocha Vaz até 1923), nitidamente patronais, passava a figurar a União dos Operários em Fábricas de Tecidos. Reprimida e fechada pela polícia, que a considerara uma das principais responsáveis pelo surto grevista de 1917-19, esta associação fora reaberta sob a solicitação de uma nova e suspeita liderança: José Pereira de Oliveira.

Brandão é categórico quando afirma a presença dos amarelos neste setor e também no porto do Rio, onde controlariam igualmente a Sociedade União dos Foguistas (de Júlio Marcelino de Carvalho), a Associação de Marinheiros e Remadores e a Resistência dos Trabalhadores em Trapiches e Café (com Heitor Batista), entre outras entidades de menor importância.[50]

Este breve perfil dá bem uma idéia do tipo de enfrentamentos que o PC teria nos anos do pós-25. Neste período inicial, o partido se beneficiou da existência de um pequeno periódico — *A Classe Operária* (maio/julho de 1925) — que, mesmo sendo tão efêmero, foi valioso para a penetração dos comunistas nos sindicatos e para sua política de formação de células. No Rio, não existia mais nenhuma publicação ou mesmo seção de jornal sob a orientação de anarquistas.

A luta não seria fácil. O PC precisava conquistar posições em certos sindicatos-chave — como os têxteis e metalúrgicos — e permanecer insistindo com os anarquistas das associações de sapateiros e da construção civil, por exemplo. Só então poderia articular seus projetos políticos mais audaciosos, como a constituição de uma Confederação Geral de Trabalhadores (CGT) e o lançamento de um Bloco Operário para concorrer às futuras eleições. Todas estas iniciativas faziam parte da orientação de frente única lançada pelo Comitê Central Executivo (CCE) em fins de 1925 e deviam ser preparadas pela ação do Comitê de Reorganização e Unificação Sindical.

A primeira grande conquista do PC nesta investida foi provavelmente a organização da União dos Trabalhadores Gráficos (UTG), que abrangia todos os ofícios gráficos segundo o modelo de sindicalismo por indústria. A UTG, sob a liderança de João da Costa Pimenta, tornou-se em 1926 um dos mais importantes núcleos comunistas. Neste caso, é interessante observar o tipo de ação que foi desenvolvida, para que se possa dimensionar a forte tradição anarquista no movimento sindical carioca, a despeito do desaparecimento da quase totalidade de suas lideranças mais significativas. Narrando este episódio, Hilcar Leite, um gráfico, comenta que o PC foi obrigado a recorrer a métodos de propaganda tipicamente anarquistas, pois os trabalhadores gostavam e estavam com eles familiarizados. Era o caso da ação política através de atividades culturais, como o teatro.[51]

A forma principal de atuação dos comunistas era, no entanto, a *"infiltração"*. Um militante era escalado para trabalhar em uma fábrica. Lá não deveria fazer agitação, e sim ter conversas de *"pé do ouvido"* para angariar adesões. Conseguindo-se um número razoável de adesões, organizava-se uma célula, que ficava subordinada ao Comitê Regional do Rio de Janeiro, por sua vez subordinado ao CCE. Os membros das células de empresa deviam ser levados aos sindicatos, onde a atuação não era muito distinta. Células de empresa e sindicatos constituíam as bases do partido em nível regional.

Outro exemplo ilustrativo de como o PC conseguia interferir nas direções dos sindicatos é o da União dos Operários Metalúrgicos, onde o partido entrou em choque com a presidência de Amaro de Araújo e conseguiu substituí-la. Na União dos Operários em Fábricas de Tecidos o PC formou também uma facção — o Bloco Têxtil — e com ele concorreu e conseguiu vencer as eleições de dezembro de 1926, derrotando José Pereira de Oliveira, líder amarelo francamente ligado às autoridades policiais da cidade. Também entre os marceneiros e padeiros os comunistas conseguiram estabelecer bases. Na construção civil, reduto fechado pela polícia por sua fidelidade ao anarquismo, o PC aproveitou a oportunidade para fundar uma entidade rival — o Círculo dos Operários em Construção Civil —, que no fim do estado de sítio passou a se chamar União dos Pintores e Anexos (Dulles, 1976, p. 308).

Todo esse trabalho de infiltração e reorganização sindical desenvolvido pelos comunistas seguiu um outro modelo de sindicalismo. O sindicato de indústria — que abrangia todos os ofícios de um ramo industrial — rompeu com a antiga tradição de organização por ofício existente no Brasil. Como assinalou Hilcar Leite, ao rememorar a formação da UTG, tal transformação não foi fruto de uma "evolução natural" ou do desenvolvimento de críticas ao modelo do sindicato de ofícios, mas sim produto de um ativo trabalho político dos comunistas, que "forçaram" os trabalhadores a organizar-se em outro tipo de associação.

Grande parte do sucesso dos comunistas e do sindicato de indústria talvez possa ser entendida a partir da narrativa do próprio Hilcar Leite. Ele conta que o PC se tornou forte entre os gráficos, os metalúrgicos e os marceneiros, por exemplo, e que nestes sindicatos procurou-se combinar a ação política e sindical com as "coisas práticas". Na UTG se organizou uma Bolsa de Trabalho que arranjava lugar para os desempregados, forçando o aumento de salários. Criou-se também a União Beneficente dos Gráficos, que garantia aposentadorias e pensões, e a "Cultural", que tinha biblioteca e fazia festas, bailes, piqueniques e campeonatos esportivos.[52] Ou seja, o sindicato por indústria, se por um lado rompeu com a organização por ofícios mantida pelos anarquistas, recuperou a tradição beneficente, tão forte e antiga no movimento associativo dos trabalhadores quanto criticada pelos anarquistas.

Com o estabelecimento desses núcleos sindicais o PC começou a se preparar para o lançamento do Bloco Operário, legenda com a qual planejava participar das eleições para a Câmara dos Deputados em 24 de fevereiro de 1927. Para tanto, convidou a serem seus candidatos dois nomes de grande apelo: o médico Azevedo Lima e o advogado Maurício de Lacerda. O primeiro aceitou o convite, concorreu pelo 2º Distrito e venceu as eleições. O segundo o recusou, com a ressalva de continuar como aliado do PC, mas de forma independente. O nome indicado para concorrer pelo 1º Distrito foi João da Costa Pimenta, o responsável pela formação da UTG, que no entanto não conseguiu ser eleito.

O lançamento do Bloco Operário, independentemente dos resultados eleitorais que colheu, foi um grande acontecimento para o PC. Além de dispor do jornal *A Nação* — que circulava com a foice e o martelo — os comunistas realizaram inúmeros comícios em portas de fábricas nos horários de entrada, saída e almoço. Segundo Hilcar Leite, participante ativo destas concentrações, nelas falavam diversos oradores, e o partido organizava um pessoal para *"garantir a situação"* e outro para bater palmas e distribuir prospectos. Os temas dos comícios iam desde os grandes problemas nacionais — luta contra imperialismo, o latifúndio etc. — até questões bem concretas, como era o caso da lei de férias, um *"verdadeiro trunfo"* para arregimentar gente. Os locais mais visitados eram a Gávea, as Laranjeiras, a Saúde, Deodoro e o Engenho de Dentro. O trabalho de alistamento de eleitores era feito na rua da Constituição *"ali na Praça da República, local bem conhecido dos trabalhadores"*. Otávio Brandão, por exemplo, conta que não sabia muito bem como alistar aquele pessoal vindo das fábricas, mas Azevedo Lima, muito experiente, ensinou e facilitou.

Em 1928 o Bloco Operário — já então Operário e Camponês, BOC — voltou a lançar candidatos, desta vez para o Conselho Municipal do Rio de Janeiro. Otávio Brandão e Minervino de Oliveira tiveram um esquema de propaganda semelhante, só que desta feita houve uma difícil luta pelo reconhecimento dos eleitos. Se os candidatos não fossem sancionados seriam desencadeadas dezenas de greves parciais, pois o partido não tinha força para uma greve geral. No Rio, portanto, o BOC teve um relativo sucesso, o que não aconteceu em outras cidades como São Paulo, Porto Alegre e Recife, onde o PC também tentou atuar.

Em abril de 1927, o PC, através da Federação Sindical Regional do Rio de Janeiro, recentemente organizada, promoveu um Congresso Sindical Regional, com o objetivo de insistir no tema da unificação sindical da classe operária. Os amarelos obviamente não compareceram, e os anarquistas reafirmaram sua posição de não aceitar subordinação à ditadura do proletariado. Tanto que no 1º de maio de 1927 houve duas comemorações bem marcadas no espaço físico da cidade do Rio: uma na Praça Mauá, ocupada pelos comunistas, e outra na tradicional Praça Onze, onde ocorreu uma solenidade anarquista cuja grande e praticamente única presença foi a de Domingos Passos.

Até 1928 o PC se manteve unido e em expansão. Segundo Otávio Brandão, ele recebia materiais da Internacional Comunista, mas, na prática, não havia grande interferência. A situação mudou a partir de então, a começar pela repressão policial que se intensificou depois da Lei Celerada. Ocorreram também as primeiras cisões e expurgos, alimentados por uma nova diretriz vinda do exterior.

A mais importante destas cisões foi a Oposição Sindical, que veio atualizar a questão clássica das relações entre sindicato e partido político. Ou seja, tratava-se de uma reação à total subordinação dos sindicatos à disciplina rígida do partido. Havia uma discordância quanto ao fato de os sindicatos serem "apenas" instrumentos de um partido político e portanto de não poderem discutir e discordar das orientações que eram a eles encaminhadas. A Oposição Sindical revivia em outro diapasão uma série de críticas veiculadas pelos anarquistas. Não é casual que Hilcar Leite sinta os trotsquistas — assim passaram a ser denominados — como herdeiros de muitas das preocupações e análises dos antigos militantes libertários. É ele também que deixa claro que a oposição ao PC nasceu em função do problema sindical, para só depois receber os elementos teóricos para sua luta. Estes vieram pela correspondência de Rodolfo Coutinho, que fora ao VI Congresso na Rússia, e de Mário Pedrosa, que viajara pela França e Alemanha inteirando-se das críticas que se faziam ao PC. O grupo da Oposição Sindical se manteria independente do PC, com bases entre os gráficos, metalúrgicos e também sapateiros, para formar — já no pós-30 — a chamada Liga Comunista Internacionalista.

Continuando sua obra de propaganda com o objetivo de centralizar o movimento sindical, o PC promoveu, em abril de 1929, um Congresso Operário Nacional no Rio de Janeiro. Considerado um produto dos esforços daqueles que editavam *A Classe Operária* em sua segunda fase, o congresso tinha como finalidade a fundação de uma Confederação Geral do Trabalho (CGT), o que foi formalmente efetivado. Tendo Minervino de Oliveira como seu secretário-geral, a CGT e o congresso convocaram os trabalhadores para um grande comício no 1º de maio de 1929 na Praça Mauá, como festa de encerramento.

O comício foi realmente bastante prestigiado, mas teve que concorrer com dois outros acontecimentos: a reunião de protesto dos anarquistas na Praça Onze, organizada pela Forj e pela União dos Operários da Construção Civil, e a missa oficiada pelo arcebispo dom Sebastião Leme para os operários católicos. A cidade via nascer um terceiro espaço para as comemorações do Dia do Trabalho: o espaço da Igreja Católica (Dulles, 1976, p. 311).

O cerco ao PC só fazia aumentar. Em junho de 1929 a polícia invadiu e destruiu a sede onde funcionava a CGT e outros sindicatos, à rua Senador Pompeu. A cidade já vivia o clima da campanha presidencial e da propaganda da Aliança Liberal. O PC resolveu não aderir e lançou Minervino de Oliveira como seu candidato à presidência da República. O chefe de polícia de Washington Luís, Coriolano de Góis, era de opinião que o PC devia ser tratado com mais energia, e assim foi feito. Os comícios realizados para propaganda eleitoral foram reprimidos, sendo presos manifestantes e oradores.

Por outro lado, a Aliança Liberal mobilizou muito os trabalhadores cariocas. Se houve setores — ferroviários e marítimos — que deram apoio ao Clube Republicano Carioca, defensor de Júlio Prestes, grande parte dos operários industriais da Gávea e Engenho Velho votou em Vargas (Leopoldi, 1984, p. 355). O Partido Comunista não teve sucesso em sua estratégia eleitoral no ano de 1929, o que sem dúvida também se relaciona com a complexa situação que vivia internamente. Segundo Otávio Brandão, que foi excluído pelo CC por volta de meados de 1930, havia os maiores absurdos devido ao chamado "obreirismo", que qualificou toda a tática do BOC de oportunista. A revolução acabou por rebentar no mês de outubro e o PC — fiel à sua nova linha — afastou Astrogildo Pereira, que ficaria 12 anos desligado do partido que criara e dirigira. Este episódio não provocou nenhuma reação por parte das bases. O partido encontrava-se esfacelado: era inexperiente, obedecera à Internacional e cometera erros. Quem discordou foi expulso. Os sindicatos, estes já vinham sendo arrebentados desde o período final do governo Washington Luís.[53]

6. Um novo concorrente no mercado: o Ministério do Trabalho

O período que se seguiu imediatamente à Revolução de 1930 — conhecido como o da Junta Governativa — caracterizou-se por uma grande violência em relação ao movimento sindical. O fato é rememorado por vários depoentes que ressaltam o impacto destas primeiras medidas, uma vez que os trabalhadores tinham sido sensibilizados pela campanha da Aliança Liberal e estavam na expectativa de tempos melhores. A chegada de Getúlio Vargas ao Rio e sua posse como chefe do Governo Provisório iriam alterar em parte a situação. Diversos sindicatos que haviam sido fechados foram autorizados a reabrir suas portas, e ainda em novembro de 1930 foi criado o Ministério do Trabalho, Indústria e Comércio. O quadro da política do novo regime com relação à classe trabalhadora começava a se delinear, mas seus contornos só iriam tornar-se realmente mais claros em março de 1931, quando o Decreto nº 19.770 estabeleceu as novas normas de sindicalização.

A lei de sindicalização de 1931 vinha transformar e ao mesmo tempo concorrer com o padrão de associações até então existente no movimento operário. Consagrando o princípio da unidade e definindo o sindicato como órgão consultivo e de colaboração com o poder público, o decreto trazia as associações operárias para a órbita do Estado. Além disso, vedava aos sindicatos a propaganda de ideologias políticas ou religiosas, e, embora estabelecesse a sindicalização como facultativa, tornava-a na prática compulsória, já que apenas os elementos sindicalizados poderiam gozar dos benefícios da legislação social. Seu objetivo evidente era o combate a toda organização que permanecesse independente, bem como a todas as lideranças — socialistas, comunistas, anarquistas etc. — definidas como capazes de articular movimentos de protesto contra a nova ordem institucional.

As reações a tal modelo de organização sindical não se fizeram esperar, e, por razões distintas, mobilizaram tanto o meio empresarial (Gomes, 1979, pp. 237 e seg.) quanto o meio operário. Além dessas duas resistências, haveria outras, como a da Igreja, que foi frontalmente atingida pelo estabelecimento da unidade sindical e pela proibição de qualquer vinculação religiosa da parte dos sindicatos. Estas normas impediam virtualmente a existência de um movimento sindical de bases católicas, que já começara a se desenvolver e que até então contara não só com o apoio, como com a proteção do Estado.

Importa registrar também que muitos críticos do Decreto nº 19.770, bem como da política do Ministério do Trabalho neste momento, eram encontrados entre elementos da própria elite governante.

Alguns por temerem um fortalecimento excessivo do poder do Governo Provisório, outros por desejarem um maior controle sobre o novo órgão ministerial, esses críticos apontavam uma série de dificuldades e problemas no encaminhamento da questão trabalhista. O Ministério do Trabalho, entregue a um legítimo representante da oligarquia gaúcha — Lindolfo Collor —, seria apenas mais um órgão a catalisar os conflitos que se estabeleciam entre os diversos interesses políticos que realizaram a Revolução de 1930. É bem significativo que a gestão de Collor tenha sido curta, e que sua saída tenha decorrido de uma das crises que conturbaram o cenário do pós-30, envolvendo tenentes e oligarquias.

Apesar de curto, o período de Collor no ministério lançou as bases de uma equipe que iria atuar de forma fundamental. Iniciou também um processo de produção e implementação de leis que iria ser deslanchado por seu substituto, Joaquim Pedro Salgado Filho, até então encarregado da 4ª Delegacia Auxiliar, responsável pela investigação e repressão dos delitos cometidos contra a ordem política e social. Tomando posse em abril de 1932, já no bojo dos acontecimentos políticos que desencadeariam a Revolução Constitucionalista, Salgado Filho seria ministro até julho de 1934, quando da promulgação da nova Constituição.

Foi durante a administração de Salgado Filho que foram promulgadas quase todas as leis que passaram a regular as relações de trabalho no Brasil, quer em termos das condições de trabalho (horário, férias, trabalho feminino e de menores), quer em termos das compensações sociais devidas àqueles que participavam da produção (extensão dos benefícios de aposentadorias e pensões), quer em termos dos mecanismos institucionais para o enfrentamento dos conflitos de trabalho (Comissões e Juntas de Conciliação, Convenções Coletivas de Trabalho). Trata-se de um período-chave, no qual o Estado assumiu a primazia incontestável do processo de elaboração da legislação social, tentando através dela desenvolver uma série de contatos com "empregados" e "empregadores". Seu objetivo era ajustar os interesses em confronto, fazendo-os participar da dinâmica do ministério (Gomes, 1979, pp. 226 e seg.).

O que nos interessa especificamente aqui é retomar o tipo de relação que se estruturou entre o ministério e a classe trabalhadora. De forma geral pode-se assinalar que, de um lado, houve um grande esforço de parte do movimento sindical para preservar seu espaço de independência, denunciando, resistindo e entrando em choque aberto com a orientação ministerial, e, de outro, houve a tentativa do ministério, em parte bem-sucedida, de conquistar os sindicatos existentes ou de criar novos sindicatos sob a égide da política governamental. O período que vai de 1931 a 1933 foi de franca disputa física e ideológica pela liderança do movimento operário organizado, caracterizando-se pela existência paralela de um sindicalismo oficial e de um sindicalismo independente, não importando aí que tipo de corrente de esquerda o dominasse.

É interessante também observar como e através de quem o ministério procurou atuar. Segundo Jacy Magalhães (irmão do tenente Juracy Magalhães), que foi nomeado funcionário do Ministério do Trabalho ainda no primeiro semestre do ano de 1931, havia um núcleo de homens que se tornou a base da política então desenvolvida. Além da grande figura de Oliveira Vianna, consultor jurídico do ministério, esta equipe era formada por elementos das mais diversas origens político-ideológicas. Eram eles, além de Jacy Magalhães, Joaquim Pimenta (socialista convicto), Agripino Nazareth (que vinha das lutas anarcossindicalistas e socialistas), Clodoveu de Oliveira (que se dizia adepto do sinarquismo, uma mistura de anarquismo com democracia inventada no México), Waldir Niemeyer (que era honestamente nazista, do governo forte), João Carlos Vital (o racionalizador) e o dr. Mário de Andrade Ramos (do Conselho Nacional do Trabalho, que como empresário resistiu ao reacionarismo inicial do Centro Industrial do Brasil).[54]

Esta diversidade, pela avaliação de Jacy Magalhães, não prejudicava a implementação dos projetos do ministério nem preocupava os ministros Collor ou Salgado Filho. O entendimento entre os homens se fazia de forma absolutamente satisfatória, já que todos — a despeito de suas razões específicas diferirem — concordavam quanto à necessidade de se elaborar e aplicar um conjunto de leis sociais no país. Se estes eram os homens-chave da concepção e da armação da política ministerial, um dos setores do ministério seria o grande responsável pela conquista efetiva de espaços junto ao movimento sindical. Este setor era o da fiscalização das leis sociais, inicialmente subordinado ao Conselho Nacional do Trabalho e posteriormente ao Departamento Nacional do Trabalho, quando foram criadas as Inspetorias do Trabalho.

A função de um fiscal, narra Jacy Magalhães, ele próprio elemento da fiscalização, era fundamental. Cabia a ele assegurar o cumprimento da legislação, enfrentando uma reação patronal que no começo foi de fato muito grande. O fiscal tinha amplos poderes punitivos; podia multar os empregadores e investigar as condições de trabalho nas empresas. Mas, fazendo isto, podia "convencer" (mesmo que através da "chantagem fiscal") o empregador dos benefícios da aplicação das leis e mostrar aos trabalhadores que o novo ministério queria lhes dar pleno apoio, desde que dentro das normas estabelecidas pela lei de sindicalização.

No dizer de Jacy Magalhães, a atuação fiscalizadora do ministério, sobretudo no Distrito Federal, assumiu um aspecto eminentemente pedagógico e tornou-se um meio valioso de entrar em contato com trabalhadores e suas associações. Ele cita dois casos que considera ilustrativos: o do

Sindicato dos Empregados de Barbearia, onde o ministério passou a ter ótimas relações com o presidente — o "Pernambuco" — e o do "Sindicato dos Cosmopolitas" (de empregados em bares e restaurantes), cujo presidente — Luís Augusto França, o "Bico Doce" — tornou-se um dos grandes auxiliares e propagandistas do ministério. O mesmo teria ocorrido no Sindicato dos Padeiros, que eram violentíssimos e de início francamente hostis ao ministério. O que se fazia então? A fiscalização *"tomava um rapaz"* e junto com ele entrava em contato tanto com o sindicato dos donos de padaria, quanto com o sindicato dos padeiros, buscando um entendimento que era sempre encontrado. Assim, construía-se uma nova liderança, capaz de ter crédito junto aos trabalhadores e de entrar em confronto com elementos de esquerda que dominavam muitas das associações.

Foi desta forma que se criaram vários sindicatos novos e que diversas associações passaram a contar com lideranças simpáticas à orientação oficial. O apoio do patronato — traduzido na observância à legislação — era peça fundamental para o funcionamento de todo este processo, donde a importância da figura de Mário de Andrade Ramos no CNT e mais tarde de Euvaldo Lodi no CIB. Este último, particularmente, teria entendido as vantagens de um clima de paz na área trabalhista, ao mesmo tempo que postulava que os sindicatos de empregados podiam e deviam ser órgãos reivindicativos.

Desde a época do ministro Collor os fiscais do Trabalho instituíam a prática de levar em suas andanças presidentes de sindicatos ou lideranças interessadas e interessantes. Mas com Salgado Filho a fiscalização ganhou muito prestígio, sendo criada a figura dos "auxiliares fiscais", que eram os próprios trabalhadores. Isto explicaria por que muitos sindicatos se formaram nesta época, contando com lideranças que, segundo Jacy Magalhães, não eram "pelegas" — como os comunistas as designavam. Eram trabalhadores que conseguiam real penetração em sua classe e exerciam um papel eminentemente reivindicatório. Não se tratava de "sindicatos de papel", como se faria depois de 1937, nem de lideranças fantasmas.[55]

Foi justamente nesta ocasião que se organizou no Rio a Federação do Trabalho do Distrito Federal, presidida por elemento vinculado à União dos Trabalhadores do Livro e Jornal (UTLJ), de tendência governamental. Os nomes de Stepple Jr. e Mário Hora dominavam esta organização, que funcionava na Praça Tiradentes e que pretendia dar corpo ao projeto sindical do ministério. Ela foi, contudo, uma ficção, que reuniu alguns sindicatos reais e até reivindicatórios e um grande número de "sindicatos de carimbo".

Por conseguinte, nem tudo corria tranquilo para o ministério. O próprio Jacy Magalhães afirma que em muitos casos a luta com os comunistas foi muito árdua. Entre os bancários, entre os ferroviários em especial da Leopoldina, entre os empregados da Cantareira de navegação e bondes, as dificuldades foram muitas. A área têxtil era também problemática, pois aí a resistência patronal à aplicação da legislação era muito grande.

Sem dúvida, a luta do movimento sindical independente se fazia intensa diante das investidas da política governamental. Hilcar Leite, ator desta resistência,[56] narra que os choques entre os velhos militantes e os novos, que estavam sendo trabalhados pelo governo, eram violentos. Havia pancada e até tiros. E havia também muita prisão no período entre 1931 e 1934, com policiais funcionando como agentes infiltrados em fábricas e sindicatos. Mesmo assim, em sua versão, as antigas lideranças independentes continuavam gozando de maior prestígio e respeito entre os trabalhadores. O governo não conseguia implementar seu projeto de enquadramento sindical, apesar de conquistar simpatias devido à elaboração e aplicação de várias leis sociais.

Foi no ano de 1933 que ocorreu uma transformação mais geral neste quadro marcado pela resistência e competição. Duas ordens de fatores foram responsáveis pela mudança nas análises e perspectivas das lideranças sindicais, que até então condenavam e mantinham-se afastadas do sindicalismo oficial.

Como já foi assinalado, a lei de sindicalização de 1931 não tornava obrigatória a filiação a um sindicato, mas apontava uma nítida correlação entre a situação de sindicalizado — em sindicato reconhecido pelo ministério, naturalmente — e o recebimento dos direitos sancionados pela legislação social. Com a instituição das carteiras de trabalho, criava-se um instrumento capaz de exercer um controle bem eficaz sobre a massa trabalhadora. A partir daí, a sindicalização passou a ser abertamente estimulada, ficando estabelecido que só poderiam recorrer aos órgãos da Justiça existentes aqueles que fossem sindicalizados. Desta forma, a manutenção de associações operárias independentes implicava excluir dos benefícios sociais os trabalhadores a elas vinculados.

Por outro lado, o país vivia o clima das eleições para a Assembléia Nacional Constituinte, que se instalaria em 15 de novembro de 1933. Em sua composição estava prevista uma bancada de deputados classistas eleita pelos sindicatos de empregadores e de empregados. A participação política nesta assembleia, que decidiria o formato institucional do país, abria-se aos trabalhadores, desde que reunidos em sindicatos tutelados pelo Estado.

Tornava-se extremamente difícil para as lideranças de esquerda e pouco atraente para os trabalhadores sustentar a postura de defesa das associações independentes. Com exceção dos anarquistas, que eram bem mais significativos em São Paulo do que no Rio (Almeida, 1978, e Antunes, 1982) e que se mantinham em posição de resistência, houve uma reavaliação da estratégia a seguir. Comunistas e trotsquistas debateram em palestras e conferências se a entrada nos sindicatos oficiais significaria uma atitude oportunista, uma mera capitulação, ou implicaria uma nova face da luta de resistência a ser seguida.[57]

É a decisão favorável à participação nos sindicatos oficiais que explica, em grande parte, o crescimento do número de sindicatos reconhecidos pelo Ministério do Trabalho em 1933 (Harding, 1973, pp. 90-1). É preciso distinguir claramente o enquadramento sindical de 1933-4, tanto no que diz respeito ao meio empresarial (Gomes, 1979), como às classes trabalhadoras (Almeida, 1978, e Gomes, 1980), de uma adesão ao modelo de sindicalismo corporativista proposto pelo Estado. Neste agitado período, o sindicalismo oficial passou a abrigar tendências políticas diversas e insubmissas ao Ministério do Trabalho. O destino da organização sindical e das relações da classe trabalhadora com o Estado não estava definido, uma vez que o enquadramento não traduzia uma postura de derrota e subordinação das correntes independentes do movimento operário.

A atuação na Constituinte de um grupo de quatro deputados classistas da bancada dos empregados, intitulado "minoria proletária", é ilustrativa.[58] Separando-se da maioria desta bancada, que seguia francamente ou uma linha política mais ministerialista ou uma linha mais tenentista (Gomes, 1980, p. 475), a "minoria proletária" iria defender uma série de iniciativas de caráter nitidamente oposto ao projeto governamental. O direito de greve e o modelo de unicidade e autonomia sindicais são os melhores exemplos disto. Neste último caso, a proposta encaminhada por João Vitaca foi uma deliberação do Congresso Sindical Nacional Proletário, que se reunira no Palácio Tiradentes em 12 de abril de 1933. Embora aceitando a definição dos sindicatos como "órgãos legais" e portanto reconhecidos pelo Ministério do Trabalho, as lideranças independentes de esquerda queriam garantir a liberdade política dos sindicalizados e o princípio da não intervenção governamental na vida interna das associações. Este era o sentido preciso do termo "autonomia sindical", que devia coadunar-se com a unidade, sem a qual a organização dos trabalhadores se desagregaria.

No que se refere à representação de classes, a "minoria proletária" sugestivamente votou na proposta do líder da bancada dos empregadores, Euvaldo Lodi, rejeitando a fórmula tenentista de Abelardo Marinho. Em ambos os casos defendia-se o voto deliberativo dos representantes de classe nas câmaras políticas do país. Mas a proposta tenentista pressupunha uma clara tutela do Estado em face do movimento sindical, o que era contornado pela proposta de Lodi, uma vez que o patronato temia o sindicato único controlado pelo Estado (Gomes, 1980).

O tenentismo, que teve diversos porta-vozes de peso na Constituinte de 1934, vinha defendendo um projeto político eminentemente centralizador e combatendo a força das "grandes bancadas" dos estados do Centro-Sul. Rejeitando a possibilidade de reforma do regime liberal, os tenentes qualificavam o cidadão como uma ficção utópica que jamais teria existido ou existiria no Brasil. O povo — e aí as massas trabalhadoras — era incapaz de participar politicamente através do voto secreto e direto. A representação classista, nesta percepção, era peça fundamental, pois consubstanciava uma participação técnica e não-partidária. O *trabalhador* que escolhia seu representante profissional para o Parlamento era uma figura distinta do *cidadão/eleitor*. Ele não estava submetido à mesma lógica política e organizava-se a partir de outro tipo de instrumental. Os sindicatos legais, reconhecidos e tutelados pelo Estado, eram neste sentido o instrumento de educação do povo numa democracia que se definia como social e não como política (Gomes, 1981, pp. 56-71, e Forjaz, 1982).

Não era este o desejo dos setores independentes do movimento operário, que rejeitavam a ingerência do ministério e também dos tenentes, já cindidos e com grandes problemas para uma eficaz atuação política. Até 1934, portanto, a resistência ao novo competidor continuou. Se a repressão não era pequena, ela anuviou-se com a Constituinte, havendo protestos em jornais e na própria Assembleia, além de recursos legais às prisões. Tudo isto, contudo, iria mudar após a promulgação da Constituição e a posse de Agamenon Magalhães no Ministério do Trabalho.

Notas

1. *Voz do Povo*, 12 e 13.2.20, 21.4.20 e 22.9.20.

2. O melhor exemplo seria a Associação Patronal da América Fabril, mas havia também a Associação Profissional Têxtil. *Voz do Povo*, 11.2.20, p. 3, e 20.2.20, p. 1.

3. *Voz do Povo*, 28.2.20, p. 2, 1 e 7.3.20, 2.6.20, p. 2, e 27.11.20, p. 1.

4. *Voz do Povo*, 14.2.20, p. 1.

5. *Voz do Povo*, 31.7.20, p. 2, e 31.10.20, p. 1. A comissão executiva era formada por 25 membros, e seu secretário-geral foi Edgard Leuenroth até outubro, quando foi substituído por José Elias da Silva.

6. Sobre a questão dos boicotes e da carteira associativa emitida e controlada pelos sindicatos ver *Voz do Povo*, 2.6.20, p. 2, e 2.7.20, p. 3 (Gomes, 1979, pp. 144-54, e Lobo e Stotz, 1985, p. 68).

7. *Voz do Povo*, 5.7.20, p. 2, e 22.7.20, p. 2.

8. *Voz do Povo*, 6.6.20, p. 1.

9. *Voz do Povo*, 11 e 14.8.20, p. 1.

10. "Doutrina sindical", em *Voz do Povo*, 19.2.20, p. 3.

11. Os artigos de Pedro Bastos são um bom exemplo. *Voz do Povo*, 17 e 20.2.20, p. 3.

12. *Voz do Povo*, 17.2.20, p. 3.

13. *Voz do Povo*, 3.6.20, p. 2.

14. *Voz do Povo*, 2.7.20, p. 1.

15. Ávila, "Carta aberta a Otávio Brandão", em *Voz do Povo*, 30.8.20, p. 1.

16. *Voz do Povo*, 14.11.20, p. 1.

17. *Voz do Povo*, 16 e 18.11.20, p. 1 e 2 respectivamente.

18. *Voz do Povo*, 11.10.20, p. 1, e 23 e 25.10.20, p. 1.

19. Nas eleições de fevereiro de 1921, Nicanor Nascimento foi reeleito deputado federal pelo Distrito Federal através da Coligação Social, e Maurício de Lacerda foi eleito pelo Partido Republicano Fluminense. Ambos, contudo, seriam vítimas da degola da Comissão de Verificação dos Poderes, não chegando a tomar posse (Mac Conarty, 1973).

20. José Oiticica, "Brandão e Gildo", em *Ação Direta*, 1970, pp. 260-3.

21. Depoimento de Elvira Boni ao CPDOC, 1983, pp. 117-20.

22. Otávio Brandão narra que foi Everardo Dias a alma desta revista. Era sério e foi maçom até a morte. Usou a tipografia da maçonaria para publicá-la, "até que em 23 a polícia foi lá, confiscou tudo e prendeu Everardo". Depoimento ao CPDOC, 1977, Fita 2, p. 32.

23. *O Trabalho, A Revolução* e *O Libertário* foram impedidos de circular pela polícia. Em São Paulo só *A Plebe* se manteve, mas com grandes dificuldades e com um corpo de redatores muito fraco (Zaidan, 1985, p. 100).

24. Marques da Costa, "Poucas palavras...", em *A Pátria*, 15.4.23, p. 4. em *A Pátria*, 15.4.23, p. 4.

25. *O Paiz*, 13.3.23, p. 7.

26. Astrogildo Pereira, "Manobras suspeitas", em *Movimento Comunista*, São Paulo, 10-25.3.23, Ano II, ns. 18-9.

27. A revista foi fechada em meados de 1923 devido a informações sobre o envolvimento de Everardo Dias e dos comunistas com conspiradores militares (Dulles, 1976, p. 195). A razão principal do ataque policial foi, portanto, o combate aos levantes militares, e não especificamente a repressão ao comunismo.

28. Depoimento de Otávio Brandão ao CPDOC, 1977, Fita 3, pp. 3-6.
29. Antônio Canelas, "Uma tentativa de domesticação", em *A Pátria*, 4.5.23, p. 4.
30. *O Paiz*, 24.8.23, p. 7.
31. *O Paiz*, 16.2.23, p. 7, entre outros numerosíssimos exemplos desta explanação.
32. *O Paiz*, 1.5.23, p. 7.
33. Manifesto da CSCB de 17.2.21, publicado em *O Paiz*, 8.4.23, p. 10.
34. "Pela liberdade do Brasil", em *O Paiz*, 13.4.23, p. 7.
35. *O Paiz*, 11.5.23, p. 6; 13.5.23, p. 9; 12.6.23, p. 9; 13.6.23, p. 8; 14.6.23, p. 8 e 19.6.23, p. 6.
36. *O Paiz*, 17.6.23, p. 10; 10.7.23, p. 6, e 11.7.23, p. 7.
37. *O Paiz*, 4.7.23, p. 7.
38. *O Paiz*, 11.7.23, p. 6.
39. *O Paiz*, 7.10.23, p. 9. A Assembleia-Geral que aprovou a ação parlamentar está coberta em *O Paiz*, 12.10.23, p. 6. Em *O Paiz* de 10.4.24, p. 7, está a notícia da criação dentro da CSCB de seções político-parlamentares incumbidas dos serviços eleitorais.
40. Joaquim Barbosa, *Cisão do Partido Comunista*, Rio de Janeiro, Grupo Branco e Cérebro, 1928, p. 15; citado por Zaidan, p. 24.
41. "Uma tentativa infrutífera. Ainda sobre a unidade sindical", *Diário Carioca*, 20.7.28, p. 6. Ver também *A Pátria*, 1.8.23, p. 4.
42. "Oitenta associações de classe, reunidas na CSCB, votaram unanimemente, por seus legítimos representantes, as bases e teses preliminares para o advento da frente única proletária". *O Paiz*, 12.12.23, p. 6.
43. *A Pátria*, 19, 20 e 26.6.23, p. 4, e 5.7.23, p. 4.
44. *A Pátria*, 19.4.23, p. 4.
45. *O Paiz*, 22.4.24, p. 7, e 26.4.24, p. 7.
46. *O Paiz*, 8.5.24, p. 7 e 10.5.24, p. 7.
47. *A Nação*, dirigida por Leônidas Rezende, e onde Maurício de Lacerda colaborava, foi fechada. O *Correio da Manhã* foi proibido em agosto de 1924. A "Seção Operária" de *O Paiz* desapareceu e a de *A Pátria* também.
48. Depoimento de Otávio Brandão ao CPDOC, 1977, Fita 2, p. 47.
49. *A Pátria*, 2.5.23, p. 2, e 9.5.23, p. 6. *O Paiz*, 2.5.23, p. 7.
50. Depoimento de Otávio Brandão ao CPDOC, 1977, Fita 1, p. 44.

51. Depoimento de Hilcar Leite ao CPDOC, 1984, Fita 1, p. 44.

52. Idem, Fita 2-B.

53. Depoimento de Otávio Brandão ao CPDOC, 1977, Fita 2, pp. 21-5; Fita 4, pp. 1-5 e 41-5.

54. Depoimento de Jacy Magalhães ao CPDOC, 1984, Fita 2, p. 9.

55. Idem.

56. Depoimento de Hilcar Leite ao CPDOC, 1984, Fitas 3 e 4.

57. Idem. Ele narra este processo dizendo que o PC decide primeiro entrar nos sindicatos oficiais, enquanto entre os trotsquistas as reações são bem maiores. Por fim, ambos tomam a mesma decisão. Aziz Simão (1966) já observou que a resistência do PC se deveu mais ao atrelamento do sindicato ao Estado (que eles, não controlavam), do que à concepção de unicidade e centralismo associativo que correspondia a seus princípios de ação. De resto, a nova forma organizatória legal acabaria por beneficiar a ação sindical dos comunistas. Ver pp. 227 a 232 especialmente.

58. A "minoria proletária" era composta por Vasco Toledo, João Vitaca, Waldemar Reickdal e Acir Medeiros (Gomes, 1980).

2ª Parte

Trabalhadores do Brasil

Capítulo IV

A Lógica do "Quem Tem Ofício, Tem Benefício"

1. Estado Novo em primeiro movimento

Em julho de 1934, o Brasil ganhava uma nova Constituição, uma nova lei de sindicalização e um novo ministro do Trabalho, Indústria e Comércio. A Constituição, através de seu art. 120, consagrava a pluralidade e a autonomia sindicais. No entanto, o Decreto-lei nº 24.694, editado alguns dias antes da votação final do texto constitucional, através de suas exigências tornava intencionalmente a pluralidade muito difícil e a autonomia muito relativa (Moraes Filho, 1952, pp. 226-36). Agamenon Magalhães, o ministro do Trabalho, considerava a organização sindical sancionada pela Constituição um equívoco e a nova lei de sindicalização um instrumento pouco adequado ao momento político. Não estava sozinho em suas restrições às normas constitucionais. O próprio presidente eleito pela Assembleia Constituinte, Getúlio Vargas, não escondeu seu desagrado mesmo em seu discurso de posse.

O estabelecimento da pluralidade e da autonomia sindicais era uma vitória dos fortes interesses da Igreja, aliada sem dúvida ao patronato. Por outro lado, constituía um golpe tanto para as correntes que resistiam dentro do movimento operário e que desejavam a unidade sindical, quanto para a orientação oficial do Ministério do Trabalho, partidária também da unidade, mas sob tutela estatal. A situação política do país havia mudado muito desde 1931, e uma dessas alterações fora a perda de força política do grupo tenentista, inicialmente muito influente no governo e também na política trabalhista. O episódio da eleição e de boa parte dos representantes classistas dos empregados na Constituinte não deixou dúvidas quanto ao interesse dos tenentes nesta área política. Em 1934, como a Constituição votada demonstrava, o equilíbrio de forças já era outro.

A escolha de Agamenon Magalhães para a pasta do Trabalho foi neste contexto fundamental. Político de Pernambuco, conhecia de longa data as questões trabalhistas e transitava nos últimos anos na mais alta cúpula dos setores governamentais (Pandolfi, 1984, Cap. 1). Segundo alguns de seus mais íntimos colaboradores, veio para o ministério fazer política, começando por delegar a outros todo tipo de encargo administrativo.[1] Esta disposição começou a se tornar patente por ocasião das eleições de outubro de 1934 para a Câmara Federal e para as Assembleias Constituintes Estaduais, que deram ao novo ministro a possibilidade de "fazer" a bancada dos representantes classistas, em especial aquela dos empregados. Agamenon, ainda segundo seus auxiliares, foi muito objetivo. Convocou Waldir Niemeyer para se encarregar dos assuntos sindicais e trabalhistas de sua pasta e com ele criou todos os "sindicatos de carimbo" que se tornaram necessários. Tais sindicatos não tinham existência real, mas possuíam delegados-eleitores e escolhiam deputados classistas. Era exatamente este o objetivo de Agamenon.

Por outro lado, conforme os Anais da Câmara dos Deputados de 1934 registram e a experiência de Hilcar Leite ilustra, Agamenon foi um ministro que veio para *"apertar os parafusos"*.[2] Mesmo antes de abril de 1935, quando foi aprovada a Lei de Segurança Nacional, houve muita intervenção nos sindicatos que reivindicavam ou organizavam greves. Intervenção, na época, significava em grande parte invasão policial e destruição virtual das sedes dos sindicatos, com abundantes espancamentos e prisões. Legalmente isto não poderia acontecer, e os representantes classistas que escapavam ao controle do ministério denunciavam na Câmara as arbitrariedades policiais.[3]

O período era portanto de radicalização ideológica e de crescente mobilização de massas. O PC começava a articular de forma mais intensa uma linha de frente popular, promovendo campanhas contra a guerra e buscando a unificação daquela parte do movimento sindical que ainda se encontrava sob orientação de lideranças de esquerda. Neste clima foi organizado o Congresso pela Paz no Teatro João Caetano, que terminou em desordens e tiroteio devido à intervenção policial. Tentou-se também formar, com o apoio de comunistas e trotsquistas, uma Confederação Sindical Brasileira, que conseguiu reunir alguns sindicatos, mas foi predominantemente um movimento de agitação política e não uma organização federativa de sindicatos. A Confederação empenhou-se em discutir questões políticas como a guerra, o fascismo e a falta de liberdade do país. Sua atuação teve um sentido que pode ser aproximado da proposta da Aliança Nacional Libertadora (ANL), criada em março de 1935.

Neste ano, o perfil do movimento sindical é mais nítido. De um lado, existia um sindicalismo atrelado ao Ministério do Trabalho, composto por entidades em parte reais e em parte fictícias, e, de outro, havia sindicatos que, mesmo tendo o reconhecimento oficial, permaneciam sob o controle de lideranças de esquerda. Evidentemente, havia associações indefinidas e outras onde o confronto era aberto, mas elas estavam fadadas a ser absorvidas por um ou outro grupo.

Paralelamente a esta situação, aumentava a repressão vinda do Ministério do Trabalho em articulação com a Polícia Especial de Filinto Müller. A ANL, colocando nas ruas a presença política da esquerda e mobilizando efetivamente a população — mesmo que não predominantemente de trabalhadores — aguçava a questão da ameaça comunista. Os concorridos comícios e os choques violentos com os militantes da Ação Integralista Brasileira (AIB), também viçosa neste momento, indicavam o grau de radicalização e mobilização políticas a que se chegara.

A Lei de Segurança Nacional e o fracasso da ANL (fechada em julho de 1935), seguidos do episódio da liquidação do levante conhecido como Intentona Comunista (novembro de 1935), tornaram a repressão implacável e a manutenção de qualquer tipo de resistência impossível. A despeito da inexistência de um levantamento mais rigoroso, há dados e notícias que indicam que entre 1935 e 1937 um grande número de sindicatos foi submetido à intervenção, ocorrendo o afastamento e a liquidação de suas lideranças independentes (Almeida, 1978, pp. 258-9). É preciso assinalar que neste período o país viveu sob estado de sítio/estado de guerra, tendo sido criado um Tribunal de Segurança Nacional.[4]

Em resumo, inaugurou-se a partir de 1935 um novo quadro na vida política brasileira e, em especial, na dinâmica das relações Estado/classe trabalhadora. Se em 1920 a questão social foi definida como uma questão policial — e os anarquistas foram apontados como o "inimigo objetivo" — em 1935 ela iria ser definida como uma questão de segurança nacional, e o mesmo tipo de discurso acusatório iria se voltar contra uma nova categoria: os comunistas. É evidente que o desempenho de Agamenon Magalhães no Ministério do Trabalho vinculava-se a um projeto político que visava ao mesmo tempo criar e solucionar o problema da segurança nacional. O encaminhamento do golpe de 1937 foi cuidadoso e demandou tempo e habilidade para a eliminação ou neutralização de indecisos e adversários. Nesta estratégia, o redimensionamento da *ameaça comunista* teve um papel essencial, e a seu reboque foi arrastada qualquer veleidade de movimento sindical independente ou mesmo reivindicatório. O exemplo mais bem acabado é o *Plano Cohen,* apresentado pelas Forças Armadas como um plano de sublevação comunista iminente que ameaçava a ordem política nacional. Apesar de vários parlamentares terem exigido provas que confirmassem tal conspiração, seus questionamentos permaneceram sem resposta, esmagados pelo argumento que alegava estarem as Forças Armadas fora de qualquer suspeição (Araújo, 1984, p. 2).

A escolha de Agamenon Magalhães para a pasta do Trabalho teve portanto um amplo sentido. A partir de então não mais haveria competição entre propostas concorrentes, nem lutas nos sindicatos ou nas ruas. A repressão ao comunismo tornaria inviável qualquer tipo de ação independente surgida do interior da classe trabalhadora. Um longo silêncio teve início em 1935, reforçando-se em 1937 e perdurando praticamente até 1942.

Foi este espaço de tempo que permitiu a emissão de uma outra proposta de identidade e organização para a classe trabalhadora. A proposta da Igreja, estruturada nos Círculos Operários Católicos, contou com o respaldo de Waldemar Falcão, sucessor de Agamenon a partir de 1937, mas não conseguiu sensibilizar os trabalhadores. Profundamente assistencialista, a proposta circulista vinculou-se a um clima político de intenso combate ao comunismo e de grande simpatia por um Estado autoritário. Com estas características marcantes, tornou-se incômoda quando os ventos da política internacional e nacional começaram a soprar em outra direção.

Foi justamente no bojo desta nova situação política, que anunciava a necessidade de reorientação nos rumos do Estado Novo, que o projeto "trabalhista" passou a ser efetivamente difundido e implementado. Este projeto não foi, portanto, uma decorrência imediata do momento repressivo de combate ao comunismo. Por outro lado, também não foi uma invenção simultânea à orientação política de sancionar e fiscalizar o cumprimento de leis que regulamentavam o mercado de trabalho. O projeto "trabalhista" foi cronologicamente posterior a estes dois acontecimentos políticos, mas manteve com eles laços de inteligibilidade muito fortes.

O que se deseja neste capítulo é, antes de examinar a construção do projeto "trabalhista", compreender a lógica que dominou sua elaboração e o contexto político em que ela teve lugar. É o que se fará nos dois itens subsequentes.

2. "If friends make gifts, gifts make friends"

De forma geral, a bibliografia que trata do tema das relações Estado/classe trabalhadora no Brasil consagra uma interpretação para o pacto que vinculou estes dois atores a partir do Estado Novo. Esta interpretação funda-se na ideia central de que o Estado do pós-30 desencadeou uma política social de produção e implementação de leis que regulavam o mercado de trabalho e, com este novo recurso de poder, conseguiu a adesão das massas trabalhadoras. O pacto social assim montado traduzia-se em um acordo que trocava os benefícios da legislação social por obediência política, uma vez que só os trabalhadores legalmente sindicalizados podiam ter acesso aos direitos do trabalho, sinônimo da condição de cidadania em um regime político autoritário como o brasileiro.

Tal raciocínio tem nele embutidos dois pontos significativos. O Estado do pós-30, por meio de sua política social do trabalho, é caracterizado como um produtor de benefícios materiais, de bens de valor nitidamente utilitários. Por outro lado, a classe trabalhadora, ao trocar legislação social por obediência política, estaria realizando um cálculo de custos e benefícios cuja lógica é predominantemente material e individual. O trabalhador almejava estes novos direitos e por isso concordou em aderir politicamente ao regime, isto é, a seu modelo de sindicalismo corporativista tutelado e a todos os seus desdobramentos. Sendo cooptada pelo Estado, a classe trabalhadora perdeu sua autonomia, o que resultou numa condição de submissão política, de ausência de impulsão própria. Sem afastar *in totum* a presença desta lógica material na construção do pacto social entre Estado e classe trabalhadora no pós-30, é necessário relativizar a força explicativa desta interpretação. Para tanto, é útil começar fazendo algumas observações sobre o processo histórico que viemos acompanhando.

Durante toda a Primeira República é inquestionável que a classe trabalhadora lutou arduamente pela conquista da regulamentação do mercado de trabalho no Brasil. Todos os projetos políticos — mesmo o anarquista — que postularam a maior presença e participação dos trabalhadores no cenário social e político do país passaram pela formulação de demandas que significavam a intervenção do Estado sobre o mercado de trabalho. As resistências a tal inovação vieram de múltiplas frentes, em especial do patronato, que se recusava a assumir custos considerados abusivos e denunciava a intervenção do Estado em assuntos que não lhe diziam respeito. O próprio Congresso não foi um agente institucional inclinado a esta nova legislação, a despeito de votar algumas leis nos anos 20. Foi só no pós-30, quando o poder decisório deslocou-se do Legislativo para o Executivo e o patronato foi fortemente pressionado pelas novas autoridades do Ministério do Trabalho e também por novas lideranças empresariais, que um surto de regulamentação teve efetividade.

É importante observar o momento deste esforço legislativo. Ele se deu concentradamente durante o ministério Salgado Filho, continuando com menor intensidade durante o ministério Agamenon Magalhães. Ou seja, ele ocorreu no período que vai de 1932 a 1937, antes do Estado Novo e coincidindo, em larga medida, com um período em que parte da classe trabalhadora reagia à proposta sindicalista governamental consubstanciada na lei de 1931. Recuperando este espaço de tempo anteriormente analisado, o que fica claro é que o Estado, desde 1933/34, com a carteira de trabalho e as exigências para a participação na representação classista da Assembleia Nacional Constituinte, atrelou incondicionalmente o gozo dos benefícios sociais à condição de trabalhador sindicalizado. Só *"quem tem ofício"* — quem é trabalhador com carteira assinada e membro de um sindicato legal — *"tem benefício"*.

A reação das lideranças independentes na época, uma vez reconhecendo a impossibilidade de desprezar os benefícios sociais e manter associações estáveis, foi entrar nos sindicatos legais para tomá-los. Desta forma, por exemplo, era fundamental lutar nas juntas de Conciliação e Julgamento e na Constituinte pela extensão e pelo cumprimento dos novos direitos do trabalho. Mas era também fundamental continuar resistindo à proposta corporativa tanto na Constituinte, quanto nos sindicatos e nas ruas. Ou seja, se os benefícios produzidos pelo Estado sob a forma de leis estavam tendo aplicação e estavam sendo reconhecidos pela classe trabalhadora, ela não deixava de resistir politicamente.

É inegável que a lógica material olsoniana (Olson, 1970) de cálculo de custos e benefícios estava aí em vigência. Os benefícios da legislação social eram efetivamente transformados em "incentivos seletivos", uma vez que a condição de sindicalizado era essencial para seu usufruto. Entretanto, neste momento, esta lógica não foi um recurso de poder suficiente para afastar as reações. O uso da repressão ao movimento sindical foi então uma arma fundamental, como bem previu e, a partir de 1935, pôs em prática o ministro Agamenon Magalhães.

Esta lógica material, essencial para a construção de um pacto social, na realidade só começou a produzir os significativos resultados a ela imputados no pós-40. A partir daí ela combinou-se com a lógica simbólica do discurso trabalhista, que, ressignificando a "palavra operária" construída ao longo da Primeira República, apresentava os benefícios sociais não como uma conquista ou uma reparação, mas como um ato de generosidade que envolvia reciprocidade. Nesta perspectiva, o Estado não era visto apenas como produtor de bens materiais, mas como produtor de um discurso que tomava elementos-chave da autoimagem dos trabalhadores e articulava demandas, valores e tradições desta classe, redimensionando-os em outro contexto. A classe trabalhadora, por conseguinte, só "obedecia" se por obediência política ficar entendido o reconhecimento de interesses e a necessidade de retribuição. Não havia, neste sentido, mera submissão e perda de identidade. Havia pacto, isto é, uma troca orientada por uma lógica que combinava os ganhos materiais com os ganhos simbólicos da reciprocidade, sendo que era esta segunda dimensão que funcionava como instrumento integrador de todo o pacto.

Sendo esta a proposta deste estudo para interpretar o pacto entre Estado e classe trabalhadora no Brasil, cabe explicitar melhor o que se entende por esta lógica simbólica de reciprocidade. Para tanto, dois textos antropológicos, utilizados livremente, são básicos: o clássico trabalho de Marcel Mauss, *Ensaio sobre a dádiva* (1974), e o não menos clássico artigo de Marshall Sahlins que retoma as reflexões de Mauss, "On the sociology of primitive exchange" (1965).

O ponto fundamental a ser observado é que ambos os textos se constroem em torno da reflexão sobre os tipos de conexões que existem entre os fluxos materiais da troca econômica e o modelo de relações sociais vigente em uma sociedade primitiva, ou seja, uma sociedade onde as relações sociais e econômicas não foram transformadas pela existência do Estado (Sahlins, 1965, p. 141). Evidentemente, trabalhar com esta ideia para pensar as relações entre Estado e classe trabalhadora no Brasil tem muito de metafórico, mas o que aqui se propõe é que a natureza do pacto social acordado entre estes dois atores segue de perto o tipo de lógica que preside a conexão a que nos referimos. O primeiro aspecto que se quer assinalar é que as relações de troca econômica podem e devem ser pensadas como mecanismos que se vinculam simbolicamente a um certo modelo de relações sociais e, no caso, também políticas.

O dado já conhecido e ressaltado é o da existência de relações materiais utilitárias entre Estado e classe trabalhadora, sob a forma da produção e do gozo dos benefícios sociais. A questão é entender o tipo de relação social que se constrói em conexão com esta relação de troca econômica. Dito de outra forma, a lógica simbólica que preside e dá sentido a tais fluxos materiais e que está presente na ideologia do trabalhismo brasileiro.

A primeira grande indicação é a da "ideologia da outorga". Isto é, os benefícios sociais teriam sido apresentados à classe trabalhadora no pós-40 como um presente outorgado pelo Estado. A classe trabalhadora, mesmo antes de demandar, teria sido atendida por uma autoridade benevolente, cuja imagem mais recorrente é a da autoridade paternal. Em família, especialmente entre pais e filhos, o puro negócio econômico — segundo o modelo de mercado — não deve ter vigência, sob pena de prejudicar as relações sociais — afetivas e pessoais — em lugar de auxiliá-las. Contudo, em família, os fluxos materiais não devem nem podem deixar de existir. Só que sua lógica é outra, materialmente obscurecida pelo lado social dominante, o que pode ser traduzido no fato de os bens serem apresentados como generosamente doados.

Seguindo de perto Sahlins (1965), pode-se dizer que o termo que designa as relações econômicas que vigoram entre parentes é a reciprocidade. Reciprocidade formalmente definida como "generalizada", na medida em que os bens são concedidos "voluntariamente", sem que precisem ser "humildemente solicitados", e supondo "retornos" aliviados da premência do tempo e da quantidade ou qualidade da retribuição. A contraobrigação fica minimizada em sua dimensão estritamente econômica, já que o fluxo material pode permanecer por longo tempo, e até indefinidamente, em favor de uma só das partes. A doação não cessa por ausência de retorno material e, justamente por isso, ela reforça o lado social da reciprocidade. Quem recebe o que não solicitou e não pode retribuir materialmente fica continuamente obrigado em face de quem dá.

O desequilíbrio econômico é assim a chave da generosidade, da reciprocidade generalizada. E a generosidade é, para Sahlins, a provável base econômica das relações hierárquicas e políticas numa sociedade primitiva. Fundada num ato positivo de moralidade, a generosidade assegura todo um fluxo de bens materiais de cima para baixo, conotando não apenas uma relação de *status*, mas produzindo uma obrigação de lealdade na comunidade. As conexões entre troca econômica e hierarquia fazem com que a reciprocidade possa ser entendida como um mecanismo gerador de relações sociais cristalizadas. As regras de reciprocidade tecidas em uma sociedade podem ser a origem de grupos, de partidos, enfim, podem ter a qualidade de produzir fronteiras de reconhecimento social e político.[5] Estas regras de reciprocidade sustentam, a um só tempo, um cálculo material utilitário e um esquema de representações que garantem as relações sociais que em torno delas se constroem. A questão, como lembrou Sahlins em outro texto (1979), não é de prioridade, mas de qualidade, isto é, do significado destas relações sociais.

A lógica da reciprocidade generalizada, da dádiva de Marcel Mauss, pode ser pensada como um mecanismo criador de hierarquias sociais, ou seja, criador de novas lideranças porque criador de seus seguidores e da lealdade que une estes dois termos. O processo de ascensão política e social de uma liderança e da identidade social do grupo de seus seguidores é, desta forma, marcado por uma "calculada generosidade". A sociedade onde tal processo tem vigência é caracterizada pelo desequilíbrio econômico e necessita de fluxos materiais unidirecionais. Nesta sociedade, fundada em regras extensas de reciprocidade, quanto maior for o *gap* de riqueza, maior deverá ser a assistência do rico para com o pobre, do chefe para com seus seguidores. É por esta mecânica que um certo grau de sociabilidade é mantido e a lealdade dos de baixo assegurada. É desta forma, portanto, que se produz a paz social e é vencido o caos hobbesiano do estado de guerra de todos contra todos. Não é fortuito que Sahlins cite Hobbes e sua quarta lei da natureza: a gratidão depende sempre da graça que a antecede. Vale lembrar, contudo, que é a gratidão e não a graça que dá força, sentido e futuro ao contrato social assim firmado. Antes de examiná-lo, porém, vale a pena contextualizar o momento de sua emergência.

3. Estado Novo em segundo movimento

O ano de 1942 é um marco cronológico para a análise do período do Estado Novo. Este corte obedece a critérios fundamentalmente políticos, já que o período do pós-42 reúne uma série de fatos muito significativos para a reorientação do regime.

Inicialmente o destaque fica com a conjuntura internacional, pois a partir de janeiro de 1942 a possibilidade de uma *política equidistante* do Brasil em relação aos principais países envolvidos na Segunda Guerra foi redefinida. Desde o ano anterior, particularmente no decurso de seus meses finais, haviam aumentado as pressões americanas junto ao governo brasileiro. As cartas da barganha política estavam na mesa. Elas consistiam, por parte dos Estados Unidos, no interesse pelo Nordeste brasileiro como local para a instalação de bases militares estratégicas, e por parte do Brasil, na obtenção de recursos materiais visando à instalação do projeto siderúrgico de Volta Redonda e ao reequipamento do Exército.

O sinal verde para as negociações que consagrariam o alinhamento Brasil-Estados Unidos foi dado no discurso de 31 de dezembro de 1941, no qual o presidente Vargas falava da importância da solidariedade continental. Contudo, foi em janeiro de 1942, mais especificamente com a realização da Conferência do Rio de Janeiro (de 15 a 28 deste mês) que a situação ficou efetivamente definida. Os últimos esforços dos representantes diplomáticos do Eixo foram afastados, e ainda no dia 28 de janeiro foi realizada uma reunião em Petrópolis — do presidente com seus ministros — em que se decidiu o rompimento de relações diplomáticas com a Alemanha, Itália e Japão (Moura, 1980). Não se tratava ainda de uma declaração de guerra, mas em fevereiro de 1942 o plano de operações preparado pelo Exército americano prevendo a ocupação do Nordeste brasileiro estava pronto, e em março a permissão para o desembarque foi concedida. O Brasil estava, desta forma, definindo sua posição internacional, o que entretanto não iria equacionar o clima político interno, mergulhado em tensões que combinavam questões diversas. Assim, os confrontos entre os setores germanófilos e os pró-aliados apenas se multiplicaram, ganhando novos contornos.

Foi dentro deste parâmetro maior — ou seja, do alinhamento Brasil-Estados Unidos — que ocorreu uma série de alterações na alta cúpula da administração federal. Estes episódios, que tiveram a dimensão de uma crise política, ilustram bem as divergências que dominavam o próprio governo e o novo tom assumido pela política nacional a partir de então. Convém assinalar desde já que se o que assoma claramente à superfície é uma disputa entre elementos pró-Eixo e pró-aliados, tais opções não implicavam qualquer envolvimento aberto com uma posição pró ou contra a sustentação do Estado Novo. Além do mais, não se deve assimilar o fato de ser pró-aliado com uma postura antiautoritária.

A primeira mudança que importa assinalar neste quadro é a da chefia do Ministério do Trabalho, Indústria e Comércio. Desde junho de 1941, com a saída de Waldemar Falcão, o ministério vinha sendo ocupado interinamente por Dulphe Pinheiro Machado. Só em dezembro Vargas convidou e nomeou seu ocupante definitivo: Alexandre Marcondes Filho. Esta nomeação seria significativa para uma alteração de rumos na política do ministério, principalmente se feita uma comparação entre o novo titular e seu antecessor. Waldemar Falcão havia sido encarregado de "adaptar" o ministério à orientação e aos postulados do Estado Novo, consagrados na Carta Constitucional de 1937. É justamente desta forma que ele, no discurso de transmissão do cargo, caracteriza sua atuação como ministro, destacando três iniciativas fundamentais:[6] a ação no campo da sindicalização, que significou a produção de uma nova lei de caráter corporativo (a de 1939) e a adaptação das organizações sindicais a este princípio corporativista básico; o coroamento de nossa política trabalhista com a instituição da Justiça do Trabalho; e o desenvolvimento da atuação ministerial na área previdenciária.

Waldemar Falcão havia sido constituinte em 1933/34 e deputado em 1935/37, ligado ao movimento da Liga Eleitoral Católica. Sua experiência política e parlamentar demonstrou tanto sua vinculação com os assuntos trabalhistas quanto sua estreita relação com a orientação da Igreja Católica. Pode-se dizer que ao lado do ministro da Educação e Saúde, Gustavo Capanema, Waldemar Falcão foi o grande baluarte da Igreja na política estado-novista.[7] Sua exoneração em meados de 1941 é algo nebulosa, já que fica claro que ela não ocorreu sem certos atropelos. O ministro se retirou voluntariamente, mas é sabido que era esta a forma como Vargas fazia as substituições que julgava interessantes. Não era Vargas quem pedia o afastamento de seus colaboradores. Ele apenas sugeria dificuldades para o curso de um projeto, nomeava o renunciante para um novo posto[8] e, com certa frequência, aguardava um tempo até tomar a decisão sobre a pessoa que ocuparia definitivamente o cargo. A interinidade de Dulphe Pinheiro Machado no Ministério do Trabalho poderia ter assim a dimensão de um tempo para pensar, enquanto os acontecimentos na cena doméstica e internacional melhor se delineavam.

A escolha de Marcondes Filho e sua posse em 29 de dezembro de 1941 têm a importância de uma decisão política de largo alcance. Marcondes era um bem-sucedido advogado paulista especializado em direito comercial — falências como destaque. Seu tradicional escritório era conhecido e frequentado pela nata do empresariado de São Paulo, ao que se acrescentava sua amizade com o jornalista Assis Chateaubriand, proprietário da cadeia dos Diários Associados. Não se tratava, portanto, de um homem que tivesse a política do trabalho como seu *métier*.

Ligado à política paulista perrepista durante os anos 20, fora membro do Centro Paulista ao lado de homens como Menotti Del Picchia, Roberto Moreira e outros. Desde a Revolução de 1930 afastara-se da atuação política, dedicando-se à advocacia. Somente no final de 1941 foi reconduzido à cena pública, como um nome que era sobretudo uma forte garantia de aliança com o setor empresarial, em especial o de São Paulo. Amigo pessoal de Roberto Simonsen, então presidente da Fiesp, Marcondes assegurava ao empresariado um fácil acesso ao Ministério do Trabalho, que era também da Indústria e Comércio. Sua gestão se inaugurou exatamente no momento em que a direção da Fiesp consagrava o entendimento entre a grande e a pequena e média empresas, através da dobradinha Simonsen (presidente) e Morvan Dias Figueiredo (vice-presidente). Aliás, o período que vai de 1943 a 1945 atesta o excelente relacionamento que se estabeleceu entre o governo e os interesses empresariais do país (Leopoldi, 1984, pp. 59-62).

A presença de Marcondes Filho na cena política dos anos 40 não se resumiu à sua entrada para o Ministério do Trabalho, pois em 17 de julho de 1942 ele assumiria interinamente — para ser efetivado somente em abril de 1943 — o cargo de ministro da Justiça. O acúmulo das duas pastas (Trabalho e Justiça), ao mesmo tempo que dava um conteúdo político maior à administração das questões trabalhistas, lançou Marcondes como um personagem central na condução do processo político nacional, uma vez que é exatamente este o papel do ministro da Justiça.[9]

O fato de a pasta da Justiça ter sido exercida em interinidade durante cerca de um ano é mais uma vez indicativo do estilo político de Vargas. De qualquer forma, a escolha e o desempenho de Marcondes foram sancionados por sua nomeação em 1943 e permanência até 1945. Somente em março deste ano, quando o quadro de pressões estava configurado, os partidos praticamente instalados e as candidaturas presidenciais articuladas, Vargas solicitou a Agamenon Magalhães que abandonasse o cargo de interventor em Pernambuco para assumir o Ministério da Justiça. Marcondes deveria concentrar-se na problemática efetiva do trabalho, enquanto Agamenon viria liderar a condução do processo de elaboração da legislação partidária e eleitoral para a próxima redemocratização. Não vale a pena adiantar comentários, importando no momento avaliar a significação das transformações administrativas ocorridas ainda em 1942.

Um aspecto que precisa ser ressaltado é o do contexto de tensões que envolveram as substituições efetivadas. Seu pano de fundo foi sem dúvida a entrada do Brasil na Segunda Guerra e, mais ainda, o início do alinhamento Brasil-Estados Unidos, rompendo a política de equilíbrio equidistante até então adotada por nosso país na cena internacional. As disputas entre germanófilos e partidários do integralismo *versus* liberais pró-aliados surgiram de forma mais clara ao longo dos anos de 1941 e 1942. Mas estas divisões permitem vislumbrar apenas a ponta de um *iceberg* que começava a se deslocar para o centro das questões políticas nacionais. Neste sentido, tais confrontos foram um primeiro anúncio. Anúncio do inevitável retorno à cena política nacional de procedimentos mais mobilizadores que, ou não poderiam mais ser evitados como haviam sido antes, ou teriam mesmo que passar a ser promovidos. Anúncio também da necessidade de se enfrentar a questão da democracia liberal e mesmo do comunismo em outros termos, uma vez que Estados Unidos e Rússia eram nossos aliados na luta contra o nazifascismo. Anúncio, enfim, de que tempos novos haveriam de chegar e que cabia aos que estavam no poder se preparar o melhor possível para eles.

Entretanto, tal conjuntura não deve necessariamente ser entendida como a do início do declínio do Estado Novo. A mudança que começou a se operar a partir de 1942 não é sinônimo literal de enfraquecimento e menos ainda de derrota política. A participação do Brasil na Segunda Guerra aponta mais para um rearranjo relativo de forças do que para a derrocada dos que estavam no poder. A imagem que se procurava firmar era a de um país unido em torno do objetivo de sua própria construção como nação forte. Assim, sua presença ao lado de outras potências no cenário internacional só podia colaborar para seu engrandecimento. Além do mais, o inimigo externo convidava a sacrifícios e à superação de impasses agora considerados secundários politicamente. Do ponto de vista da economia, o esforço de guerra era uma inequívoca emulação à batalha do desenvolvimento.

O ano de 1942 permanece como um marco sugestivo exatamente pela ambiguidade política que passou a dominar o clima do Estado Novo. Esta ambiguidade está sendo entendida aqui como o esforço de abrir mão de um regime autoritário, sem abrir mão das posições de poder então detidas por seus mentores. Para tanto, era preciso garantir a condução do processo de "saída" do próprio autoritarismo. Neste sentido, torna-se fundamental a capacidade destas elites de gerar ideias novas sobre sua continuidade política em uma ordem democrática. E, sobretudo, tornava-se crucial o cuidado na execução de políticas capazes de proceder à transição.

Neste caso específico, um dos grandes artífices do processo político a ser examinado é o ministro Marcondes Filho. Sua atuação, particularmente no Ministério do Trabalho, é esclarecedora do que se acabou de sugerir.

O discurso de posse de Alexandre Marcondes Filho no Ministério do Trabalho em dezembro de 1941 pode ser resumido como uma caracterização da imponderabilidade do momento político que se vivia.[10] Por isso mesmo o ministro afastou a palavra "programa" de seu pronunciamento, o que não impediu que desde o início se delineassem objetivos nítidos para a sua administração. De forma geral, pode-se detectar três grandes frentes de investida política do ministro, todas voltadas para o campo da organização do trabalho. Em primeiro lugar, uma maciça atuação na área de divulgação e propaganda que envolveria direta e profundamente a própria pessoa do ministro. Em segundo lugar, um conjunto de medidas dirigidas especificamente à questão da sindicalização. E, em terceiro lugar, a articulação destas duas frentes com a montagem de uma estratégia política nitidamente continuísta, cuja base devia ser a organização sindical corporativista e cuja ideologia devia ter como matriz o discurso ministerial.

Porém, vale registrar que este conjunto de iniciativas não esgotou a administração Marcondes Filho. Uma série de outras medidas, vinculadas a políticas que já vinham tendo curso dentro do ministério, continuou a ser desenvolvida. Saúde, alimentação, habitação, educação, todos estes tópicos integravam o elenco de discussões e resoluções ministeriais e articulavam-se com seus projetos prioritários. Aqui, contudo, o tópico privilegiado será o da questão da organização dos trabalhadores, pois é justamente em torno da montagem e da execução desta iniciativa política que se revela o conteúdo mais significativo da orientação do ministério Marcondes e também da orientação política do próprio Estado Novo neste seu segundo ato.

De uma forma sintética pode-se dizer que o principal objetivo visado era o estreitamento dos laços entre Estado e movimento operário, via representação sindical. Esta ligação mais forte comportava, entretanto, dimensões contraditórias. De um lado, almejava-se um maior controle do ministério sobre o movimento sindical, mas, de outro, necessitava-se que este movimento fosse significativamente representativo no meio do operariado. Ou seja, não se buscava apenas o mero controle, mas a adesão e a mobilização, o que só é possível através de procedimentos mais participativos e capazes de gerar certa dose de representatividade real.

A margem de dificuldades e de riscos presentes em tal encaminhamento político é óbvia e logicamente não podia passar despercebida a seus formuladores. O equilíbrio entre a manutenção do controle e a transformação do movimento sindical em um interlocutor político era no mínimo arriscado e em parte imprevisível. Se o momento político nacional apontava para um processo de emergência de atores cada vez mais independentes e diversificados, o próprio Estado entrava no jogo como um estimulador/controlador desse processo. Também para o movimento operário e sindical a situação era complexa, já que sua exclusão do cenário político se fizera de forma drástica, especialmente após 1935. Os anos 40 iriam significar, neste sentido, uma aparição de novo tipo.

É especificamente com esta preocupação que se deve observar a dinâmica da política do ministério Marcondes. Mas antes de examiná-la, e exatamente porque ela envolve um cuidadoso esforço de produção de um discurso político voltado para a classe trabalhadora, é valioso atentar para o grande empenho que o Estado Novo dedicou à propaganda do regime. Esclarecer qual a natureza da nova ordem política que se inaugurou em 1937 e qual o papel de seu grande chefe, Getúlio Vargas, tornou-se parte da tarefa de um novo órgão governamental: o Departamento de Imprensa e Propaganda (DIP).

Entre as inúmeras iniciativas do DIP, dirigido inicialmente por Lourival Fontes, está a publicação da revista *Cultura Política*. Criada como a revista oficial do regime e entregue à responsabilidade de um intelectual — Almir de Andrade —, ela deveria ter, e teve, amplo sucesso de edição e divulgação. Começou a circular em março de 1941, só encerrando sua tiragem em outubro de 1945, com a queda de Vargas e do Estado Novo. Foi, portanto, contemporânea da administração Marcondes, abrindo grandes espaços para o debate e o esclarecimento das relações entre Estado Novo e questão social. Desta construção maior, aliás, derivaria a preocupação prioritária do novo ministro: as relações entre Estado e classe trabalhadora.

NOTAS

1. Depoimento de João Carlos Vital ao CPDOC, 1975, Fita 1, e Depoimento de Jacy Magalhães ao CPDOC, 1984, Fita 5, pp. 2-5.

2. Depoimento de Hilcar Leite ao CPDOC, 1984, Fita 4, p. 3.

3. Não há para o Rio de Janeiro nenhum estudo específico que trate do período 1931-35 privilegiando a atuação do movimento operário, como existe para São Paulo o texto de Antunes, 1982. No que se refere às greves ocorridas no Rio e no país e à violenta repressão que sofreram os sindicatos, existem várias referências nos *Anais da Câmara dos Deputados* (1934), v. II, Sessões de 8, 22 e 23.8.34; v. III, Sessões de 25, 30 e 31 de agosto e de 4.9.34; v. IV, Sessões de 5, 8, 13, 14, 15, 17, 19 e 22.9.34; v. V, Sessões de 27 de setembro e 1º e 22.10.34.

4. O Tribunal de Segurança Nacional foi criado pela Lei nº 244, de 11.9.36, passando a funcionar com competência retroativa e tendo como tarefa básica o julgamento dos envolvidos no levante de 35 e em atividades comunistas (Campos, 1982).

5. O conceito de *starting mechanism* é de Alvim Gouldner, "The norm of reciprocity: a preliminary statement", em *American Sociological Review* 25, 161-78, 1960, citado por Sahlins, 1965.

6. *Boletim do Ministério do Trabalho, Indústria e Comércio (BMTIC)*, n. 89, janeiro de 1942.

7. Sobre o ministério Capanema, bem como sobre sua vinculação com a Igreja Católica, ver Schwartzman, Bomeny, Costa, 1984.

8. Waldemar Falcão saiu do Ministério do Trabalho para o Supremo Tribunal Federal.

9. Vale observar que não era a primeira vez que um ministro do Trabalho, Indústria e Comércio acumulava a pasta da Justiça. Agamenon Magalhães, ministro do Trabalho de julho de 1934 até novembro de 1937, ficou seis meses como ministro da Justiça durante o ano de 1937. A coincidência é reveladora da importância e da conjunção política das duas pastas e do papel de seus ministros nos anos 30 e 40.

10. *BMTIC*, n. 88. dezembro de 1941.

Capítulo V

O Redescobrimento do Brasil*

1. A cultura política

Já se tornou trivial ressaltar a importância da dimensão ideológica na configuração de um projeto político. Tal reconhecimento, porém, revela-se particularmente essencial quando nos afastamos de uma "concepção emanacionista" de ideologia (Lamounier, 1980, p. 14), segundo a qual um conjunto de significados é identificado e apropriado por determinados atores, para em seguida ser difundido em certos contextos específicos. Nestes termos, a ideologia é tratada como a percepção e manifestação do que já existe, emergindo como um fato *a posteriori* no processo político global. No entanto, é preciso afirmá-la como recurso de poder fundamental ao esforço de articulação e de produção não só do que já existe, mas sobretudo daquilo que se deseja que exista. Daí constituir-se em objeto privilegiado para a revelação de projetos políticos; daí também seu papel ativo na implementação de tais projetos. A ideologia política assume, nesta perspectiva, a dimensão de um fato constitutivo da própria ordem política que se deseja construir (Machado, 1980).

No caso do Estado Novo estas reflexões devem ser consideradas ao lado de duas observações. De um lado, a de que o Estado Novo não pode ser caracterizado como apresentando uma doutrina oficial compacta, isto é, homogênea a ponto de afastar diversidades relevantes. Ao contrário, o que se verifica é a presença de variações significativas que traduzem um certo ecletismo em suas propostas, o que não impede que se encontre em seu seio conjunto de ideias central, capaz de caracterizar um determinado projeto político.

De outro lado, a produção e divulgação deste projeto traduziu-se, entre outras iniciativas, pela montagem de um importante órgão institucional: o Departamento de Imprensa e Propaganda. Esta poderosa agência

---

* "O redescobrimento do Brasil" foi publicado como artigo no livro *Estado Novo: Ideologia e Poder*, RJ, Zahar, 1982. Para este capítulo o texto foi revisto e condensado.

supervisionava os mais variados instrumentos de comunicação de massa, além de encarregar-se da produção e divulgação do noticiário oficial. Suas seis seções — propaganda; radiodifusão; cinema e teatro; turismo; imprensa; e serviços auxiliares — demonstram bem o alto grau de intervenção do Estado Novo nos processos de comunicação social. O DIP, portanto, materializou o grande esforço empreendido durante o Estado Novo para controlar os instrumentos necessários à construção e implementação de um projeto político destinado a se afirmar socialmente dominante.

Por isso, é fundamental examinar a construção deste projeto em uma de suas dimensões centrais. Ela diz respeito à concepção verdadeiramente "revolucionária" da fórmula institucional adotada pelo novo regime, que passou a se autodefinir como uma democracia social. Este novo sentido do ideal democrático iria sintetizar o cerne do projeto do Estado Novo, conduzindo suas formulações na dupla direção do passado e do futuro revolucionário do país. Neste esforço, o regime concebeu a realidade que devia ser construída a partir de esquemas interpretativos e diagnósticos que afirmavam sua legitimidade diante de um passado tanto recente, quanto remoto. Projetar um novo Estado significava buscar sua legitimidade, isto é, incursionar por sua origem. E isto, por sua vez, significava reescrever a história do país, debruçar-se sobre o passado naquele sentido mais profundo em que ele significa tradição. Projetar o futuro é escrever o que deve acontecer através daquilo que já aconteceu. O presente se torna um ponto de interseção em que a história é constituída pela seleção da presença do passado no futuro (Eliade, 1972).

A este esforço se entregariam inúmeros daqueles que escreveram sobre o Estado Nacional. Aqui se fará apenas o exame dos artigos publicados na revista *Cultura Política,* que constituem um dos exemplos mais bem acabados da proposta política do Estado Novo, uma vez que esta publicação tinha por objetivo esclarecer e divulgar para o grande público as transformações que o país sofria por obra das iniciativas governamentais. Além disso, os artigos aí publicados — embora guardando inúmeras especificidades — eram fruto de uma seleção feita por um elemento responsável, que os integrava ao corpo da revista em determinadas seções, antecedidos por notas introdutórias explicativas e sumários (Oliveira, Velloso, Gomes, 1982, p. 75). Desta forma, os artigos constituem um conjunto que pode ser analisado a partir de sua temática orientadora central, guardando-se certa distância das marcas específicas de seus autores. Estes, por sinal, chegaram a constituir um certo núcleo de colaboradores que repetidamente participavam da revista.

A partir destes textos é possível portanto dimensionar o sentido atribuído ao projeto político — definido como eminentemente democrático — do Estado Novo. Qual é o novo significado desta antiga palavra?

O que é a democracia do Estado Novo e por que ela se apresenta como revolucionária?

2. Revolução de 1930 e Estado Novo

A proposta de fundação de um novo Estado, *"verdadeiramente nacional e humano"* é a grande tônica do discurso político dos anos do pós-37. A importância e a grandeza desta proposta lhe conferiam, na ótica de seus defensores, o estatuto de um novo começo na história do país. A fundação de uma ordem política consentânea com as reais potencialidades, necessidades e aspirações do povo brasileiro significava um autêntico redescobrimento do Brasil.

Contudo, se os acontecimentos de novembro de 1937 haviam materializado a possibilidade de cumprimento deste grande projeto revolucionário, entendido como transformador da fisionomia econômica e sociopolítica da nação, eles não eram visualizados como o marco zero, como a origem do novo início de tudo. O corte, a ruptura revolucionária no curso da história, era claramente situado em outro acontecimento político: a Revolução de 1930. Trinta e 37 surgiam assim como dois momentos, como duas etapas de um mesmo processo, guardando o primeiro episódio a característica verdadeiramente revolucionária do fato que lhe era posterior; 30 fora o início daquilo que 37 queria e devia realizar.

Na interpretação de Azevedo Amaral, a primeira tarefa do novo Estado Nacional era a própria recuperação do conceito de revolução. Este conceito havia sido desvirtuado pela liberal-democracia, que o identificava com um *"colapso de estruturas"* e com uma *"transformação violenta de quadros dirigentes"*. O conceito de revolução assumia, nesta visão, uma conotação eminentemente destrutiva, desorganizadora. Não era este, contudo, o real significado do fato revolucionário, como o demonstrava a experiência da revolução brasileira. Nela se podia detectar as características de uma autêntica revolução, tanto porque a origem do ímpeto violento da ação revolucionária residia na pressão de forças profundas que integravam a realidade social, quanto porque este ímpeto tinha um caráter eminentemente construtivo.[1] Era por esta razão que a Revolução de 1930 constituía um acontecimento único na história do país, distinguindo-se das experiências de 1822 e 1889, em que as forças renovadoras visaram apenas à destruição de estruturas obsoletas, não trazendo em si uma proposta verdadeiramente construtiva/revolucionária.

Esta localização da origem do processo revolucionário que culminaria no Estado Novo vinha reforçada por todo um diagnóstico sobre nosso passado político, e principalmente sobre a experiência da Primeira República, interpretada como um grande e longo divórcio entre nossa realidade física e cultural e nosso modelo político de Estado. O liberalismo, excessivamente objetivo e materialista, só via os valores quantitativos do mundo e pretendia construir o progresso sem cogitar do homem em sua dimensão total, isto é, também subjetiva e espiritual. Excessivamente internacionalista, não atentava para as especificidades nacionais, não podendo portanto oferecer ao homem brasileiro uma direção própria, um objetivo de luta pela construção nacional. Enfim, o Estado liberal da Primeira República não conseguira integrar o homem à terra brasileira: as instituições existentes colidiam com a realidade social. Havia dois mundos distintos: o do homem e o da natureza, e a política era algo distante de tudo e de todos.[2]

Este diagnóstico é bem representativo das análises do período, que identificam a Primeira República e seu liberalismo com um momento de verdadeira decomposição do país. A desordem em todos os campos da realidade social era o signo da perda das reais tradições da nação, ou seja, da ruptura de um caminho evolutivo normal, justo e bom. A imagem remete-nos a uma fonte de inspiração hobbesiana, como se a sociedade brasileira se encontrasse em verdadeiro estado de natureza: desorganizada, em conflito e sem a presença de um soberano definidor capaz de dar-lhe ordenação e vida. Este estado de natureza/estado de guerra caracterizaria a crise em cujo bojo emergira a Revolução de 1930, que retirou a sociedade do conflito pré-político, inserindo-a na história definitiva da ordem política. A violação inicial assumia as feições de uma trajetória para o mundo político da razão e da construção do país, e a revolução era situada como um fato político por excelência, que demarcava as fronteiras entre a anarquia e a ordem.

É Azevedo Amaral quem melhor concretiza o real significado político das alternativas existentes em 1930. Para ele tratava-se de correr o enorme risco de optar entre a oligarquia e a desordem, uma vez que o esforço revolucionário poderia, de fato, precipitar o país numa situação anárquica. É por esta razão que Azevedo Amaral atribui à Revolução de 1930, em suas origens, *"um acentuado colorido conservador"*. Tratava-se de impedir que o antigo regime oligárquico desmoronasse ante as ameaças crescentes de caos. Neste ponto, a análise do autor é verdadeiramente esclarecedora do conteúdo específico que seria atribuído à Revolução de 1930 pelo discurso estado-novista. Vale a pena seguir de perto sua análise e refletir sobre ela: *"A contemporização entre o regime oligárquico e as expressões cada vez mais acentuadas do descontentamento popular estava a esgotar seus recursos de protelação da crise"*. Enquanto as contradições vigentes verificavam-se apenas no plano político, a contemporização foi possível; mas com a *"aceleração do movimento industrializador"* depois da Primeira Guerra, a massa do proletariado cresceu e se tornou mais sensível. Aí o problema social emergiu de forma concreta como uma questão para o país, agravada pela ação deliberada de agitadores profissionais e pela incompreensão dos políticos da velha República. O choque se anunciava calamitoso, e a Revolução de 1930 veio interromper o curso destes acontecimentos, preservando o país de uma catástrofe e restaurando a *"personalidade nacional"*.[3]

A Revolução de 1930 assumia assim o caráter de um movimento de libertação da trágica experiência liberal da Primeira República. O contexto político em que esse movimento se realizou fora o de uma verdadeira perda de autoridade e de esgotamento de fórmulas de conciliação política. A ameaça de anarquia era profunda, pois a perda de autoridade era visualizada como uma autêntica perda do próprio curso da evolução normal do país; como uma perda de suas tradições de ordem, irremediavelmente comprometidas pelo divórcio entre a terra, o homem e as instituições políticas. E a ameaça política imediata, que atualizava para o mundo dos conflitos este divórcio crucial, era o descontentamento popular, materializado na chamada *"questão social"*.

A *"preservação da personalidade nacional"* do risco de uma catástrofe anarquizante — que demarcava, no dizer de Azevedo Amaral, o sentido *"restaurador"* da revolução —, unia-se estreitamente à sua dimensão mais inovadora: o enfrentamento da questão social. Ordem e revolução, tradição e inovação formavam um amálgama cujo sentido fundamental precisa ser explicitado para que o projeto político do Estado Novo surja em toda a sua dimensão transformadora e conformadora da realidade nacional.

Antes disso, cabe assinalar o significado específico atribuído à dimensão *"restauradora"* do processo revolucionário que se inaugurou em 1930 e que se completaria em 1937. Esse processo traduzia a retomada de nossa vocação histórica, a continuação da construção de nossa nacionalidade. Tal esforço era fundamentalmente uma tarefa integradora de nossa realidade física — de nossa terra — e de nosso homem, ambos abandonados e incompreendidos. Retornar à tradição do país significava identificá-la em dois fatores cruciais: a natureza e a cultura brasileiras, síntese da realidade indestrutível presente no inconsciente nacional.

A natureza era aquela de um território imenso e povoado de riquezas naturais. Porém, era também a natureza desconhecida e inaproveitada pela incúria política de um regime demagógico que se satisfazia com um discurso ufanista: *"O Brasil liberal era o Brasil do Amazonas, maior rio do mundo — da Guanabara, a baía mais linda do mundo —, da mina de Morro Velho, a mais rica do mundo. O Brasil liberal era o país onde tudo era grande, menos... o homem"*. Este permanecia ignorado e afastado do potencial de sua própria terra. Os políticos liberais desacreditavam de nossos homens e *"longe de pesquisarem as causas de nossos males, preferiram, numa atitude comodista e pela lei do menor esforço, explicar tudo pela negação da nossa raça. O brasileiro é preguiçoso — somos um povo de bugres — (...)".*[4]

Desta forma, tratava-se de recuperar a grandeza de nossa realidade natural, mas não mais a partir de uma tradição contemplativa e desligada do homem brasileiro, como a consagrada pelo conde Afonso Celso. O retorno à realidade era sobretudo o reconhecimento do povo brasileiro, com suas necessidades e potencialidades. Este homem, cheio de virtudes ignoradas, guardava, em seu subconsciente, as tradições mais puras do país. O liberalismo, banhado de valores europeizantes, desconhecia sua verdadeira dimensão, preferindo explicações simplistas baseadas na inferioridade da raça e do caráter nacional.

O Estado liberal não apenas separava o homem da terra, mas igualmente separava o homem do cidadão e, desta forma, distanciava a cultura da política. O homem do povo, que cristalizava tudo aquilo que era produzido no país e que representava sua cultura, estava afastado do homem político, do cidadão. A cultura, nesta nova acepção, era a própria expressão do que era "natural" e "intrínseco" ao homem brasileiro. Por isso, ela era uma realidade esquecida e perdida para as elites políticas da Primeira República, mas era uma força sempre presente e indestrutível no inconsciente nacional a ser identificada e revivida.[5]

Este caráter de retorno à realidade nacional mareava a Revolução de 1930 em sua autenticidade e desdobrava-se no projeto político do Estado Novo. Se antes de 1930 o que se verificava era a ausência de um contato harmonioso entre povo e elites, o que se verificou já em 1930 e principalmente após 1937 foi a articulação e comunicação entre as elites e a massa da população. Era justamente este aspecto que tornava o acontecimento de 1930 um fato revolucionário para Azevedo Amaral: a concordância quase unânime do povo brasileiro transformara a mutação brusca dos rumos políticos do país na primeira grande *"expressão unívoca da vontade nacional".*[6]

A revolução era autêntica, portanto, porque unia elite e massas e porque propunha voltar-se para o povo em suas mais genuínas e espontâneas manifestações e aspirações. A cultura popular devia ser recolhida por um Estado inovador, que rompia com o passado político da República Velha. Até 1930 podia-se dizer que *"o governo no Brasil não era para o povo, mas para seus representantes"* que jamais se lembraram de *"chamar as classes operárias a participar da sorte"* do país e que jamais pediram *"os esforços dos trabalhadores procurando interessá-los nos problemas vitais da nossa emancipação econômica".*[7]

A revolução — iniciada em 1930 e completada em 1937 — não assumia uma dimensão "restauradora" no sentido de um "retorno" a um certo período datado, a partir do qual valores houvessem sido comprometidos ou desvirtuados. A "restauração" era aí perfeitamente compatível com um novo começo, com o ato da verdadeira fundação de um novo Estado. O colorido conservador vislumbrado por Azevedo Amaral e reafirmado por inúmeros articulistas de *Cultura Política* tinha raízes histórico-culturais. Tratava-se de identificar e construir o verdadeiro espírito da nacionalidade que se encontrava no inconsciente coletivo do povo.

Por conseguinte, "restaurar" a sociedade brasileira era retirá-la do estado da natureza, isto é, organizá-la pela via do poder político. Tal ação implicava um "retorno" à própria natureza — às riquezas potenciais e inativas do país e um "retorno" à própria cultura nacional — ao caráter do homem brasileiro. A tradição a ser encontrada e revivida seria a junção da natureza e da cultura por intervenção da política, que acionaria o elemento integrador e produtivo do trabalho nacional. A terra era rica e o homem era bom, mas nada disso tinha significado quando abandonado e inexplorado. A "restauração" seria um verdadeiro ato de construção da terra e do homem, pela exploração da primeira e a formação do segundo. Ambos os processos seriam coordenados por novas elites políticas, que de fato se comunicariam com as massas e que interfeririam no curso da história, mobilizando o esforço transformador do trabalho humano.

A Revolução de 1930, embora tivesse sido apenas um primeiro momento deste processo revolucionário — o momento de libertação do antigo regime — tivera o grande mérito de tornar consciente o que existia apenas no subconsciente da nação: a necessidade de retomar o ritmo evolutivo de nossa história, *"que se desenvolvia lento mas seguro até o Império, mas que a República liberal interrompeu"*.[8] O gráfico da história do país era expressivo e demonstrava que até 1930 tínhamos vivido na ignorância de nossa terra, o que se agravara com a República inundada de liberalismo.[9] Foi para romper com este passado que se fez a revolução, que marcou uma fase violenta em nosso processo político. Contudo, sua obra fora perturbada pelos descaminhos do liberalismo constitucional dos anos 32/34, só havendo uma real substituição do regime em 1937. Aí a revolução entrou em sua segunda fase, etapa de verdadeira constituição de uma nova ordem política.

Os "revolucionários" de 1937 interpretavam o período que vai de 30 até o golpe de novembro como um interregno do projeto de fundação do novo Estado. A Constituição de 1934 era caracterizada como o símbolo maior dos desvios revolucionários, como o resultado do malogro dos acontecimentos de 30, e não como uma de suas possíveis culminâncias. A revolução paulista de 1932 era sugestivamente ignorada, e o caos político identificado em 1935 diagnosticado como um produto direto da inconsistência e irrealidade da legislação liberal. Desta forma, eram banidos da Revolução de 1930 quaisquer ideais reformadores de uma ordem liberal, caracterizados como descaminhos revolucionários. Daí a linha direta entre 1930 e 1937. Daí também a impossibilidade de uma leitura restauradora da revolução que procurasse o retorno a uma experiência política anterior. Mesmo o Império, exaltado por sua estabilidade e pelo exemplo de um poder político centralizado, não chegava a constituir um ponto de retorno. Ele era um símbolo de nosso passado político a ilustrar que tínhamos tradições históricas centralistas, mas não constituía um modelo a ser revivido.

Assim, se da Independência até 1889 avançáramos lentamente na construção de nossa nacionalidade, tal processo fora literalmente prejudicado durante os anos da Primeira República e mais uma vez desvirtuado no pós-30 pelo interregno constitucional. Este hiato, se de um lado assinalava que o "novo início" não era uma consequência automática de 30, de outro lado permitia que se clarificasse a presença do grande estadista que era Getúlio Vargas. Isto porque é justamente nessas brechas do tempo histórico, presentes nas lendas de fundação, que emergem com mais força os verdadeiros dirigentes políticos (Arendt, 1971, pp. 202-3).

Os articulistas de *Cultura Política* são enfáticos ao assinalar o papel diretor de Vargas, responsável tanto pelo sucesso da revolução, quanto e principalmente pela condução de seu processo a bom termo. Em Vargas encontrava-se a verdadeira possibilidade explicativa para o desfecho da longa crise política na qual o país vivia há tantos anos. Desta forma, todo o processo revolucionário era concebido como um reflexo de sua personalidade: *"Tornada possível pela vontade do Presidente Getúlio Vargas, a revolução brasileira nas suas sucessivas etapas construtivas aparece como expressão do dinamismo pessoal de seu chefe".*[10]

3. Questão social e Estado Nacional

Esta releitura da história do Brasil veio consagrar o ato de fundação do Estado expresso no golpe de 1937. Até então, tínhamos território e população, mas não havíamos tido governo, e sua ausência traduzida na omissão do Estado liberal e na inconsistência de suas elites — comprometia integralmente todo o conjunto.[11] A revolução fundadora do Estado Nacional vinha exatamente rearticular esses elementos constitutivos, através da intervenção de um quarto elemento fundamental: a finalidade do Estado, que devia ser encontrada fora da política, ou seja, na promoção do bem-estar nacional e na realização do bem comum. Desta forma, o ponto central da revolução nacional residia justamente em seus propósitos sociais, em contraposição às preocupações políticas dominantes até então. A revolução tinha como sua marca específica o reconhecimento e o enfrentamento da questão social no Brasil.

É fundamental observar que a questão social surgiu então como a grande marca distintiva e legitimadora dos acontecimentos políticos do pós-30. A revolução e principalmente o estabelecimento do Estado Novo distinguiam-se de todos os demais fatos de nossa história, na medida em que afastavam-se das meras preocupações formais com procedimentos e modelos jurídicos, para mergulhar nas profundezas de nossas questões econômicas e sociais. A construção do projeto político do Estado Novo evidencia assim que a busca da legitimação da autoridade se deu de uma forma e por razões completamente distintas daquelas que haviam fundado a legitimidade dos regimes anteriores. Nesta visão, legítimo seria o regime que promovesse a superação do estado de necessidade em que vivia o povo brasileiro, enfrentando a realidade política e econômica da pobreza das massas.

Se nenhum dos governos do pré-30 reconheceu a prioridade da questão social no Brasil, isto se deu justamente porque encaravam o problema da pobreza como inevitável e até funcional para a ordem socioeconômica. Mas tal perspectiva precisava ser radicalmente transformada, uma vez que cumpria dar ao homem brasileiro uma situação digna de vida. A grande finalidade da obra revolucionária era justamente enfrentar este estado de constante necessidade em que vivia o povo brasileiro, estado desumanizador que identificava o trabalho como um apanágio da pobreza. Neste sentido, a pobreza e o trabalho precisavam entrar na cena política brasileira.

Até 1930, a questão social ou fora simplesmente ignorada, ou fora tratada erroneamente. Alguns, como os socialistas, consideravam-na um problema de repartição de riquezas, sem atentar para as condições do Brasil, país pobre que precisava realizar enormes esforços para alcançar um melhor *status* econômico no mercado internacional. Outros insistiam que se tratava de uma questão de produção, já que a miséria em que vivia grande parte do povo brasileiro era oriunda da ausência de capacidade e habilidade de trabalho de nosso homem. Diante destes diagnósticos era óbvio que tudo o que se fizesse no campo da legislação social seria inútil ou improdutivo.[12]

O reconhecimento da questão social no pós-30 tivera caráter revolucionário justamente porque, sem se desconhecer sua profunda dimensão econômica, ela fora tratada como uma questão "política", ou seja, como um problema que exigia e que só se resolveria pela intervenção do Estado. A possibilidade de uma "feliz solução" para as dificuldades que afligiam os trabalhadores do Brasil advinha da adoção de uma legislação social sancionada pelo poder público. Se a legislação social não era um meio de acabar com a pobreza, era um expediente necessário que, associado a outras medidas, poderia dar ao trabalhador uma situação mais humana e cristã, conforme aconselhava a doutrina social da Igreja desde a *Rerum Novarum*.[13]

A missão histórica da Revolução de 1930 e do governo do pós-37 era portanto *"salvar a tempo a situação do operário"*, criando um direito trabalhista que o reconhecia como *"a célula da vida nacional"*.[14] Justamente por esta razão não se poderia negar ao novo regime uma feição democrática. Onde estava a verdadeira democracia? A esta pergunta deveria caber uma resposta simples e direta. A verdadeira democracia encontrava-se no caráter realista e humano do novo Estado, que fecundava a natureza e a cultura brasileiras com o esforço do trabalho, protegido e amparado pelo governo. Estabelecer um novo começo, estabelecer a democracia no Brasil, era avançar em direção ao trabalhador que materializava por suas potencialidades e necessidades a finalidade orientadora do Estado Nacional. A nova democracia não se recobria dos aspectos constitucionais liberais, pois se afirmava por outros objetivos:

> Assim como um líquido inalterável conserva sua pureza em qualquer recipiente, sem importar a forma deste, à democracia, contida no regime brasileiro, pouco importa a feição constitucional de sua existência.[15]

O processo revolucionário dos anos 30, como em geral os acontecimentos que se autoproclamam um "reinício dos tempos", necessitava de uma nova palavra ou de uma palavra antiga com um novo significado para definir sua experiência. Em nosso caso, esta palavra conjugava outras duas: democracia social.

4. A democracia social brasileira

Quando se afirma, durante o Estado Novo, que o Brasil inaugura uma experiência única em sua história, tal assertiva funda-se precisamente na construção de uma nova concepção, de um novo conceito de democracia. É a partir do entendimento do novo conteúdo deste conceito que nos aproximamos dos objetivos que o Estado Nacional traçou para si. É igualmente a partir desta redefinição que se clarifica o estatuto de cidadania do novo homem brasileiro que deveria ser "criado" por esta inédita proposta política.

No Estado Novo, o ponto inicial da reflexão política foi a constatação de que no mundo moderno se estava processando uma gigantesca revolução intelectual. Esta revolução implicava uma nova concepção de vida, portanto, a busca de uma orientação filosófica mais adequada para a compreensão da realidade social. A grande inovação intelectual da época era o abandono da ideia da existência de doutrinas permanentes e generalizadoras como fontes inspiradoras das ações humanas. Os novos tempos, impondo soluções ao mesmo tempo mais realistas e mais humanas para os problemas existentes, exigiam tanto a adoção do sentido de fluência das coisas, quanto a aceitação da experiência como força reveladora da realidade.

Cabia reconhecer a mutabilidade e o desenvolvimento das ideias, abandonando formas que buscassem a permanência no tempo e no espaço. Tal permanência só ocorria à custa de debilidade e degenerescências. A mudança, sim, era indicadora de força social e de coragem individual. Por outro lado, a ideia de desenvolvimento não mais podia ser construída *"de cima para baixo, da teoria para a prática, do pensamento para a ação"*. Ela teria que nascer *"como tudo que a natureza faz brotar sobre a terra: de baixo para cima, da prática para a doutrina, da ação para a ideia. É essa inversão o sentido da grande revolução intelectual de nosso tempo.*[16]

Como consequência desta transformação maior, construiu-se uma nova filosofia política e social, preocupada em adaptar as instituições ao fluxo histórico e às necessidades políticas particulares das diversas sociedades. É neste sentido que a construção do projeto político do novo Estado Nacional pode ser analisada a partir da proposição de uma crítica dirigida tanto às formas de governo liberais quanto às experiências totalitárias, quer fossem as comunistas, quer as fascistas. Estes dois tipos clássicos de Estado seriam ambos desumanos, estando afastados das reais necessidades vitais do homem em sua universalidade e, no caso do Brasil, também em sua especificidade histórico-cultural.

De um lado, o Estado liberal pecava por omissão, espectador que era dos conflitos sociais e das carências materiais e espirituais da população de um país. Racionalista e universalista, tratava o homem como uma verdadeira abstração conceitual, transformando o seu mito do "cidadão soberano" na realidade terrível de um indivíduo que morre de fome. Por esta razão, passara-se da abstração e do abandono do homem pelo Estado à *"estatização"* do homem. Os regimes totalitários, hipertrofiando o Estado, absorviam os indivíduos, subordinando-os completamente. Ao liberalismo caduco e mentiroso sucederam os totalitarismos comunista e fascista, todos eles esquecidos das finalidades humanas e nacionais de um verdadeiro Estado democrático. A grande e profunda crise universal que abalava as concepções e experiências políticas em todas as partes do mundo podia ser sintetizada nesta perda de orientação básica do Estado e em sua dificuldade de relacionamento com o próprio homem, a quem deviam se destinar suas ações e preocupações.

> Carecia-se, pois, de um Estado que considerasse todos os planos da vida humana, ordenando-os, dirigindo-os, segundo leis próprias para fins determinados. Só desta maneira poderia o Estado constituir-se no que deve ser: *uma técnica de construção do povo*.[17]

Aplicado ao conceito de democracia liberal (parlamentar, eleitoral), tal raciocínio significava o abandono da noção ilusória da existência de um regime político que pudesse subsistir como um formato final de organização das sociedades. Era preciso ressaltar a historicidade das instituições e dos valores da democracia liberal para entender definitivamente que não se tratava de uma *"forma orgânica definitiva"*. As instituições democrático-liberais nasceram no século XIX como uma reação e uma forma de luta contra o poder ilimitado dos reis absolutos. Daí a importância que assumiam os valores de liberdade e individualidade em sua doutrina. Era fundamental, em fins do século XVIII, a luta contra os privilégios hereditários da aristocracia e a proteção contra o poder arbitrário do governo.[18]

Mas a democracia liberal, se nascera da luta contra o absolutismo, nascera igualmente do desenvolvimento do capitalismo, do *"acúmulo dos meios de produção da riqueza e dos instrumentos da sua distribuição em um círculo social limitado"*. Desta forma, correspondia aos interesses de uma *"oligarquia capitalista"* que impusera à sociedade uma forma de dominação mais coerente com o seu psiquismo. Não se tratando de uma classe de elementos com tradições e hábitos guerreiros, essa oligarquia substituíra o uso da força pela astúcia, e assim não utilizava a coerção de forma ostensiva. As instituições democrático-liberais exprimiam a *"ação de uma inteligência aguda e especializada na arte de iludir o próximo"*, na medida em que o seu objetivo era fazer crer aos governados que eles eram os governantes de seu próprio destino. O grande sucesso de suas formas políticas residia justamente no poder de fascinação deste ilusionismo, totalmente fundado na ficção eleitoral da representação das massas e do sufrágio universal. Na verdade, a democracia liberal era uma obra de puro egoísmo e interesse de classes, pois as massas desorganizadas e incultas não se exprimiam por seus mecanismos representativos, sendo disciplinadas e moldadas pelos partidos políticos. Estes constituíam-se em obras dos mesmos criadores da democracia liberal, tendo como função o encaminhamento das massas segundo *"os interesses políticos e econômicos preponderantes na classe dirigente.*[19]

Esta situação teria começado a se transformar no início do século XX, com o despertar da consciência das massas, ao mesmo tempo causa e consequência da falência das práticas liberais e da adesão a ideologias extremistas que apelavam para o uso da força. A grande questão do tempo atual era a da possibilidade de sobrevivência da democracia. No primeiro número da revista *Cultura Política,* no artigo em que seu diretor Almir de Andrade expõe os objetivos e intenções da publicação, o grande tópico de afirmação política e social do Brasil é a defesa da democracia.

A nova democracia tinha o ser humano como alvo de suas preocupações, não desejando nem sua desintegração, como ocorria no liberalismo, nem sua estatização, como ocorria no totalitarismo. O Estado moderno precisava humanizar-se, pois só assim cumpriria seus fins últimos, definidos por seu espírito e não pelas formas políticas que pudesse assumir. Para tanto, o Estado Novo devia integrar-se à vida popular, dando *"melhor assistência social às populações, maior amparo e dignidade à personalidade humana".* Desta forma, a grande evolução das democracias seria abraçar o ideal de respeito ao trabalho, como meio de valorização do homem.

O sentido principal e o núcleo da proposta de renovação e humanização do Estado encontravam-se ligados a um esforço consciente de atribuição de um valor positivo e intrínseco ao trabalho. Ele deveria deixar de ser visto como um castigo ou como um simples instrumento para atingir objetivos que se definiam fora de seu universo. O trabalho deveria ser encarado como uma atividade central na vida do homem e não como um meio de "ganhar a vida". Isto implicava que o homem assumisse plenamente sua personalidade de trabalhador, pois ela era central para a sua realização como pessoa e sua relação com o Estado. Almir de Andrade é categórico quando afirma que o homem conquista a proteção do Estado pelo trabalho e que a ordem política se destina à felicidade dos que trabalham.

> O trabalho — outrora forma de escravidão — é hoje um meio de emancipação da personalidade, algo que valoriza o homem e o torna digno do respeito e da proteção da sociedade. Viver honestamente do trabalho (...), encontrar em seu próprio esforço esse sentido de utilidade social capaz de canalizá-lo para o bem comum — é o maior dever do cidadão e sua mais alta virtude no Estado moderno.[20]

O cidadão desta nova democracia, identificado por seu trabalho produtivo, não mais se definia pela posse de direitos civis e políticos, mas justamente pela posse de direitos sociais (Santos, 1979, Cap. IV). Neste sentido, o projeto político do Estado Novo tratava de expurgar o conceito de democracia das ficções liberais, transformando-o em uma forma de organização estatal cujo objetivo era a promoção do bem do povo trabalhador, até então excluído da realização de seu próprio destino. Para tanto, a redefinição de democracia implicava a superação de alguns erros fundamentais do liberalismo.

5. A liberdade e a igualdade liberais

O primeiro grande erro a ser combatido estava contido em um par de conceitos que resumia os fundamentos do projeto liberal-democrático: os conceitos de liberdade e igualdade naturais dos seres humanos. O pressuposto básico de tal projeto residia em uma concepção da natureza humana segundo a qual todos os homens eram livres e iguais, mas tornados diferentes pelas injunções sociais e políticas que se desenvolviam na sociedade.

Uma vez que o Estado moderno nascera no bojo de um processo de lutas contra o arbítrio dos monarcas absolutos, o conceito de liberdade que então se desenvolveu procurou marcar uma distinção e até mesmo uma oposição entre os interesses e direitos de governantes e governados. Ficou estabelecido um modelo de Estado protetor cuja finalidade principal era a de resguardar a esfera das liberdades individuais. O liberalismo elegeu como seu ideal de governo a primazia da liberdade, definida como a esfera privada dos direitos individuais. O reino da felicidade, em decorrência, era vivido na esfera privada da sociedade que devia ser protegida em sua dinâmica natural de excessos políticos desvirtuadores (Berlim, 1980).

Assim, se os homens eram livres na sociedade (ou, o que quer dizer o mesmo, no mercado) para todas as atividades de contrato privado, era fundamental que fossem igualmente considerados iguais em um duplo sentido: dentro da ortodoxia liberal, para se protegerem dos próprios abusos do poder, e, ultrapassando tal ortodoxia e mergulhando no processo de democratização do liberalismo, para participar da própria constituição do poder público. Aqueles que eram livres e iguais para contratar no mercado e para estabelecer limites à ação do Estado eram igualmente livres e iguais para participar da formação das instituições estatais (Mill, 1978; Stuart Mill, 1963). O substrato da obrigação política nos Estados liberais-democratas era a coparticipação dos indivíduos na constituição do poder público. A felicidade dos indivíduos não era estranha às formas de participação no público, donde a emergência do conceito de cidadão como sujeito jurídico legitimador desta forma de Estado.

A cidadania, definida como a igualdade de todos perante a lei e fundada na equivalência política de todos os indivíduos, transformava-se na bandeira e no ideal da liberal-democracia. E era neste ponto fundamental que residia seu principal problema, já que a igualdade, nesta tradição, fora "limitada" ao significado de equidade política, sendo definitivamente afastada dos ideais de justiça social. Tal operação deixava em evidência a flagrante contradição da doutrina com os fatos da realidade social (Wollim, 1960, pp. 288 e seg.).

Os críticos estado-novistas do Estado liberal procurariam requalificar o significado do conceito de democracia que defendiam, tendo em vista uma discordância básica com o próprio pressuposto do liberalismo e, mais ainda, da liberal-democracia. Desta forma, o primeiro problema apontado por eles no que se refere às concepções de liberdade e igualdade diz respeito à própria concepção de natureza humana que orientava esta formulação. A operação que elegia a equidade política, abandonando o critério da justiça, era a mesma que mascarava a existência de desigualdades naturais entre os homens.

Seguindo uma nova orientação científica, traduzida nos postulados elitistas de teóricos europeus, o que se procurou afirmar de início foi a inexistência de uma situação de igualdade de condições entre os seres humanos. A nova democracia partia justamente da concepção de uma sociedade de indivíduos desiguais por natureza, em que a missão do Estado era promover artificialmente condições de maior igualdade social. O Estado Nacional erguia-se em função do fundamento da desigualdade dos homens e das nações e postulava soluções políticas específicas para cada povo. Tratava-se de aprofundar a ideia de independência entre os conceitos de democracia e de liberal-democracia e, em vez de procurar fórmulas que garantissem um máximo de liberdade e um mínimo de autoridade, buscar os meios de tornar a autoridade mais justa e mais eficiente no enfrentamento da questão social da necessidade.

O imperativo de ordem a que respondia o novo Estado nacional implicava um ideal de conciliação entre a natureza do homem e a da sociedade, entre a liberdade — entendida como *"quantidade de movimentos do homem como indivíduo"* — e a autoridade — entendida como *"quantidade de força coercitiva indispensável à garantia do desenvolvimento do homem como povo"*.[21] A democracia brasileira propunha a prevalência do princípio da autoridade, não como um obstáculo à liberdade individual, mas como o único meio legítimo de sua realização. Devia haver uma sincronia perfeita entre os ideais da coletividade nacional e o espaço de movimentação individual. O conceito de liberdade subsistia, associado à dimensão dos direitos civis individuais, mas apenas como uma categoria capaz de integrar os ideais de realização do interesse coletivo, sob os auspícios de uma autoridade ordenadora da sociedade.

A ilusão igualitária obscurecera o reconhecimento da existência de uma ordem social hierarquizada. O regime democrático não era o regime da pseudorrepresentação eleitoral de indivíduos iguais, que na verdade não existem; mas aquele da organização corporativa dos indivíduos em sindicatos diferenciados e dotados de poder político. A nova democracia era a democracia das corporações, que se constituíam como centros de organização e orientação dos indivíduos para o bem público e representavam fontes originárias da vontade popular.[22]

6. A questão do intervencionismo do Estado

A partir desta ótica, a criação de uma democracia social implicava o combate a um segundo grande erro da concepção política liberal — a não intervenção do Estado. Além de dissociar liberdade e justiça e de compreender a igualdade como equidade política, o liberalismo reduzira a "política" a uma prática mínima, transformando o Estado em um espectador do movimento social. Por outro lado, a inversão desse princípio, promovida pelos regimes totalitários, produzira resultados catastróficos. A concepção de um Estado neutro em face dos interesses em choque no mercado, ou a concepção de um Estado que simplesmente negava a existência de um mercado, procurando absorver todas as forças sociais, precisavam ser ambas combatidas.

Era necessário encontrar uma fórmula de equilíbrio que reconhecesse o valor da iniciativa individual na esfera econômica e ao mesmo tempo salvaguardasse os interesses da sociedade, sem atingir os excessos de coletivização proclamados por extremistas. O Estado não mais devia restringir-se às suas funções protetoras de polícia, mas atuar como um verdadeiro coordenador na distribuição da riqueza nacional. O novo Estado brasileiro, intervencionista, antiliberal e promotor da justiça social, edificava uma quarta via de acesso à democracia, distinguindo-se quer das velhas organizações políticas ainda presas à ideologia liberal, quer dos Estados totalitários que, combatendo a democracia, pretendiam substituí-la por regimes despóticos.

Este modelo de Estado intervencionista precisava reconhecer o indivíduo, tanto em sua feição econômica, traduzida na iniciativa privada capitalista, quanto em uma nova dimensão política, traduzida pela explicitação de seu ideal de justiça, social. A democracia da justiça social consagrava o bem comum como finalidade do Estado e o definia como a justa delimitação dos interesses de cada um. Isto significava a retomada da ideia de liberdade individual, agora limitada pelos critérios do interesse social. Significava também a retomada da ideia de igualdade, entendida como a igualdade de oportunidades na luta pela vida. Por isso, o sentido mais profundo, o critério último de valor contido no ideal de justiça social era exatamente o ideal de respeito ao trabalho e aos frutos do trabalho.

Propor uma democracia fundada na justiça social era necessariamente materializá-la numa política urgente de proteção do trabalho humano contra a expansão do mercado. As relações entre mercado e Estado deveriam ser cuidadosamente traçadas, já que a supremacia do interesse da coletividade nacional não deveria contradizer os interesses individuais expressos, por exemplo, na iniciativa privada.

Tal compatibilização ficava muito bem traduzida pela própria atuação do Estado. Este deveria proteger o homem contra a fome e a miséria, garantindo-lhe o trabalho como meio de realização pessoal e promoção do desenvolvimento social. Ao mesmo tempo, deveria assegurar a propriedade privada, estímulo necessário à própria iniciativa individual. Não se devia incorrer no grave erro socialista que negava a propriedade privada em busca da utopia de uma sociedade sem classes. O grande problema da propriedade e do capitalismo surgia quando entravam em conflito com os interesses nacionais, o que podia ser evitado pela importante inovação que consistia em "usar" o capital para o desenvolvimento da nação. É dentro desta concepção que o projeto político do Estado Novo é definido: no plano econômico, como a articulação das forças vivas do individualismo, sem qualquer hipertrofia ou esmagamento; e no plano social, como a promoção do trabalho pela harmonização e proteção de todas as classes.[23]

Tratava-se de um projeto de Estado autoritário, que reconhecia o capital, a propriedade privada e a importância da livre iniciativa empresarial. Neste sentido, o mercado continuava a definir e proteger uma área fundamental de liberdade privada, isto é, que distinguia a sociedade do Estado e que se realizava fora da esfera pública. Desta forma, o perfil do intervencionismo estatal que deveria ser adotado esclarece que tipo de crítica era realizada ao liberalismo. Em primeiro lugar, fazia-se uma distinção entre liberalismo político e econômico para, em seguida, negar-se o primeiro, mas apenas corrigir-se os exageros do segundo. O intervencionismo do Estado — assumindo a planificação econômica e até a participação na produção — também não deveria chegar aos excessos totalitários de negação do mercado e do valor econômico de uma liberdade privada do indivíduo.

7. A crítica ao formalismo político ou à questão da representação

O projeto político do Estado Novo combatia ainda um terceiro grande erro do liberalismo: o formalismo político, que postulava a existência de contradições doutrinárias e de interesses na sociedade. Negava-se, assim, a ideia de que a democracia fundava-se no dissenso; em contrapartida, afirmava-se a tendência à unidade em todos os aspectos políticos e sociais.

Em primeiro lugar, isto significava o abandono do *"velho princípio de separação de poderes"*, que já vinha sendo criticado e transformado pelo conceito germânico de *"harmonia de poderes"*. Superava-se o falso impasse entre optar por democracias ou ditaduras, na medida em que se abria a possibilidade de existir um Estado forte e democrático através da revitalização do sistema presidencial de governo. O Brasil integrava-se a este projeto de salvação da democracia, convertendo a autoridade do presidente em *"autoridade suprema do Estado"* e em *"órgão de coordenação, direção e iniciativa na vida política"*.[24] Em segundo lugar, isto significava a impossibilidade de manutenção dos partidos políticos, que eram exatamente os órgãos de manifestação dos antagonismos sociais. No dizer de Azevedo Amaral, *"a democracia nova só comporta um único partido: o partido do Estado, que é também o partido da Nação*.[25]

Desta forma, a constituição de um Estado emergia como preliminar necessária à própria criação do grupo nacional. A construção da unidade nacional não comportava a existência de partidos ou facções que impediam a formação de um verdadeiro espírito nacional, alimentando conflitos regionais e setoriais.

Contudo, é preciso observar que a identificação entre Estado e nação e o anti-individualismo aí presente não seguiam um modelo em que o conceito de nação fosse definido por oposição ao de indivíduo. Com frequência, o argumento antiliberal contra o poder do indivíduo é o poder da necessidade coletiva, materializada no conceito de sociedade e, mais ainda, no conceito de nação, que é encarada como um "supersujeito" social. A nação, expressando uma totalidade que não é redutível às partes que a compõem, tem propriedades especiais e também necessidades próprias, inclusive materiais.

No caso do Estado Novo a dinâmica era outra. A definição do conceito de nação — formulado *pari passu* aos conceitos de bem-estar social e de democracia — não se fazia como uma construção exterior ao indivíduo, e sim como um fato interior a ele. A chave que abria a possibilidade de tal solução era justamente a finalidade humanizadora do Estado Nacional, ou seja, seu ideal de formação de uma comunidade espiritual no país. Se o Estado possuía um "conteúdo humano", não podia estar "fora" do indivíduo: precisava infiltrar-se nele para superá-lo em nome de um objetivo coletivo que era o de todo o grupo nacional.[26]

O Estado Nacional propunha-se articular um autêntico consenso moral e espiritual da nacionalidade e não um impossível consenso utilitário. Assim, o individualismo e o partidismo liberais eram superados pela proposta globalizadora de uma unidade cultural que não esmagaria o homem. A filosofia humanista de respeito à pessoa, segundo as tradições do cristianismo, possibilitava uma relação nova e mais profunda entre indivíduo e Estado/nação. O conceito de indivíduo foi transfigurado no de pessoa humana, que perdeu o atributo maximizador e egoísta do primeiro, recebendo a dimensão espiritual que o cristianismo lhe atribui. A coletividade nacional era concebida, segundo a metáfora orgânica, como um *"todo homogêneo, vivo e harmonioso"*, capaz de solidariedade e produtividade. O *"povo"* era composto por pessoas humanas; ele mesmo era uma *"pessoa nacional"* com a qual o Estado se relacionava afetiva e inteligentemente. A própria nação era uma *"pessoa maior"*, uma *"pessoa coletiva, real e viva"*.[27]

A identificação entre Estado e nação eliminava a necessidade de corpos intermediários entre povo e governante. O futuro da democracia brasileira não implicava mais partidos ou assembleias como fonte da vontade popular. Em substituição a tais mecanismos — nos quais se despendia tempo e dinheiro preciosos — encontravam-se os órgãos técnicos e as corporações que consultavam as verdadeiras necessidades sociais pela observação e pela experiência diretas. As funções dos governos modernos eram, acima de tudo, funções de especialização técnica, donde a importância da criação dos órgãos representativos da vida econômica do país, que podiam, como interlocutores válidos, exprimir a vontade popular.

As corporações, desta forma, surgem no discurso estado-novista como um mecanismo de organização da vida econômica e política do país. Este ideal de *"corporativismo democrático"* brasileiro, ao mesmo tempo que separava os indivíduos — agrupando-os em diversas categorias profissionais por sindicatos —, reunia-os pela hierarquia global da ordem corporativa.

Desigualdade e complementaridade se abrigavam no projeto corporativo, que pretendia expressar de forma verdadeira, porque consensual, a vontade popular. Por este raciocínio, era da desigualdade natural que emergia um determinado tipo de igualdade: o pertencimento à comunidade nacional por via do pertencimento à atividade profissional. Assim, a verdadeira democracia podia instituir sua organização numa base social e econômica derivada diretamente do povo, atendendo a suas verdadeiras exigências de organização e trabalho. A ficção eleitoral era rejeitada em nome de um contato direto e ininterrupto entre povo e poder público, personificado na autoridade do presidente.[28]

É relevante verificar como se estrutura a relação entre o papel necessário da hierarquia corporativa e a presença da personalidade do presidente. Trata-se de uma dinâmica complexa que combina elementos contraditórios, uma vez que as corporações eram teoricamente concebidas como órgãos com poder de representação. Entretanto, estes órgãos representariam a vontade popular, na medida em que a organizariam, isto é, na medida em que "conteriam" esta vontade. A forma de expressão política desta vontade surgiria da ação constante da personalidade do presidente: de sua intervenção pessoal.

> As sociedades precisam de grandes estadistas como o organismo e a inteligência humanas precisam da linguagem falada e da energia muscular: eles são o seu único meio de expressão, o seu único instrumento de ação consciente e dirigida para um fim.[29]

A autoridade máxima concentrada na função presidencial era também personalizada nos atributos do homem que ocupasse este cargo. O estadista deveria ser um homem notável, pois ele é que daria forma palpável, que interpretaria a consciência coletiva da nação. Como um símbolo, ele se identificaria com a alma popular e exprimiria os ideais nacionais. Entretanto, o estadista, na sua intuição e na sua extraordinária sabedoria política, só realizaria as aspirações coletivas porque a vontade popular fora retirada do plano inferior em que se encontrava na democracia liberal das ficções políticas. O povo encontraria, finalmente, um *"lugar verdadeiro"* através do qual poderia atingir as elites políticas, *"fecundando-as com a enorme experiência das lutas e sofrimentos humanos que constituem o seu indiscutível patrimônio de conquistas".*[30]

A vontade popular encontrava-se totalmente desvinculada não só dos instrumentos políticos de representação liberal (os partidos), como igualmente da própria ideia liberal de representação, fundada na participação pelo voto. Na democracia social e econômica daqueles que trabalham, o povo estaria presente nas corporações e nos órgãos técnicos, que exprimiriam para as elites esclarecidas suas aspirações coletivas. Desta forma, não é paradoxal que se afirmasse, ao mesmo tempo, a organização econômica do trabalho como base do regime e o contato entre povo e governante como a nova filosofia política que trocava o primado das ideias vagas pelas ações substantivas. O par de interlocutores legítimos estava formado: de um lado, o povo, a quem se apelava como fonte e base do governo e que era identificado na população de trabalhadores corporativamente hierarquizada; de outro, o Estado, corporificado funcional e pessoalmente na figura do presidente Getúlio Vargas. A relação direta líder-massa tinha, nestes termos, a dupla feição da representação de interesses e da representação simbólica, e Vargas transformava-se no terminal adequado para exprimir a vontade popular.

A dinâmica deste modelo de relações não era simples e suas implicações seriam profundas e importantes para a vida política brasileira. Os sindicatos eram transformados em órgãos públicos, deixando de ser instituições de direito privado para se constituírem em órgãos de cooperação sob tutela estatal. Mas os sindicatos deviam se restringir às questões técnicas relativas aos interesses e ao bem-estar da vida dos trabalhadores, não se imiscuindo em questões "propriamente políticas". Contudo, era justamente através dos sindicatos que o Estado Nacional realizava organizacionalmente e legitimava simbolicamente seu projeto político. Tratava-se de um projeto que permitia a inserção do povo no cenário político, sob o controle ao mesmo tempo científico e pessoal do Estado. As possíveis rigidez e frieza de uma ordem social hierarquizada eram temperadas pela autoridade pessoal de um líder paternal que se voltava para o povo de trabalhadores.

O povo do Estado Novo era um corpo político hierarquizado pelo trabalho. Assim se constituía um novo ator social, definido como o cidadão de uma nova espécie de democracia. O trabalhador brasileiro era o cidadão da democracia social e o homem da nova comunidade nacional.

Toda esta reflexão permite compreender a compatibilidade do modelo de representação que emerge do Estado Novo, associando a eficiência da organização corporativa de representação de interesses com a força da representação simbólica corporificada no presidente. A presença de Vargas como centro simbólico do novo Estado é uma construção recorrente em praticamente todos os artigos da *Cultura Política* que tratam da questão da ordem política no período. Neste caso, como se viu, utilizava-se uma escrita sofisticada e toda uma bateria de argumentos fundados na moderna ciência social da época. Esta análise cientificista era contudo apenas um dos níveis de produção e divulgação do projeto político que estava sendo construído. A ampla propagação deste projeto e, especialmente, sua operacionalização recorreram a outro tipo de linguagem e a outros meios de comunicação.

NOTAS

1. Azevedo Amaral, "A revolução brasileira", em *Cultura Política*, n. 5, julho 1941, pp. 133-42.

2. Paulo Augusto de Figueiredo, "O Estado Nacional como expressão das necessidades brasileiras", *Cultura Política*, n. 11, janeiro 1942, pp. 33-50.

3. Azevedo Amaral, ob. cit., pp. 138-9.

4. Paulo Augusto de Figueiredo, ob. cit., pp. 36 e 40.

5. Almir de Andrade, "Política e Cultura", em *Cultura Política*, n. 21, abril 1941, p. 7.

6. Azevedo Amaral, ob. cit., p. 137.

7. Severino Uchoa, "A democracia social brasileira", *Cultura Política*, n. 36, janeiro 1944.

8. Paulo Augusto de Figueiredo, "O Estado Nacional como expressão das necessidades brasileiras", ob. cit., p. 43 e "O Estado Nacional'" em *Cultura Política*, n. 20, outubro 1942.

9. J. Paulo de Medeiros, "O panorama social brasileiro", em *Cultura Política*, n. 4, junho 1941.

10. Azevedo Amaral, ob. cit., p. 140.

11. Paulo Augusto de Figueiredo, "O Estado Nacional como expressão das realidades brasileiras", ob. cit., p. 37. Ver também do mesmo autor os artigos "O Estado Nacional", já citado, e "O Estado brasileiro e o sentido do nacionalismo", em *Cultura Política*, n. 13, março 1942.

12. Fernando Callage, "O passado e o presente da questão social no Brasil", ob. cit., pp. 52-3.

13. Fernando Callage, "Clima próprio à legislação social", em *Cultura Política*, n. 4, junho 1941, e O. Santa Marina, "A questão social na Europa e na América", em *Cultura Política*, n. 25, março 1943.

14. Belfort Oliveira, "Onde a verdadeira democracia?", em *Cultura Política*, n. 10, dezembro 1941.

15. Severino Uchoa, "A democracia social brasileira", ob. cit., p. 52.

16. Azevedo Amaral, "Realismo político e democracia", em *Cultura Política*, n. 1, março 1941, p. 160, e Almir de Andrade, "Democracia social e econômica", em *Cultura Política*, n. 6, agosto 1941, pp. 161-2.

17. Paulo Augusto de Figueiredo, "O Estado Nacional e a valorização do homem brasileiro", em *Cultura Política*, n. 28, junho 1943, p. 42 (grifos do texto).

18. Almir de Andrade, "As diretrizes da nova política no Brasil", em *Cultura Política*, n. 23, janeiro 1943, p. 15.

19. Azevedo Amaral, "Realismo político e democracia", ob. cit., p. 161.

20. Almir de Andrade, "A evolução política e social do Brasil", em *Cultura Política*, n. 1, março 1941, p. 6.

21. Almir de Andrade, "As diretrizes da nova política do Brasil", ob. cit., pp. 13-4.

22. Azevedo Amaral, "Realismo político e democracia", ob. cit., pp. 168-9.

23. Almir de Andrade, "Democracia social e econômica", ob. cit., p. 167.

24. Paulo Augusto de Figueiredo, "O Estado Nacional como expressão das necessidades brasileiras", ob. cit., p. 49.

25. Almir de Andrade, "O regime de 10 de novembro e a ordem política e constitucional", em *Cultura Política*, n. 21, novembro 1942, pp. 7-8.

26. Azevedo Amaral, "Realismo político e democracia", ob. cit., p. 170.

27. Paulo Augusto de Figueiredo, "O Estado Nacional como expressão das necessidades brasileiras", ob. cit., p. 48.

28. Paulo Augusto de Figueiredo, "A pessoa humana no Estado Nacional", ob. cit., p. 32.

29. Almir de Andrade, "Democracia social e econômica", ob. cit., pp. 169-70.

30. Almir de Andrade "Getúlio Vargas e a doutrina brasileira de governo", em *Cultura Política*, n. 15, maio 1942, p. 8.

Capítulo VI

A Invenção do Trabalhismo

1. Falando aos trabalhadores brasileiros

Logo após tomar posse no Ministério do Trabalho, Indústria e Comércio, Alexandre Marcondes Filho iniciou uma de suas políticas mais significativas, não só pela continuidade, como pela originalidade e alcance que iria ganhar. Em janeiro de 1942 o novo ministro passou a ocupar, todas as quintas-feiras, durante dez minutos, os microfones do programa *"Hora do Brasil"*, produzido pelo Departamento de Imprensa e Propaganda e irradiado pela Rádio Nacional.

Durante praticamente todo o seu período ministerial — de janeiro de 1942 a julho de 1945 — Marcondes falou semanalmente pelo rádio, realizando mais de duzentas palestras. No dia seguinte ao seu pronunciamento, portanto todas as sextas-feiras, o jornal oficial do Estado Novo — *A Manhã* — publicava o texto, que assim podia ser mais bem fixado pelo público. Reforçando ainda mais este procedimento, a partir de 1944 Marcondes passou a falar diariamente na Rádio Mauá. Esta nova estação, chamada a "Rádio dos Trabalhadores", emitia pequenas chamadas de cerca de três minutos em horários-chave, como por exemplo no intervalo de programas musicais de grande audiência popular.

Tal iniciativa merece reflexão. Não porque se tratasse de experiência absolutamente inédita no campo da propaganda doutrinária ao tempo do Estado Novo. Vale recordar que o interventor pernambucano Agamenon Magalhães escrevia artigos diários em seu jornal *A Folha da Manhã* discutindo todos os temas políticos da conjuntura em linguagem simples e direta. Além disso, Cassiano Ricardo, editor do jornal *A Manhã* e diretor do Departamento Cultural da Rádio Nacional, irradiava diariamente um programa chamado *"Crônicas de Interesse Nacional"*. Estas crônicas eram geralmente transcritas no editorial de seu jornal, fixando bem o cuidado da propaganda oficial em combinar os meios de difusão escrita e falada.[1]

Mas havia outro exemplo ilustrativo anterior à experiência estado-novista. Pedro Ernesto, interventor no Distrito Federal no pós-30, aperfeiçoara sua imagem popular de médico bondoso e voltado para o atendimento aos pobres com o uso do rádio e de jornais de grande tiragem. Em sua campanha para a prefeitura em 1934 e no exercício deste cargo, tornou-se um dos primeiros exemplos de político carismático preocupado com as condições de vida e com os interesses da população urbana, e em especial dos trabalhadores. Este tipo de liderança e prestígio foi sem dúvida o alimento das perseguições que passou a sofrer no bojo do combate ao anticomunismo desencadeado a partir de 1935, que culminaram com sua prisão e afastamento da prefeitura (Conniff, 1981).

Só por esses exemplos, vê-se que havia antecedentes nacionais — para não mencionar os internacionais, em que o maior destaque cabia a Roosevelt, com suas conversas ao pé da lareira — desta espécie de política a que o novo ministro estava se lançando. Contudo, este fato não lhe tira certas especificidades.

Era a primeira vez no Brasil que uma autoridade do porte de um ministro de Estado se dirigia a tão grande público, usando sistematicamente, como instrumento divulgador da mensagem, o rádio. A divulgação pela imprensa ou outros meios de difusão (disco, por exemplo) das palestras de Marcondes funcionaria mais como um reforço ao canal de comunicação de maior penetração da época. A radiodifusão adequava-se como uma luva ao objetivo específico da nova programação. As palestras se dirigiam a um público específico e em grande parte analfabeto, e seu conteúdo, apesar de diversificado, tinha um eixo fundamental: a legislação social trabalhista do Estado Novo. O programa *"Falando aos Trabalhadores Brasileiros"* resume em seu título a intenção do ministro e com isto o veículo escolhido para as emissões.

É interessante examinar o esclarecimento dado pelo próprio Marcondes em um balanço que realizou no final do ano de 1942, por conseguinte após cerca de cinquenta palestras. Segundo ele, o programa semanal constituía uma experiência destinada a divulgar pelo processo mais rápido e amplo as medidas governamentais em matéria de legislação social. Em função das grandes distâncias do território nacional e das dificuldades de comunicação, o rádio fora o meio considerado mais conveniente para a realização desta obra de esclarecimento dos trabalhadores de norte a sul do país. O conteúdo das palestras abarcaria predominantemente o novo direito social, diagnosticado como uma matéria ainda desconhecida pelo próprio trabalhador, seu beneficiário.

As causas desta situação eram muitas e distintas. As dificuldades de comunicação entre as regiões do país constituíam apenas a faceta geográfica do problema. Na verdade, a ela se somava, como causa da ignorância de nosso povo, o tipo de processo histórico que presidira a elaboração da legislação social. Por não ter sido conquistada ao longo de uma epopeia de lutas, e sim outorgada pela sabedoria do Estado, essa legislação exigia divulgação e esclarecimentos. O programa radiofônico guardava a ideia do estabelecimento de um colóquio sistemático entre o Estado e o povo, através da pessoa do ministro do Trabalho.

O lugar estratégico que tal iniciativa assumiu pode ser detectado pelo enorme investimento que significava para um ministro falar semanalmente pelo rádio. O impacto e a penetração política de tais palestras são um dado difícil de avaliar em seus resultados efetivos. Porém, são extremamente reveladoras a escolha do rádio e a continuidade e publicidade que o programa veio a ter, o que demonstra que a iniciativa no campo político da doutrinação funcionava como detonadora e articuladora de toda uma política ministerial. Assim, se é efetivamente impossível saber com segurança os lucros políticos auferidos com o investimento, é significativo atestar o quanto se apostava na possibilidade destes lucros, isto é, na validade do meio escolhido e na importância da mensagem divulgada.

O próprio Marcondes situava esta questão, quando discutia com o público as incertezas que dominaram o Ministério do Trabalho à época do início da experiência. Segundo ele, temia-se muito o desinteresse dos ouvintes, tanto diante da originalidade do método, quanto diante da dificuldade da matéria a ser divulgada. Neste sentido, para Marcondes, a questão não era a falta de ânimo e de capacidade dos trabalhadores — seu "atraso" — mas uma provável incompetência dos organizadores do programa, que poderiam não conseguir traduzir assuntos às vezes muito técnicos em linguagem simples. A intenção era difundir a legislação social como de fato ela era: uma obra-prima de clareza governamental, que necessitava apenas ser depurada de sua dimensão mais formal.[2]

O balanço de Marcondes em fins do ano de 1942, e sobretudo em sua última palestra, já em julho de 1945, é de que o sucesso do programa fora muito grande. O ministério, ao longo destes anos, não cessara de receber consultas, comentários, referências e sugestões de um público que incluía trabalhadores e muitos outros setores. Desta forma, o programa radiofônico — ao lado de muitas outras iniciativas — contribuíra decisivamente para tornar a legislação social um patrimônio do trabalhador e da comunidade nacional.

É fora de dúvida que o governo, mesmo antes de 1942, desenvolvia esforços para fazer do programa *"Hora do Brasil"* um sucesso de audiência. Por decreto-lei (nº 1.949/1939), tornara sua transmissão obrigatória em qualquer estabelecimento comercial que possuísse aparelho de radiodifusão. Aconselhava também que, sobretudo nas cidades do interior, fosse transmitido por alto-falantes instalados em logradouros públicos, praças e vias de maior movimento. De maneira mais sutil, programava-se a apuração de concursos populares — como os musicais, por exemplo — para o período de transmissão da *"Hora do Brasil"*. As chamadas sondagens de opinião e entrevistas com o povo, realizadas pelo jornal *A Manhã*, interessavam-se sempre em saber o que se pensava do programa.[3]

Nada disso responde, naturalmente, à questão da eficácia real do programa e especialmente do grau de penetração das palestras de Marcondes Filho. Mas o que importa ressaltar é que, segundo a ótica do Ministério do Trabalho, a iniciativa fora bem-elaborada e executada. Tanto é assim que em 1945 o ministro frisou que as irradiações estavam sendo interrompidas com o espírito de um dever cumprido. Esta decisão só estava sendo tomada em face das modificações que ocorreriam no esquema de radiodifusão. O Departamento de Imprensa e Propaganda mudaria seu estilo de transmissões, que passariam a se concentrar em trinta minutos diários. Além disso, o presidente Vargas já cuidara da organização da Fundação Rádio Mauá, que passava a desincumbir-se de tudo o que se referisse a assuntos de "interesse trabalhista".

O que se pode observar é que o programa deixou de ir ao ar quando a situação política nacional mudou radicalmente. Desde fevereiro de 1945 o país vivia um nítido clima de transformação do regime, e em julho os partidos e candidaturas estavam na rua. A mudança de estilo nas emissões do DIP acompanhou a mudança do clima político mais global, que já não comportava certas práticas de propaganda nitidamente estado-novistas. Mas, de qualquer forma, fora muito grande a permanência do ministro — neste último período apenas na pasta do Trabalho — na condução do *"Falando aos Trabalhadores Brasileiros"*.

As palestras semanais enfocavam toda a legislação social produzida, regulamentada e reformada a partir do ano de 1930, com ênfase especial para as iniciativas da administração do Ministério do Trabalho. A história das leis sociais, seu conteúdo, seus pontos polêmicos, tudo isto era tratado pelo ministro em tom pedagógico e até mesmo paternal. Muitas vezes casos concretos eram apresentados, para que o problema tratado ganhasse mais vida e fosse mais facilmente acompanhado. Frequentemente Marcondes designava também uma audiência privilegiada: os aposentados, as mulheres trabalhadoras, os pais de menores trabalhadores, os empregados de uma certa empresa na Amazônia, os migrantes etc.

Mas as palestras não tratavam exclusivamente da temática vinculada ao trabalho. Já que o ministério — como lembrava frequentemente Marcondes — era também da Indústria e do Comércio, cumpria destinar certas falas a notícias sobre esta esfera administrativa. Elas sempre foram em número bem menor, não só porque o público do programa era por excelência de trabalhadores, como porque a própria política do ministério vinha contemplando o tratamento da questão social. O fato tinha uma explicação bem simples, já que todos se recordavam que até

1930 esta era uma preocupação ausente do Estado brasileiro. Se muito se fazia neste campo, e portanto se muito era preciso difundir, era justamente devido ao abandono em que os trabalhadores se encontravam até então.

Além dos assuntos vinculados diretamente à sua pasta, Marcondes abordava alguns temas da conjuntura política nacional e internacional. As dificuldades trazidas pela guerra e pronunciamentos de líderes como Roosevelt e Churchill eram sempre comentados pelo ministro, que aproveitava a oportunidade para estabelecer um paralelo com Vargas. No mesmo contexto, procurava esclarecer os trabalhadores sobre suas novas responsabilidades, tendo em vista a situação do esforço de guerra.

O conjunto de palestras de Marcondes, ao longo de três anos e meio, constitui uma espécie de diário, não só da política trabalhista, como também do próprio momento nacional. Neste caso, é bom recordar que na maior parte deste período Marcondes era o ministro da Justiça, ou seja, um dos principais responsáveis pela condução da política nacional. Vale observar também que estas palestras, ao lado do material publicado nas diversas seções do *Boletim do MTIC*, confirmavam o registro oficial da prática e da doutrina do Estado Novo nesta área crucial da política.

A preparação destas palestras semanais ficava geralmente a cargo de um pequeno grupo de homens que formava um verdadeiro *staff* ministerial. Eram eles que estudavam e preparavam os textos dos novos decretos, bem como se encarregavam da reforma de leis anteriores. Segundo o depoimento de José Segadas Vianna, este grupo era integrado por Luís Augusto do Rego Monteiro (afastado em 1943), Arnaldo Sussekind, Oscar Saraiva, Dorval Lacerda e ele próprio.[4] Contudo, Marcondes não recebia textos prontos, fechados. A ele eram indicados a temática e o curso da palestra, mas a montagem definitiva do discurso ficava a seu cargo pessoal. Neste sentido, o diálogo com os trabalhadores deixa entrever a dimensão personalista da tarefa, reforçada pelo fato de que só Marcondes proferia as palestras. Quando era obrigado a se ausentar do Rio, ele esclarecia seus ouvintes, e as emissões eram interrompidas. Ao retornar, procurava dar notícias — *"prestar contas"* — dos acontecimentos que o haviam ocupado. Tratava-se, assim, de uma comunicação não apenas oficial do ministério, mas sobretudo pessoal do ministro.

As palestras envolviam inúmeras questões específicas na área da legislação social mas, a despeito desta variedade, eram profundamente recorrentes em certas estruturas básicas. Seu enredo, portanto, modificava-se, mas a história que contavam e o desenho de seus personagens centrais eram basicamente os mesmos. O discurso tinha um argumento central que ia sendo retomado seguidamente com o acréscimo de novas informações, que tinham como objetivo ilustrar o que se queria fixar. As palestras se desdobravam em um esforço coerente que combinava o conteúdo e a forma de traduzi-lo.

Os textos eram escritos para serem ouvidos e sugeriam a contiguidade entre o emissor e os receptores. Os assuntos eram explorados lentamente (às vezes havia uma série de palestras desenvolvendo um tema), e podiam ser retomados após algum tempo. O objetivo da fala não era impressionar no sentido de causar impacto e com isto paralisar — deixar de *"boca aberta"* — o receptor.[5] No caso das falas de Marcondes, a política se fazia segundo outros parâmetros. A propaganda devia alcançar seu público justamente na medida em que lhe demonstrava seu valor, sua capacidade e também sua proximidade, com o emissor da mensagem. Marcondes, em inúmeras ocasiões, identificava-se não como o ministro, mas como um *"proletário intelectual"* que apenas executava um tipo determinado de trabalho naquele momento.

2. A criação do tempo festivo

É importante ressaltar que este tipo de aproximação entre poder público e povo não era um fato isolado. Foi com o Estado Novo que teve início uma série de comemorações oficiais que procuravam destacar certas datas, envolvendo a população em um calendário festivo. Evidentemente, o grande destaque cabia à figura do trabalhador, ao qual era oferecida especialmente a festa do 1º de maio.

O primeiro Dia do Trabalho comemorado pelo Estado Novo foi o do ano de 1938, quando o presidente Vargas discursou e caracterizou o teor desta festividade. A data não devia passar em branco e não podia se limitar a palavras. O presidente anunciou na ocasião o regulamento da lei do salário mínimo e assumiu o compromisso de, a partir de então, sempre *"presentear"* os trabalhadores com uma realização na área da política social. Mas o 1º de maio de 1938 foi apenas um ensaio, uma festa restrita, já que realizada no Palácio Guanabara.

Neste mesmo ano, a comemoração do primeiro aniversário do Estado Novo, a 10 de novembro, sugestivamente ganhou contornos distintos. Realizou-se uma grande cerimônia pública para a inauguração do novo e imponente edifício do Ministério do Trabalho, Indústria e Comércio. Foi nesta ocasião que Vargas, pela primeira vez em uma festa de caráter trabalhista, usou o vocativo *"Trabalhadores do Brasil"* que se transformaria em seu bordão ao encarnar o papel de líder das massas operárias, e, não por acaso, inspiraria o título do programa radiofônico do Ministério do Trabalho.[6]

A partir de 1939 a comemoração do 1º de maio foi feita com grande público de trabalhadores, pois foi deslocada para o estádio de São

Januário — o campo do Vasco da Gama —, na época o maior estádio da cidade do Rio de Janeiro. Desta data em diante ela seria realizada sempre no mesmo local, exceto em 1944, quando foi transferida para o Pacaembu, em São Paulo. De qualquer forma, o Dia do Trabalho passou a assumir certos contornos rituais. Era sempre uma comemoração de massas, na qual o presidente em pessoa se encontrava e falava com os trabalhadores. Mais do que isto, era uma data que passou a ser aguardada pelos trabalhadores, já que era a ocasião em que se anunciava mais uma iniciativa governamental de peso no campo do direito social: o presente da festa.

Acentuando este fato e dando a ele uma nova perspectiva, havia a comemoração muito próxima do aniversário do presidente, a 19 de abril. Nesta data era ele que recebia o presente, e por várias vezes o discurso de Vargas, no 1º de maio se iniciou com um agradecimento pelas homenagens e apoio recebidos. O presidente, por conseguinte, começava por expressar sua firme convicção e gratidão pelo tipo de relação que estava sendo estabelecida entre ele e os trabalhadores, para, em seguida, fixar-se na parte substantiva de seu discurso.[7]

Cabe registrar que o presidente normalmente ausentava-se do Rio por ocasião de seu aniversário, deixando a cidade entregue a uma grande variedade de atos comemorativos. Havia missas, almoços, jantares, bailes, paradas, concertos, inaugurações e solenidades em diversos órgãos públicos, entre eles o Ministério do Trabalho. No ano de 1943, Marcondes *"interrompe"* os estudos que vinha fazendo sobre nossa legislação para saudar Vargas, afirmando que *"para os que "suam" a grandeza do Brasil, o Natal do presidente é uma efeméride trabalhista da história nacional"*.[8] Já no 1º de maio e no 10 de novembro, Vargas estava sempre presente. Eram os momentos das falas presidenciais, talvez as mais aguardadas entre todas as que se faziam neste tempo festivo.

Estas três comemorações — o aniversário do presidente, o Dia do Trabalho e o aniversário do Estado Novo — constituíam três ocasiões-chave para a comunicação entre Vargas e a massa de trabalhadores. Diferenciadas e com destaque para o 1º de maio, elas se reforçavam mutuamente e criavam um calendário de encontros significativos. Não cabe aqui uma reflexão detalhada sobre o sentido de cada uma destas datas, que contribuíram em muito para a formação de uma mitologia do Estado Novo, do trabalho e do presidente. O que interessa destacar é que elas se integravam, ao mesmo tempo que precederam e redimensionaram a intenção básica da política doutrinária do Ministério do Trabalho após 1942. Ou seja, elas estruturaram uma aproximação significativa e personalizada entre autoridades e o público trabalhador.

A essas ocasiões rituais somavam-se mais três que vale a pena mencionar: o 7 de setembro e os dias de Natal e Ano-Bom. Nestes casos, o público a que se destinava a fala presidencial era mais difuso, e a temática que ela envolvia era necessariamente centrada em outros pontos que não a questão do trabalho.

No caso do Dia da Independência nacional, o presidente privilegiava a situação política do país e destacava a figura do soldado. Em mais de uma ocasião, a fala de Vargas usou a imagem de pelotões de trabalhadores, integrados na defesa da pátria, sobretudo após a entrada do Brasil na guerra. O lançamento da batalha da produção fazia do operário um soldado de segunda trincheira, não menos importante do que aquele que estava na linha de frente. Soldados e trabalhadores encontravam-se unidos dentro de uma mesma totalidade, o que inclusive se materializava pela freqüente presença dos primeiros nos desfiles comemorativos do 1º de maio.

Já nas festividades de final de ano, o tom das falas oscilava entre pronunciamentos afetivos e muito coloquiais e o anúncio de importantes e novas orientações políticas para o país. No mais, era de praxe que o presidente fizesse este discurso no seio das Forças Armadas, em um almoço comemorativo. Desta maneira, o Exército sancionava os votos de Feliz Natal e Ano-Novo e de paz e tranquilidade, que afinal é o que se deseja nesta oportunidade.

De qualquer forma, este conjunto de festividades — coordenado em grande medida pelo DIP —, associava-se a outras práticas de propaganda deste departamento e também a outras iniciativas de autoridades estaduais e federais, e demonstra o quanto se investiu na criação e difusão de uma imagem do regime e de seu chefe. O programa *"Falando aos Trabalhadores Brasileiros"* deve ser avaliado como uma peça deste todo, o que até certo ponto ainda mais dimensiona seu alcance. Era uma praxe, por exemplo, a cada ano o ministro do Trabalho referir-se em suas palestras ao dia 1º de maio, como também às demais comemorações. Ao final do ano, havia uma fala de Boas Festas e Feliz Ano-Novo especialmente dedicada ao *"lar operário"*. O programa reproduzia o calendário de festas magnas do Estado Novo, levando-as àqueles que não podiam delas participar diretamente.

Esta era uma das características e certamente um dos objetivos da experiência radiofônica do Ministério do Trabalho. Porém, outras estruturas básicas também marcavam estas falas ministeriais, e é para sua construção que se deve atentar fundamentalmente.

3. O povo e o presidente

O primeiro aspecto que merece cuidado no exame das falas ministeriais é o que diz respeito à figura do presidente Getúlio Vargas.

Praticamente em todas as palestras Vargas era citado de forma contundente. A simples menção de seu nome como o chefe do Estado Novo, ao longo de semanas e semanas, seria o suficiente para criar uma memória, independentemente do quão elogiosa fosse esta menção. Neste sentido, a participação de Marcondes no esforço conjunto de construir uma certa imagem de Vargas é profundamente significativa, não só pelo fato de falar pelo rádio, atingindo um público potencialmente muito grande, como também pelo momento em que essa fala foi irradiada: de 42 a 45.

A questão da construção da figura de Vargas — do mito Vargas — envolve uma reflexão específica que extrapola os objetivos desta análise.[9] Mas é importante assinalar que este mito foi edificado em um espaço de tempo não muito longo e que coincide justamente com os anos do Estado Novo. É praticamente consensual reconhecer que em 1930 Vargas era um entre os homens que fizeram a revolução. Não era particularmente conhecido, e muito menos reconhecido. Esta condição se alterou com a chefia do Governo Provisório, mas nas eleições indiretas para presidente da República, realizadas na Assembleia Nacional Constituinte, em 1934, seu nome disputou votos ao lado do de Borges de Medeiros e Góis Monteiro. As eleições de 1934 podem ser entendidas como um episódio politicamente denso e ilustrativo da instabilidade política em que vivia o país. Elas demonstram, por exemplo, as dificuldades que Vargas encontrava tanto na esfera parlamentar quanto extraparlamentar. Ele precisou manobrar e utilizar todos os recursos políticos de que dispunha visando à sua eleição, até o último momento (Gomes, 1981).

Como presidente legitimamente eleito, Vargas enfrentou um agitado período político de 1934 a 1937, e o acompanhamento do processo golpista que culminou em 1937 não indica que, como chefe de um novo Estado de força, ele fosse a única solução possível. O tipo de regime que poderia ser estabelecido e sua liderança máxima ficaram por largo período em aberto, sendo objeto de disputas e controvérsias.[10] Foi só a partir do Estado Novo que sua figura começou a ser projetada como a de um grande e indiscutível líder nacional. Em 1938 a máquina política do Estado, tendo como cabeça o DIP, começou a articular, possivelmente, uma das mais bem-sucedidas campanhas de propaganda política de nosso país. Getúlio Vargas era seu personagem central, e desde este ano até 1944 o empreendimento não cessou de crescer. Festividades, cartazes, fotografias, artigos, livros, concursos escolares, e toda uma enorme gama de iniciativas foi empreendida em louvor do chefe do Estado Novo. Seu nome e sua imagem passaram a partir daí a encarnar o regime e todas as suas realizações.

As palestras de Marcondes certamente em muito contribuíram para tal divulgação, mas elas podem ser particularmente valiosas para o entendimento de uma faceta especial desta construção: a de Vargas, *"pai dos pobres"* e líder das massas trabalhadoras. O ministro do Trabalho iria caracterizar um certo tipo de imagem do presidente, e mais ainda um certo tipo de postura diante do povo trabalhador.

Como a história trabalhista de nosso país se dividia em dois tempos básicos — antes e depois de 1930 —, todas as providências tomadas desde a revolução envolvendo a resolução da questão social eram atribuídas diretamente a Vargas. Era dele que todas as instruções emanavam, era ele o inspirador executor de toda a legislação elaborada. Neste sentido, é interessante observar o lugar ocupado por Vargas e pelo próprio Marcondes nessas mensagens radiofônicas. Vargas era sempre o sujeito da ação: Vargas criou, determinou, estabeleceu, assinou, mandou executar ou cuidar para que etc. Já o ministro cumpria suas determinações, discutindo com ele todos os projetos. Assim, nada se tinha feito ou se fazia nesta área sem o prévio e direto conhecimento e aprovação de Vargas.

Mas há algo que vai além deste fato. Nada se fazia sem o *saber* de Vargas, porque ele se adiantava aos próprios acontecimentos da realidade com sua antevisão do curso da história. De todas as qualidades que caracterizavam este grande homem, havia uma que era destacada nas falas de Marcondes e que o distinguia por excelência como um estadista: a clarividência. Suas iniciativas políticas tinham um verdadeiro caráter profético, o que podia ser constatado desde o ponto zero da nova história que se estava construindo, ou seja, desde o momento revolucionário de 1930. O primeiro documento comprobatório da excepcionalidade do presidente, citado repetidamente, era o discurso do candidato ainda em 1929, na esplanada do Castelo. Em seus termos já estaria embutido todo o programa de quinze anos de governo e toda a percepção política de uma época. Desde aquela data, Vargas estabelecera os traços fundamentais de sua plataforma socioeconômica, plenamente realizada nos anos 40 com sua legislação social e com Volta Redonda, símbolo da independência e maturidade do Brasil. Naquele agitado e incerto período da vida das nações, Vargas podia ser comparado — com vantagem — aos maiores estadistas do mundo, pois cerca de dez anos atrás ele já captara as lições que só agora a guerra deixava claras a estes homens: a falência do Estado não intervencionista e a impossibilidade do exclusivismo dos instrumentos de representação da democracia liberal.[11]

A leitura que se fazia de toda a obra governamental de Getúlio Vargas era a de uma obra antecipatória, só explicável pela clarividência do chefe de Estado. Marcondes, em uma de suas palestras, chegou mesmo a retomar uma série de discursos de Vargas do período 1930-1939, para sucessivamente demonstrar a antevisão das realizações governamentais. Vargas, em 1931, prenunciara a necessidade de modernização das Forças Armadas; em 1933, prenunciara a política de boa vizinhança; em 1935 e 36, prognosticara a política defensiva de nosso continente e o papel internacional do país, quando só em 1939 eclodiu a guerra.[12]

A possibilidade de realização plena desta qualidade — a clarividência — repousava em dois fatores. No *gênio* do presidente, capaz de, por sua inteligência superior, entender e resolver os problemas da nacionalidade em clima de harmonia, bem conforme à índole brasileira, e na sua imensa e particular *sensibilidade,* que o levava à franca e direta comunicação com o homem do povo, com a *"sabedoria das multidões".* Daí os dois pares de epítetos sempre usados na referência a Vargas: o *chefe/ guia,* praticamente incomparável, já que infalível, e o *amigo/pai,* que vibrava ao mesmo compasso que sua família. Esta relação era estendida a todos os brasileiros, mas era mais forte e estreita com os trabalhadores.

> No sentimento dos trabalhadores brasileiros a palavra do Presidente Vargas tem uma ressonância mais profunda que todas as outras. É a voz de um amigo. É o ensinamento de um guia. Amigo de todas as horas, desde muito tempo, desde os primórdios de sua candidatura, quando incluiu na plataforma de governo a resolução do problema social e de então por diante, sem descanso, nem fadiga, construiu para ele um monumento legislativo de dignificação do trabalho humano.[13]

Esta é uma das citações que ilustram as inúmeras e inúmeras menções feitas a Vargas, aos trabalhadores e à legislação social. Nela fica clara a junção especial entre força e temperança que marcava a liderança do presidente. A síntese de equilíbrio perfeito entre razão e emoção, que fazia com que as "leis de Vargas" fossem ditadas pela sabedoria, embora nascessem do coração.[14]

O maior exemplo desta qualidade excepcional era o próprio processo de construção de nosso direito social. Este é um outro aspecto das falas ministeriais que deve ser destacado. Ao lado da construção da figura de Vargas e da referência mais global às suas realizações, está a referência específica a seu programa social. As palestras procuravam não apenas informar a população trabalhadora sobre os benefícios a que tinha direito, como também esclarecê-la sobre a história da criação desses benefícios, o que, para Marcondes, em muito explicava as características que eles possuíam no Brasil.

Em suas falas, o ministro distinguia dois processos básicos para o estabelecimento do direito social no mundo: ou a melhoria das classes trabalhadoras *"provém das cruentas reivindicações populares para fazer progredir o Estado, ou provém da sabedoria do Estado e da clarividência das leis, para fazer progredir o povo".*[15] Estes dois caminhos eram absolutamente determinantes pelas consequências que provocavam. No primeiro caso, tal como ocorreu em outras nações, os trabalhadores tiveram que se unir e lutar, forçando o Estado a conceder-lhes direitos e prerrogativas. Isto significa dizer que o espírito associativo dos trabalhadores organizou o sindicato e este antecedeu o benefício, que só nasceu devido ao uso da força. No Brasil, deu-se um processo inteiramente diverso. Coube ao Estado antecipar-se e elaborar a legislação, antes mesmo que o espírito associativo dos trabalhadores organizasse o sindicato. O sindicato aqui foi consequência e não causa do processo que estabeleceu os direitos trabalhistas. No Brasil, o trabalhador obteve por *outorga* do poder público, sem lutas, os benefícios que tanto custaram a outros povos.

Em nosso país, devido a estas circunstâncias, cumpria ao Estado *"fazer progredir o povo"*, esclarecendo os trabalhadores e criando neles o espírito associativo que ainda não possuíam. Aqui, cabia ao Estado organizar o sindicato e cabia ao sindicato promover o espírito agremiativo entre os trabalhadores. Por esta razão histórica, era central o papel desempenhado e as responsabilidades enfrentadas pelas lideranças sindicais. Também fora devido a este fato que o Estado criara o imposto sindical, capaz de dotar o sindicato de recursos para a realização de suas tarefas, sem ter que depender da contribuição dos associados, reconhecidamente um pequeno número.

Um fator, entretanto, estimulava muito o ministro. Se os trabalhadores precisavam ser educados e mesmo forçados a receber os benefícios sociais, dado o grau de distanciamento em que se encontravam de tudo quanto fora realizado pelo Estado, este material humano era de excelente qualidade. Os trabalhadores — o outro termo da relação fundamental estruturada nas palestras — seriam sempre mencionados como dotados de ânimo, interesse e capacidade. Já se fora o tempo em que o brasileiro sofrera o estigma de ser um mau trabalhador. Para Marcondes, o momento atestava justamente o inverso. Suas palestras tinham como imagem de fundo recorrente a glorificação do homem brasileiro, da *"raça brasileira"* em sua força e energia, conquistando a terra bruta e primitiva — no caso do trabalhador rural —, ou construindo a grandeza industrial do Brasil — no caso do proletário urbano.

Este homem magnífico, tornado são e bem alimentado pela política de Getúlio Vargas, era de fato o principal responsável pela construção da grandeza da pátria.[16] Ele precisava ser muito melhor conhecido, mas seu valor era algo indiscutível e comprovável tanto pela forma como vinha se desincumbindo do esforço de produção em que se engajava o país, quanto pela maneira como reconhecia a obra governamental do Estado Novo.[17]

O discurso ministerial realizava uma autêntica inversão em uma série de valores até então acoplados ao conceito de trabalho e de trabalhador brasileiro, valores estes questionados pelos próprios movimentos da classe trabalhadora na Primeira República. Em primeiro lugar, tratava-se de realçar a contribuição do trabalhador nacional, em nítida oposição ao estrangeiro, o que era atestado pela elaboração da chamada lei dos dois terços, que obrigava as empresas a manterem este percentual de empregados brasileiros. Neste particular, destacava-se a presença do trabalhador negro, que marcava positivamente a *"raça brasileira"* e devia ser respeitado e glorificado, sobretudo diante do nosso terrível passado escravista. Este era o sentido da criação do *"Dia da Raça"* por exemplo, demonstrando que o Estado Novo assumia uma postura de combate aos preconceitos de cor e de elogio ao ecletismo étnico do povo brasileiro, e sepultava os ideais de eugenia e branqueamento.

Em segundo lugar, tratava-se de valorizar o trabalho manual, o ato de "trabalhar com as próprias mãos", como elemento responsável pela mobilidade e ascensão social, tanto em termos econômicos, quanto políticos. Ser trabalhador era ganhar o atributo da honestidade, que neutralizava em termos de honra o estigma da pobreza. Pobre, mas trabalhador, isto é, um cidadão digno dentro do novo Estado nacional. A carteira profissional, criação do pós-30 e documento por excelência do novo regime, traduzia o tipo de relação entre cidadão e Estado que se desejava construir. As palavras de Marcondes Filho, impressas neste documento, são esclarecedoras desse projeto.[18]

A construção da figura de Vargas, o elogio da outorga das leis sociais e a valorização da posição ocupada pelos trabalhadores brasileiros — pedra preciosa que precisava de lapidação — se completavam em um enredo harmonioso que estruturava a comunicação entre o povo e o presidente. Este enredo tinha, na ocasião do aniversário do presidente, a oportunidade de uma verdadeira consagração ritual. Isto porque uma das solenidades costumeiramente organizadas pela passagem da data ocorria no próprio edifício do Palácio do Trabalho.[19]

Na ocasião, falavam geralmente oradores representando as federações e os sindicatos de trabalhadores e representando também os industriais nacionais. Agradecendo em nome do presidente e finalizando a cerimônia falava o ministro, e seu discurso era geralmente uma exaltação à figura de Vargas. Em um deles, em 1942, Marcondes sintetizava o tipo de visão que se buscava fixar: o grande, o maior responsável pela forma como se estabeleceu o direito social no Brasil fora o presidente Vargas. Em outras nações o processo fora sangrento pela ausência de qualidades populares dos dirigentes, incapazes de sentir as dores e sacrifícios dos trabalhadores. Tal fato não ocorrera no Brasil justamente porque Vargas reunia, era *"povo e patriciado"*. Era povo porque consubstanciava as virtudes e sentimentos das *"gentes das várias regiões do país"*; era patriciado porque abarcava *"o saber, o patriotismo, o gênio"* dos grandes estadistas do passado brasileiro. Desta forma, *"pela abundância de seus traços brasileiros ele conseguiu realizar tudo quanto havia de superior nas doutrinas políticas e rejeitar o que de mau nelas existia"*. Por tudo isto Vargas era um estadista sem paralelos, cujo nome era respeitado dentro e fora do país.

> Podemos, pois, assegurar que, na esfera individual, o grande estadista é o nosso maior patrimônio humano; e por isso, cumprir o que nos determina, numa hora tão grave, não é apenas obedecer. É demonstrar um profundo sentido de disciplina. É o desempenho de um sagrado dever, um mandamento íntimo, uma virtude moral porque sabemos de antemão e com certeza, que trabalhamos pela vitória e pelo engrandecimento do Brasil.[20]

A caracterização da obediência como *"um sagrado dever"* é enfatizada no texto pela *"hora tão grave"* que o país atravessava — ou seja, as falas de Marcondes eram pronunciadas em meio à conjuntura de guerra. Este é um dado e uma característica importante de seus discursos, pois desde agosto de 1942 o ministro passou a tratar sistematicamente do grande tema político do momento.

A preocupação central dos pronunciamentos era realizar uma mobilização em massa das forças trabalhistas brasileiras, entendendo-se que esta mobilização econômica era o fundamento da mobilização militar. O país devia ser envolvido pela consciência dessa situação, já pressagiada pelo presidente em seu discurso de 1º de maio de 1942. Nesta ocasião, Vargas se dirigira abertamente aos trabalhadores como *"soldados da produção"*, solicitando de todos o esforço máximo para o desencadeamento da *"batalha da produção"*. O tempo era de muito trabalho e sacrifícios, além de muita disciplina e participação. Era para esta mentalidade de trabalho percuciente e constante que o ministério queria se voltar.

Para a consecução deste projeto de sentido inequivocamente mobilizador em muito contribuíram os segmentos militares, nesta conjuntura perfeitamente afinados com Vargas e com o novo alinhamento Brasil-Estados Unidos. O sentido desta mobilização — econômica e voltada para o apoio da população ao Exército em sua participação na Segunda Guerra — caracteriza bem as razões desta adesão aberta e irrestrita. As dificuldades que os militares brasileiros encontrariam com as iniciativas mobilizadoras de Vargas seriam futuras e começariam a ganhar fôlego quando o apelo aos trabalhadores assumiu contornos políticos mais nítidos e incontroláveis. O mesmo tipo de observação se aplica à postura do empresariado, neste momento também perfeitamente afinado com a política do Ministério do Trabalho, Indústria e Comércio. Os problemas que Vargas e o Estado Novo enfrentariam junto a estes setores seriam posteriores, tendo a ver com os desdobramentos políticos do ano de 1945 (Leopoldi, 1985).

Neste contexto, é fundamental ressaltar que todo esse esforço de propaganda e apelo políticos, dirigido especialmente aos trabalhadores, era feito *pari passu* à decretação de uma série de leis que, respondendo às pressões dos industriais (em particular dos têxteis), suspendia a vigência de diversos direitos trabalhistas. Em agosto de 1942, por exemplo, o governo decretou a restauração da jornada de dez horas de trabalho, proibindo a utilização do instrumental legal capaz de contestar tal medida, sob o argumento do *"estado de guerra"*. Em outubro do mesmo ano, outro decreto suspendia o direito de férias em todas as indústrias consideradas essenciais à segurança nacional. Em dezembro, mais um decreto impedia a mobilidade do trabalho nas chamadas *"indústrias de guerra"*, o que transformava literalmente seus empregados em *"desertores"* em casos de falta e desistência do emprego.[21]

Os trabalhadores, portanto, viviam um momento político muito especial. De um lado, eram forçados a trabalhar em condições em que não tinham vigência vários direitos sociais já garantidos por lei, e, de outro, eram conclamados a assumir um papel central na *"batalha da produção"* desencadeada justamente pelo homem cujo maior título era o de ter outorgado estes direitos sociais. O programa *"Falando aos Trabalhadores Brasileiros"* atuou neste exato período de tempo — de 42 a 45 —, o que redimensiona a importância de uma campanha doutrinária intensiva e ilumina o teor das advertências do ministro, no que concerne aos inimigos do projeto governamental.

Os trabalhadores deviam ficar atentos, pois muitos seriam os interessados em impedir a *"orquestração do trabalho"*, perturbando a ordem necessária à mobilização econômica. O combate a todos que quisessem dividir, ao quinta-colunismo, enfim, devia ser a preocupação dominante entre eles. Por isso, cada trabalhador estava sendo convocado pessoalmente para a manutenção da ordem, transformando-se num observador atento de seu ambiente de trabalho. Nas palavras de Marcondes, o presidente Vargas honrava o trabalhador brasileiro conferindo-lhe *"a carta de vigilante da ordem, do ritmo acelerado das nossas atividades e da crescente riqueza do país"*. Durante 12 anos Vargas tudo dera aos trabalhadores pela força da sua vontade. Agora cabia a eles retribuir o bem que lhes fora outorgado, mostrando que estavam à altura dos benefícios recebidos. Daí o lema lançado no segundo semestre de 1942: *"Trabalho e Vigilância"*, como forma de exercício da cidadania, como forma de participar do governo da nação.[22]

A eficácia desta propaganda e controle não foi irrelevante, tendo em vista a popularidade de Vargas e de sua imagem como *"pai dos pobres"*. Contudo, este resultado não excluía a existência e permanência de denúncias e reações por parte de trabalhadores, sobretudo no universo fabril. A prática de sabotagem, as operações-tartaruga e as reclamações contra as condições de trabalho não eram fatos inusitados durante a primeira metade dos anos 40 (Paoli, 1982; Stotz, 1986). Mas esta resistência, mesmo aliada à ação de pequenos grupos de esquerda que sobreviveram e insistiam em sua militância, não invalidava o clima maior de adesão ao regime, visto como responsável pela criação e implementação da legislação social. A guerra, mesmo implicando um alto grau de exploração da mão de obra, trouxe expansão do mercado de trabalho, agora com a garantia do salário mínimo. O depoimento de Hilcar Leite é precioso para se acompanhar este processo, e é ele que conclui que foi aí — de 42 em diante — que os "pelegos", sobretudo os mais antigos, começaram a ter massa própria, tornando-se dirigentes sindicais.[23]

4. Dar, receber, retribuir – a política brasileira fora do mercado

As palestras de Marcondes Filho têm um mérito muito especial para compreensão da dinâmica da política brasileira dos anos 40 e também das décadas subsequentes, na medida em que são como que uma grande tradução das ideias centrais que articulavam o projeto político do Estado Novo. Nestes discursos o ministro queria e precisava ser claro e didático. Seu objetivo era marcar profundamente seus ouvintes, usando os recursos da repetição e da comunicação direta e emocional. Desta forma, pode-se entender esta coleção de textos como um verdadeiro mapeamento do que o Estado estava propondo — estava conceituando — como o universo da política brasileira. Por outro lado, esta proposta — exatamente pelos recursos de que dispõe e pelo refinamento que alcançou — deitou raízes em nosso pensar político. Ela se tornou assim bem mais do que a proposta política dos anos 40 ou de um Estado autoritário datado cronologicamente. Seus desdobramentos para a instituição de uma tradição política para o Brasil são reveladores, sobretudo quando se destaca seu eixo orientador. E qual era esse eixo orientador?

As falas de Marcondes, bem como os artigos da revista *Cultura Política* e inúmeros outros textos políticos do período estruturavam-se basicamente em torno da construção de uma relação entre o povo e o Estado/Nação, encarnado na figura do presidente. Esta relação se dava primordialmente através da execução do objetivo precípuo e definidor da Revolução de 1930, realizada pelo Estado Nacional a partir de 1937. A história da relação povo/presidente era fundamentalmente a história da resolução da questão social no Brasil, questão que, ignorada até a década de 30, manchava nossa tradição republicana e impedia qualquer tipo de contato real entre governantes e governados. Portanto, quando o discurso revolucionário do pós-37 foi buscar sua origem em 30 e definiu-se pelo ideal de justiça social, ele coerentemente estava desenhando o círculo que continha *"o"* entendimento da política brasileira.

A relação que fundava o Estado era aquela entre o povo e o presidente, que legislou sobre o problema síntese da nacionalidade: o problema social. Porém, o que o discurso punha em relevo particularmente era a forma como esta questão foi resolvida, o que acabava por determinar a forma pela qual a relação povo/presidente se efetuava. Neste sentido, seu ponto nodal estava na construção do que se convencionou chamar na literatura sobre questão social *"ideologia da outorga"* (Vianna, 1978). Ou seja, a legislação social brasileira, instrumento mediador por excelência das relações entre governantes e governados, foi outorgada pela personalidade clarividente do chefe do Estado ao seu povo. A relação fundadora do Estado era uma relação de doação, uma relação de dar e receber dádivas/presentes/benefícios. O que cabe perguntar então é que força havia neste tipo de comunicação específica? O que significa doar?[24]

Em primeiro lugar, é preciso apontar uma espécie de dupla dimensão existente no ato de doar. A dádiva é, teoricamente e por princípio, um ato voluntário, aparentemente livre, gratuito e generoso. A dádiva é um procedimento que tem uma face desinteressada. Contudo, quem doa o faz porque entende que precisa fazê-lo por alguma ordem de razões. A dádiva tem assim ao mesmo tempo uma feição obrigatória. Ela é igualmente um procedimento imposto e interessado, pois não dar é incidir em erro, em responsabilidade passível de algum tipo de consequência negativa.

O presidente Vargas, por sua qualidade-chave — a clarividência —, antecipava-se voluntariamente às demandas sociais e outorgava a legislação. Este ato era o resultado da compreensão de seu dever histórico e também das consequências maléficas que poderiam advir de seu mau entendimento. A outorga impede o uso da força, necessária quando a conquista precisa ser empreendida. É a outorga que remove o conflito e torna possível a construção de uma sociedade harmônica. O presidente, ao doar generosamente, estava igualmente cumprindo um dever de Estado, na realidade o dever primordial deste Estado, que era o de garantir a justiça social. Caso não o fizesse, arriscava-se a lançar a sociedade no caos da desordem social, pecando no fundamental: cabe ao Estado a garantia da ordem. Mas esta obrigação política do Estado podia ser e era entendida também como um direito do povo, uma vez que a justiça social compreende a supressão da doença, da miséria e do analfabetismo, condições sob as quais um conjunto de homens não se constitui como povo de uma nação.

As duas dimensões da dádiva — voluntária e obrigatória — estão fortemente presentes no discurso estado-novista, onde a generosidade do presidente se articulava com o cumprimento de seu dever de estadista. Todas as críticas formuladas à República Velha baseavam-se na ignorância desta razão de Estado, o que provocava o profissionalismo político e a ausência de comunicação com o povo. Mas se o ato de doar deve ser entendido interessadamente, como um dever, ele igualmente implica uma outra obrigação: a de receber. Toda dádiva só se cumpre com a aceitação do que é dado. Sua lógica é bilateral, e assim como aquele que dá o faz também por *"necessidade"*, aquele que recebe *"precisa"* aceitar o benefício. A recusa de uma dádiva é o descumprimento de uma obrigação social. É um ato egoísta que pode acarretar consequências funestas imprevisíveis, já que rompe uma cadeia de articulações mutuamente definidora. Assim, receber benefícios é um direito, mas é igualmente um dever. Por este motivo, o Estado precisava não só doar, como criar a obrigação de receber.

Esta questão é fundamental, pois a outorga, quando pressupõe o dar e o receber, pressupõe também o termo que fecha e dá o real sentido ao círculo: o retribuir. Quem dá cria sempre uma relação de ascendência sobre o beneficiário, não só porque dá, mas principalmente porque espera o retorno. Esta expectativa não se esgota em uma possibilidade; ela é um sagrado dever. Quem recebe cria certo tipo de vínculo, de compromisso, que desemboca naturalmente no ato de retribuir. A não retribuição significa romper com a fonte de doação de forma inquestionável.

O sentido último da relação de doação, a dimensão de sua força, está em criar um tipo específico de obrigação que se estrutura não apenas em função de uma lógica material de interesses individuais, mas em termos de uma lógica coletiva eminentemente simbólica (Sahlins, 1965 e 1979). A força da coisa dada está em produzir em quem recebe a consciência de uma obrigação de retribuir como um dever político de natureza ética. Trata-se evidentemente de uma relação contratual, mas que ao se fazer sob a forma de troca de presentes, ganha um sentido distinto que é preciso destacar.

A dinâmica proposta na relação entre povo e presidente era a dinâmica de um contrato que estabilizava a nação e sustentava o poder do Estado. Como já foi visto, o discurso estado-novista atribuía ao próprio Estado o papel de instituidor da nação. A falta de espírito gregário do povo brasileiro, o caos vigente em nossa sociedade haviam sido ordenados pelo Estado do pós-30. Assim, o Estado não era visto como o coroamento de relações sociais; ele era entendido como o conformador destas relações, e nesta posição tinha o estatuto de um soberano definidor de tipo hobbesiano. Porém, este soberano não submetia seus súditos, que, por medo da morte/caos, se entregariam a seu poder ordenador.

Neste ponto capital, a lógica política hobbesiana não tinha vigência. O contrato que presidia a instituição da obrigação política no Brasil ultrapassava a lógica dos interesses, pela qual se troca obediência por segurança. Nesta perspectiva, o contrato é um "negócio" cuja dinâmica implica custos e benefícios calculáveis, o que o coloca na órbita de uma relação de tipo mercantil. Já no caso do contrato como troca de presentes, a noção de interesse individual, precipuamente material, é fortemente diluída. Ela sem dúvida existe no contrato, mas não o preside. Isto porque a base ideológica que institui a obrigação não é a dívida, mas o compromisso. Aquele que contrata não se submete, ele adere, e sua adesão tem uma força moral totalizadora. Desta forma, o procedimento político assume a feição de um fenômeno social *"total"*, isto é, econômico, jurídico e também moral. A força da relação dar-receber-retribuir está em conceituar a prática política como uma espécie de prática religiosa, isto é, como um contrato de adesão direta e total com a autoridade.

Ser cidadão — integrar o mundo definido como da política — era pertencer a uma totalidade econômica (trabalhar = produzir riquezas); jurídica (possuir a carteira de trabalho); e moral (compreender o trabalho como um dever/direito). Cidadania era pertencimento, e neste aspecto a noção de religião civil de Rousseau presta-se admiravelmente bem à reflexão. O presidente/Estado não era o temível soberano de Hobbes, mas muito mais um legislador de Rousseau, que, formalizando as leis pelas quais o povo estabelecera o contrato, não submetia ninguém e a todos abarcava completamente.[25] O povo revelava à autoridade suas necessidades, seu destino, e esta, por sua virtude e sensibilidade, captava e executava este sinal que existia implicitamente. Nesta dinâmica, o povo era o princípio e o resultado da ação do legislador. Ou seja, o Estado brasileiro era produto tanto de uma vontade nacional inconsciente (o povo), quanto de uma vontade racional consciente (o legislador).

A relação contratual era complexa, pois seus termos eram ambivalentes. A troca entre povo e presidente remetia a dois termos virtuosos, embora com posições hierárquicas distintas. Aquele que fazia a doação dispensava não apenas recursos materiais, mas igualmente espirituais. O presidente era provedor de *"seu"* povo, pois tinha a virtude de entendê-lo e, em o fazendo, de amá-lo. Portanto, para doar era preciso possuir muitas propriedades/qualidades. Era esta condição que não só permitia, mas igualmente obrigava à doação. A virtude e a fortuna estavam na base da outorga como procedimento contratual.

Da mesma forma, receber era um ato virtuoso, pois implicava a ideia de aceitar o vínculo, e como tal, de não faltar com a retribuição ao longo do tempo. Aí é interessante destacar a noção de prazo, de espaço decorrido, entre a dádiva e a retribuição (Mauss, 1974, p. 97). O contrato por doação não tem execução imediata. Retribuir não é pagar uma dívida; é reconhecer uma obrigação que extrapola a dimensão utilitária. Este tipo de contrato lida com o tempo de forma diferenciada. A obrigação para com quem dá reforça-se com o passar dos anos. A dinâmica do dar-receber-retribuir institui uma relação de (re)conhecimento.

O presidente legislava sobre a questão social porque conhecia e reconhecia o *"seu"* povo. Ele desejava que este povo progredisse socialmente. A própria ideia de progresso estava vinculada às qualidades do legislador, tornando-se uma doação da autoridade clarividente e uma revelação do povo naturalmente bom. Este, ao receber, reconhecia a autoridade, ou seja, obrigava-se moralmente perante ela. Por esta lógica — a da obrigação a prazo — aquele que doava vivia através do tempo na memória dos que recebiam. Da mesma forma, aquele que tinha fortuna e não doava, morria verdadeiramente: não era (re)conhecido, isto é, não era identificado nem amado.

Neste ponto é importante retornar claramente aos discursos de Marcondes Filho, para lembrar que o ministro sistematicamente demonstrava que durante mais de dez anos o presidente, por sua vontade, tudo dera aos trabalhadores. Decorrido este longo período, chegava a hora da necessária retribuição, que devia vir sob a forma da obediência como um sagrado dever. Ou seja, a não retribuição significava uma grave falta moral, uma vez que durante anos os trabalhadores haviam consumido os benefícios outorgados via legislação social.

A obrigação política com estatuto moral tinha, sem a menor dúvida, um fundamento econômico. Mas ela não se reduzia a ele. O que se pedia ao povo não era o respeito ao presidente, traduzido no cumprimento de deveres cívicos. O que se pedia ao povo era que amasse *"seu"* presidente, da mesma forma como, este amava *"seu"* povo. O contrato fundador do pacto político entre povo e presidente, ao extrapolar uma lógica utilitária, colocando-se fora do mercado, definia a cidadania como pertencimento e a retribuição como paixão e não como interesse político.[26] Ou seja, a relação política que estava sendo construída com o dar-receber-retribuir pode ser entendida como um *"sistema de prestação total"* que não distinguia, no contrato, o interesse e a obrigação moral. Aí residia a força particular deste contrato que não era compatível com a lógica do mercado, onde tudo tem um preço e a ideia de sacrifício está ausente.[27]

É ilustrativo recordar que a imagem a que se recorria nos discursos políticos do Estado Novo para a caracterização do processo de construção da nação/Estado era a da formação de uma grande família, em que o presidente era o *"pai dos pobres"*, isto é, o pai do povo trabalhador. Nesta posição, ao mesmo tempo poderosa e generosa, ele pedia/exigia total obediência e mesmo sacrifícios como retribuição.

O contrato de fundação do Estado estabelecia, dessa forma, uma relação pessoal (o que é diferente de individual) entre o chefe da nação, materializado na *"pessoa moral"* do presidente Vargas, e todo o povo trabalhador, entendido como uma *"pessoa coletiva"* e não como uma coleção de indivíduos.[28] Devido a este fato, mais do que traçar os atributos de Vargas, o discurso fixava a imagem e a forma de contato "do" presidente desta nação. Era este o modelo de autoridade política que devia ser seguido pelos que chegassem ao alto. Por outro lado, delimitava igualmente quem era povo, quem era esta *"pessoa coletiva"*. O povo não eram todos indistintamente. Eram todos os que estavam dentro, os que estavam solidários entre si e com a autoridade. E a marca desta solidariedade era dada por um princípio jurídico-econômico e também moral. O povo eram os que trabalhavam, por distinção aos que estavam fora — os desempregados, os mendigos, os criminosos ou os subversivos, em suma, os marginais. Estes não recebiam e não retribuíam, logo não se comunicavam e não eram reconhecidos. Contudo, esta condição não precisava ser definitiva. O espaço político tinha uma porta bem nítida que permitia a passagem para dentro. O comprometimento pelo trabalho — entendido em *lato sensu* — significava ganhar identidade política, isto é, passar de um modo de ser para outro. Assim, o povo era um conjunto que tinha *"vida comum"* sancionada pelo Estado.[29]

As noções de solidariedade e autoridade e a força deste segundo termo saltam em todos os textos do período. Mas, para destacar ainda mais seu sentido, vale a pena recordar o discurso de Marcondes em 19 de abril de 1942. Nesta ocasião, sintetizando magnificamente a imagem construída para o presidente, Marcondes explicava sua virtude dizendo que Vargas era ao mesmo tempo *"povo e patriciado"*. Era povo porque possuía, entendia, sentia as qualidades espirituais das *"gentes"* do país. E era patriciado porque reunia o saber dos grandes estadistas de nosso passado. Povo e patriciado integravam-se no presidente, como integravam a nação. Mas eram elementos distintos, hierarquicamente posicionados.

Por fim, além de refletir sobre quem dá e quem recebe, é preciso igualmente atentar para a coisa dada. Sobretudo porque a força da obrigação criada vincula-se também à natureza do que é outorgado. A troca de presentes implica uma relação entre coisas que podem ocupar o lugar da dádiva. Assim, nem tudo tem o valor necessário para constituir-se em dádiva, e é por isso que a própria coisa dada tem *"sua"* força. Ela também é uma dimensão da obrigação contraída.

Neste caso, a coisa outorgada era um tipo especial de legislação. Eram as leis sociais, particularmente as chamadas leis do trabalho, o que tem um significado duplo, não só pelo sentido da lei — procedimento ordenador por excelência —, como pelo sentido do universo que ela procurava regular. Legislar sobre o trabalho significava regular o tempo útil e pós-útil do cidadão. Significava definir que, para aqueles que trabalhavam, o pagamento do salário era insuficiente. Isto porque eles davam vida à coletividade, e tanto seus patrões quanto o próprio Estado deviam-lhes, além da paga material, uma certa situação de segurança e bem-estar durante o período em que eram produtivos, e mais ainda, quando não o eram mais, por velhice, doença ou morte.

Neste sentido, a própria concepção da legislação social tinha embutida uma lógica material de mercado (só o trabalhador são e bem integrado era produtivo), mas podia ser entendida igualmente através de uma moral não comercial de grupo. As leis sociais eram uma dívida da coletividade nacional para com os trabalhadores, o que significava tanto a possibilidade do bem-estar material, quanto a demonstração da proteção, da atenção que, merecidamente, deviam receber. A legislação não era uma caridade; ela era função da solidariedade criada e devida pela autoridade. No entanto, ela comportava o sentimento da generosidade, da virtude do Estado e do estadista. Mas este sentimento não vinha contrariar a noção da necessidade, do dever do trabalho, nem tampouco a ideia de que cada um devia lutar por seus interesses, por seu *"lugar econômico"*. O povo tinha o direito de receber, e portanto o dever de retribuir. Ao contrário, ele não tinha o direito de não receber, pois isto significaria não ter o dever de retribuir. Daí porque não retribuir — não pertencer, não trabalhar — era crime. Era o reverso da cidadania. Era estar fora, recusando o vínculo, a aliança.[30]

O contrato efetuado entre povo e presidente através da doação das leis sociais era uma relação de amplo escopo. Seus fundamentos eram, sem dúvida, a expressão material da troca: os benefícios sociais entendidos quer como "bens públicos" (todos eram atingidos pelos contratos de trabalho, pelo horário de trabalho etc.), quer como "incentivos seletivos" (só os trabalhadores sindicalizados recebiam certo tipo de assistência médica). Mas a adesão dos trabalhadores à proposta política do Estado não pode ser entendida apenas por uma lógica utilitária de tipo olsoniano (Olson, 1970). A invenção do trabalhismo como ideologia da outorga permite justamente refletir sobre a dimensão simbólica que alimentava e dava feição específica a estas relações políticas, a este pacto social. Esta dimensão põe em foco singular a dinâmica entre repressão e mobilização exercitada neste período, da mesma forma que permite compreender melhor a longevidade das noções construídas pelo discurso político estado-novista.

O grau de eficácia e de permanência de um projeto político é uma questão das mais complexas, como já se observou em outros momentos deste trabalho. Entretanto, não se deve deixar de destacar aqui que os conceitos e as práticas que o Estado brasileiro elaborou e gerenciou neste período de nossa história deixaram marcas que, no mínimo, nos esclarecem sobre o papel central que ainda desempenham no que se pode identificar como uma cultura política brasileira. Esta força, em resumo, pode ser melhor entendida quando observamos o competente esforço realizado no processo de invenção do trabalhismo. Combinar uma análise cientificista moderna e sofisticada com um articulado discurso de apelo popular não é tarefa desprezível.

Por fim, o grande "segredo" está na lógica que articulava este discurso. Ele releu o passado das lutas dos trabalhadores sem ao menos mencioná-lo, estruturando-se a partir de uma ética do trabalho e da valorização da figura do trabalhador nacional. Era a esta figura — novo modelo de cidadão — que o discurso se destinava e era a ela que os benefícios sociais eram oferecidos como uma dádiva. Nos dois últimos capítulos, nossa intenção foi destacar a lógica simbólica que presidiu e instituiu a "palavra" do Estado. Cabe agora examinar com vagar de que forma esta lógica simbólica se articulou a uma lógica material de cálculo de custos e benefícios que está presente na montagem do corporativismo brasileiro.

Notas

1. Todos os discursos semanais de Marcondes foram publicados nos *Boletins do MTIC* e foram consultados nesta fonte. Já as falas diárias não eram impressas e não foram consultadas. A Rádio Nacional foi incorporada pelo governo em 1940 e a Rádio Mauá, criada em 7.9.44, era a rádio do Ministério do Trabalho.

2. *BMTIC*, n. 106, junho de 1943, p. 357.

3. *BMTIC*, n. 132, agosto de 1945, pp. 262-5. O programa *"Hora do Brasil"* era ironicamente chamado de "o fala sozinho", o que explica os numerosos procedimentos utilizados pelo governo para torná-lo atraente e popular (Velloso, 1983). Porém, vários depoentes, tanto ligados ao Ministério do Trabalho quanto em frontal oposição a Vargas e à sua política, concordaram em que a fala de Marcondes conseguiu razoável penetração e audiência, inclusive entre trabalhadores. Neste caso, vale a pena transcrever um trecho da entrevista de Hilcar Leite, militante trotsquista que esteve preso em Fernando de Noronha até 1942 e chegou ao Rio justamente nesta ocasião.

"A.G. — Essas palestras do Marcondes eram ouvidas?

H.L. — Eram ouvidas; eram ouvidas mesmo. Não é à toa que a Rádio Mauá, que era a rádio do Ministério do Trabalho, começava a irradiar às 5 horas da manhã. Chegou a ser a rádio mais escutada de manhã.

A.G. — O que é que passava nessa rádio?

H.L. — Primeiro, davam todas as informações do tempo, das condições para transporte; depois, diziam o que o governo estava fazendo, o que o governo ia fazer, e isso se prolongava. Havia a famosa *"Hora do Brasil"*, que era uma enxurrada; e os jornais todos" (Depoimento de Hilcar Leite ao CPDOC, 1984, Fita 6, p. 9).

4. Depoimento de José Segadas Vianna ao CPDOC, 1984, Fita 5, p. 21, e Fita 7, p. 24.

5. Sobre a questão de como nossa cultura é predominantemente auditiva, visando efeitos imediatos e de impacto sobre o receptor, ver Lima, 1981.

6. O discurso do dia 1.5.38 está em *A Nova Política do Brasil*, v. V, Rio de Janeiro, José Olympio, 1938, pp. 203-5, e o do dia 10 de novembro de 1938 está na mesma obra, v. VI, 1940, pp. 117-20.

7. De 1938 a 1945, em todos os discursos de 1º de maio, Vargas relacionava uma iniciativa de seu governo na área da política social: o regulamento da lei do salário mínimo, e o decreto-lei relativo à isenção de impostos para habitações proletárias, em 1938; a criação da Justiça do Trabalho, em 1939; a fixação do salário mínimo, em 1940; a instalação da Justiça do Trabalho, em 1941, juntamente com o lançamento da campanha da Marcha para Oeste; o anúncio do esforço da Batalha da Produção, em 1942, já no contexto do envolvimento brasileiro com a Segunda Guerra; a CLT, em 1943; e a nova Lei Orgânica da Previdência, em 1944.

Estas medidas eram comentadas e acompanhadas de outras de menor impacto global, mas não de menor efeito social, como a criação de refeitórios populares em 1939, do Saps e do Serviço Nacional de Recreação em 1940; a promessa de estender a legislação social ao campo, em 1941; a exposição da exata posição do Brasil em face dos acontecimentos internacionais, em 1942; a instituição do salário adicional para a indústria, em 1943; e a construção de cidades modelo nas proximidades dos centros industriais em 1944. Ver *A Nova Política do Brasil*, Rio de Janeiro, José Olympio.

8. *BMTIC*, n. 105, maio de 1943, pp. 386-8. Em 1944, Marcondes escolheu esta data para instituir o concurso da cartilha de alfabetização do operário adulto.

9. Sobre o mito Vargas, ver Araújo, 1985.

10. Sobre o golpe de 1937, ver Camargo, Pandolfi, Araújo e Gryspan, *Anatomia de um Golpe,* CPDOC, 1985 (mimeo).

11. *BMTIC*, n. 99, novembro de 1942, pp. 355-7.

12. *BMTIC*, n. 110, outubro de 1943, pp. 335-7.

13. *BMTIC*, n. 110, outubro de 1943, pp. 332-3.

14. Referindo-se à legislação sobre o trabalho de menores, Marcondes fazia esta construção: "Lei ditada pela inteligência, pela clarividência do futuro da Pátria, ela foi, sobretudo, uma lei Getúlio Vargas, uma lei de coração." *BMTIC*, n. 97, setembro de 1942, p. 367.

15. *BMTIC*, n. 102, fevereiro de 1943, p. 321.

16. Um bom exemplo é a palestra de 25.3.43 no *BMTIC*, n. 104, de abril de 1943.

17. Vale anotar que em outubro de 1944 foi criado o Instituto de Direito, Medicina e Seguro Social, composto por juristas, médicos e técnicos cujo objetivo principal era "estudar a biologia do povo brasileiro, para que possam colaborar utilmente com o poder público alvitrando-lhe soluções ou sugerindo-lhe providências". *BMTIC*, n. 123, novembro de 1944, pp. 367-70.

18. "Por menos que pareça e por mais trabalho que dê ao interessado, a carteira profissional é um documento indispensável à proteção do trabalhador.

Elemento de qualificação civil e habilitação profissional, a carteira representa também título originário para a colocação para a inscrição sindical e, ainda, um instrumento prático do contrato individual de trabalho.

A carteira, pelos lançamentos que recebe, configura a história de uma vida. Quem a examinar, logo verá se o portador é um temperamento aquietado ou versátil; se ama a profissão escolhida ou ainda não encontrou a própria vocação; se andou de fábrica em fábrica como uma abelha ou permaneceu no mesmo estabelecimento, subindo a escala profissional. Pode ser um padrão de honra. Pode ser uma advertência." Texto até hoje impresso em todas as carteiras profissionais emitidas pelo Ministério do Trabalho e Previdência Social.

19. Ver *BMTIC*, n. 92, abril de 1942, pp. 332-4, e *BMTIC*, n. 117, maio de 1944, p. 304.

20. *BMTIC*, n. 110, outubro de 1943, p. 337.

21. Decretos-leis n. 4.639 (agosto de 1942), n. 4.869 (outubro de 1942) e n. 4.937 (novembro de 1942). Ver sobre este assunto Paoli, 1982, pp. 46 e segs. Segundo dados desta autora, ainda em 1945 há notícias de pedidos legais de anistia "ampla, geral e irrestrita" para os "desertores" presos por faltar ao trabalho e tentar abandoná-lo. Em uma audiência noticiada pelo *Estado de S. Paulo* de 5.1.45, perto de oitocentos trabalhadores eram objeto de julgamento.

22. *BMTIC*, n. 98, outubro de 1942, pp. 330-3.

23. Depoimento de Hilcar Leite ao CPDOC, 1984, Fita 6, pp. 6-9.

24. A estrutura deste item seguiu propositalmente e livremente as formulações de Marcel Mauss, "Ensaio sobre a dádiva, Forma e razão da troca nas sociedades arcaicas", em *Sociologia e antropologia,* São Paulo, EPU, 1974, v. II/37-184.

25. Esta é logicamente uma leitura autoritária do pensamento de Rousseau, e estamos trabalhando com ela por prestar-se às reflexões que vimos encaminhando. Isto não implica, contudo, ignorar outras leituras de ênfase liberal-democrática, nem mesmo preferir o primeiro destes enfoques.

26. No texto, estamos trabalhando com o conceito de interesse como vantagem material e com o conceito "reabilitado" de paixão, que englobaria honra, gratidão, generosidade etc. Ver Hirschman, 1979, pp. 78 e seg.

27. O conceito de "sistema de prestação total" para caracterizar um certo fenômeno social totalizador está presente no texto de Mauss já mencionado. É este fenômeno que muito lembra a prática religiosa. Ver, por exemplo, Eliade, s.d.

28. Elisa Pereira Reis é uma das autoras que, refletindo sobre os temas da cidadania e da construção do Estado no Brasil, tem chamado a atenção — seguindo os argumentos de Louis Dumont — para a dimensão holista de nosso processo histórico. Nele o predomínio da ideia de nação como um "indivíduo coletivo" favorece a autoridade em detrimento da solidariedade, conferindo ao Estado um papel tutelar. As reflexões deste capítulo seguem, desdobrando-a, a mesma linha de raciocínio. Ver, por exemplo, Reis, 1982 e 1983.

29. A ideia de nação como "vida comum" do mesmo povo está em Chauí, 1982, p. 24.

30. Chauí, no texto acima referido, mostra de forma muito ilustrativa exemplos de conceituação de povo através de um princípio econômico e jurídico, distinguindo então entre povo e plebe = ralé. Ver p. 26, por exemplo.

Capítulo VII

Trabalhismo e Corporativismo

1. A construção do trabalhador brasileiro

A temática dos discursos de Marcondes Filho tinha como um de seus eixos principais a conformação de um indivíduo/cidadão definido como o trabalhador-brasileiro. Este elemento, ao mesmo tempo sujeito e objeto das falas ministeriais, transformara-se no centro das preocupações políticas governamentais, o que, segundo Marcondes, ficava comprovado pelo conjunto de iniciativas políticas que o Estado passara a lhe dedicar. A importância e o papel do cidadão-trabalhador tinham assim uma dimensão material comprovável nas numerosas e variadas iniciativas desencadeadas pelo Estado, tendo como finalidade precípua a criação e proteção deste novo homem brasileiro.

Estas iniciativas englobavam variadas políticas públicas, entre as quais o grande destaque era a implementação da organização sindical. A formação de um novo espírito unindo povo e Estado precisava da inestimável colaboração dos sindicatos, órgãos representativos do cidadão-trabalhador. Eles se constituíam, desta forma, numa das grandes forças da vitória final, pois a vida sindical neste momento supremo da nacionalidade impunha o máximo de eficiência. É o próprio Marcondes que explica:

> Se a colaboração entre capital e trabalho já era grande, deve tornar-se intensa. Se o espírito conciliativo era uma intenção, precisa transformar-se em hábito. Já afirmei (...) que todo pensamento dedicado à discórdia é um pensamento roubado à nação.[1]

Porém, a organização sindical constituía o núcleo de uma proposta de escopo bem mais amplo, voltada para o que se pode chamar de disciplinarização da população trabalhadora. Os artigos da revista *Cultura Política* e os discursos de Marcondes ilustram fartamente a importância e o alcance desta nova área do intervencionismo estatal. Eram inúmeras e minuciosas as determinações que se faziam sobre aspectos da vida social dos trabalhadores, envolvendo sua saúde, alimentação, habitação, lazer e vida familiar, além, obviamente, de sua vida profissional.

Esta era uma nova forma de exercício do poder que, sem abdicar da soberania do Estado — controle sobre o território —, suplementava-a com um controle sobre a sociedade. Ou seja, com um controle que era fundamentalmente uma técnica de construção do povo/nação como uma grande família, em que o Estado/presidente era o pai/guia. É neste sentido que o governo da sociedade necessitava de novos procedimentos, e é por esta razão que Ricardo Benzaquen Araújo aproximou esta extensão do intervencionismo do Estado Novo do conceito de *"governamentalização da sociedade"* de Foucault (Araújo, 1985).

O que é particularmente interessante ressaltar, no que se refere ao avanço da *"governamentabilidade"* no Brasil dos anos 30 e 40, é como ela se voltou especificamente para a montagem do cidadão-trabalhador. Vale observar também que este conjunto de novos procedimentos — fundamentados em um discurso que, tendo o local de trabalho como seu núcleo privilegiado, espraiava-se pelas diversas dimensões da vida social do homem trabalhador — possuía nítidas vinculações com preocupações e ambições dos industriais brasileiros desde os finais dos anos 20. A partir deste período, particularmente os industriais paulistas haviam-se lançado num esforço articulado tendo em vista a chamada racionalização do trabalho. A criação do Instituto de Organização Racional do Trabalho de São Paulo (Idort), em 1931, e da Escola Livre de Sociologia de São Paulo (ELSP), em 1933, ligava-se a este grande projeto que, se possuía implicações políticas regionais, extrapolava em muito esta questão. A aproximação entre o empresariado — mais uma vez com destaque para São Paulo — e o Estado, aproximação esta que alcançou seu clímax com a escolha de Marcondes Filho (por sinal um dos membros do Conselho Superior da ELSP) para ministro, demonstra como o avanço da "governamentabilidade" no Brasil estreitava uma aliança que unia como objetivos precípuos a disciplinarização do trabalho e a formação de um novo cidadão.

Só o trabalho podia constituir-se em medida de avaliação do valor social dos indivíduos e, por conseguinte, em critério de justiça social. Só o trabalho podia ser o princípio orientador das ações de um verdadeiro Estado democrático, de um Estado *"administrador do bem comum"*. Desta forma, conforme Severino Sombra sintetiza, o Estado devia ser *"a expressão política do trabalhador nacional"*; devia ser um verdadeiro *"Estado nacional trabalhista"* que aplicasse a norma: *"a cada um segundo o valor social do seu trabalho, donde, como conseqüência, (...) todo homem, por seu trabalho honesto, deverá deixar para seus filhos mais do que recebeu de seus pais"*.[2] A ascensão social, principalmente em dimensão geracional, apontava o futuro do homem como intrinsecamente ligado ao trabalho honesto, que devia ser definitivamente despido de seu conteúdo negativo.

Era este o grande esforço do novo Estado Nacional. Ele enfrentava a questão social não como uma questão operária, mas como um problema de todos os homens e de todas as classes, já que eram trabalhadores todos aqueles que produziam, que colaboravam com o valor social de seu trabalho. Esta *"concepção totalista do trabalho"* — na conceituação de Severino Sombra — não distinguia entre atividades manuais e intelectuais, vendo o trabalho em toda a grandeza de sua hierarquia. Tal percepção via o trabalhador não como uma *"máquina de produção"*, mas como uma pessoa humana, como uma *"célula vital do organismo pátrio"*. Por isso, para o Estado Nacional, a resolução da questão social devia incluir todos os problemas de caráter econômico e social que dissessem respeito ao bem-estar do trabalhador. Trabalhar não era simplesmente um meio de *"ganhar a vida"*, mas sobretudo um meio de *"servir à pátria"*.[3]

Para o Estado Novo isto devia significar, em primeiro lugar, a promoção do esforço individual do trabalhador nacional pela garantia de seu direito ao trabalho. A própria Constituição de 1937 adotava o critério de que o trabalho era um dever de todos (artigo 136), e que a desocupação era crime contra o próprio Estado. Em segundo lugar, isto devia resultar não na abolição, mas justamente na disseminação da propriedade privada, necessária ao homem e à sociedade.

A materialização de tais princípios poderia ser sinteticamente resumida em uma nova orientação de nacionalização do trabalho e da propriedade, isto é, na execução de políticas que fornecessem e resguardassem para o trabalhador nacional um número significativo de empregos e que lhe possibilitassem o acesso à propriedade de bens materiais. Alcançar tais objetivos implicava enfrentar uma área de problemas complexos como o do abastecimento de mão de obra no país, que envolvia questões como a da imigração estrangeira e a do êxodo rural. Implicava igualmente retomar o processo de ocupação do próprio território nacional, passando pelas questões do povoamento e da propriedade da terra, entre outras. Este conjunto de iniciativas poderia ser condensado na execução de uma nova política demográfica para o país, cuidando-se de traduzi-la pela implementação de medidas reguladoras: quem trabalharia no país? Como se movimentariam estes contingentes de mão de obra? Onde se fixariam? Com que objetivo? Com que tipo e alcance de supervisão do Estado?

Indiscutivelmente, a primeira grande área a ser atingida por esta política nacionalizadora de proteção ao trabalho foi a imigratória. De forma geral, nosso passado liberal conduzira ao exercício de uma política de estímulo à entrada de imigrantes no país. Esta era a regra, embora em alguns períodos — como aconteceu no início dos anos 1920 —

ocorressem certas restrições, tanto no sentido de proibir a vinda de mais estrangeiros, quanto no de estabelecer os casos em que poderiam ser expulsos. Mas só a partir da década de 30 tal questão seria efetivamente considerada fundamental. Já na plataforma da Aliança Liberal, Getúlio Vargas previa, com segurança, as implicações de um não controle da imigração, relacionando-o com a necessidade de *"valorização do capital humano"* nacional e com a própria estabilidade política do país. O problema imigratório tinha uma face econômico-social que só se agravara com a crise que o país vivera no início dos anos 30. O número de desempregados era grande, como era grande o movimento que trazia ainda mais mão de obra do campo para a cidade. Tudo isto redimensionava o problema político da presença maciça de estrangeiros. O próprio chefe do Governo Provisório alertaria a nação:

> Quero referir-me aos perigos, para a nacionalidade, da entrada de estrangeiros que, num mundo onde as questões sociais provocavam uma fermentação explosiva, poderiam desejar transportar para o novo país suas ideologias exóticas inadaptáveis ao novo meio sob todos os pontos de vista.[4]

Por estas razões, fora e era necessário aplicar uma política de restrição à imigração. O Brasil era um país que possuía grandes áreas despovoadas e carentes de braços, como a Amazônia e o Centro-Oeste. Não se podia desconhecer os perigos de uma ocupação heterogênea, que acentuasse ainda mais os desequilíbrios regionais. O Sul sofrera durante décadas um processo de imigração intensiva, em que foram ultrapassados os limites da prudência, ocorrendo *"povoamento e não colonização"*. Já o Nordeste permanecera afastado de tal movimento, mantendo *"o grande papel de guardião da unidade brasileira"*, *"reservatório da nacionalidade"*, de região que podia verdadeiramente reavivar o espírito de brasilidade do Sul desnacionalizado.[5]

Esta releitura do movimento imigratório e da função social das migrações internas tem um conteúdo político esclarecedor. Os nordestinos, que desde meados da década de 20 haviam começado a se deslocar para São Paulo e Rio, assumiam a personalidade de novos bandeirantes que retomariam a terra para os nacionais. Nesta ótica, tal deslocamento não possuía um conteúdo negativo, na medida em que o Nordeste — vestindo-se de brasilidade — nacionalizaria o Sul, esmagado pelo internacionalismo. Contudo, a questão necessitava de controle, pois não se podia aprovar uma distribuição populacional que esvaziasse o campo, superpovoando as cidades industrializadas de mão de obra carente de trabalho. O Estado precisava estabelecer políticas que limitassem a entrada de estrangeiros e que também orientassem sua localização, e ainda racionalizassem o fenômeno das migrações internas.

Uma série de iniciativas já haviam sido tomadas ainda antes do estabelecimento do Estado Novo. São exemplos a decretação da chamada lei dos 213, que obrigava o emprego de trabalhadores nacionais nesta proporção (Decreto n. 19.482, de 1931), e a criação do Departamento Nacional de Povoamento, em 1930, visando encaminhar para o interior do país uma quantidade de elementos sem trabalho que ameaçavam a ordem pública, já que não tinham condições de sobreviver nas cidades. Paralelamente, havia sido estipulada uma série de medidas que limitavam a entrada de estrangeiros no país. Com os debates da Assembleia Nacional Constituinte tal processo se acelerara. Instituíra-se um regime de quotas imigratórias (artigo 121, parágrafo 6º da Constituição de 1934), que refletia uma orientação equilibrada na defesa dos interesses da nacionalidade.[6]

Com o estabelecimento do Estado Nacional, a matéria ganhara novo impulso, na medida em que se associou ao grande movimento de ocupação do nosso território lançado pelo presidente Vargas: a política de *Marcha para Oeste*. Os imigrantes deveriam passar a ser entre nós, definitivamente, um fator de progresso e não de desagregação social e desordem política. Não nos interessava a fixação de estrangeiros nas cidades. Eles deveriam ser conduzidos para os trabalhos do campo, sem prejuízo do brasileiro, que constituiria a base primordial desta política de colonização.[7]

A conquista do interior do país necessitava de uma orientação científica segura, centralizada pelo governo federal e enraizada no conhecimento dos problemas do homem do campo. A não aplicação da legislação social ao campo era identificada como uma das causas do êxodo rural, uma vez que o trabalhador do campo via-se ignorado e desamparado. Sem educação e saúde, sem transporte e crédito, sem possibilidade de uma atividade rendosa, acabavam ficando no campo apenas aqueles que não conseguiam migrar. Cogitar da ocupação do território nacional era, antes de mais nada, procurar fixar o homem ao campo, melhorando suas condições de vida e atendendo às necessidades de nossa produção agrícola. Por isso, estabeleciam-se medidas como a concessão de crédito, com a criação da Creai em 1939, e iniciavam-se estudos tendo em vista a elaboração de uma lei de sindicalização rural e a extensão do salário mínimo e dos benefícios trabalhistas à população de trabalhadores rurais.[8]

A intervenção do Estado era urgente, pois só assim se corrigiria o desequilíbrio entre ruralismo e urbanismo. Era preciso atentar para o fato de que a solução do problema da cidade residia na solução do problema do campo: a superpopulação, o desemprego e a mendicância resultavam do verdadeiro exílio em que se encontrava o trabalhador rural, mal-educado e mal remunerado. O problema começava a ser atacado pelo governo de forma imediata através da concessão de terras nas fronteiras e da organização de colônias agrícolas.[9] Os núcleos agrícolas ou agroindustriais deviam selecionar lavradores e localizá-los em certas regiões, como o vale do Amazonas, os vales do Tocantins e Araguaia e o sertão do Nordeste. Algumas experiências estavam sendo realizadas, como era o caso da Colônia Agrícola Nacional de Goiás, no Alto Tocantins, do programa de ocupação do sertão de Pernambuco, levado a cabo pelo interventor Agamenon Magalhães, e do Núcleo Agrícola de São Bento, na Baixada Fluminense.

A preocupação de Vargas com a consecução deste objetivo pode ser sentida desde o momento revolucionário, ainda em 1930. Ela se traduzira então pela criação de dois novos ministérios: o do Trabalho, Indústria e Comércio, e o da Educação e Saúde. As medidas administrativas e legislativas levadas a efeito por estes ministérios revelavam a cooperação e o dinamismo necessários para a superação dos problemas dos trabalhadores brasileiros. Elas englobavam uma série de providências que podiam ser reunidas em dois grupos de iniciativas distintas.

No primeiro grupo estavam todas as medidas voltadas para a indenização da perda da saúde, isto é, da capacidade de trabalho e de ganho, e que se traduziam pela atuação da previdência e da assistência sociais. No Brasil, antes de 1930, pouco se fizera no campo da medicina social. No período de 1930 a 1937, um vasto programa se implantara nesta área, firmando-se definitivamente no Estado Nacional. Foram então criados os seguros contra invalidez, doença, morte, acidentes de trabalho e o seguro-maternidade, todos eles visando à proteção da saúde do trabalhador. Só não se adotou o seguro-desemprego por uma razão muito simples: *"No Brasil uma sábia política econômica, financeira e agrária soube evitar o flagelo europeu e norte-americano do chômage"*.[10]

Desta forma, o Brasil incorporava definitivamente o conceito de medicina social que se desenvolvera na Europa desde o século XIX. O trabalhador passava a ser assistido pelo Estado, que se preocupava não só com sua saúde física, como também com sua adaptação psíquica ao trabalho realizado. O homem que exercesse profissão compatível com seu temperamento e habilidade produzia mais. Daí a relação entre a política de saúde e as modernas técnicas de seleção e orientação profissionais.[11]

A medicina social compreendia um conjunto amplo de práticas que envolviam higiene, sociologia, pedagogia e psicopatologia. Não se tratava unicamente de curar. Havia toda uma dimensão sanitária que buscava a proteção do corpo e da mente do trabalhador. No próprio interesse do progresso do país, deviam-se vincular estreitamente as legislações social e sanitária, já que o objetivo de ambas era construir trabalhadores fortes e sãos, com capacidade produtiva ampliada. O papel da medicina social, tão bem-concretizado pela ação dos Institutos de Previdência e Assistência Social, consistia explicitamente em preservar, recuperar e aumentar a capacidade de produzir do trabalhador. Sua saúde era situada como o "único capital com o qual ele concorre para o desenvolvimento nacional", constituindo-se assim em preciosa propriedade a ser mantida em uma sociedade de mercado.

Porém, a relação entre política social e proteção ao trabalho não podia restringir-se ao pagamento de alguns benefícios que significavam uma intervenção *expost* do Estado. Daí o fato de o segundo grupo de providências acionadas pelo Estado abranger um conjunto amplo de iniciativas que visavam impedir *"o extravio de valores produtivos — em terminologia sanitária falar-se-ia em evitar enfraquecimento, o gasto ou a diminuição das forças orgânicas"*.[12] Seus objetivos eram mais complexos, pois visavam impedir a perda da saúde e estimular a capacidade de trabalho, através de melhores condições de vida. O Estado Nacional, por meio destas iniciativas, ampliava o escopo de seu intervencionismo, atingindo as causas mais profundas da pobreza e promovendo a satisfação das necessidades básicas do homem: alimentação, habitação e educação.

Um exemplo concreto deste tipo de atitude era a criação do Serviço de Alimentação da Previdência Social (Saps), pelo qual se procurava possibilitar maior vitalidade física aos que trabalhavam e assim concorrer para uma melhor situação de saúde. No terreno da política habitacional, duas eram as iniciativas citadas. A Liga Nacional Contra o Mocambo, criada em Recife em julho de 1939, e os programas de construção de casas populares levados a efeito pelos Institutos e Caixas de Pensões, particularmente no Distrito Federal.

Com isso, o governo reconhecia que muitas doenças se propagavam em nossas cidades pelas más condições de higiene das moradias populares, o que acabava por tornar o trabalhador revoltado e preguiçoso. Mas com isto o governo também reconhecia que a casa própria era uma aspiração legítima do trabalhador, que só tinha em vista o bem-estar e a segurança de sua família. Promover o acesso à casa era uma questão relevante para o Estado porque implicava a promoção da tranquilidade coletiva e o amparo à família. Esta era a base econômica e moral do homem, seu meio específico de vida. Se o Estado se voltava para o homem, era pela família que ele o atingia mais profunda e rapidamente. Ela era a *"célula política primária"*, *leitmotiv* do esforço produtivo dos indivíduos. Casa e família eram praticamente uma mesma coisa, donde os esforços das instituições de previdência social no setor habitacional. A preocupação com a família era uma questão central da proteção do homem brasileiro e do próprio progresso material e moral do país, donde a importância do decreto-lei que instituiu o abono familiar.

Por esta nova lei, que fora precedida de largas pesquisas, o Estado procurava amparar o lar rico de filhos e pobre de recursos, uma vez que fixava-se a cifra de oito filhos para a determinação do que seria uma família numerosa. Diferentemente do abono existente em outros países, que visava precipuamente provocar a natalidade, no Brasil o que se desejava era a outorga de um amparo às famílias de prole numerosa já existentes, considerando-se como filhos os menores de dez anos que viviam a expensas de quem os tinha em guarda.[13]

Por fim, uma política de proteção à família e ao trabalho tinha que dar ênfase especial à educação. Só pelo ensino se poderia construir um povo integral, adaptado à realidade social de seu país e preparado para servi-lo. A intervenção do Estado Novo, fixando os postulados pedagógicos fundamentais à educação dos brasileiros, tinha em vista uma série de valores entre os quais o culto à nacionalidade, à disciplina, à moral e também ao trabalho. Constituindo um sistema pedagógico completo, o trabalho como ideal educativo podia ser sintetizado na fórmula *"aprender fazendo"*. Daí a adoção dos trabalhos manuais nas escolas e a difusão e valorização do ensino profissionalizante. Mas o esforço educativo do Estado Nacional ultrapassava as fronteiras do ensino sistemático, engajando-se também em uma dimensão cultural de valorização e de preocupação com a arte nacional: *"O Estado Nacional, que visa construir o povo brasileiro, tendo um sentido integral, tem, neste incluído, um sentido estético. Quer pois, não só o justo, o bom, o verdadeiro, mas ainda o belo".*[14]

A atuação do Estado no campo da arte, e particularmente da arte popular, destacava-se, por exemplo, no reconhecimento do valor e do poder de sugestão da música popular. Neste campo, os efeitos da nova política social podiam ser sentidos através de um certo tipo de competição. Até então, os sambas tinham como temática recorrente o elogio à malandragem, caracterizando o trabalho como um longo e penoso sofrimento. O malandro do morro — "o enquistamento urbano do êxodo das senzalas" —, que repudiava o trabalho, era o herói do cancioneiro popular. Mas tal panorama já se modificava devido à ação das leis que reconheciam os direitos dos trabalhadores, e da política de derrubada das favelas e dos mocambos. Surgiam desta nova fonte personagens que se empregavam em fábricas e outros afazeres, como o honesto Claudionor do samba de Sinhô.[15]

O rádio e a música popular eram instrumentos valiosos de propaganda política. Além do programa *"Hora do Brasil"*, o DIP tinha controle sobre tudo o que se relacionava com a música popular: concursos, espetáculos, o carnaval, e também a apresentação das escolas de samba cariocas, que passavam a desfilar no asfalto. O contato entre o DIP e os compositores populares era realizado por Heitor Villa-Lobos, e o próprio Getúlio instituiu a prática de convidar cantores e músicos populares para as recepções que dava no Palácio do Catete.

Paralelamente à higiene e segurança material do trabalho, o Estado desejava promover a higiene mental e a segurança social do operário. A criação do Serviço de Recreação Operária em 1943 tinha este objetivo prioritário. Este serviço estava organizando na capital da República três centros permanentes de recreação — dotados de cinema, rádio, discoteca, biblioteca, centros de educação física e esportes —, localizados em bairros de grande densidade proletária e destinados à frequência exclusiva de trabalhadores sindicalizados.

Dentro deste espírito o Serviço de Recreação promoveu um concurso para a escolha da "Canção do Trabalhador", iniciativa que alcançou grande sucesso e atraiu muitos concorrentes. Segundo o *Boletim do Ministério do Trabalho*,

> a "Canção do Trabalhador" repete as inspirações do Hino Nacional porque é um canto de brasileiros, mas traduz, em acordes novos, as influências específicas da nação operária no seu labor pelo engrandecimento de nossa terra.[16]

Mas mesmo antes da criação do Serviço de Recreação, o presidente Getúlio Vargas já atentara para a necessidade de intervir nesse importante setor, determinando pessoalmente a organização de um concurso de romance e comédia em homenagem ao trabalhador brasileiro. O concurso deveria *"realçar os altos predicados das classes proletárias e acentuar suas possibilidades dentro do mundo brasileiro"*. A seleção dos trabalhos, realizada no final do ano de 1942, contou com representantes da Academia Brasileira de Letras e da Associação Brasileira de Imprensa, entre outros.[17]

O dever e o direito de trabalhar não comportavam idealizações alternativas para se alcançar um mundo melhor. Era preciso combater tanto o subversivo, identificado com o inimigo externo, com o estrangeiro de pátria e de ideias, quanto o malandro, o inimigo interno que se definia como "avesso ao trabalho e às leis e regras da ordem constituída". Ambos eram ameaças contagiosas ao ideal do disciplinamento do trabalhador.

O subversivo, associado ao estrangeiro, escapava do controle social na medida em que elaborava um projeto político que se contrapunha ao do Estado. O malandro — cujas raízes estavam em nosso negro passado escravista — recusava conscientemente integrar-se ao mercado de trabalho, projetando um mundo em que a justiça e a felicidade eram encontradas fora das regras políticas vigentes. Nestes termos, esses dois modelos agrediam o diálogo direto e confiável que deveria ser estabelecido entre o trabalhador e Vargas. Este diálogo se estruturava justamente pela vigência e obediência às leis que materializavam o espírito do Estado Nacional e possuía como seu instrumento institucional por excelência a organização sindical corporativista.

2. Sindicato e Estado no pós-42

Os discursos de Marcondes Filho destacavam sempre a obra de legislação social levada a cabo a partir de 1930, recorrendo ao período da Primeira República para atestar a distinção de procedimentos do Estado brasileiro. Até 1930 nada existia, e, quando os trabalhadores ousavam se manifestar, eram cerceados pela repressão policial. O passado era caracterizado pela ausência do Estado, mas era também reconstruído como um quase que total vazio de atuação por parte dos trabalhadores. Nas cerca de duzentas emissões do programa *"Falando aos Trabalhadores Brasileiros"*, não houve sequer uma menção ao sindicalismo dos anos 10 ou 20 e às reivindicações então encetadas. O que se relembrava era apenas a comemoração do Dia do Trabalho, tentada mas sempre impedida pela polícia. Este dia era um dia de prisões e conflitos sangrentos, diferentemente do que passara a ocorrer sobretudo a partir de 1938.

A história do movimento operário brasileiro coincidia, neste relato, com a história da polícia social elaborada a partir dos anos 30. E, embora ao longo das palestras o ministro se referisse a praticamente todas as medidas adotadas pelo governo, pode-se observar que ele dava ênfase especial a três temas que constituíam o verdadeiro tripé de suas falas: os temas da Justiça do Trabalho, da Previdência Social e da sindicalização. A Justiça do Trabalho era considerada o ponto mais alto da organização legislativa levada a cabo desde 1930, e seu principal instrumento garantidor. A Previdência Social era o testemunho máximo da preocupação governamental com as condições de vida e trabalho de seu novo cidadão. As iniciativas neste campo — apenas ensaiadas nos anos 20 (caso raríssimo de menção ao pré-30) — haviam se desdobrado ao longo do tempo para se completarem no ano de 1944, designado o ano da Previdência, porque seria o ano da consecução e do anúncio da Lei Orgânica da Previdência, que estenderia e unificaria os serviços médicos desenvolvidos até então.[18]

É fundamental destacar que esta ênfase ao atendimento aos trabalhadores encontra respaldo no exame que é feito por Erickson nos orçamentos e nos gastos reais do Ministério do Trabalho após 1930. Segundo este autor, a alocação de recursos para esta pasta até 1937 girava em torno de 1% do orçamento da União. A partir daí elevou-se para 1,8%, e em 1940 saltou para uma média de 3,8%, onde se manteve até o fim do Estado Novo. Além disto, comparando a média das despesas do ministério no mesmo período, ele demonstra que de 1939 a 1941 os gastos desta pasta correspondiam a cerca de 1% do total dos gastos governamentais. Porém, de 1942 a 1945 esta média elevou-se a 3,2%. Portanto, se a partir de 1940 Vargas aumentou consideravelmente o orçamento do ministério, o ano de 1942 assinalou um aumento de gastos efetivos, sendo que quase todas as entradas se destinavam à previdência social e a programas de bem-estar conexos (Erickson, 1979, pp. 102-8).

A entrada de Marcondes na pasta do Trabalho inaugurou efetivamente um período de realizações (Lei de Abono Familiar, criação do Saps, programas de construção de vilas operárias, programa de recreação operária), no qual se destaca o atendimento por parte dos Institutos Previdenciários. A fala ministerial tinha assim uma forte dimensão comprobatória na atuação dos Institutos, o que lhe dava um sabor especial.

Porém, era o tema da sindicalização que articulava e dava sentido a todos os demais. Conforme o próprio ministro fazia questão de assinalar, era pela vida sindical que a nacionalidade se mobilizava. Em sua primeira palestra no ano de 1943, o ministro apontou o problema que deveria exigir as atenções de todos naquele ano e também nos anos seguintes. O ano de 1943 deveria ser um ano dedicado a uma campanha de sindicalização que objetivava revivificar o perfil de nossa vida sindical.

O primeiro aspecto a ser destacado no lançamento deste programa é o do diagnóstico de que se partia. No início de 1943 houve como que um reconhecimento amplo por parte das elites políticas do Estado de que a implementação do projeto político de sindicalização não era uma questão simples e nem vinha obtendo sucesso. Tanto o ministro do Trabalho quanto alguns dos articulistas que escreviam para a revista *Cultura Política* concordaram na mesma época quanto a este ponto.

Entretanto, se esta constatação só teve lugar nos anos 40, não foi por falta de material indicativo. Durante as administrações de Agamenon Magalhães e de Waldemar Falcão, o ministério — através de seu Departamento de Estatística e Povoamento — preocupara-se em produzir estatísticas sobre o número de sindicatos reconhecidos e seu contingente de associados. Foram feitas, neste sentido, três pesquisas — em julho de 1935, dezembro de 1936 e dezembro de 1938 — que levantaram a massa sindicalizada em vários estados do país, com destaque para o Distrito Federal. Pelos dados apurados e pelas dificuldades encontradas para a realização dos levantamentos, fica claro que, se de um lado as falhas técnicas na coleta eram enormes, de outro os números encontrados eram desalentadores. Nos resultados apurados para o ano de 1936-37 o número de operários sindicalizados cariocas (161.554) chegava a superar o número de sindicalizados em todo o território nacional (147.657). No caso dos dados apurados em 1938, considerados tecnicamente mais fidedignos, o resultado não era muito diferente. Vale a pena destacar que tais dados eram significativamente precedidos de um texto de Oliveira Vianna atestando a falta de solidariedade social e política existente entre nós e a transformação que deveria ter início com a instituição do Estado Novo.[19]

Os ministros anteriores, contudo, não tocaram nesta questão, e não há qualquer texto publicado nos *Boletins* comentando os resultados das pesquisas efetuadas. Foi só a partir da campanha lançada por Marcondes, e, portanto, através de sua fala, que o ministério passou a se pronunciar sobre o tema. O tipo de regime sindical vigente no país, a nossa história associativa, o papel dos sindicatos e de seus líderes, a resposta a certas críticas feitas ao corporativismo — particularmente em fins de 1944 e em 1945 —, tudo isto entraria em debate através do rádio, do jornal, dos *Boletins* e de revistas, como a própria *Cultura Política*.

O móvel que desencadeou este debate sobre a natureza do corporativismo aqui adotado foi uma questão prática: o ministério passou a interessar-se profundamente pela *"real"* representatividade dos sindicatos. Este novo interesse político pode ser comprovado de forma clara através de alguns indicadores. Um deles é a própria emergência do tema. Outro é o conjunto de iniciativas que a pasta do Trabalho passou a desenvolver tendo em vista alcançar o objetivo de dinamizar a vida sindical.

Em primeiro lugar, é interessante examinar a fala de Marcondes, para situar o que ele definia como esta campanha de revitalização do sindicalismo brasileiro. O ministro começava por se dirigir às diretorias dos sindicatos argumentando que de seu desempenho dependia substancialmente o êxito do novo empreendimento. O governo — através de políticas específicas — daria toda a sua colaboração, mas somente os próprios líderes sindicais poderiam encarregar-se a fundo da tarefa que devia ser empreendida. Tratava-se de desenvolver o espírito associativo de forma que em cada sindicato estivessem inscritos todos aqueles que exercessem a profissão por ele representada. Só assim o sindicato se tornaria realmente representativo de sua categoria e só assim a diretoria de um sindicato poderia ser vista como sua liderança.[20] A campanha ministerial queria como prova do engajamento sincero da direção dos sindicatos não só o aumento de inscrições nos quadros sociais, como também o aumento da frequência à sede.

Reconhecia-se, desta forma, que eram profundas as causas de nossa falta de espírito associativo e que elas extrapolavam em muito as possibilidades de ação de alguns poucos líderes sindicais. Certas razões seriam especialmente apontadas como responsáveis pelo fenômeno, tanto pelo ministro, quanto pelos articulistas da *Cultura Política*. Havia assim como que um único e grande discurso emitido de várias formas, mas que fixava uma precisa argumentação. Entre as razões apontadas estavam a *"índole pacífica de nosso operariado"*, que era retraído por natureza e dotado de uma *"timidez social inata"*. Esta característica teria seu berço na origem rural de nosso homem trabalhador, desconfiado e *"individualista"*. Reforçando este traço da *"biologia"* e da *"sociologia"* do homem brasileiro, estava a própria história da criação de nosso direito social. No Brasil, a formação dos sindicatos fora uma consequência e não uma causa do processo de conquista dos benefícios sociais. Diante de tal quadro era necessário realizar um esforço para estimular o movimento de sindicalização e fazê-lo tomar o incremento esperado pelo governo Vargas.[21]

Tendo em vista este objetivo prioritário pode-se destacar algumas iniciativas de grande significância que a ele se articulavam direta ou indiretamente. Entre elas estava a criação do Imposto Sindical, que visava dotar os sindicatos de recursos capazes de fazê-los arcar com suas responsabilidades entre as massas trabalhadoras. Ou seja, de transformar o sindicato em um real dispensador de benefícios e, com isto, torná-lo um pólo de atração para os trabalhadores.[22]

É interessante observar, em relação à criação do Imposto Sindical, que a intenção original — o aumento do número de associados — acabou por ter um efeito inverso. Uma vez que os sindicatos recebiam verbas independentemente da quantidade de filiados que reunissem, tornava-se desnecessário e até pouco interessante aumentar este número. Este efeito perverso foi-se afirmando e crescendo com o passar do tempo, tanto por implicações econômicas *stricto sensu* quanto políticas, pois se tratava de reduzir as margens de competição pelo controle da vida sindical. Mas nos anos 40 estes desdobramentos ainda não eram tão óbvios, embora já se anunciassem com certa clareza.

Certamente não era por acaso que Marcondes responsabilizava indiretamente as próprias lideranças sindicais pelo pequeno avanço do contingente de trabalhadores sindicalizados. A existência de uma liderança encastelada nos sindicatos e beneficiária desta situação era uma realidade encontrada pelo ministro em 1942. Não datava de seu ministério a criação de um corpo de líderes *"pelegos"*. Este fora um legado que recebera das administrações anteriores, sobretudo da de Waldemar Falcão. O que Marcondes procurava realizar era uma certa alteração neste quadro. Não que se tratasse de uma investida contra os dirigentes sindicais já estabelecidos, mas sim de um processo de reeducação e de ampliação de seu contingente.

Ao lado do Imposto Sindical, foi criada a Comissão de Enquadramento Sindical, que deveria encarregar-se de presidir o processo de expansão do número de sindicatos reconhecidos. Nesta ocasião, o Departamento Nacional do Trabalho — órgão do Ministério do Trabalho encarregado de todas as atividades relacionadas com o sindicalismo — também passou por uma significativa transformação. De um lado, foi criada a Divisão de Organização e Assistência Sindical, que a partir de então passaria a organizar, assistir e fiscalizar todas as atividades dos sindicatos, e, de outro, o diretor do DNT desde a administração anterior, Luiz Augusto do Rêgo Monteiro, foi afastado, assumindo em seu lugar José de Segadas Vianna, membro da assessoria do ministro Marcondes.

A saída de Luiz Augusto do Rêgo Monteiro em 1943, após uma visita à Argentina, onde falou a militares de tendência *"direitista"*, significou mais do que uma troca de nomes. Vindo da administração de Waldemar Falcão e como ele tendo fortes ligações com a militância católica, Rêgo Monteiro tinha inclinações não muito adequadas ao novo momento político. Se o ministério Agamenon Magalhães caracterizara-se pela repressão ao sindicalismo plural e autônomo (aliás consagrado na Constituição de 1934) e pela perseguição e prisão de muitos líderes (sobretudo no pós-35), o ministério Waldemar Falcão fora o período de criação de novos líderes. Nesta tarefa empenhara-se particularmente Rêgo Monteiro, que permanecera na direção do DNT mesmo após a saída de Falcão. É por esta razão que ele era sugestivamente considerado por seu sucessor o criador da *"ordem dos mergulhadores de tapete"*, como eram conhecidos, dentro do ministério, os *"pelegos"*. Tratava-se de homens *"inteiramente submissos à orientação ministerial, interessados apenas em si próprios e, em decorrência, desvinculados dos trabalhadores sindicalizados"*. Os "mergulhadores" — dirigentes nascidos no pós-37 — dominavam os sindicatos em 1943, e na ótica do novo diretor do DNT não constituíam material suficiente para a implementação do projeto sindical de Marcondes e de Vargas. O ministério queria sindicatos e líderes convencidos das qualidades do sistema corporativista, o que não significava necessariamente submissão total. A vivificação do sindicalismo corporativo deveria passar por um esforço eminentemente pedagógico e não fundamentalmente repressivo.[23]

Dentro deste novo espírito e atestando o empenho na campanha lançada, foi constituída dentro do ministério uma Comissão Técnica de Orientação Sindical. A CTOS ficaria encarregada de transformar a cena sindical do país, devendo representar um marco na história de nosso movimento operário. Como a sindicalização não havia despertado *"nenhum entusiasmo na alma dos operários"*, caberia à CTOS trabalhar por um conjunto de quatro objetivos principais:

a) promover o desenvolvimento do espírito sindical;

b) divulgar a orientação governamental relativa à vida sindical;

c) organizar cursos de preparação de trabalhadores para a administração sindical e de especialização e orientação dos atuais administradores;

d) prestar aos sindicatos toda a colaboração que for julgada necessária.[24]

Presidida por Segadas Vianna e recebendo 25% da quota anual do Fundo Sindical, a CTOS deveria fazer com que o número de sindicalizados aumentasse, englobando a totalidade dos trabalhadores cuja profissão fosse reconhecida por lei. Segundo seus idealizadores, só desta forma o corporativismo iria funcionar em toda a sua plenitude, podendo os trabalhadores sindicalizados influir nas resoluções de caráter político, econômico e social do país.

As iniciativas da CTOS testemunham o vigor e a importância política da medida. No segundo semestre de 1943 foi organizado um Curso de Orientação Sindical, tendo como finalidade esclarecer os operários sobre o conteúdo e o valor de nossa legislação social e particularmente dos assuntos vinculados ao papel dos sindicatos. Proferiram conferências neste curso o próprio ministro do Trabalho e outros membros da CTOS e do ministério. Este curso foi assistido por centenas de dirigentes sindicais, que tinham como obrigação repassar as informações e conceitos recebidos em suas associações. O momento era particularmente representativo, pois o presidente Vargas lançara nas comemorações do 1º de maio a campanha da batalha da produção, convocando os trabalhadores a engajar-se no esforço de guerra, produzindo cada vez mais e melhor.

As aulas deste curso receberam um tratamento todo especial. Pronunciadas no auditório do Instituto de Aposentadoria e Pensões dos Empregados em Transportes e Cargas, elas eram irradiadas pela emissora da Prefeitura — a PRD-5 — e também publicadas no jornal *A Manhã*. Receberam também a atenção de Marcondes Filho em suas palestras na *Hora do Brasil*. Ele fazia um pequeno resumo das aulas e sempre comentava sua importância, afirmando que os textos seriam amplamente reproduzidos e distribuídos nos diversos estados da Federação, de forma que os trabalhadores não residentes no Distrito Federal tivessem fácil acesso aos mesmos.

Em um total de 15 aulas, o curso — também publicado em livro pelo Ministério do Trabalho — envolveu todos os assuntos que diziam respeito à vida de um sindicato. Alguns títulos de aulas podem traduzir a preocupação dominante no curso: a formação de dirigentes sindicais bem-informados e afinados com a legislação da época. Assim, houve aulas sobre: Como se deve dirigir um sindicato; Organização administrativa dos sindicatos; O Imposto Sindical e as Associações Profissionais; Os serviços de assistência jurídica dos sindicatos e sua organização; Os problemas médico-sociais e sua solução através da assistência dos sindicatos a seus associados; A necessidade de os sindicatos manterem recreação para corpo e espírito dos seus associados.[25]

Além do curso, a CTOS lançou em novembro de 1943 o tabloide *Vargas — Boletim do Trabalhador,* publicação especializada destinada aos operários. Com uma tiragem de 250.000 exemplares (considerada a maior tiragem do Brasil), esta publicação mensal seria distribuída gratuitamente pelo ministério. Seu objetivo era igualmente esclarecer os trabalhadores sobre tudo o que se relacionava com a legislação social, havendo reportagens diversas sobre a vida sindical do país.

Outras iniciativas da CTOS foram a criação do Serviço de Recreação Operária, destinado a promover atividades culturais e esportivas destinadas aos trabalhadores sindicalizados; a formação da Discoteca Social-Trabalhista, que gravava em discos as palestras promovidas, tendo em vista a distribuição de cópias para as emissoras de rádio dos diversos estados; e o desenvolvimento de uma intensa propaganda, feita pelo rádio e jornais, com o objetivo de promover a sindicalização.

Esta verdadeira *"ação evangelizadora"* da CTOS, após oito meses de funcionamento, foi considerada por seus organizadores um sucesso. Dados estatísticos levantados pelo Ministério do Trabalho atestavam que os quadros dos sindicatos teriam crescido 15%, o que anunciava boas perspectivas.[26] A despeito desta avaliação, é extremamente difícil dimensionar o tipo de impacto não só da ação da CTOS, como de toda a campanha de sindicalização do ministério. Sem dúvida, é possível considerar que algum tipo de êxito deve ter sido conseguido, já que o esforço doutrinário e sua difusão foram grandes e bem-acabados. Além do mais, o período era de gastos reais com iniciativas na área previdenciária, e em outras, como as de alimentação, habitação e recreação, embora coincidisse com a supressão de direitos na área do trabalho. Instruir líderes e propagandear as características benéficas de nossa organização sindical não eram, entretanto, objetivos mensuráveis apenas a curto prazo.

O ano de 1943 foi sem sombra de dúvida crucial para a questão da sindicalização. Além de ter sido o ano de maior atuação da CTOS, foi também o ano da Consolidação das Leis do Trabalho, que, preparada ao longo de meses, foi finalmente anunciada no dia 1º de maio. A CLT também devia ser vista como a concretização maior do programa social de Vargas, e sua divulgação era objeto de atenção da CTOS. Segundo Marcondes, em cada lar operário deveria haver um exemplar desta verdadeira bíblia do trabalhador, e para tanto a CTOS providenciaria a publicação e distribuição gratuita de edições populares de 50 mil exemplares.

Enfim, o ministério se empenhava a fundo na promoção da sindicalização e obtinha apoios decisivos, como o da Confederação Nacional das Indústrias, que passou a orientar as empresas do país a darem preferência aos trabalhadores sindicalizados.[27] Se a filiação aos sindicatos era facultativa, os benefícios da legislação do trabalho e o acesso ao emprego estavam sendo claramente condicionados à condição de trabalhador sindicalizado.

O estímulo à sindicalização passava por uma série de procedimentos práticos de propaganda, mas envolvia igualmente a divulgação da natureza de nosso regime sindical. Desta forma, é justamente a partir de 42/43, isto é, nos anos finais do Estado Novo, que se vai encontrar uma articulada explicação do que se chamava na época o *"corporativismo brasileiro"*.

3. A questão do corporativismo brasileiro

O debate em torno da necessidade de sensibilizar o trabalhador brasileiro e inseri-lo definitivamente na estrutura sindical do Estado Novo desenvolveu-se assim em articulação com outro debate: aquele em torno da natureza do corporativismo adotado no Brasil. Defender a ampliação dos efetivos sindicais, esclarecer que o trabalhador devia procurar o sindicato, pois só assim receberia assistência jurídica e médica, treinar líderes que, como bons administradores, também compreendessem o espírito da legislação sindical e social, tudo isto constituía a parte pragmática de uma política mais global de afirmação do corporativismo. É isto que se pode sentir pelos artigos publicados ao longo da primeira metade dos anos 1940 em revistas como a *Cultura Política* e nos *Boletins* do ministério. No caso das palestras de Marcondes, foi só após o lançamento da campanha de sindicalização, em 1943, que a temática do corporativismo surgiu como questão de realce político.

Para aqueles envolvidos neste esforço, tratava-se de difundir o espírito do corporativismo, o que ocorria exatamente quando suas normas estavam completamente formuladas. A Justiça do Trabalho, o Imposto Sindical, a futura Lei Orgânica da Previdência e a CLT demonstravam que o momento não era mais de debates em torno da construção de normas. Este debate já ocorrera e perdurara até os anos 1940. No período anterior, as disputas ideológicas que dividiam as elites haviam girado em torno da ingerência na feitura das leis e da delimitação de seu espírito orientador. Porém, a questão principal fora bloquear qualquer proposta alternativa à diretriz estatal, fixando-se o modelo do corporativismo. Por isso, fora fundamental desmobilizar o movimento operário, cortando os laços que até 1935 ele insistia em manter com outras formas organizacionais (sindicalismo autônomo e plural) e com outras propostas políticas.

Este tipo de análise sugere que o momento da formulação do projeto coincidiu tanto com o do debate ideológico no interior das elites, quanto com o da preocupação governamental com a desmobilização do movimento operário. Nestas condições não podia haver a emissão sistemática de um discurso de propaganda, muito embora tivesse que ocorrer a censura a discursos políticos alternativos. Mas os anos 1940 inauguravam uma nova fase. Com as leis já elaboradas e o debate concluído, a proposta do regime encontrava-se plenamente formulada, devendo ser reiterada para todos, especialmente para os trabalhadores. Entretanto, foi justamente neste momento que o projeto político do Estado Novo começou a ser contestado por setores cada vez mais significativos da sociedade. Assim, a possibilidade e também a necessidade de divulgação da mensagem governamental foi redimensionada, o que esclarece a preocupação do Estado com o fato de os sindicatos e seus líderes não serem realmente *"representativos"*. Foi dentro deste contexto que se tornou um interesse precípuo do governo intervir nesta realidade de forma a alterar seus contornos.

O que se pode assinalar tendo em vista esta conjuntura é que foi praticamente a partir de 1942-3 que o Estado brasileiro se esforçou para implementar seu projeto de organização sindical corporativista. Este, até então, funcionara apenas como uma orientação legal e como uma ficção organizacional. Foram os próprios funcionários da administração do Ministério do Trabalho que reconheceram a inexistência de sindicatos representativos e que atestaram o fato de que os trabalhadores, desconhecendo os benefícios materiais que poderiam angariar através da filiação sindical, mantinham-se desinteressados em filiar-se.

Neste sentido, ao contrário do que a literatura sobre o tema sugere, não existia sindicalismo corporativista no Brasil de 1931 a 1943. Existiam leis, como a de 1931 e a de 1939, que consagravam um modelo de organização sindical corporativa, mas este modelo não tinha vigência senão formal, o que absolutamente não preocupava, nem ocupava o Ministério do Trabalho. Esta situação, segundo as próprias análises oficiais do Estado Novo, só começou a incomodar e a sofrer críticas a partir do ministério Marcondes, justamente quando o regime iniciou esforços sistemáticos para, mantendo seus contornos políticos, alterar sua face autoritária. O sindicalismo corporativista, desta forma, iria ser realmente implementado, não no momento autoritário por excelência do Estado Novo, mas no período de *"transição"* do pós-42, quando a questão da mobilização de apoios sociais tornou-se uma necessidade inadiável ante a própria transformação do regime.

Dentro desta linha de reflexão, é possível constatar que, no Brasil, a dimensão política do projeto corporativista foi acionada para respaldar um regime que buscava a saída do autoritarismo. Desta forma, o objetivo da propaganda do corporativismo brasileiro no pós-42 não era mais simplesmente criar uma massa que seguisse a proposta do Estado por ausência de alternativas. Era, em certo sentido específico, mobilizar, preparando lideranças e criando seguidores. O problema da adesão das massas trabalhadoras ao sindicalismo, e especialmente sua vinculação com Vargas, não se restringia a uma lógica meramente repressiva, ou de concessão de benefícios materiais. Ele envolvia a existência e a importância de um sofisticado discurso de difusão ideológica que comportava níveis não desprezíveis de mobilização política.

O tratamento que os *"propagandistas"* do Estado Novo deram à temática do corporativismo foi, portanto, cuidadoso. O que era o corporativismo, quais eram suas origens e suas relações com os regimes da atualidade, qual era a natureza específica — democrática e cristã — do corporativismo brasileiro, tudo isto precisava ser explicitado, de formas diferenciadas, para um amplo público de receptores. Neste aspecto, pode-se observar certas distinções entre o material encontrado na revista *Cultura Política* e aquele dos *Boletins*. No primeiro caso, o corporativismo era analisado como um sistema de organização e representação social, cujos principais mérito e característica eram o fato original de não ser vinculado nem ao liberalismo, nem ao totalitarismo. A questão, desta forma, era colocada em termos da doutrina corporativista. Já nos *Boletins* e nas falas de Marcondes a ênfase era dada a aspectos pragmáticos, de operacionalização do corporativismo. Geralmente o tema surgia associado a questões concretas, como o tipo de relação existente entre o sindicato e o Estado, o papel do Conselho de Economia Nacional e outras do mesmo gênero.

Além disso, a defesa do corporativismo levada a cabo nos artigos da *Cultura Política* estava fundamentalmente vinculada à defesa do Estado Novo, isto é, de um regime autoritário antiliberal. Quando seus articulistas afirmavam a qualidade democrática de nosso corporativismo, faziam-no tendo como referência um modelo de *"democracia autoritária"* fundada na justiça social. Segundo eles, no Estado moderno o corporativismo era democrático, uma vez que a democracia era autoritária. Já nas palestras de Marcondes realizava-se uma transformação significativa. Com base praticamente no mesmo argumento doutrinário, o corporativismo passava a ser defendido em outro tom, sobretudo a partir do ano de 1944. Nesta ocasião, estava claro que, após o término da Segunda Guerra, a estrutura interna do Estado Novo teria que ser transformada e que a defesa de uma *"democra-*

cia autoritária", nos moldes acima mencionados, tornava-se uma tese muito difícil. Contudo, isto não significava um abandono da Carta de 37. Ao contrário, Marcondes iria dedicar uma grande série de palestras à defesa de inúmeros de seus aspectos: o da centralização e racionalização administrativa, o do nacionalismo e o do corporativismo. O Estado liberal continuava a ser criticado por sua despreocupação com o problema social e pelo grave erro de seu não intervencionismo. Mas já não se falava contra o sufrágio universal ou contra os partidos políticos. Era como se a defesa do corporativismo se fizesse tendo em vista uma nova possibilidade de democracia, já não tão autoritária e antiliberal. Ou seja, a defesa do corporativismo se estruturava em articulação e não em oposição às transformações que o regime teria que sofrer.

É exatamente o confronto entre o material divulgado pela *Cultura Política* (basicamente entre 1941 e 1943) e as palestras de Marcondes, sobretudo com aquelas dos anos de 1944-45, quando o fim do Estado Novo como regime era praticamente uma certeza, que clarifica alguns pontos do tratamento então dado ao corporativismo, fornecendo o perfil das alterações em curso. O primeiro aspecto a se destacar é o da busca das origens medievais da ideia corporativa. A identificação de seu momento inicial não devia ser vista como uma questão erudita, já que era a partir deste ponto de partida que se fundamentavam duas características básicas do corporativismo brasileiro: o seu espiritualismo e a sua originalidade.

O argumento construído pelos articulistas da *Cultura Política* se iniciava com a afirmação da existência do direito e da justiça social em período anterior ao mundo moderno. Já na Idade Média, quando o trabalho estava organizado em corporações de ofício, havia ideais de direito social que protegiam os mais fracos, como as mulheres e crianças. Fora o industrialismo, com seu economicismo individualista, que rompera com estas práticas. A Revolução Francesa, proibindo o associativismo, dera livre curso àqueles que abusavam do trabalho dos outros. Mas esta situação vinha sendo alterada desde meados do século XIX, quando os princípios de justiça social cristã começaram a atacar o individualismo e a fomentar um novo direito social.[28]

A origem histórica do ideal e das práticas instituídas pelo Estado Nacional seria o corporativismo medieval, identificado com a vigência de condições de trabalho mais cristãs que possibilitavam o respeito à pessoa humana. A idealização da Idade Média permitia o aprofundamento da crítica ao liberalismo e possibilitava o desenvolvimento da distinção entre os conceitos de indivíduo (liberal) e pessoa (cristã, medieval e moderna). A nova política social de Vargas não buscava a proteção do trabalhador como indivíduo, isto é, como um ser econômico submetido às regras da livre competição do mercado. O trabalhador era uma pessoa que se realizava *pelo* e *no* trabalho e através dele se relacionava com os outros homens e com o Estado. Vale notar que era pela lei, que tem justamente a função de impessoalizar e tornar iguais as relações sociais, ou seja, que tem a função de criar indivíduos, que o Estado se afirmava como criador de pessoas. A legislação social, por seu caráter humanitário e cristão, reabilitava o trabalhador integralmente.

Esta dimensão espiritualista de nosso corporativismo era frequentemente reiterada por Marcondes Filho em suas palestras. As menções à *Rerum Novarum* — que sob sua administração comemorou cinquenta anos — eram uma forma de reforçar a inspiração de nosso sistema sindical.[29] Ao lado da dimensão espiritualista de nosso corporativismo, situava-se sua originalidade, entendida como forma própria de fugir a um dilema que angustiava o mundo moderno. Os articulistas de *Cultura Política* afirmavam que a grande dificuldade para a implementação de um projeto político que respeitasse a pessoa humana era encontrar um ponto de equilíbrio entre as necessidades e liberdades da pessoa e o intervencionismo do Estado. Cumpria fugir de dois grandes erros: o do individualismo do liberalismo burguês, que reduzia o Estado à impotência, e o do coletivismo do socialismo de Estado, que sacrificava o homem a um Estado demasiadamente forte.[30]

Havia uma convergência nas análises modernas. Porém, as discordâncias se instalavam quando se discutiam a filosofia e os meios de implantação de tal projeto. O liberalismo, que erigira como sua tarefa básica a defesa do indivíduo contra o arbítrio do Estado, não podia ser meramente soterrado pelas falsas promessas do coletivismo socialista. Este, justamente por seu materialismo e totalitarismo, destruía a religião, a família e a pessoa humana, já que tudo devia ser absorvido pela lógica de um Estado forte. O socialismo, ao criticar acertadamente o trabalho como mercadoria, cometia um engano crucial que consistia em acreditar na inevitabilidade da luta de classes. Por isso, acabava por propor o primado dos problemas econômicos e a decorrente extinção da propriedade privada.[31]

A importância de um ponto de equilíbrio era um problema que precisava ser resolvido. O único meio encontrado para fazê-lo era *"intercalar entre o homem e o Estado uma espécie de filtro que atenue os rigores do estadismo e compense as fraquezas do individualismo"*.[32] Este era o papel das modernas associações profissionais na nova ordem política que se procurava implantar. Tanto os indivíduos quanto o Estado precisavam ceder a estas associações certas prerrogativas, para que elas funcionassem como legítimas intermediárias entre os interesses, muitas vezes contraditórios, do individualismo e do coletivismo.

O problema político e social do mundo podia ser resolvido por meio do sindicalismo corporativista, mas era necessário reconhecer que havia vários tipos de corporativismo e que a escolha de um modelo devia atentar não só para os princípios que o orientavam, como para sua adequação à realidade do país. O corporativismo democrático brasileiro devia ser construído pela compatibilização de um Estado forte com um indivíduo livre; de uma política de proteção ao trabalho com uma política de defesa do capital. O direito à propriedade devia ser indiscutivelmente mantido. Era preciso, contudo, não confundir o direito à propriedade com o seu uso. Este devia ser submetido à questão do interesse coletivo por um Estado disciplinador. Mas, por outro lado, havia o direito ao trabalho, que devia ser garantido e protegido por um Estado regulador:

> Como ponto de partida, é necessário estabelecer a dignidade da *pessoa humana*, fazendo sua diferenciação do *indivíduo*. Aquela jamais deve ser absorvida pelo Estado (...) sendo preciso considerar os seus direitos inatos e inalienáveis. Este, o indivíduo, como membro da sociedade, deve se subordinar à coletividade para que não perturbe a harmonia geral.[33]

Desta forma, era possível uma colaboração entre homem e Estado, para o que concorria intensamente a presença de sindicatos representativos e reconhecidos pelo poder público. O sindicalismo, não só no Brasil como no mundo, nascera como um agrupamento pacífico de defesa dos trabalhadores. Foram sempre os agitadores internacionalistas que o desvirtuaram de seus fins, pregando a combatividade e a luta de classes. Portanto, por nosso próprio passado, éramos avessos ao espírito violento do sindicalismo soreliano que procurava defender o trabalho e o trabalhador pela agitação grevista antipatriótica e anticapitalista. O sindicato, nesta concepção, transformava-se em instrumento de guerra social, não se reconhecendo a viabilidade de um equilíbrio justo entre capital e trabalho, entre Estado e indivíduo.[34]

No Brasil, era igualmente fundamental desvincular a adoção do sindicalismo corporativista dos regimes totalitários socialistas ou fascistas. Já havia passado o tempo em que o corporativismo era identificado com regimes ditatoriais e que Estado forte era sinônimo de ditadura antidemocrática. Nosso regime diferenciava-se dos demais corporativismos (alemão, italiano, austríaco e até português e espanhol), já que adotava uma estrutura organizativa eminentemente representativa. O corporativismo brasileiro consagrava o direito de a própria produção organizar-se através de sindicatos, definidos como órgãos coordenados pelo Estado, no exercício de funções delegadas pelo poder público. Esta dimensão oficial era imprescindível a todo corporativismo moderno, já que por ela se garantiam as próprias tarefas de representação das corporações profissionais.

Este discurso, que está presente nos artigos da revista do DIP, não iria alterar-se fundamentalmente até os anos finais do Estado Novo. O momento que melhor ilustra a retomada deste tema é uma série de palestras pronunciadas por Marcondes de setembro a dezembro de 1944, quando ele passou a examinar, explicar e defender alguns aspectos políticos-chave da Carta de 1937. Este debate público em torno da chamada *"Polaca"* tinha certamente objetivos que extrapolavam a questão do corporativismo. Discutir a Constituição naquele momento de intensa oposição ao regime significava não só tentar fixar suas realizações, como também insistir em que, em sua concepção original, ela comportava Parlamento, plebiscito, enfim, um conjunto de práticas não implementadas, que poderiam ser reativadas.

No que se refere particularmente à dimensão corporativista, Marcondes reafirmava que a Carta de 37 continuava a oferecer a solução mais adequada para a realidade brasileira. Segundo sua argumentação, baseada em Manoilesco, as sociedades não podiam ser entendidas como uma reunião de indivíduos vivendo lado a lado. Elas eram formadas por grupos, nos quais as pessoas se agregavam naturalmente. A família, a comunidade, as associações profissionais eram exemplos destes corpos sociais dos quais o Estado era um coroamento. Neste sentido, organizar a sociedade e respeitar o homem como ser social era orientar-se por estes grupos particulares, já que era através deles que a pessoa humana podia desenvolver-se integralmente, sem ser esmagada pela coletividade.

A Carta de 37, justamente por reconhecer esta realidade, estabeleceu as corporações como critério para a organização e representação de interesses. A corporação, conforme o ministro insistia, existiu em quase todos os países europeus, em todos os tempos e regimes. Se em certas circunstâncias algumas palavras eram usadas para *"fins criminosos"*, tal fato não nos devia induzir a deformar seu sentido. Era preciso, ao contrário, restaurar seu significado legítimo e mantê-las.[35] A partir daí, o ministro procurava demonstrar a especificidade e a adequação do nosso modelo de corporativismo.

Em primeiro lugar, nosso corporativismo era simplesmente econômico. Segundo a Constituição de 1937, o poder político legislativo deveria pertencer a um Parlamento oriundo de pleitos eleitorais, funcionando a corporação como órgão de colaboração e consulta do poder público. Não era um sistema que entregava às corporações a função legislativa (como no fascismo) e nem mesmo que integrava elementos da representação política com elementos da representação profissional, como já ocorrera no Brasil de 1934 a 1937.[36] Nosso sistema, portanto, reconhecia um papel de destaque para as corporações, mas não um papel "político". Através dos Conselhos Técnicos consultivos, elas podiam participar diretamente dos negócios públicos aumentando o número de cidadãos e esclarecendo o Estado sobre seus autênticos interesses. O pressuposto do modelo era que todos podiam saber onde estava seu interesse imediato: a necessidade de seu gênero de trabalho. Contudo, muitos ignoravam os interesses da *"política geral"* e eram excluídos da participação quando o debate dos negócios públicos se dava apenas neste nível. A preocupação de Vargas e o mérito do corporativismo brasileiro eram não transformar esta maioria de cidadãos trabalhadores em um pano de fundo de competições eleitorais. Aqueles que no momento atacavam o corporativismo estavam inspirados.

> menos no apego às teorias clássicas do regime representativo do que pelo receio — digamos pela certeza — de que por este meio sejam desmontadas as máquinas, graças às quais uma audaciosa minoria teve em suas mãos, através do liberalismo clássico, a sorte das multidões indiferentes.[37]

Igualmente estavam errados aqueles que acusavam a organização corporativa aqui adotada de ser totalmente dominada pelo Estado. O direito social não era um só. As possibilidades de organização sindical também não eram, e o sindicato, sendo a base do sistema trabalhista de um país, devia levar em consideração sua natureza. Daí a existência dos que defendiam o sindicato livre e dos que defendiam o sindicato *tutelado* pelo Estado; dos que advogavam o sindicato múltiplo e dos que preferiam o sindicato único.

O Brasil era um país de imenso território, que experimentara a unidade sindical em 1931 e a pluralidade em 1934, ambas sem grande sucesso. Em 1939 o legislador buscara uma nova fórmula. Um sistema quase misto, pois estipulava o sindicato único, mas admitia e reconhecia a coexistência de associações profissionais de interesse público e de capacidade e eficiência comprovadas. Era o caso das associações comerciais e dos centros industriais para os empregadores, e dos círculos católicos, para os empregados. Além disso, a sindicalização não era obrigatória, embora fosse a forma de aquisição de direitos e obrigações perante o Estado. Portanto, se nosso corporativismo pautava-se pelo sistema unitário, ao permitir a convivência entre associações civis e corporativas e ao declarar voluntária a sindicalização, atendia a preceitos do pluralismo sindical.[38]

De outra parte, nossa legislação não considerava o associativismo sindical como o exercício de um direito primordial, cuja prática poderia ser feita sem licença ou fiscalização das autoridades. Experiências anteriores, ainda nos anos 30, haviam demonstrado que os sindicatos livres transformavam-se em instrumentos políticos a serviço de interesses particulares, perdendo seu caráter profissional. O sindicato no Brasil não era autônomo mas, justamente por isso, era uma realidade que, recebendo o imposto sindical, promovia os interesses das massas trabalhadoras. Nosso sindicalismo não era *"tutelado"* pelo fato de ser reconhecido e exercer funções delegadas pelo poder público. Esta dimensão oficial era própria do corporativismo moderno e contribuía para fortalecer o poder dos sindicatos.

A defesa do corporativismo e a proposta de sua manutenção não esmoreceram, como se pode observar pela insistência do ministro Marcondes e pela relativa continuidade entre a linha de argumentação da *Cultura Política* e a de seus discursos. Permaneceu a crítica ao anti-intervencionismo e ao individualismo do Estado liberal; a distinção dos excessos coletivistas do que se chamava de Estado totalitário; a defesa da dimensão humanitária e espiritualista do projeto corporativo; a necessidade do modelo fundado no sindicato único e definido como órgão de colaboração do Estado. Porém, em um ponto-chave Marcondes distanciava-se da revista do DIP. Ele não mencionou em nenhuma de suas falas a necessidade de um Estado forte e de uma democracia autoritária como formas de realização da democracia social. O sindicalismo corporativista continuava a ser defendido como base para a ampliação e o exercício da cidadania, mas o discurso passou a combinar a dimensão da representação de interesses profissionais com a da representação política via Parlamento e pleitos eleitorais. A cidadania, que era vista exclusivamente pela ótica do trabalho e que possuía como canal exclusivo os sindicatos, voltou a incorporar a feição político-partidária. A recuperação da Carta de 37 foi o expediente usado para compatibilizar o Estado Novo com esta nova situação. Marcondes, entretanto, em nenhuma ocasião fez o elogio dos partidos ou mesmo do sufrágio universal. Estes temas não estão presentes em suas palestras. Eles são apenas sugeridos, na medida em que o debate sobre o sistema sindical evoluía.

O corporativismo no Brasil, como instrumento político de representação de interesses, e este é o ponto que se quer destacar como finalização, foi implementado para conviver com outras formas de representação próprias aos regimes liberais, como os partidos políticos. Por esta razão, é valioso acompanhar como o corporativismo e o trabalhismo se articularam com o novo sistema partidário que começou a ser montado no final do Estado Novo, quer em uma primeira tentativa malograda — a do partido único —, quer em uma segunda tentativa que acabou por produzir dois partidos de "situação". Qualquer que fosse o sistema partidário adotado, trabalhismo e corporativismo sobreviveriam. A Constituinte de 1946, longe de subverter a dinâmica de nosso processo político ao manter o modelo de sindicalismo corporativista na Carta Constitucional, concluiu um processo político que se gestava desde o pós-42 com os olhos voltados para o término do Estado Novo e o retorno do país à vida da liberal-democracia.

NOTAS

1. *BMTIC*, n. 97, setembro de 1942, p. 372.

2. Severino Sombra, "Trabalho e propriedade: horizontes sociais do Estado Novo", em *Cultura Política*, n. 4, junho 1941.

3. Paulo Augusto de Figueiredo, "O Estado Nacional e a valorização do homem brasileiro", em *Cultura Política*, n. 28, junho 1943.

4. Citado por Artur Neiva, "A imigração e a colonização no governo Vargas", em *Cultura Política*, n. 21, novembro 1942, p. 220.

5. R. P. Castelo Branco, "Imigração e nacionalismo", em *Cultura Política*, n. 15, maio 1942, pp. 26-31.

6. Artur Neiva, ob. cit., pp. 226-7. Em 1934 o Ministério do Trabalho, Indústria e Comércio nomeou uma comissão, chefiada por Oliveira Vianna, para elaborar um anteprojeto de reforma da lei relativa à entrada de estrangeiros no país. Seus estudos resultaram nos Decretos n. 24.215 e n. 24.258, ambos de maio de 1934, que convergiam com a orientação da Constituição de julho de 1934.

7. Para tanto nomeou-se, em 1938, uma comissão para a reformulação da legislação anterior. De seus trabalhos resultaram inúmeros decretos-leis, como a lei de nacionalidade (n. 389, de 25.4.38): a lei de extradição (n. 34, de 28.4.38); a lei de expulsão (n. 497, de 8.6.38) e a lei de entrada de estrangeiros (n. 639, de 20.8.38). Além disso, o Departamento Nacional de Povoamento fora transformado em Departamento Nacional de Imigração e o Serviço de Imigração, Reflorestamento e Colonização em Divisão de Terras e Colonização. Por fim, pelo Decreto-lei n. 1.532, de 23.8.38, a imigração fora considerada um problema político e, como tal, afeto à área decisória do Ministério da Justiça e Negócios Interiores. Artur Hehl Neiva, ob. cit., pp. 228-30.

8. Péricles Madureira de Pinho, "A legislação social e a agricultura", em *Cultura Política*, n. 6, agosto 1941, e Ademar Vidal, "Condições sociais do camponês da região nordestina", em *Cultura Política*, n. 6, agosto 1941.

9. Beneval de Oliveira, "Variações sobre povoamento e política demográfica", em *Cultura Política* n. 33, outubro 1943. Artur Neiva, ob. cit.. pp. 233-37. Decretos-leis n. 1.968, de 17.1.40; n. 2.610, de 20.9.40, e n. 3.059, de 14.2.41.

10. Rudolf Aladar Métall, "Política social e política sanitária", em *Cultura Política*, n. 24, fevereiro 1943, p. 13.

11. Adalberto de Lira Cavalcanti, "Higiene mental do trabalho", em *Cultura Política*, n. 17, julho 1942, p. 203.

12. O artigo de Rudolf A. Métall é rico como exemplo nítido desta orientação da política social do governo Vargas. Rudolf Métall, ob. cit., principalmente pp. 12-4.

13. Sobre a questão da habitação, ver José M. Alencar, "Casa própria, aspiração popular", *Cultura Política,* n. 28, julho 1943, e "O Estado Nacional e o problema das casas próprias — Reportagem especial de Cultura Política", *Cultura Política,* n. 33, outubro 1943. Sobre a política do Estado Novo em relação à família, ver Schwartzman, Bomeny, Costa, 1984. Sobre o abono familiar, *BMTIC,* n. 107 e 108, julho e agosto de 1943.

14. Paulo Augusto de Figueiredo, ob. cit., pp. 56-7.

15. Martins Castelo, "O samba e o conceito de trabalho", em *Cultura Política,* n. 22, dezembro de 1942, pp. 174-75. Sérgio Cabral, "Getúlio Vargas e a música popular brasileira", em *Ensaios Opinião,* Rio de Janeiro, Inúbia, 1975, dá alguns exemplos de sambas do início da década de 40 que exaltam o trabalho, conforme orientação do DIP.

16. *BMTIC,* n. 120, agosto de 1944, pp. 343-5, e n. 119, julho de 1944, p. 288.

17. *BMTIC,* n. 100, dezembro de 1942, pp. 326-8.

18. *BMTIC,* n. 103, março de 1943, pp. 331-3. A tentativa de reorganização da previdência não logrou êxito, pois enfrentou sérias resistências. Tentada mais uma vez em 1954, só se realizou no pós-64.

19. Os levantamentos são publicados nos *Boletins do MTIC* de abril e julho de 1935; de fevereiro de 1936; de junho de 1937 e de novembro de 1939.

20. *BMTIC,* n. 102, fevereiro de 1943, pp. 320-8.

21. *BMTIC,* n. 118, junho de 1944, pp. 331-3. Barros Vidal, "A sindicalização no Brasil", em *Cultura Política,* n. 37, fevereiro de 1944. Vê-se que desde os anos 40 a origem rural do trabalhador era tomada como variável explicativa para as características do movimento sindical.

22. Em sua entrevista, Segadas Vianna é categórico quanto à intenção que animou a criação do imposto sindical. O sindicato precisava de fundos para poder atrair associados, e o imposto resolveria esta questão. Depoimento de Segadas Vianna ao CPDOC, 1983, Fita 7, pp. 9-12. Ver também *BMTIC,* n. 94, junho de 1942, quando Marcondes fala sobre o imposto sindical, e Vianna, 1978.

23. Depoimento de José Segadas Vianna ao CPDOC, 1983, Fita 5, pp. 4-12.

24. Barros Vidal, ob. cit., pp. 83-6, e palestras de Marcondes Filho em abril de 1943, *BMTIC,* n. 105, maio de 1943. A CTOS foi criada pelo Decreto-lei n. 5.199, de 16.1.43.

25. Curso de Orientação Sindical, Rio de Janeiro, Edição da CTOS, *BMTIC,* s/d.

26. Barros Vidal. ob. cit.

27. *BMTIC,* n. 108, agosto de 1943, p. 335.

28. Oliveira Vianna, "A política social da revolução", citado por Fernando Callage, "Justiça social humana e cristã", em *Cultura Política*, n. 17, julho de 1942.

29. Por ocasião do cinquentenário da *Rerum Novarum*, o Ministério do Trabalho mandou cunhar duas medalhas comemorativas. Vale a pena transcrever um trecho do discurso ministerial descrevendo-as: "Na primeira (medalha), a figura de Leão XIII, inspirador da Justiça Social no mundo moderno. Na segunda, a efígie de Getúlio Vargas, instaurador da Justiça Social no Brasil. E porque o pensamento sem ação nada realiza quando o espírito quer reformar o panorama da vida, devemos dizer que, nos serviços à causa dessa Justiça em nossa terra, a glória das duas individualidades é equivalente". *BMTIC*, n. 94, junho de 1942, p. 373.

30. Rudolf Aladar Métall, "Os sindicatos como intermediários entre o indivíduo e o Estado", em *Cultura Política*, n. 36, janeiro de 1944, p. 27.

31. João da Rocha Moreira, "O Estado Novo e o problema trabalhista", em *Cultura Política*, n. 4, junho de 1941, pp. 58-61.

32. Rudolf A. Métall, ob. cit., p. 27.

33. João da Rocha Moreira, ob. cit., pp. 61-2 (grifos do autor).

34. Fernando Callage, "Do sindicalismo de Sorel ao sindicalismo corporativista brasileiro", em *Cultura Política*, n. 10, dezembro de 1941, p. 16.

35. *BMTIC*, n. 124, dezembro de 1944, discurso de 3.11.44, pp. 326-8.

36. Idem, p. 328. Os três tipos de corporativismo que Marcondes identificava eram o integral, o misto e o econômico, sendo este último o vigente no país.

37. *BMTIC*, n. 124, dezembro de 1944, discurso de 11.11.44, p. 330.

38. *BMTIC*, n. 129, maio de 1945, p. 381. No *BMTIC*, n. 93, maio de 1942, p. 352, Marcondes também enfatizava este ponto dizendo que a lei estabelecia a sindicalização unitária por município e que existiam 1.700 municípios: "Assim dada a extensão territorial, podem existir mais sindicatos unitários no Brasil que sindicatos livres em muitas outras nações. (...) a nossa sindicalização unitária é múltipla."

Capítulo VIII
Do Trabalhismo ao PTB

1. As primeiras articulações

O que a ação do Ministério do Trabalho, Indústria e Comércio e do Departamento de Imprensa e Propaganda deixa claro é que o Estado Novo, a partir de 1942/3, engajou-se em um importante esforço político de fortalecimento de sua estrutura sindical-corporativista. Se até os anos 40 não causara espécie ao governo o esvaziamento sindical, a partir deste momento sua estratégia e objetivos foram reorientados pela tentativa de consolidação de um verdadeiro pacto social com as classes trabalhadoras. A promulgação da Consolidação das Leis do Trabalho em 1º de maio de 1943, a criação e as atividades da Comissão Técnica de Orientação Sindical e os reajustamentos do salário mínimo (Decretos-leis n. 5.977 e n. 5.978, ambos de 1943) são algumas iniciativas que atestam a importância do novo *front* que se abria para o regime. Desta forma, se em seu formato político o Estado Novo não se sustentava mais — se a *"democracia autoritária"* era inviável dentro da nova situação internacional e nacional —, o impacto ideológico de um projeto governamental centrado na mitologia do trabalho e do trabalhador tinha desdobramentos mais complexos.

Dentro deste contexto, é possível vislumbrar que um destes desdobramentos incluiu o enfrentamento de uma questão de novo tipo para o regime: a questão político-eleitoral. Ou seja, foi a partir dos primeiros anos da década de 40 que o Estado Novo, através da ação do ministro Marcondes Filho, começou a desenvolver iniciativas que indicavam a preocupação com outro tipo de instrumento de representação que, além dos sindicatos (mas sem dúvida a eles articulado), deveria contribuir para a transição do autoritarismo. O número, o formato, a composição e a ideologia destes partidos são questões que passaram a ser ventiladas na medida em que o regime desencadeou o seu próprio processo de reforma constitucional. Assim, a questão partidária era ao mesmo tempo um item da agenda daqueles que queriam conduzir o processo de transição e uma arma de luta para os que, cada vez mais forte e abertamente, desejavam uma ruptura com o Estado Novo.

É preciso neste sentido recordar que desde meados dos anos 30 — quando das eleições para a Constituinte —, o problema da organização e mobilização partidárias não se colocava de forma tão nítida para o país. Muito se discutira naquela ocasião. A viabilidade e a pertinência da formação de um partido nacional haviam sido testadas sem grande sucesso. A resistência e a força de organizações partidárias estaduais mostrara, ainda uma vez, sua presença. A formação da Aliança Nacional Libertadora e da Ação Integralista Brasileira, cuja atuação e impactos se deram numa órbita que apenas tangenciava o episódio eleitoral, recolocou o problema em novos termos. Os índices de mobilização conseguidos e sobretudo seu teor ideológico — em ambos os casos radical, em contraste com os tradicionais apelos partidários — acenderam dúvidas e temores. Mas toda esta efervescência política não teve curso, interrompida inicialmente em 1935 pela Lei de Segurança Nacional e posterior e definitivamente pelo golpe de 1937 (Gomes, 1980).

O interregno então iniciado não foi pequeno, ainda mais se nele for computada a construção de um discurso que via nos partidos a encarnação do liberalismo falido e do regionalismo desintegrador da nação. A tarefa de retomar o fio da meada e compatibilizar a experiência do Estado Novo com a necessidade de formação de partidos era no mínimo árdua e exigia altas doses de criatividade política.

É extremamente difícil reconstruir com segurança as primeiras iniciativas que envolveram a questão da formação de um partido governista no início dos anos 40. Sem dúvida, o clima político geral induzia ao estabelecimento de articulações com vistas à organização de um instrumental político capaz de, reunindo os setores mais fiéis a Vargas, evoluir progressivamente para um momento no qual o regime não mais iria sobreviver.[1] Esta fidelidade, obviamente, incluía tanto áreas cujo maior vínculo era o interesse fundado na participação no poder, quanto áreas cujo vínculo era o controle estabelecido sobre a classe trabalhadora durante os anos 42-44. Ou seja, estavam ligados ao governo sua cúpula executiva e burocrática (os políticos e novos técnicos da administração pública) e sua nova máquina sindical e previdenciária. Esta era composta pelas lideranças dos sindicatos e institutos e também por massas trabalhadoras que vinham sendo atraídas pelo discurso e pelas medidas do Ministério do Trabalho, Indústria e Comércio.

Esta heterogeneidade de apoios políticos, se de um lado constituía um grande trunfo para o regime, de outro implicava sérias dificuldades, sobretudo quando a questão era encarada sob o prisma de operacionalizar um instrumento de representação partidária. Contudo, a este primeiro grande desafio à inventividade política, somava-se um outro que envolvia basicamente uma questão de ritmo na condução do processo de transição.

Neste sentido, era tão fundamental elaborar uma estratégia solidamente estruturada em apoios políticos, quanto implementá-la sem pressa ou sem morosidade. A situação é exemplar para ser ilustrada pela tradicional piada de nosso folclore: o político precisa abandonar um cenário conturbado em velocidade estudada, isto é, com vagar que não pareça provocação e com rapidez que não pareça medo. O exame destes anos que vão de 1942 a 1945 demonstra que ambos os desafios foram enfrentados e que talvez a questão do *timing* tenha sido até mais crucial para Vargas.

Tudo indica que foi a partir do final do ano de 1941 que os primeiros esforços mais diretamente ligados com a questão da formação de um partido começaram a ser desenvolvidos no Brasil. Alguns depoimentos convergem na localização deste momento e, mais significativamente, na caracterização do conteúdo da ideia então articulada.[2] Tratava-se de começar a montar uma organização cuja fachada deveria ser cultural, mas cujo objetivo prioritário seria constituir-se numa grande base de apoio político para o presidente Vargas. O diagnóstico que orientava os propugnadores da ideia era o de que Getúlio tinha imensa força política — particularmente entre os trabalhadores — mas que esta força encontrava-se desorganizada e, portanto, era ineficaz.

Segundo a narrativa de Cesarino Júnior — que assume a paternidade do projeto —, Vargas concordou com o início dos movimentos. Foi nesta ocasião que ele, Cesarino, procurou Marcondes Filho, antigo deputado paulista e homem mais velho e experiente. A ideia era criar a União Cultural Brasileira, que deveria encarregar-se de uma ampla campanha de esclarecimento sobre o governo Vargas, tendo em vista a possível realização de um plebiscito no país.[3] Para tanto, seriam fundados núcleos culturais da União em todos os estados e municípios possíveis, de forma que, quando fosse necessário, o presidente teria em embrião suas bases partidárias. O modelo inspirador do projeto era a União Cívica Radical argentina, e no nosso caso a palavra *Cultural* seria mudada para *Cívica* no momento conveniente. A UCB nascia para reunir o que de mais expressivo política e intelectualmente existisse no país em termos de lideranças, mas voltava-se igualmente para solidificar a difusa presença de Vargas entre os trabalhadores.

O projeto chegou a ser iniciado. Cesarino redigiu os estatutos da UCB e Marcondes o seu manifesto. Ambos teriam sido apreciados e aprovados por Vargas, escolhido como presidente honorário da entidade. Justamente neste momento, ainda segundo Cesarino, aventou-se a possibilidade de um dos dois articuladores do projeto ser nomeado para a pasta do Trabalho. A escolha acabou recaindo em Marcondes, o então presidente da UCB. Portanto, sob esta ótica, a nomeação de Marcondes se explicaria basicamente pelos esforços que já estariam sendo desenvolvidos tendo em vista a continuidade política de Vargas. Cesarino, o vice da UCB, foi nomeado para o recém-criado cargo de corregedor-geral da Justiça do Trabalho, tendo acesso a todas as Delegacias Regionais do Trabalho e devendo viajar por todo o país para fiscalizar a nova justiça. Desta forma, poderia afastar-se de suas aulas na Faculdade e de seu escritório em São Paulo, dedicando-se apenas à organização dos núcleos da UCB.

Pelas narrativas, fica evidente que o Ministério do Trabalho era o ponto de apoio-chave para a organização da UCB e que esta entidade cultural deveria reunir todos os apoios ao presidente. O objetivo era formar um grande e único partido, que angariasse a simpatia dos políticos do regime e das novas lideranças e massas sindicais. Mas a iniciativa acabou não sendo bem-sucedida, e as razões de seu fracasso não ficam muito claras. O ponto em que os depoimentos voltam a convergir ilustrativamente é o da reação dos interventores junto a Vargas. Não se pode saber se esta reação teria tido como móvel o quase veto de Marcondes à participação dos referidos interventores na UCB, conforme a versão de Cesarino Júnior. Segundo ele, Marcondes queria o controle do futuro partido e temia a presença da forte liderança estadual, que por isso se mobilizou e sustou o projeto. Nesta perspectiva, os interventores desejavam participar, mas não aceitavam uma posição subordinada. Contudo, a reação das lideranças estaduais também pode ser interpretada como um bloqueio à própria natureza do projeto, que combinava elites políticas e classe trabalhadora em um só partido, que indiscutivelmente afigurava-se como um partido de massas.

A União Cultural Brasileira acabou por não sobreviver, mas o ministro Marcondes conseguiu dar prosseguimento ao espírito do plano. Toda sua atuação na pasta do Trabalho foi como que uma campanha de esclarecimento sobre o governo Vargas tendo em vista a mobilização da classe trabalhadora. Mais do que isto, seu objetivo último era conduzir o regime em sua transição do autoritarismo. O ponto que permanecia em suspenso era justamente o da compatibilização entre a ação do ministro e a dos interventores estaduais.

O abandono do projeto da UCB não significou, portanto, uma despreocupação com a necessária transformação institucional do regime. O que se verifica é um deslocamento de ênfase, da questão da construção de um partido, para a questão da reforma constitucional. Para o entendimento desta nova prioridade política, é de fundamental importância a declaração de guerra do Brasil aos países do Eixo. Isto porque a entrada do Brasil na guerra significou a suspensão do chamado primeiro período presidencial. A Constituição de 1937 estabelecera um primeiro período de vigência do regime, que se encerraria em novembro de 1943 e dentro do qual se deveria realizar um plebiscito com o objetivo de avaliar, por consulta popular e a partir de uma experiência real, os erros e acertos da Carta Constitucional. A declaração do estado de guerra (Decreto-lei n. 10.358, de 31.8.42) veio não só adiar a realização do plebiscito, como dilatar o prazo deste primeiro período presidencial até o fim do estado de guerra.

Assim, na prática, se a guerra vinha colocar na ordem do dia as críticas ao Estado Novo, ela permitia ao regime uma manobra legal que transferia *sine die* qualquer reforma institucionalmente mais substantiva. O estado de guerra acabava por ter efeitos contraditórios. De um lado, abria espaços políticos crescentes para articulações de cunho liberal, que ao longo dos anos de 1943-4 não pouparia o regime, mas, de outro, fortalecia os condutores da política nacional, que podiam apelar quer para a união dos esforços no combate ao inimigo externo, quer para o despropósito e a inoportunidade de desencadear, internamente, debates políticos que agitassem e desestabilizassem o regime.

Sem dúvida, a organização de um partido *"do"* presidente — mesmo com fachada cultural — poderia soar mal neste contexto político e ser um pecado capital no enfrentamento das questões da transição. Por esta razão, o discurso do ministro Marcondes, desde meados de 1942 até pelo menos meados de 1944, sustentou que toda e qualquer iniciativa que envolvesse procedimentos eleitorais deveria ficar adiada para depois da guerra.[4] Desta forma, a questão partidária ficava como que em suspenso. Mas foi justamente neste período que se desencadeou a mais forte investida do ministério na área da sindicalização: o ano de 1943 foi o da criação e atuação da Comissão Técnica de Orientação Sindical, e foi também o ano em que claramente se falou da necessidade de estender a legislação social ao campo, o que envolvia teoricamente a questão da sindicalização rural.

A relação destes fatos com a política de redemocratização encaminhada nos ministérios do Trabalho e da Justiça é inquestionável. A partir do segundo semestre de 1942, pode-se verificar que cuidadosos estudos foram dedicados ao planejamento de uma segura estratégia de enfrentamento da questão política e constitucional do país.

2. Reforma constitucional e campanha eleitoral

De forma inequívoca é possível delinear o projeto que a partir deste momento orientou as iniciativas governamentais. Não se tratava mais de articulações oficiosas, mas do real planejamento de um processo de transição por um *staff* governamental ligado predominantemente ao Ministério da Justiça. Seu ponto de partida era dar cumprimento aos procedimentos previstos na Carta de 1937, visando à legalização do regime. O Estado Novo recorreria à implementação de seu texto de fundação, justamente tendo em vista sua inevitável transformação.

A Constituição, conhecida como a *"Polaca",* estabelecia uma série de medidas para o reconhecimento do regime. Elas incluíam, em primeiro lugar, a realização de um plebiscito que, submetendo o texto constitucional à consulta popular, pudesse não só realizar as correções consideradas necessárias, como também dar legitimidade ao regime. O plebiscito funcionaria como um aval muito especial, pois se estaria consultando a população a respeito de um texto constitucional já *"testado".* Era óbvio que o que estava sendo plebiscitado, através do texto constitucional, era o próprio *"espírito do regime".*

Após o plebiscito, a ser realizado durante o primeiro período presidencial, é que seriam convocadas eleições gerais para o Parlamento e para o segundo período presidencial. Desta forma, o país reencontraria uma ordem constitucional e política legal e legítima. Contudo, a execução deste projeto inicial teria que sofrer alguns ajustes, tendo em vista a defasagem ocorrida entre o momento da produção do texto constitucional e o momento em que se aventava pô-lo em prática. Ficava muito claro que a Carta de 1937 teria que sofrer algumas reformas, sem as quais o plebiscito se tornaria arriscado para o regime. Entre elas estaria a determinação de que a eleição do presidente deveria se processar através do pleito direto, não mais se permitindo ao chefe do governo a prerrogativa da escolha de seu sucessor.

A condução desta estratégia significava que o governo estaria investindo em duas frentes correlatas: na realização de uma reforma constitucional que contornasse certos aspectos da Carta de 1937, tornando-a mais adequada aos novos tempos, e na preparação de eleições, de forma que este acontecimento se processasse sem ameaçar o patrimônio político do Estado Novo e de seu presidente. Evidentemente, o regime aplicou-se neste planejamento esperando manter o controle político do processo, tanto no sentido de desencadear as iniciativas políticas, quanto no sentido de conter os níveis de oposição. O fato de ambos os acontecimentos — plebiscito e eleições — estarem previstos para um momento posterior à guerra ilustra o tipo de expectativa com que se partia para a execução do projeto.

É dentro deste contexto que se pode entender igualmente o espaço ocupado pela discussão do problema partidário. Esse problema foi apagado, embora de forma alguma esquecido. Um episódio é particularmente ilustrativo desta questão. Segundo o depoimento de Segadas Vianna, então assessor técnico de Marcondes Filho, no segundo semestre de 1942 ele foi procurado pelo ministro, que o incumbiu de realizar estudos sobre o texto constitucional, tendo em vista "abrandar" um pouco a parte referente ao Conselho de Economia Nacional.[5] Este conselho fora previsto como o órgão de cúpula de nossa organização corporativa e originalmente dispunha de poderes legislativos. Em princípio, o conselho deveria ser instalado antes da realização das eleições, já que também funcionaria como órgão consultivo do Parlamento. Dessa forma, o conselho poderia ser visto como o primeiro anúncio do efetivo compromisso do regime com as disposições previstas em sua Carta Constitucional.

Contudo, a instalação deste conselho só poderia ser feita mediante a sindicalização de todas as classes, o que incluía formalmente o enfrentamento da questão da sindicalização rural. Assim, era justamente a estratégia de transição desenvolvida pelo governo que justificava o aparecimento da proposta de um projeto de sindicalização rural. Ela deveria ser feita com rapidez, envolvendo um mínimo de benefícios para o trabalhador do campo. Mas era essencial para o curso do projeto governamental, que teria justamente início com o funcionamento do Conselho de Economia Nacional.

O teor do estudo requerido por Marcondes era claro. Era preciso extirpar certas atribuições do conselho, como suas funções legislativas, por exemplo. Mas, mais do que isto, o que transparecia para Segadas Vianna era a intenção de, num futuro próximo, serem convocadas eleições. Foi com esta preocupação que ele, aproveitando a incumbência, teria elaborado a proposta de criação de um partido nos moldes do Partido Trabalhista Britânico. Isto é, um partido com bases nas massas trabalhadoras e que deveria constituir-se em divisor de águas — entre a extrema esquerda e a extrema direita. Esta ideia, ainda segundo Segadas Vianna, seria levada até Vargas, que manifestou-se com um *"aguardar"*.

Foi também a partir desta ocasião que Segadas Vianna teria iniciado a organização dos Centros de Estudos Políticos Econômicos e Sociais, entidade que, também sob uma fachada cultural, tentaria estruturar-se junto à área sindical. Os centros, que nunca tiveram existência jurídica, funcionaram, mesmo que precariamente, em diversos estados. Organizados com *"alguns dos melhores líderes sindicais e também com alguns pelegos"*, eles tiveram núcleos no Distrito Federal, em São Paulo (com Frota Moreira), em Minas Gerais (com Ilacir Pereira Lima) e na Bahia (com Herosílio Baraúna).

Sem dúvida é extremamente difícil avaliar a importância desta iniciativa que parece datar de 1943, ou seja, do mesmo ano em que o Ministério do Trabalho desencadeou sua campanha de sindicalização. Se os centros tiveram algum índice de atuação substancial, não se pode ao certo saber. O que é significativo é a emergência de uma proposta que não mais procurava reunir numa mesma organização lideranças estaduais e lideranças sindicais. É bem possível inclusive que, conforme indicação de Segadas Vianna, tenha havido uma certa linha de continuidade entre os centros e o PTB. De fato, os elementos que foram seus organizadores vieram a integrar este partido desde seus inícios, e foram nomes de grande importância em seus respectivos estados.[6] Neste sentido, o episódio é exemplar e ilustra o tipo de vinculação existente entre reforma constitucional e campanha eleitoral, e também o tipo de lugar que a questão da organização de partidos passou a ocupar.

Assim, é sintomático que um dos estudos mais bem-acabados sobre o encaminhamento do problema constitucional-eleitoral no Brasil, o "Plano B", conservado no arquivo de Vargas, tenha início com uma reflexão sobre partidos políticos. Este documento secreto, concluído em dezembro de 1943, é revelador.[7] Em primeiro lugar, porque ele demonstra indiscutivelmente que todas as iniciativas desencadeadas pelo Ministério do Trabalho integravam um grande projeto político, cujo objetivo básico era garantir a continuidade de Vargas no poder. Em segundo lugar, porque fica claro que a execução deste projeto fundava-se primordialmente na utilização da nova máquina sindical previdenciária, alimentada com recursos e acarinhada com palavras durante os anos 40. Em terceiro lugar, porque fica evidente o empenho com que o regime tratava das questões de propaganda, consideradas centrais para o recurso de todo o projeto governamental.

Logo de início vê-se que o eixo de preocupações dos autores deste "Plano B" não era a reforma constitucional propriamente dita, mas a questão eleitoral, vista como o ponto-chave capaz de transformar tendências arraigadas na prática política de nosso país. Considerando-se que uma das atribuições governamentais na condução do processo de redemocratização era a elaboração de um novo Código Eleitoral, tornava-se imprescindível refletir sobre suas possíveis características e preparar o terreno para sua aplicação. Este fato é por si só interessante, pois fica demonstrado que, a despeito dos vários estudos realizados tendo em vista alterações constitucionais,[8] não era por esta via que se avaliava a possibilidade maior de continuidade do regime e do presidente. A questão constitucional e o plebiscito eram apenas expedientes no encaminhamento do processo. Chegava-se mesmo a aventar um descarte da consulta popular, já que as reformas necessárias poderiam ser feitas pelos próprios elementos do governo.[9]

De maneira muito distinta era encarada a questão da organização eleitoral. Era ela o ponto nevrálgico de toda a estratégia governamental. É certamente por isso que o "Plano B" parte de um diagnóstico sobre o problema dos partidos políticos. A afirmação básica que orienta toda a reflexão do plano é a de que *"os partidos políticos, apesar de dissolvidos, ainda são a expectativa dos velhos chefes estaduais para o retorno ao poder"*. Em toda nossa história os partidos nada mais tinham sido do que *"a soma de argumentos dos vários chefes, que reuniam sob a sua direção cabos eleitorais cuja força, por sua vez, se assentava sobretudo nos serviços de alistamento de um eleitorado mais ou menos pessoal".*[10]

Os seis anos de vigência do Estado Nacional em muito haviam alterado a realidade política do país, mas não tinham sido suficientes para a total desarticulação do antigo partidarismo. Tendo por base esta conclusão, o prognóstico feito no documento era de que, caso houvesse uma eleição *"em estilo antigo"*, seria bem provável o restabelecimento parcial dos velhos quadros políticos *"profissionais"*. Fica claro, pelo desenrolar do texto, que este era um risco que não podia ser corrido pelo regime. Desta forma, era aconselhável só realizar eleições após a guerra, principalmente fazê-las pelo processo mais rápido possível. Assim *"o anseio da população"* estaria sendo atendido e as necessidades do Estado estariam sendo resguardadas. Realizar eleições rapidamente, evitando o retorno aos tradicionais procedimentos localistas, implicava atingir fundamentalmente o centro da força dos antigos partidos: o processo de alistamento eleitoral. Era através dele que a máquina partidária realizava a conexão primeira entre eleitor e cabo eleitoral, para depois complementar-se com os vínculos entre chefes municipais e estaduais. Atingir o processo de alistamento eleitoral era ferir a base de organização dos partidos *"locais"*.

A análise, portanto, identificava a *"velha"* estrutura partidária — partidos regionais, processo eleitoral *"a bico de pena"* etc. — como o principal obstáculo para o regime, considerando ainda que seis anos de excepcionalidade política era pouco tempo para sua desmontagem. A perspectiva era não apenas de sua sobrevivência, como ainda de sua vitalidade. Daí a necessidade de uma rápida e certeira atuação.

A alternativa que os planejadores de uma nova política eleitoral ofereciam a Vargas era a implementação de um sistema de alistamento que evitasse a inscrição individual de todos os eleitores do país para a formação da massa votante. Para tanto, seria necessário apenas que a nova Lei Eleitoral *"considere desde logo alistados e mande entregar os respectivos títulos a todos aqueles que já reúnam legalmente os requisitos que a própria lei vai exigir do alistando"*. Isto poderia ser feito facilmente, desde que se utilizassem os elementos inteiramente novos criados pelo Estado Novo, que eram as forças agremiativas representadas pelas organizações sindicais e pelas instituições de previdência. Sendo instituições de âmbito nacional, constituiriam *"um aparelho distribuidor dos mais completos, para títulos, instruções, chapas etc."*. Na verdade, seria correto supor que a maioria dos futuros eleitores já pertencia aos quadros dos sindicatos, dos Institutos de Previdência e de outras instituições que expediam cadernetas mediante apresentação de certos documentos.

Processo eleitoral rápido, com as novas bases para o alistamento centradas nos órgãos agremiativos de classe. Esta era a fórmula proposta para uma bem-sucedida transição eleitoral do regime. Mas, o documento continua, para que tal plano fosse bem-sucedido, eram necessárias inúmeras providências que, caso ainda não iniciadas, deveriam ser postas em prática ainda no primeiro semestre de 1944. Segue-se então uma enumeração de 22 pontos que constituem uma verdadeira plataforma de campanha presidencial para Vargas e um projeto político centrado no papel das organizações sindicais. A leitura destes pontos revela o extremo cuidado tanto com a propaganda eleitoral de Vargas (quadro de *speakers* para a futura campanha, biografia, filmes, cartazes etc.) quanto com o encaminhamento do processo eleitoral.

Neste caso, fica evidenciado o papel dos Institutos de Previdência como órgãos alistadores, e a situação privilegiada das direções sindicais que, controladas através de um prontuário, ficariam encarregadas da indicação de nomes para cargos da administração estadual e também para as futuras chapas de vereadores. O que deve ser ressaltado na observação destes pontos é que o projeto procurava articular a ação dos interventores com a ação da máquina sindical. O que se buscava era a execução de um esforço conjunto diretamente orientado pelo presidente da República (há menções a circulares) e pelo Ministério do Trabalho. Na área de atuação do ministério, é fundamental destacar a posição-chave ocupada pelas Delegacias Regionais do Trabalho. O ponto n. 13 do "Plano B" refere-se especialmente às transformações de que seriam objeto: os cargos de delegados deveriam ser cargos em comissão (logo, cargos de confiança do ministro), de forma que seus ocupantes fossem pessoas *"de capacidade e eficiente autoridade sobre os sindicatos"*, devendo inclusive presidir as futuras juntas eleitorais estaduais e municipais.

A reorganização das Delegacias Regionais, estendendo a orientação política do ministério, vinha sendo tentada desde 1943, conforme atesta documento de inícios de 44. Nele o Ministério do Trabalho *"queixa-se"* das dificuldades criadas pelo Dasp para a complementação deste importante ponto de sua reforma administrativa. Mas ela seria efetuada ainda no decurso de 1944, e sua importância política foi duradoura, pois extravasou o período do Estado Novo, prolongando-se pelo governo Dutra.

Outra característica fundamental deste "Plano B" é que ele não faz qualquer menção explícita à necessidade de se criar uma organização de tipo partidário. É possível, sem dúvida, entender toda esta montagem — delegados regionais, diretorias sindicais, administração dos institutos — como o lançamento de bases para um futuro partido. Mas não se coloca abertamente esta preocupação, o que naturalmente não acontece por acaso. Neste sentido, a preparação para a futura redemocratização e para a campanha eleitoral de Vargas parece seguir outra lógica.

Duas observações têm permanência em face deste tipo de proposta. De um lado, o fato de os partidos estarem sendo avaliados como ameaça à continuidade de Vargas acabou por desembocar numa estratégia que não previa a organização de mediadores partidários de tradicional inspiração liberal-democrata. Em nenhum momento o documento sugere qualquer providência com este objetivo específico, embora preveja uma ação contundente do par de forças lideranças estaduais e lideranças de trabalhadores. É como se as eleições fossem ocorrer sem competição partidária, isto é, fora do modelo clássico.

De outro lado, o texto considera a existência de um candidato à presidência: Getúlio Vargas. Sua campanha estava sendo projetada com todo o cuidado, de forma realmente a criar *"um ambiente nacional que ninguém conseguirá vencer"*. Mas o nome de Vargas emergia como o de um candidato único, cuja autoridade para conduzir o país era indiscutível, e não como o de um competidor que se preparava para o jogo político eleitoral. É como se o processo de transição se encaminhasse de tal forma que seu término fosse a eleição de Vargas, sem que qualquer tipo de transtorno pudesse surgir como ameaça. Certamente, com esta perspectiva, tornava-se desnecessária a preocupação com a questão da organização partidária. Iniciativas desta natureza, se não eram combatidas, deveriam realmente *"aguardar"* o curso dos acontecimentos.

O ano de 1944 poderia ser entendido assim como o ano da campanha eleitoral de Vargas, e nada atesta melhor esta conclusão do que o documento do Ministério do Trabalho, também secreto, que faz um balanço do andamento das providências sugeridas pelo "Plano B".[11] No início de 1944, o ministério já possuía a relação dos inscritos nos institutos e caixas e o fichário das diretorias sindicais; já elaborara e aprovara o projeto de decreto-lei de sindicalização rural, e já esboçara o anteprojeto que concedia valor de título eleitoral às carteiras profissionais ou de identidade, ou seja, que implantava o alistamento *ex officio*.[12]

As medidas atinentes à propaganda eleitoral estavam praticamente em fase de conclusão, sendo a ação do Ministério do Trabalho seu suporte primordial, sem desconsiderar o desempenho do DIP que, embora criticado, ainda era uma peça central do regime. O 21º ponto do "Plano B" era a síntese de tudo o que se queria alcançar: a fixação no grande público das inúmeras qualidades de Vargas (o texto enumera nada menos que dezesseis!) e, portanto, da impossibilidade de qualquer outro nome para a presidência.

No primeiro semestre de 1944 Marcondes passou a falar diariamente pela Rádio Mauá. Em maio, Vargas anunciou a lei de sindicalização rural. Em agosto, pela *Hora do Brasil,* o ministro deu início à sua série de palestras sobre a Carta de 1937, tendo em vista o lançamento de um livro. A campanha ministerial estava completamente centrada no enaltecimento da figura de Vargas e de sua política trabalhista.

Mas nos meses finais deste ano a situação tomou novos rumos. A ruptura do encaminhamento previsto para a questão eleitoral é nítida. O regime perdia o controle de uma condição básica para a sua continuidade: a *"inibição"* das oposições em níveis considerados razoáveis. O fato básico que atesta esta perda de controle é a articulação da candidatura do brigadeiro Eduardo Gomes. Neste sentido, é preciso observar que não se tratava apenas do aparecimento de um outro postulante à presidência, o que já subverteria o projeto original. Tratava-se de um militar cuja candidatura tinha certamente origens militares e provavelmente contava com a indulgência dos americanos. Eduardo Gomes encontrava-se na base aérea de Parnamirim, no Nordeste, em contato permanente com Juracy Magalhães e Ary Parreiras. Este foi o local de gestação de sua candidatura, que começou a ser conhecida pelos círculos oficiais por volta de outubro de 1944.

Até então, as oposições vinham crescendo alimentadas por um clima de descontentamento motivado pela alta do custo de vida, por uma imprensa mais insubordinada e também por episódios que demonstravam claramente as dissensões no interior das elites governamentais. Este é o caso da crise que envolveu o fechamento da Sociedade dos Amigos da América e resultou no pedido de demissão de Osvaldo Aranha do Ministério das Relações Exteriores.[13] Na verdade, as pretensões de Aranha à presidência eram de há muito comentadas, e certamente, até agosto de 1944, seu nome seria dos mais cotados junto às oposições civis. Mas até aquele momento nenhuma articulação mais nítida havia ainda aparecido. Isto fica comprovado pelo discurso de Getúlio Vargas na comemoração do 7 de setembro. Nele, o presidente falou de eleições, mas seguindo basicamente a orientação projetada desde 1942-43: só após o término da guerra seria encaminhada a reforma eleitoral.[14]

A tomada de conhecimento da candidatura do Brigadeiro foi decisiva, pois ela materializou de forma irreversível a frustração do grande projeto articulado pela assessoria de Vargas. Tal como fora concebido, ele não poderia ser aplicado. Este fato foi rapidamente apreendido e pode ser ilustrado por uma carta de Maciel Filho a Marcondes datada de dezembro de 1944. Na carta, Maciel faz uma magnífica análise do momento político e das alternativas abertas aos condutores do processo de transição que começava a despontar como um processo de crise.[15] A seu ver, Getúlio estava se repetindo politicamente e sua estratégia vinha sofrendo uma série de derrotas de grande importância. A primeira delas envolvia a decisão sobre o momento de realização das eleições, pois se sustentara durante muito tempo que elas só deveriam ocorrer depois da guerra. Maciel, neste sentido, coloca que o governo perdera a iniciativa, já que estava sendo forçado a pensar nisto antes, o que certamente estava ligado a uma outra derrota, que podia ser identificada na existência de uma corrente tão forte a ponto de lançar um candidato à presidência da República.

O fato de o governo estar sendo levado a pensar seriamente em não mais condicionar as eleições ao fim da guerra era nítido, e para esta evolução também contribuiu o contexto internacional, especialmente a realização das eleições nos Estados Unidos, dando vitória a Roosevelt. Mas esta situação ainda era analisada como um possível trunfo para Vargas, cuja estratégia deveria consistir numa eleição rápida e praticamente sem preparação eleitoral. Este era o grande receio das oposições, que julgavam que, *"fora de uma surpresa"* venceriam fatalmente, de vez que o tempo estaria contra Vargas. Assim, quanto mais tardasse a convocação eleitoral, mais terreno perderia o presidente, tanto nas urnas quanto nas armas.[16] Maciel confirma esta avaliação ao atestar a Marcondes — como mais uma derrota do governo — a grande diminuição do quadro dos amigos ativos do presidente e o crescimento do número dos neutros ou desinteressados.

Porém, coroando este quadro, podia-se sentir que havia uma outra derrota muito significativa. Se de um lado as oposições cresciam, bafejadas pelo clima político internacional e pelas dificuldades do cotidiano nacional, de outro o governo encontrava problemas cada vez maiores para articular a continuidade de Vargas. A bem construída *"campanha eleitoral"* desenvolvida pelos Ministérios do Trabalho e da Justiça, começava a esbarrar no sério problema de não poder lançar abertamente o nome de Vargas como candidato oficial ao pleito. A candidatura de Eduardo Gomes já era um fato e a ela o governo teria que responder com outro nome. Porém, não era difícil imaginar o grande risco que se corria caso o nome de Vargas surgisse como candidato, estando ele no poder e no controle da elaboração de uma lei eleitoral. As oposições certamente alegariam uma franca manobra de continuidade, questionando a liberdade do pleito. A ilegitimidade da posição de Vargas e das próprias eleições seria um prato farto a ser explorado internamente e também externamente.

Foi a partir do final do ano de 1944 que, mesmo nos planos de reforma constitucional produzidos pelo Ministério da Justiça, começou-se a aventar o nome de um outro candidato do governo à sucessão, o do general Dutra. É preciso observar que Dutra — o candidato da redemocratização — fora um dos principais articuladores do golpe de 1937 e era o ministro da Guerra do Estado Novo. A *"escolha"* de seu nome remetia nitidamente à força dos militares naquele momento, sobretudo à força do Exército, interessado em descomprometer-se com a *"ditadura"*.

Dutra, se de um lado não rompia com a continuidade político-administrativa do Estado Novo (podendo ser aceito pelos "políticos"), de outro apresentava amplas margens de incerteza. Maciel, por exemplo, discute duas hipóteses distintas mas que acabam convergindo para um resultado comum inconveniente. Lançada a candidatura de Dutra, as oposições poderiam aceitá-la e com isto estabelecer uma manobra tão envolvente que em pouco tempo liquidariam toda a situação política vigente. Embora isto pudesse soar paradoxal, era a hipótese mais perigosa. O raciocínio de Maciel fundava-se na possibilidade de as oposições escolherem como seu objetivo principal não a eleição de um certo candidato, mas a substituição da máquina do Estado Novo, o que poderia ser conseguido através de acordos que em muito beneficiariam o nome agraciado com o consenso. Mas mesmo que as oposições sustentassem a candidatura Eduardo Gomes, o lançamento do nome do general Dutra não era uma garantia tranquila de afastamento dos *"adversários"* e sobretudo não era uma garantia de defesa do *"poder do presidente"*.[17]

No entanto, apesar de todos estes problemas, havia uma concordância básica. O nome a ser apoiado pelo governo deveria sair do meio militar, de forma a não possibilitar a congregação de todo o setor em torno de Eduardo Gomes. Desta forma, o nome do general Dutra era o mais adequado hierárquica e politicamente.

O final do ano de 1944 colocou novas peças no cenário político, e os rumos tomados pela questão da transição do autoritarismo se alteraram substantivamente. Dois fatos caracterizam sobremaneira o que se procura ressaltar: a saída de Marcondes Filho do Ministério da Justiça, com a vinda de Agamenon Magalhães, e a volta da temática partidária aos debates e às articulações políticas do momento. Evidentemente, estes dois fatos estão intimamente relacionados, pois Agamenon — juntamente com Amaral Peixoto e Benedito Valadares — seria um dos pilares da criação do Partido Social Democrático, o PSD. Enquanto isto, Marcondes, apenas na pasta do Trabalho, dava prosseguimento às atividades de propaganda em que estava engajado desde 1942. Sua esfera de atuação ficou então bem-demarcada: ele era o homem que fazia a ponte entre Vargas e a classe trabalhadora e que abandonava as articulações com os interventores.

Naturalmente é difícil deslindar os trâmites desta espécie de divisão de trabalho. Contudo, algumas evidências são esclarecedoras. Foi só após a indiscutível presença da candidatura Eduardo Gomes que Vargas retomou sua preocupação com bases organizacionais de nítido caráter partidário. Até então toda a sua estratégia relegara este tema, fixando-se nas articulações diretas entre o poder dos interventores e o poder da nova máquina sindical e previdenciária. Pairando sobre os procedimentos práticos estava a potente difusão de seu nome, como o único e seguro condutor da nação.

3. O presidente e a questão partidária

Em 31 de dezembro de 1944, no tradicional banquete de passagem de ano oferecido pelas Forças Armadas, Getúlio discursou em termos nitidamente distintos daqueles que utilizou no 7 de setembro, anunciando oficialmente à nação a breve execução da reforma constitucional, necessária para a igualmente breve realização das eleições.

Sua decisão, tomada nos meses finais daquele ano, situa os novos problemas que passariam a ser enfrentados a partir daquele momento. A indicação básica de que a política nacional iria realmente sofrer transformações foi dada pelo convite dirigido a Agamenon Magalhães para ocupar a pasta da Justiça. Esta escolha deve ser bem-entendida, assim como o momento em que foi feita. Agamenon era um político com inegável experiência e prestígio. Era um interventor com indiscutível liderança nos meios civis e também com fortes contatos nos meios militares, onde conhecia e mantinha relações amistosas com o brigadeiro Eduardo Gomes. Foi com o objetivo de preparar sua vinda para o ministério que ele viajou sucessivas vezes para o Rio durante este período. Contudo, Agamenon só assumiu o cargo no dia 1º de março de 1945, imediatamente após a promulgação da Lei Constitucional n. 9 (de 28.2.45), que fixava o prazo de noventa dias para que fossem marcadas as eleições e determinava a elaboração de uma lei eleitoral.

Naturalmente este fato não foi mera coincidência. Marcondes encaminhou o processo de transição até este ponto e entregou-o a Agamenon. Segundo o depoimento de Barbosa Lima Sobrinho[18] — um dos homens mais ligados a Agamenon no Rio —, as propostas de Marcondes e Agamenon não eram coincidentes nesta época, Marcondes entendia que a transição deveria ter início com as eleições presidenciais e que a Carta de 1937 — devidamente reformada — poderia ser submetida a um plebiscito, não havendo necessidade de se cogitar de uma Assembleia Nacional Constituinte. Ou seja, Marcondes mantinha, em seus pontos fundamentais, o projeto formulado e encaminhado cuidadosamente em sua gestão. Sustentava o alistamento *ex officio* e naturalmente a possível candidatura de Vargas.

Agamenon, por sua vez, propunha que o processo tivesse início com a convocação de uma Constituinte que, estabelecendo um regime constitucional, possibilitasse a convocação de eleições. O esquema era semelhante ao de 1934, não prevendo nenhum procedimento que consagrasse a inelegibilidade de Vargas. Nesse sentido, o choque entre Marcondes e Agamenon não se devia a uma posição pró ou contra a candidatura de Vargas. Embora ambos já tivessem conhecimento de uma provável candidatura Dutra, sustentavam a possibilidade de candidatar-se. E certamente Getúlio sentiu que o projeto de Agamenon o expunha ainda mais que o de Marcondes, sobretudo pelas crescentes perdas de prestígio junto ao setor militar.

O descarte do projeto de Agamenon não significou, inicialmente, o descarte da continuidade do nome de Vargas como candidato. Isto só parece ter acontecido após 22 de fevereiro de 1945, dia em que foi publicada a famosa entrevista de José Américo de Almeida ao *Correio da Manhã*, pela manhã, seguida de outra à tarde, a *O Globo*, na qual o nome de Eduardo Gomes era anunciado a toda a nação como o candidato de oposição. O clima político sofreu mais uma precipitação que, sem dúvida, foi respondida pela Lei Constitucional n. 9 do dia 28 de fevereiro, e pelas declarações de Vargas em discurso proferido no Automóvel Clube do Brasil no dia 11 de março. Desta feita, já com Agamenon no Ministério da Justiça, Vargas afirmou, pela primeira vez em público, que não seria candidato nas próximas eleições.

Um outro problema também entrou em debate neste período preparatório da posse de Agamenon e decisivo para os futuros rumos políticos do país: a questão da legislação eleitoral. Era ponto pacífico que esta seria uma atribuição de Vargas e que sua condução era absolutamente crucial para o resultado das urnas. A elaboração do novo Código Eleitoral ficou sob o encargo de Agamenon que, assumindo o ministério no dia 1º de março, já no dia 9 instalou uma comissão com este objetivo. Mais uma vez o fato é significativo, porque sem dúvida Marcondes também possuía uma proposta de lei eleitoral que vinha sendo articulada por seus assessores e cujo espírito fundava-se justamente no diagnóstico, já comentado, da importância do processo eleitoral. Mas, segundo Ernani do Amaral Peixoto, a lei de Marcondes era *"uma vergonha"*, pois se prestava a todo o tipo de fraude. Permitia *"o alistamento em massa, e o processo de apuração era o mais precário possível"*. Amaral narra que ele próprio protestou junto a Vargas e o preveniu das possíveis reações a uma iniciativa deste quilate. Agamenon veio justamente corrigir os exageros desta proposta. O único ponto mantido e que suscitou reclamações foi o alistamento *ex officio*. No entanto, para Amaral, essa reação era infundada, pois o alistamento direto seria impossível em face do aumento do contingente eleitoral.[19]

Ao reunir pela primeira vez a comissão encarregada da elaboração do Código Eleitoral, Agamenon transmitiu-lhe uma orientação básica, conformada em cinco pontos, entre os quais figurava a adoção do alistamento simples e extenso. Os demais pontos eram: o voto secreto, a justiça eleitoral autônoma, a apuração rápida e imediata e os partidos nacionais. Este último ponto é particularmente significativo, porque indica que quando Agamenon assumiu o ministério a discussão sobre a questão partidária já havia ocorrido e chegara a termos definidos. Dada a tradição regionalista da política brasileira, as decisões sobre a questão partidária certamente tinham que passar pela discussão das alternativas partidos regionais ou partidos nacionais. Neste aspecto, todos os depoimentos convergem ao assinalar que apenas Fernando Costa (interventor paulista) e Benedito Valadares (interventor mineiro) defendiam a ideia dos partidos regionais.

Porém, não era esta a única dificuldade existente para a montagem de novos instrumentos partidários. Havia que se decidir sobre o *"tipo"* de partido *"situacionista"* que iria ser formado, isto é, em que bases se estruturaria sua força. Embora seja difícil acompanhar o curso dos acontecimentos, fica claro que quando Agamenon assumiu o comando da política de redemocratização, já se havia decidido não só que os partidos seriam nacionais, como que ele — aliado especialmente aos interventores dos estados do Rio de Janeiro, Minas, São Paulo e Paraná — promoveria a montagem de um partido de interventores. Assim, a natureza do futuro Partido Social Democrático (PSD) estava dada desde os primeiros meses de 1945. É possível concluir também que, pelo menos desde março, estava decidido que este partido apoiaria Eurico Gaspar Dutra como candidato à presidência da República.

O mês de abril é bem indicativo do avanço destas articulações. Dutra falou pela primeira vez como candidato no dia 3, e no dia 5 foi organizada a comissão que elaboraria o programa do PSD. Isto iria ser feito já com a União Democrática Nacional (UDN) lançada oficialmente.[20] Portanto, o quadro partidário e sua vinculação com as duas candidaturas oficiais estavam em parte delineados.

O que ficou em suspenso em todo este contexto é que a opção por um partido como o PSD excluía, na prática, toda uma articulação com segmentos que eram identificados como bases fundamentais do regime: as massas trabalhadoras. Embora se possa defender que o desejo inicial do regime era reunir em um único e grande partido todas as forças políticas *"do"* presidente, torna-se difícil sustentar que este desejo fosse naquele momento uma real possibilidade. Um dos indicadores que parece confirmar esta transformação é a ausência de Marcondes Filho de todo este conjunto de reuniões que formulou o PSD. De outro lado, é preciso não esquecer que uma série de reflexões e propostas haviam sido desenvolvidas ao longo dos anos 1942-44, apontando todas para as dificuldades concretas de articular, em um mesmo partido, as tradicionais elites do país e as novas lideranças sindicais. O fato de Agamenon assumir o Ministério da Justiça e Marcondes continuar na pasta do Trabalho é igualmente significativo.

Torna-se difícil, contudo, imaginar que Getúlio e os demais planejadores do processo de transição tivessem optado por uma solução partidária que preterisse ou minimizasse as tão cuidadosamente acalentadas bases sindicais. O investimento que Vargas realizara ao longo dos anos da administração Marcondes Filho na formação de uma ampla base política no seio da classe trabalhadora, quer via campanha de sindicalização, quer via esforço doutrinário, é evidência mais que suficiente para a conclusão do quanto se apostava neste filão político. É certo que tal fato não implicava diretamente a criação de um partido trabalhista, mas a atuação de Marcondes apontava para a articulação de um grande partido de massas de bases sindicais.

O exame desse momento político permite algumas conclusões. Primeiro, a de que o desenho final dos partidos situacionistas foi feito sob evidente pressão das oposições articuladas em torno da candidatura de Eduardo Gomes. Segundo, que só no início de 1945 se estabeleceu a hipótese de que as forças ligadas a Vargas se mobilizassem em duas, e não apenas em uma organização partidária. Mais complexo, entretanto, é precisar o tipo de encaminhamento que esta questão recebeu.

Em relação ao PSD o problema é mais simples. Os interventores estaduais, representando o que de mais significativo existia em termos de novas elites políticas, reuniram-se para implementar o seu partido. Com isso, estavam vetando definitivamente a ideia de um grande partido de massas, e estabelecendo a criação de um partido nacional da cúpula governamental estado-novista gerido em termos de colegiado e com bases políticas regionais. Aliás, foi esta combinatória que certamente superou a questão do partido nacional/regional (Hipólito, 1985). A definição do formato do PSD praticamente estabelecia os contornos do outro partido *"situacionista"*. Ele deveria reunir as novas lideranças sindicais que, por sua vez, também vinham resistindo ao projeto de uma só organização partidária. O PTB, neste sentido, nasceu ao mesmo tempo que o PSD, já que ambos resultaram da frustração do projeto de partido único de massas que vinha sendo acalentado pelo Estado Novo.

Assim, pode-se descartar com segurança a versão de que a criação do PTB tenha sido uma *"invenção de última hora"*, voltada especificamente para funcionar como um contrapeso à força crescente e surpreendente do Partido Comunista.[21] Certamente o PTB foi criado como a melhor opção partidária para o trabalhador brasileiro. Nesse sentido, era uma cunha entre a classe trabalhadora e o comunismo, mas não um partido cujos móvel e sentido fossem o anticomunismo. Por isso, poderia e deveria manusear habilmente sua posição, realizando amplas alianças políticas. Sua ambivalência dentro do espectro de posições políticas possíveis não era um sinal de indefinição. Ao contrário, ela indicava justamente o tipo de opção que estava sendo construído.

Porém, não é difícil imaginar as dificuldades que precisariam ser enfrentadas para a criação de uma organização partidária desta natureza. Elas teriam início no próprio governo e podem ser exemplificadas por um episódio narrado por José Segadas Vianna, um dos fundadores do PTB. No primeiro semestre de 1945, já com Agamenon ocupando a pasta da Justiça, Segadas lhe fez uma visita para conversar sobre o novo partido. Agamenon foi então taxativo em seu comentário: *"Quem chegar em Pernambuco falando em PTB, eu baixo o pau".*[22]

A possibilidade que parece então mais viável é a de que a criação de um partido trabalhista tivesse sido *"deixada"* sob o controle do ministro Marcondes, na pasta do Trabalho, enquanto Vargas, oficialmente, patrocinava a formação do PSD e engajava-se na campanha do general Dutra. A imagem que ocorre é a de um filho dileto, porém espúrio, cujo franco e rápido reconhecimento poderia causar problemas. Era preciso dar tempo ao tempo, coisa com que Marcondes certamente concordava e em que Getúlio era mestre.

4. Trabalhismo e queremismo

A formação de uma Comissão Executiva Nacional para dar organização ao PTB data de 15 de maio de 1945, portanto cerca de um mês após o anúncio oficial da criação da UDN e do PSD.[23] O provável modelo inspirador do PTB foi o Partido Trabalhista Inglês, e suas bases foram efetivamente montadas a partir da estrutura do Ministério do Trabalho, ou seja, com a utilização das lideranças sindicais e dos organismos previdenciários.[24]

O PTB nascia sob chancela governamental, mas é interessante observar o tipo de encargo que acabou por assumir e, a partir daí, o tipo de relação que se construiu entre o PTB e Vargas. Ela é nitidamente distinta daquela do PSD, partido que se constituiu claramente em torno do candidato oficial — Dutra —, e também de inúmeras lideranças experimentadas do Estado Novo. O PTB era um partido sem grandes nomes e aparentemente sem candidato presidencial.

Contudo, se Dutra era o candidato do governo, ele deveria ter todo o apoio da máquina política administrativa. Neste sentido, o próprio Marcondes, em uma de suas falas pela *Hora do Brasil,* fez o elogio do candidato e das qualidades de seu programa social.[25] Mas ficaria claro que Dutra não era o candidato do Ministério do Trabalho, e que este permanecia voltado para o lançamento do nome de Getúlio Vargas às eleições. Qual seria então o projeto do PTB/Ministério do Trabalho, dentro deste novo contexto de meados de 1945? Recorrendo ao depoimento de Segadas Vianna, a indicação é de que os trabalhistas defendiam a instalação de uma Assembleia Nacional Constituinte, ainda com Getúlio no poder, para, em seguida, serem realizadas eleições diretas em que Vargas poderia ser candidato. Desta forma, as candidaturas militares não precisariam ser retiradas; elas seriam neutralizadas pelo nome do presidente. Esta possibilidade apostava com segurança no prestígio de Vargas e diagnosticava que nem Dutra nem o Brigadeiro estavam conseguindo ou iriam conseguir real popularidade.[26]

Este projeto — *"Queremos Getúlio"* e *"Constituinte com Getúlio"* — remete às relações dos trabalhistas com o chamado movimento queremista, nascido de forma mais articulada em meados de 1945. Estas relações são claras, embora até certo ponto evitadas. Não se trata de discutir se o PTB se organizou sob a pressão dos queremistas, como querem alguns,[27] ou se o PTB foi o ponto de partida do movimento queremista, como defendem outros.[28] O que importa ressaltar é que o trabalhismo como ideologia política centrada na figura de Vargas, em sua obra social e no tipo de relação — direta e emocional — que ele se propunha manter com a massa trabalhadora, vinha sendo construído dentro do Ministério do Trabalho desde 1942. Assim, sem o suporte ideológico do trabalhismo, o queremismo teria sido praticamente impossível. Entretanto, o trabalhismo não implicava necessariamente uma organização partidária, embora a formação de um partido tendo como base a máquina do Ministério do Trabalho fosse uma ideia antiga.

Trabalhismo e queremismo bebiam da mesma fonte; eram, basicamente, a mesma *"ideia"*. Mas é certo que do ponto de vista organizacional o PTB e o queremismo não eram a mesma coisa. O PTB, como partido que procurava seu registro junto à Justiça Eleitoral, estava definido pelas regras do jogo político. Devia formalmente ater-se a elas, e Getúlio não era um candidato fácil de ser lançado. Uma vinculação aberta entre PTB e Vargas em termos eleitorais comprometeria o ministro e o Ministério do Trabalho; comprometeria o próprio partido e, sobretudo, todo o processo de transição, já o queremismo era um movimento social que tanto podia correr à margem das regras do jogo, quanto podia efetuar todos os tipos de alianças, sem qualquer comprometimento maior. Este era o caso das vinculações do queremismo com o Partido Comunista, que apenas iriam alimentar ainda mais a desconfiança e o temor nutridos em relação ao movimento nos meios militares e também civis, quer de oposição, quer de situação.

Neste sentido, foram cautelosos os contatos entre queremismo e PTB a partir de meados de 1945. Antes, contudo, vale ressaltar um certo episódio que assinalou simbolicamente a eclosão do movimento queremista. Trata-se do regresso ao Rio do 1º Escalão da Força Expedicionária Brasileira, em 18 de julho de 1945. Este acontecimento estava sendo esperado e interpretado como um marco na campanha das forças oposicionistas. A volta da FEB consagraria a vitória da luta pela democracia e a repulsa ao Estado Novo e a seu presidente. O desfile das tropas pelas ruas da cidade seria como uma grande festa da UDN e de seu candidato. Não foi isto, entretanto, o que ocorreu. O desfile das tropas foi feito sob aclamação da população, mas, surpreendendo todas as previsões, quando Getúlio surgiu em carro aberto no seu encerramento, o público explodiu numa verdadeira ovação. O sinal verde estava dado. Não havia o que temer por parte do grande público, e a necessária proteção oficial estava igualmente garantida. O trabalhismo, mais velho, podia encarnar-se no queremismo e sair às ruas.

O Ministério do Trabalho procurava, cuidadosamente, gerir seus contatos com o movimento queremista. Os elementos que em todos os estados e municípios integravam o queremismo — organizado nos Comitês e Núcleos Pró-Candidatura Getúlio Vargas — evitavam propositadamente ingressar no PTB. Contudo, na maioria absoluta dos estados, estes elementos eram líderes trabalhistas e quando não, políticos, *"todos, porém, obedecendo a uma única linha de conduta"*.[29] Marcondes, entretanto, nunca esteve presente em comícios queremistas e nem mesmo aderiu imediatamente ao PTB, muito embora nenhuma das duas organizações possa ser entendida sem a sua cobertura, que necessariamente envolvia também a de Vargas.

O clima da época — que comportava a anistia e a legalização do Partido Comunista — explica em muito a desenvoltura dos queremistas, como também suas nítidas ligações com os comunistas. A proposta era a mesma — Constituinte com Getúlio — o que evidentemente não tornava o queremismo propriedade do PC, como de fato não era. Mas o clima da época é insuficiente para dar conta da total ausência de repressão, e mais ainda, da receptividade de Vargas, que por diversas vezes recebeu e falou aos queremistas.[30]

Este comportamento ilustra o tipo de relação que vinha sendo alimentada pelo discurso trabalhista. Atento aos desejos das massas, Vargas recebia pessoalmente a população. A observação das inúmeras manifestações queremistas que ocorreram ao longo dos meses de agosto, setembro e outubro de 1945 demonstra basicamente um modelo de ação. Um comício era convocado em um certo ponto da cidade — largo do Russel, Carioca etc. — e aí falavam vários oradores. Em seguida, os manifestantes marchavam até o Palácio do Catete, com o objetivo de serem recebidos por Vargas e de forçá-lo a aceitar sua candidatura. Praticamente todas as vezes Vargas falava a esta massa ou a uma comissão, reafirmando não ser candidato. Ilustrativamente, em alguns destes comícios não se mencionava o nome de Dutra. Nem mesmo Vargas o citava. A tônica de seus pronunciamentos era o desejo de afastar-se da vida pública e de conduzir o processo de redemocratização, o que era respondido com protestos e aclamações.[31]

Getúlio sustentava, desta maneira, por todo este período, um contato estreito com a população da cidade, contato que era reencenado em todo o território nacional. A convocação queremista para os comícios que festejariam a passagem do dia 3 de outubro foi um grande sucesso. As notícias eram de que em todo o Brasil, e até mesmo em São Paulo, tinha vindo para a praça pública *"a maior massa popular de que se tem memória".*[32] O ocaso do Estado Novo, com o movimento queremista, transformava-se numa ocasião de grandes aparições para Vargas que, insistindo em sua não candidatura, assistia ao desenrolar dos acontecimentos. O movimento era assimétrico: caía o Estado Novo, mas crescia o prestígio de Vargas.

O quadro político era complexo e tenso. Diversos relatórios enviados a Vargas assinalavam que nem a candidatura de Dutra, nem a de Eduardo Gomes gozavam de projeção popular, embora a deste último fosse sem dúvida mais bem-aceita pela população. A Igreja Católica, em franca campanha contra o comunismo, parecia não se definir, e o prestígio de Luís Carlos Prestes era cada vez maior.[33] Segundo alguns observadores, o objetivo de Prestes era organizar comissões de propaganda e coordenação em todas as fábricas, mantendo uma atitude tranquila para não ameaçar os capitalistas, nem o governo. Desta forma teria espaço para agir, e na ocasião das eleições abriria a luta para conseguir o maior número de cadeiras na Assembleia e nas Câmaras. Mesmo assim, o pavor do comunismo era grande e assolava especialmente os círculos militares.

O queremismo era identificado como o movimento mais forte do país, *"sob o ponto de vista de opinião e de capacidade eleitoral".*[34] A crença em que Getúlio ainda viesse a ser candidato era quase que total, mesmo ultrapassado o prazo de desincompatibilização (2 de setembro). Havia getulistas que declaravam que votariam em branco ou até no Brigadeiro, caso Vargas não se candidatasse. Por outro lado, em face desta hipótese, era bem possível que as massas trabalhadoras se orientassem pelos esquemas traçados pelos comunistas. O diagnóstico era de que o PTB — sem Vargas — não tiraria do PC o domínio das massas proletárias. Certamente foi por esta razão que Maciel Filho, em carta dirigida a Vargas, ponderou que o problema mais delicado do governo, naquele momento, era manter a grande posição de prestígio do presidente no ambiente das massas trabalhistas, impedindo por todas as formas a montagem da máquina de Luís Carlos Prestes. Esta questão era muito delicada e exigia um trabalho incessante, *"porque a equipe de Prestes é muito boa e muito eficiente".*[35] Igualmente por esta razão, era essencial exercer um controle sobre a imprensa, através da distribuição da publicidade governamental.

Para Maciel, os *"amigos"* de Dutra andavam desconfiados e os do Brigadeiro já se conduziam para a preparação do golpe.

Neste contexto tornava-se essencial uma orientação para o movimento queremista, que assumira enorme vulto, mas não possuía grande organização. A preocupação básica e reveladora de um relatório enviado a Vargas às vésperas do golpe de 29 de outubro era com o destino do movimento queremista. Com um incrível poder de mobilização, o queremismo tinha comitês em praticamente todas as grandes cidades e todos os municípios do país. O que fazer com toda esta rede quando a campanha eleitoral chegasse ao fim, independentemente de que final fosse este? Em todos os estados e mesmo no Distrito Federal a situação era confusa e precisava ser urgentemente esclarecida. A sugestão proposta era que os comitês fossem encaminhados para o PTB e que os diretórios provisórios do partido fossem orientados para receber todos os seus integrantes. Neste sentido, nos locais onde não existissem ainda diretórios do PTB, os comitês poderiam ser pura e simplesmente transformados em diretórios, encerrando-se aquele afastamento proposital entre PTB e movimento queremista.[36]

Portanto, fica claro que as linhas de confluência entre o PTB e o queremismo — sempre existentes — vinham se estreitando e que, até as vésperas do golpe, a campanha da *"Constituinte com Getúlio"*, com sua decorrente candidatura, era uma hipótese considerada não só viável politicamente, como inclusive a que aparentemente mais *"emocionava"* o povo.

Torna-se portanto bastante compreensível o impacto do Decreto-lei n. 8.063, que, alterando o que a Lei Constitucional n. 9 previa, antecipava as eleições estaduais para 2 de dezembro (data das eleições federais), deixando trinta dias de prazo para a desincompatibilização dos interventores. A interpretação geral era de que com tal lei Getúlio poderia eleger, sob sua égide, não só o Congresso Federal, com poderes constituintes, como também as Assembleias e os governadores estaduais. Sua força não encontraria limites, e nada assegurava que num último momento ele não se pronunciasse a seu próprio favor.

O clima político naquele mês de outubro já era de molde a comportar varias reuniões de políticos, civis e militares, cuja principal preocupação era a ameaça dos queremistas, a presença dos comunistas, enfim, a gravidade dos acontecimentos que se anunciavam. Sugestivamente, no mesmo dia em que foi assinado o Decreto n. 8.063, Vargas fez seu primeiro pronunciamento público pró-PTB. No dia 10 de outubro, em Santa Cruz, Getúlio respondia às acusações que lhe lançavam, afirmando que o governo não cogitava de quaisquer modificações, atos secretos ou golpes *"com propósitos de desordem"*. E concluía conclamando os trabalhadores em geral — *"as classes populares"* — a reforçar as fileiras do PTB.[37]

O pronunciamento de Getúlio e mais ainda o momento em que foi feito são significativos. As interpretações podem ser variadas, mas sem dúvida naquele instante o conselho de Vargas podia ser lido como um reforço para a campanha do queremismo/petebismo. Mas, enfim, o que significava essa campanha?

O jornal *A Democracia*, em seus editoriais, ajuda a definir o conteúdo espectral do queremismo e, exatamente por isso, sua força. Nada melhor neste caso do que o recurso às citações. Para o jornal são três os *"queremos"*:

> 1º) O 'queremos' velado dos comunistas, que desconfiam da democracia do brigadeiro e da democracia do general; 2º) o 'queremos' dos que estão nas atuais posições e 'acham melhor' o Sr. Getúlio Vargas do que a renovação de quadros do general; 3º) o 'queremos' do povo que gosta mesmo do Sr. Getúlio Vargas, dentro daquela quadra popular do cantor de serenata, que harpejava o violão e abria o peito assim: 'Gosto de ti por que gosto, porque meu gosto é gostar!'[38]

A influência e as nuances do queremismo obviamente não escaparam ao diagnóstico dos observadores políticos especializados da época. Em um de seus editoriais no *Correio da Manhã*, o jornalista Costa Rego — um dos analistas mais escolados e perspicazes — comentava a situação da candidatura Dutra:

> O Gal. Dutra não pode chegar a uma conclusão: o pleito eleitoral travava-se apenas entre duas forças políticas. Estas são, de uma parte, as oposições coligadas; e, de outra parte, o governo. A única esperança do general estava em que sua candidatura reunisse as forças do governo. Já não as reúne. De fato, já não as reunia desde o advento do queremismo, gato de sete fôlegos impossível de afogar. Agora, além de não reuni-las morre-lhe nos braços por abandono.[39]

A situação precipitava-se cada vez mais, e a nomeação de Benjamim Vargas para a Chefatura de Polícia do Distrito Federal funcionou como a gota-d'água para as já ensaiadas conspirações. Estas envolviam, entre outros, o ministro da Guerra (Góis Monteiro) e o candidato do governo (Dutra), além de contar com o aval do embaixador americano no Brasil. Nada especificamente, senão todo o processo político recendendo a continuísmo, conduziu ao 29 de outubro. Getúlio, mais que o Estado Novo, estava saindo do poder.

5. As eleições de 1945 e o nascimento do PTB

A deposição de Vargas trouxe transformações significativas ao quadro político da época. De um lado, elas se manifestaram nas alterações feitas no próprio calendário eleitoral. O recém-promulgado decreto que antecipava as eleições para governador do estado foi revogado, e a data original — maio de 1946 — foi restabelecida. Com a saída de Vargas, ficou igualmente estabelecido que se convocaria uma Assembleia Nacional Constituinte, ficando a Carta de 37 definitivamente afastada de intenções reformistas.

De outro lado, a mudança do quadro político pode ser sentida pelo termômetro das candidaturas e da atuação dos partidos. Dezoito dias após a queda de Vargas, o Partido Comunista reformulou suas diretrizes. Sem Getúlio e com uma Constituinte, o PC resolveu lançar seu candidato a presidente e escolheu o nome de Iedo Fiuza. O comparecimento do PC às eleições com candidatos em todos os níveis significava, para os analistas e políticos do movimento, um forte apelo para as massas trabalhadoras, sobretudo porque a aspiração do queremismo desaparecia das ruas.

Neste sentido, é interessante situar a posição dos partidos que até então haviam lançado candidatos. Com o golpe, a expectativa da UDN era a do crescimento da candidatura do Brigadeiro. Ela não ganhara ainda a popularidade necessária para uma estrondosa vitória, porque Vargas — com seu jogo continuísta — interferira em sua natural evolução. Não era diversa a expectativa do PSD e particularmente a de Dutra. Embora temendo cada vez mais o Brigadeiro, Dutra esperava não ser mais um *"candidato abandonado"*, no dizer de Costa Rego. Mesmo o fato de ter participado do golpe podia ser capitalizado politicamente. Afinal, Dutra era o candidato do PSD, isto é, o candidato que, representando os interesses do governo, não compactuava com sua face ditatorial.

Neste contexto, tornava-se crucial a posição do PTB. De seu apoio poderia depender a eleição de Dutra, o fortalecimento maior ou menor do Partido Comunista ou, até mesmo, a eleição do Brigadeiro. E, de fato, era extremamente confusa a posição do PTB imediatamente após o golpe. Para entendê-la, é preciso inclusive assinalar que fora difícil o reconhecimento do registro do partido junto ao Tribunal Superior Eleitoral. Às vésperas do golpe, o escritório do PTB foi invadido por policiais e seu material destruído, de forma que as listas de dez mil assinaturas — necessárias para o registro — acabaram sendo conseguidas por um expediente fraudulento. Mais significativa ainda fora a possibilidade aventada de não se conceder o registro ao PTB. A forma como tais transtornos foram superados é indicativa. Além das listas de assinatura terem sido *"tiradas"* do PSD, os votos do TSE favoráveis ao reconhecimento do PTB foram conseguidos por intermédio de Osvaldo Aranha, amigo pessoal de Segadas Vianna.[40]

O que teria levado Aranha a realizar tal intercessão é motivo para especulações, sobretudo quando se analisa a cisão que tomou conta do PTB após o 29 de outubro. Enquanto um grupo insistia em rejeitar a candidatura Dutra, outro grupo a aceitou e passou a militar por ela quase que imediatamente. A cisão tinha certamente profundas razões. Não era fácil para os trabalhistas abandonar sua proposta inequivocamente continuísta e passar a dar apoio a um dos líderes do golpe que derrubou Vargas. O ambiente estava carregado e havia sérios boatos de que se pretendia a deportação de Getúlio ou a cassação de seus direitos políticos.[41]

Mas esta questão tendia a evoluir, e o seu curso conduziu ao fortalecimento da ala que decidiu apoiar Dutra. Composta inicialmente por Hugo Borghi e Nelson Fernandes — nomes paulistas acusados de adesismo por razões econômicas —, ela iria engrossar com os sucessivos e indicativos apoios de João Neves da Fontoura e do coronel Napoleão de Alencastro Guimarães. Acompanhar esta evolução é acompanhar a própria trajetória eleitoral de Dutra e do PTB.

Os primeiros comentários sobre o assunto constatam que era aconselhável para o PTB ter um candidato, e que um outro nome, naquela altura dos acontecimentos, provocaria dispersão de forças, o que acabaria por garantir a vitória do Brigadeiro. Sendo assim, nas palavras de João Neves, convinha *"defender o último reduto que nos restou"*. *Malgré tout*, entre apoiar Dutra e deixar o Brigadeiro ganhar, a primeira alternativa era mais aconselhável. Contudo, entendia-se que tal apoio teria que ser dado sem o comprometimento aberto de Vargas. Era exigir demais do presidente deposto.[42]

Com este objetivo, foram estabelecidas conversações entre Dutra e o PSD de um lado, e o PTB de outro. Estes entendimentos, julgados essenciais por Dutra e recebidos de bom grado, acabaram por desembocar em um compromisso, formalizado em uma carta confidencial assinada pelo candidato do PSD.[43] O acordo por ela formalizado era bem vantajoso para o PTB, o que revela não só a posição estratégica em que este partido se encontrava naquele momento, como igualmente suas possibilidades efetivas em futuro próximo. Em carta dirigida a Vargas, narrando a reunião que resultou no acordo Dutra/PTB, Napoleão de Alencastro Guimarães traçou com precisão a posição do PTB em face do pleito de 1945-6. Ele prognosticava: *"Não penso que nas presentes eleições o PTB seja bem-sucedido eleitoralmente. Mas se se aliar ao PSD, nas eleições estaduais a experiência adquirida lhe dará inquestionavelmente uma posição muitíssimo forte"*. E adiante, balanceando as tendências do PSD, UDN (partidos conservadores) e PC (partido avançado), ele concluía: *"O PTB pela sua posição central tem todas as probabilidades de ser a grande força nacional nos anos a vir"*.[44]

A posição a tomar na questão da candidatura presidencial era fundamental. Mas o acordo com Dutra não eliminara todas as resistências. Elas continuavam existindo, quer por parte de Baeta Neves e Segadas Vianna (que passaram a defender a abstenção do partido no pleito), quer por parte de *"queremistas puros"*, que não se conformavam em votar em Dutra.

A despeito das resistências, a campanha pró-Dutra crescia e seus grandes articuladores foram Hugo Borghi, José Junqueira e Nelson Fernandes, todos queremistas de primeira hora. Foi no bojo desta situação que foi criada a campanha do *"marmiteiro"*, um *slogan* que surgiu como resposta a um discurso de Eduardo Gomes, no qual ele declarara não precisar dos votos da *"malta"* que ia aos comícios. Borghi verificou que *"malta"* tinha entre seus significados o de *"marmiteiro"* — termo facilmente identificado com trabalhador —, e passou a utilizar a expressão para mobilizar a massa trabalhadora, que estaria sendo considerada um *"bando de desocupados"* pelo Brigadeiro. A campanha das marmitas — impressas e distribuídas aos milhares pelo país — procurava polarizar as candidaturas, identificando o Brigadeiro com um eleitorado de *"grã-finos"* e Dutra com o eleitorado dos *"pobres/trabalhadores"*.[45]

Os esforços pró-candidatura Dutra articulados por uma ala do PTB — aquela de Hugo Borghi — combinavam entendimentos confidenciais e pactos interpartidários com movimentadas campanhas de rua, como essa do marmiteiro. Contudo, com o evoluir dos acontecimentos, tornava-se cada vez mais claro para todos que a palavra de Vargas seria essencial. Ou seja, se em inícios de novembro considerara-se justo o silêncio de Getúlio, entendido como um sinal de plena liberdade de ação para seus companheiros, no final do mês a situação se alterou. Cada vez mais dois temores se solidificavam: o temor do apelo comunista e o temor da força do Brigadeiro. Ambos atuavam no seio da classe trabalhadora, desorientada pela ausência de Vargas.

Logicamente a preocupação era com a dispersão dos votos dessa volumosa e estreante massa de eleitores, trazida ao cenário político principalmente graças ao alistamento *ex officio*. O fortalecimento do PC e uma possível vitória do Brigadeiro, que agora contava com o apoio aberto da Liga Eleitoral Católica (ao menos no Rio), ameaçavam toda a estrutura construída pelo Estado Novo. Um curto parecer de Luís Vergara, enviado a Vargas às vésperas das eleições, resume magistralmente essa situação:

> O naufrágio será total sem a sua mão no leme. Da orientação que sobreveio tudo se pode esperar, até mesmo uma guerra civil. Se do choque das urnas não sair uma vitória limpa, indiscutível, o reacionarismo completará sua obra. Unir as forças do PSD e do PTB é o único meio de garantir a vitória do candidato e a maioria da futura Assembleia Nacional. Mas, para isso é indispensável a sua palavra de ordem.[46]

Finalmente, foi o irmão de Getúlio, Protásio Vargas, quem sentenciou sobre a importância e o sentido de sua palavra: *"Todos sabemos, os teus amigos, que votar no Dutra (...) é o mesmo que tomar um purgante. É necessário fazê-lo ainda que repugnante"*.[47]

O que é fundamental reter deste episódio é a centralidade da orientação de Vargas. Teoricamente o acordo PSD/PTB estava feito e a campanha pró-Dutra estava nas ruas. Mas nada disto era condição suficiente para a vitória, e sobretudo nada disto garantia que a classe trabalhadora estivesse sendo sensibilizada. A condição *sine qua non* estava na palavra de Vargas, em seu comprometimento pessoal. A campanha do *"marmiteiro"* precisava do *"Ele disse: vote em Dutra"*. Só assim ela se completaria, enfrentando com vantagem o PC e o Brigadeiro.[48]

E é exatamente isto que é verificado às vésperas das eleições, após a mensagem *"salvadora"* de Getúlio. Os comícios de encerramento da campanha de Dutra — no largo da Carioca e em Juiz de Fora — foram considerados *"uma apoteose a Getúlio"*. Foram verdadeiras manifestações queremistas, com retratos e legendas de Vargas e com o *"conselho"*: "Vote no general Dutra".

O resultado das urnas de 2 de dezembro foi inequívoco. O impacto da vitória de Dutra foi comparado por João Neves ao de uma bomba atômica. Não havia margem para dúvidas ou qualquer tipo de golpismo. O Brigadeiro aceitou sua derrota alguns dias após o pleito. O acerto da composição PSD/PTB foi reafirmado. A força do nome de Vargas era reconhecidamente avassaladora. Ele era o grande eleitor do pleito. Esta foi a primeira grande conclusão que todos tiraram destas eleições. Vargas era ainda o grande nome da política nacional. João Neves chegou a arriscar: *"Em face do resultado chego a crer que para ti foi melhor o 29 de outubro do que se tivesses passado naturalmente o governo ao teu sucessor"*.[49]

Uma outra constatação feita tanto por brigadeiristas, quanto por dutristas foi a do aparecimento contundente e irreversível do homem trabalhador no cenário das lutas políticas brasileiras. Inúmeros artigos de jornais da época atestam com espanto este novo fato, e a ele atribuem a causa profunda da derrota do Brigadeiro. José Lins do Rego, por exemplo, refere-se à derrota da UDN em São Paulo como um Waterloo: chefes locais, republicanos tradicionais, haviam sido derrotados em suas próprias localidades, coisa absolutamente impensável na tradição política brasileira. Neste sentido, um abalo muito sério havia ocorrido, e José Lins o interpretava desta forma: não era possível mais fazer cálculos sem contar com o povo, e as massas trabalhistas sufragaram Vargas.[50] Na mesma vertente, Sobral Pinto atestava o surgimento do trabalhador como eleitor e a isso atribuía a surpreendente vitória do PTB e do PC, *"para nossa humilhação"*.[51]

Porém, ninguém melhor do que Costa Rego situou a conclusão básica do 2 de dezembro. Para ele, a luta política desenvolvera-se *"na aparência"* entre a UDN e o Partido Republicano, de um lado, e o PSD, de outro. Mas à margem desta luta surgiram *"duas vontades"*, que eram o PTB e o PC, ambos *"propondo a seu modo reivindicações, mas sobretudo lançando no país uma vasta manobra de massas que só esperavam a disciplina da organização para se confinarem na obediência dos respectivos chefes"*. E o que as urnas estariam provando é que esta manobra completara-se com "vitalidade bem significativa". Em todos os pontos do país, *"os trabalhistas superaram os comunistas, repetindo aqui a experiência inglesa"*. Além da derrota do Brigadeiro e da vitória do PSD, havia um problema político posto para reflexão: o de examinar *"até onde os trabalhistas e os comunistas interpretam as inclinações do país"*.[52]

Portanto, a definitiva entrada do trabalhador no cenário político, destruindo todos os cálculos tradicionalmente cultivados no país, ligava-se à entrada em cena de dois novos partidos: o PC e o PTB. Tanto a UDN quanto o PSD testemunhavam a insuficiência dos apelos que não se dirigiam maciçamente ao povo. Os partidos do futuro teriam que contar com este ator fundamental. É de novo Maciel Filho quem sintetiza este prognóstico:

> Eu, francamente, não acredito no êxito popular dentro de um clima democrático de qualquer Partido liberal ou conservador. Estamos no século 20 e não no século 19.[53]

A UDN colhera efetivamente uma significativa derrota; mas sua espinha antigetulista era forte e possuía maiores razões ainda para enrijecer. O PSD vencera como partido, sem a menor dúvida. Mas ele já existia como tal antes e independentemente dos resultados de 2 de dezembro. Sua estrutura assentava-se nos estados, em seus executivos e na representação que poderia ser conseguida na Câmara e no Senado. A vitória do Brigadeiro seria certamente um golpe para esta estrutura, mas possivelmente não um golpe mortal.

Já com o PTB a situação era distinta. Enfrentando graves dificuldades para conseguir seu registro, não possuindo nenhum grande nome da política nacional ou estadual, exceto os de Marcondes Filho e Getúlio, o PTB não surgira como partido. As eleições de 2 de dezembro é que o consagraram como tal. O PTB se mostrou absolutamente essencial para o resultado obtido no pleito, materializando sua existência e possibilidades.

Nascido *de* e *para* Vargas, ainda no Estado Novo, o PTB venceu as eleições de 1945 *com* Vargas. Formado com base na máquina sindical, ultrapassou o PC devido basicamente ao *"Ele disse".* A grande força do partido foi ter Vargas como cabeça de chapa. Foram os votos conseguidos pelo presidente os responsáveis pela eleição de praticamente todos os candidatos do PTB em nível federal. Em dezembro de 1945, portanto, as perspectivas eram alvissareiras. Tudo indicava que, estando Getúlio em atividade política, o PTB teria uma votação nas eleições estaduais de 1946 maior do que tivera nas eleições federais.

Mas o partido encontrava-se conturbado e cindido. Se ele existia através das urnas, era quase uma ficção em termos organizacionais. Sua destruição, no entanto, envolveria necessariamente o fortalecimento do PC. Assim, ele não podia desaparecer, e se *"sua tendência natural era a aliança com o PSD",* esta só poderia ser feita com as palavras *"socialista"* ou *"trabalhista".* A inclinação dos trabalhadores era nítida e já fora comprovada.[54]

Essas avaliações, que poderiam ser multiplicadas, comprovam a importância e o impacto políticos das eleições de 1945, permitindo algumas conclusões. A primeira e mais evidente é que o grande fato novo para os analistas daquele momento estava sendo identificado nas transformações do contingente eleitoral, com suas inevitáveis decorrências. O eleitorado crescera muito numericamente, não havendo termos de comparação com as experiências anteriores, mesmo com a das eleições de 1933-34, que já haviam incorporado o voto feminino. O novo ator político responsável tanto por este inchamento quanto pela própria lógica surpreendente do resultado das urnas era, sem dúvida, a classe trabalhadora. Sua emergência de forma decisiva no cenário político explicava o segundo ponto identificado como fundamental para o futuro político do país. As eleições de 45 atestavam o desmantelamento do sistema partidário guardado na memória dos políticos e da população em geral. O comentário perplexo de José Lins do Rego, atestando a derrota de chefes locais perrepistas em seus tradicionais feudos políticos, tinha exatamente esse sentido. As *"lealdades"* político-partidárias haviam-se redefinido para além do que a lógica política da Primeira República sancionara como recurso de poder infalível, como os temores do "Plano B" tão magistralmente ilustram.

Nesta perspectiva, eram o PTB e o PC os principais responsáveis por essa mudança, uma vez que eram os partidos que se dirigiam a um eleitorado mais urbano e definido pela ocupação profissional. É por esta razão fundamental que, a exemplo de Costa Rego, os analistas políticos da época se interrogam sobre o novo escopo do sistema partidário do pós-45 e particularmente sobre os destinos do PTB e do PC. Maciel Filho é exemplar em seu prognóstico: o futuro seria dos partidos de massa e não mais dos partidos de notáveis, que não respondiam verdadeiramente à questão da participação política.

Notas

1. Em meados de 1938 foi ventilada a ideia da organização de uma espécie de partido político que teria a designação de "Legião". Ernani do Amaral Peixoto participou destas articulações, que suscitaram o nome de Luís Aranha para a secretaria geral. Contudo, as dificuldades e oposições parecem ter sido muito grandes, e nelas o setor gaúcho teve peso significativo. Além disso, a preocupação com o tipo de repercussão possível no interior das Forças Armadas conduziu ao abandono do projeto. Carta de Luís Aranha a Ernani do Amaral Peixoto (GV 38.6.3). Tudo indica que projetos com tal objetivo não foram retomados até 1941-2, quando se reiniciaram os esforços a que faremos referência.

2. Os depoimentos utilizados nesta reconstrução foram os de Antônio Cesarino Júnior, concedido a Maria Vitória Benevides em 13 de maio de 1981, e os de José Gomes Talarico e José Segadas Vianna, ambos concedidos ao CPDOC em 1978/9 e 1983, respectivamente.

3. O nome e o objetivo imediato da organização são idênticos nos depoimentos de Cesarino e Talarico. O plebiscito estava previsto pela Constituição de 1937 como procedimento a ser implementado até novembro de 1943.

4. O discurso de Marcondes Filho em 10 de novembro de 1943 na instalação da Conferência dos Conselhos Administrativos dos Estados é, possivelmente, o exemplo mais bem-acabado do que se está apontando. Ver *BMTIC*, n. 112, dezembro de 1943, pp. 325-37.

5. Depoimento de José Segadas Vianna ao CPDOC, 1983, Fita 5, p. 14. No arquivo Vargas há um documento que é um Projeto de Organização do Conselho de Economia Nacional, datado de 1942. Ver Arquivo Getúlio Vargas, CPDOC/FGV (GV 42.00.00/6).

6. Ver Osvaldo Trigueiro do Vale, *O General Dutra e a Redemocratização de 45*, Rio de Janeiro, Ed. Civilização Brasileira, 1978, p. 81, que também estabelece a linha de continuidade entre o PTB e os Centros Trabalhistas Brasileiros de Estudos Políticos e Sociais.

7. O documento intitula-se "Plano B". GV 43.00.00/3 — confidencial, CPDOC/FGV.

8. Ver por exemplo o "Plano A", de 1943 (provavelmente de novembro) e o "Esboço de parecer sobre uma reforma constitucional", documento também secreto datado de 1944. GV 44.00.00, CPDOC/FGV.

9. "Plano A" já referido. GV 43.00.00/2, CPDOC/FGV.

10. "Plano B". GV 43.00.00/3, CPDOC/FGV.

11. GV 44.01.00/3 (documento secreto).

12. O alistamento *ex officio* era um procedimento que possibilitaria a inscrição eleitoral em bloco de pessoas que pertencessem a organizações como sindicatos,

institutos previdenciários e outras associações. Este tipo de alistamento tornaria mais ágil o processo eleitoral e aumentaria incrivelmente o número de eleitores do país.

13. GV 44.08.17, CPDOC/FGV.

14. *A nova política do Brasil*, Rio de Janeiro, José Olympio, 1947, v. XI/27-32.

15. Carta de J. S. Maciel Filho a Marcondes Filho. GV 44.12.14, CPDOC/FGV.

16. Carta sem assinatura dirigida a Coriolano de Góis, então chefe de polícia do Distrito Federal. GV 44.11.04/2, CPDOC/FGV.

17. GV 44.12.14, p. 7, CPDOC/FGV.

18. Depoimento de Barbosa Lima Sobrinho ao CPDOC, 1981, p. 231. Esta entrevista foi fonte fundamental para a reconstrução das articulações deste momento político e será constantemente utilizada.

19. Depoimento de Ernani do Amaral Peixoto ao CPDOC, 1977-84, pp. 433-5.

20. A UDN foi lançada no dia 7 de abril de 1945. Sobre este momento, bem como sobre a atuação da UDN, ver Benevides, 1981.

21. A entrevista de Alzira Vargas do Amaral Peixoto sobre "A criação do Partido Trabalhista Brasileiro" é um exemplo do que estamos mencionando. Ver *Ensaios de Opinião*, Rio de Janeiro, Ed. Inúbia Ltda., 1975, pp. 17-9. A bibliografia tem também consagrado este tipo de interpretação.

22. Depoimento de José Segadas Vianna, CPDOC, 1983, Fita 9, p. 5.

23. A comissão era composta por Luís Augusto França, Manuel Fonseca, Paulo Baeta Neves, Calixto Ribeiro Duarte, Antônio Francisco Carvalhal e Romeu José Fiori. Vale observar que tanto a UDN quanto o PTB se organizaram a partir de uma comissão nacional; já o PSD foi sendo fundado em cada estado para em seguida realizar uma convenção nacional.

24. "O programa do Partido Trabalhista Inglês e a legislação social brasileira", *Arquivo Marcondes Filho*. AMF 45.07.12.00, CPDOC/FGV. O trabalhismo inglês obteve em 1945 uma surpreendente vitória eleitoral derrotando o Partido Conservador liderado pelo herói de guerra Winston Churchill.

25. *BMTIC*, n. 129, maio de 1945, pp. 375-6.

26. Depoimento de José Segadas Vianna ao CPDOC, 1983, Fita 5, pp. 24. Vale a transcrição:

"(...) porque a candidatura do Brigadeiro não tinha sensibilizado a massa e porque a outra, o marechal Dutra (...) tinha conseguido dessensibilizar as massas. Eu me lembro que certa vez o Marcondes disse: 'Vamos organizar uma recepção para o marechal Dutra lá na Federação dos Rodoviários, na rua Camerino. Então eu movimentei a 'espontânea', não é? Telefonei e tal. (...) Enchemos a Federação de

trabalhadores. Na hora chegou o marechal (...) acompanhado do Marcondes, à direita (...) o Antônio Francisco Carvalhal, presidente da Federação dos Trabalhadores da Indústria de Alimentação e eu (...) fiquei na primeira fila, com os trabalhadores. O Dutra começou a falar, disse: 'Porque o Duque de Caxias, Deodoro...' Não falou uma vez a palavra trabalhador, nem uma única vez. Então, quando acabou (...) o Marcondes bateu palma, o Carvalhal bateu palma e ninguém, nem eu (esqueci), bateu palma. (riso) O Dutra ficou uma fera com aquilo. Foi-se queixar. (...) o Marcondes disse: 'Você fez isso de propósito'. 'Eu não, ministro'. Pois eu vou lá, os trabalhadores, ele fala em Duque de Caxias, Deodoro...'"

27. Esta é a linha do depoimento de José Gomes Talarico, que vê o PTB como resultado das pressões do Centro Nacional Queremista. Depoimento ao CPDOC, 1978-9, p. 10.

28. Este é o enfoque de Barbosa Lima Sobrinho em seu depoimento ao CPDOC, 1981, p. 274.

29. Relatório sobre o queremismo, sem autoria, endereçado a Vargas em 17.10.45. GV 45.10.17, CPDOC/FGV.

30. João Alberto, chefe de polícia do Rio, chegou a proibir os comícios queremistas, mas imediatamente após suspendeu sua proibição, alegando não ter elementos suficientes para perseguir quer queremistas, quer comunistas ou integralistas. *Correio da Manhã*, 12 e 15.8.45, pp. 4 e 7 respectivamente.

31. Foram realizados comícios queremistas em 13, 20, 29 e 30 de agosto; em 15 de setembro e em 3 e 11 de outubro. Ver os jornais *Correio da Manhã* e *O Radical*, por exemplo.

32. Relatório sobre o queremismo. GV 45.10.17.

33. Relatório enviado a Vargas. GV 45.09.00/1, CPDOC/FGV.

34. Carta de José Soares Maciel Filho a Vargas, pp. 3. GV 45.10.00/6, CPDOC/FGV.

35. Idem, p. 4. Relatório enviado a Vargas. GV 45.09.00/1, CPDOC/FGV.

36. Relatório: "Situação geral", GV 45.10.17, CPDOC/FGV.

37. "O Partido Trabalhista Brasileiro" *in A nova política do Brasil*, v. XI/197 e segs., Rio de Janeiro, José Olympio, 1947.

38. *A Democracia*, Rio de Janeiro, 24.8.45.

39. Costa Rego, "O candidato abandonado", *Correio da Manhã*, 16.10.45, p. 4.

40. A versão segundo a qual as listas de assinatura vieram do PSD por ação de Barreto Pinto é confirmada pelos depoimentos de Segadas Vianna e José Gomes Talarico. A versão de que foi Osvaldo Aranha quem conseguiu *"alterar"* a decisão do TSE é de Segadas Vianna, na época um dos maiores envolvidos na questão. Depoimento de José de Segadas Vianna ao CPDOC, 1983, Fita 9, pp. 13-4.

41. GV 45.11.14 e GV 45.11.19/1, CPDOC/FGV.

42. Correspondência de João Neves. GV 45.11.14, CPDOC/FGV.

43. A carta é confidencial e está datilografada em papel timbrado do PSD. Está datada de 22.11.45 e tem assinatura de próprio punho do general Dutra. GV 45.11.14, CPDOC/FGV.

44. GV 45.11.19/1, CPDOC/FGV.

45. É muito interessante a narrativa feita por Hugo Borghi sobre a ideia e o impacto da campanha do marmiteiro. Depoimento de Hugo Borghi ao CPDOC, 1977.

46. GV 45.11.24/2, CPDOC/FGV.

47. GV 45.11.21, CPDOC/FGV.

48. *"Ele disse: vote em Dutra"* foi a palavra de ordem eleitoral pela qual ficou conhecida a recomendação pública de Vargas para que os trabalhadores e o PTB votassem em Dutra.

49. GV 45.12.12/2, CPDOC/FGV.

50. Carta de Florêncio de Abreu a Vargas enviando vários recortes de jornal. GV 45-12.19/3, CPDOC/FGV.

51. Idem. Sobral Pinto, militante da LEC, está obviamente falando em nome da Igreja, e é por isso que conclui que é inadiável que todos os cristãos passem a lutar pelos trabalhadores, ao invés de recriminá-los.

52. *Correio da Manhã,* 11.12.45. GV 45.12.11/2, CPDOC/FGV.

53. GV 45.12.11/2, CPDOC/FGV.

54. GV 45.12.11/2, CPDOC/FGV.

Finalizando

> *E pelo voto podeis não só defender interesses, como influir nos próprios destinos da Nação. Como cidadão, a vossa vontade pesará nas urnas. Como classe, podeis imprimir ao vosso sufrágio a força decisória do número. Hoje estais com o Governo. Amanhã sereis o Governo.*
>
> Getúlio Vargas, 1º de maio de 1954

Neste trabalho procuramos acompanhar a trajetória da incorporação da classe trabalhadora ao cenário político da sociedade brasileira, ou seja, o processo pelo qual esta classe trabalhadora ganhou o *status* de ator político influente na vida institucional de nosso país. Para tanto, inspirados em alguns estudos clássicos sobre a formação da classe trabalhadora em outros países, consideramos que o processo de constituição de um ator coletivo é um fenômeno histórico que tem características específicas em cada sociedade, não podendo ser enquadrado em nenhum modelo prévio. Por outro lado, se a constituição da classe trabalhadora como ator político guarda muitos contatos com o ritmo do desenvolvimento econômico de cada nação — com o papel desempenhado pelas relações de produção —, a própria "classe trabalhadora" não é um sujeito unívoco e/ou harmônico cuja identidade política decorre de posições experimentadas apenas ao nível das relações de produção. Por esta razão, estudamos o processo de formação da classe trabalhadora como um fenômeno histórico estreitamente ligado à vida política do país e às tradições culturais desenvolvidas ao longo da história das condições de vida e luta dos trabalhadores brasileiros.

Este processo histórico foi examinado em dois tempos. No primeiro deles, que cobre toda a Primeira República, estendendo-se até a promulgação da Constituição de 1934, a direção do processo esteve com os trabalhadores. A "palavra operária", sob controle de lideranças diferenciais, operou buscando criar as bases de uma nova identidade de classe como fundamento para sua ação política. O que importa destacar neste primeiro tempo é que a lógica que presidiu os esforços dos trabalhadores em seus diferenciados matizes políticos foi uma "lógica de solidariedade". Isto significa dizer que a "palavra operária" buscava a formação e a mobilização de uma identidade para a classe que, tendo como referência a estrutura ocupacional, articulava experiências e valores comuns como base de sustentação para sua ação política.

Durante toda a Primeira República, a luta da classe trabalhadora por sua incorporação ao cenário político foi marcada pela construção de uma ética do trabalho e pela valorização da figura do trabalhador que se opunha tanto à tradição escravista de total negação do valor do trabalho, quanto ao discurso político governamental que via no trabalho uma atividade saneadora e moralizadora necessária à manutenção da ordem social. As experiências organizacionais seguiram o modelo clássico europeu, dividindo-se entre o sindicato, como representante dos interesses econômicos da classe frente ao capital, e o partido, como articulador e representante da classe em termos ideológicos. Os socialistas são o melhor exemplo disto, já que os anarquistas desejavam que o sindicato acumulasse as duas representações. Os comunistas, com o sindicato de indústria e o partido ideológico, retomaram a experiência socialista em nova dimensão e a levaram adiante.

A tentativa da extensão da participação política não foi incorporada em nenhum momento e de nenhuma forma pelo sistema político liberal republicano, que se manteve inflexivelmente exclusivo. Tanto a estratégia de adquirir poder na sociedade para melhorar a posição relativa dos trabalhadores, não estabelecendo um antagonismo imediato e frontal com as regras políticas vigentes, quanto a estratégia voltada para a criação de uma nova comunidade oposta a estas regras foram rejeitadas. Mas, em ambos os casos, o que prevaleceu foi uma lógica de construção e mobilização de identidade como base para a ação política da classe, ou seja, uma "lógica de solidariedade".

No segundo momento do processo histórico de formação da classe trabalhadora como ator político, a "palavra" não estava mais com os trabalhadores. Como Landi (1982) chamou atenção, na América Latina, e não apenas no Brasil, o acesso à cidadania por parte de setores populares sofreu nítida intervenção estatal e frequentemente não transitou pelo exercício da participação política segundo o modelo clássico da liberal-democracia.

No caso do Brasil, o que este trabalho procura demonstrar é que esta intervenção do Estado passou por alguns pontos essenciais. A invenção do trabalhismo e a montagem do sindicalismo corporativista, complementadas pela criação do Partido Trabalhista Brasileiro (PTB), constituíram as pedras de toque para a incorporação política dos trabalhadores. Contudo, a solidez desta construção, que se desencadeou já no contexto do término da Segunda Guerra Mundial e do esgotamento do regime político do Estado Novo, não pode ser entendida sem o referencial da história das condições de vida e luta dos trabalhadores brasileiros nas décadas anteriores. O sucesso do discurso trabalhista e da organização de interesses corporativista baseou-se na ressignificação de todo um elenco de demandas e de toda uma tradição cultural e política centrada no valor do trabalho e da dignidade do trabalhador, desta feita enunciados e reconhecidos pelo próprio Estado. Assim, o processo histórico pelo qual o Estado ampliou seus poderes, intervindo na sociedade através da figura política do Executivo, foi o mesmo pelo qual a classe trabalhadora ganhou o *status* de ator político relevante. Tal processo, portanto, tornou o Estado o mediador por excelência de todos os interesses corporativamente organizados em sindicatos e politicamente representados em partidos.

Segundo a proposta deste trabalho, uma espécie de dupla lógica presidiu este processo, e foi através de sua combinação que ele teve operacionalização. De um lado, uma lógica material/organizacional de tipo olsoniano, pela qual são os interesses nos benefícios trazidos pelo novo direito social, em especial o trabalhista, que explicam a adesão dos trabalhadores. De outro lado, uma lógica simbólica de formação e mobilização de identidade, mas não do tipo da "lógica de solidariedade" prevalecente na "palavra operária". No caso da "palavra do Estado", tratava-se de uma "lógica de reciprocidade" que relia as demandas e valores dos trabalhadores, transformando seu atendimento num ato de "pura dádiva", isto é, de generosidade, que reclamava implicitamente reciprocidade. A adesão dos trabalhadores, e não meramente sua submissão ou manipulação, sancionou um pacto pelo qual Estado e classe trabalhadora se reconheciam como termos interessados na consecução de um novo sistema de ordem não mais autoritário. Este pacto foi tanto uma ação instrumental destinada a obter certos resultados substantivos, quanto uma ação expressiva pela qual ocorreu o reconhecimento dos atores nele envolvidos.

Desta forma, este novo sistema de ordem pôde combinar um modelo corporativo de articulação de interesses públicos e privados, com a vigência de um sistema partidário como veículo monopolizador da representação política, agora de forma a abarcar a classe trabalhadora. A questão da ampliação da participação política, que se abrira formalmente no Brasil após a Abolição e a República, completava seu curso com o papel quase público dos sindicatos corporativos e com a criação do PTB. Maciel Filho tinha inteira razão quando testemunhava, em 1945, a insuficiência dos apelos políticos, partidários sobretudo, que não se dirigissem ao povo/trabalhador brasileiro.

Contudo, Maciel Filho não podia prever que, apesar de os partidos políticos no Brasil terem definitivamente se transformado no instrumento de institucionalização da representação política, o sistema partidário que começava a funcionar guardaria limites fundamentais. Já em 1947, o PC não mais se constituía numa opção legal, demonstrando que o sistema partidário não comportava os chamados partidos ideológicos de forte apelo popular. Não havia espaço efetivo nem mesmo para a aceitação de um partido socialista, liderado por intelectuais que se voltavam para a organização do movimento operário. Se o PC sobreviveu na clandestinidade, o PS sobreviveu marginalmente e sem qualquer peso político significativo.

Restava basicamente o PTB, que, ao lado dos sindicatos, iria constituir a possibilidade de canalizar as demandas de participação política mais ampliada. É neste sentido que é fundamental observar que o PTB, tal como os sindicatos no Brasil, nasceu sob a chancela de um Estado autoritário, para atuar num regime não mais autoritário, mas certamente ainda conservador (Mannheim, 1963). Projetos de participação política mais mobilizadores e instrumentos de representação mais autônomos não tinham espaço nesta espécie de "pluralismo limitado" do pós-45.

Mesmo assim, o movimento sindical teve peso significativo na vida política nacional entre 1945 e 1964, chegando a influenciar o sistema de tomada de decisões. Seguindo seu feitio corporativista, este sindicalismo esteve basicamente voltado para o Estado, vinculado aos partidos políticos e debilmente implantado nas fábricas. Mas a relação Estado-classe trabalhadora vigente neste período, quer por via sindical, quer por via partidária, teve sempre "mão dupla", constituindo-se num mecanismo de incorporação real — embora controlada — dos trabalhadores à vida política nacional.

Se houve reações a este pecado original dentro do PTB e principalmente dentro dos sindicatos, que obviamente também foram usados como instrumentos de luta e resistência (greves fora do marco legal, entidades intersindicais), essas reações esbarraram na armadilha do discurso trabalhista e do sindicalismo corporativista, o que se explicita sobretudo nos anos críticos de 1961 a 1964.

A partir daí o movimento sindical e a possibilidade de representação político-partidária para os trabalhadores praticamente desapareceu. O corporativismo mantido pelos governos militares, como observou O'Donnell (1974), eliminou a "mão dupla" e tomou-se basicamente um instrumento de exclusão política. Entretanto, trabalhismo e corporativismo não desapareceram e constituem até hoje um desafio à inventividade política do Brasil, tanto no que se refere à construção de um novo sistema partidário, quanto no que diz respeito à criação de novos canais de participação política, entre os quais figura certamente um modelo de novo sindicalismo.

Não obstante, o processo histórico que neste momento tem início institucional com a Constituinte é mais do que a redefinição das regras e rotinas políticas de nosso país. A reorganização do movimento sindical e do sistema partidário tem sem dúvida uma face instrumental, mas seu outro lado é o da recomposição das identidades políticas duramente atingidas ao longo dos últimos vinte anos. Vivemos assim um novo momento de grande densidade política, cujo paralelo talvez pudesse ser o dos anos da virada do século. É mais do que hora, portanto, de interromper estas reflexões finais para ficar atento.

Bibliografia

1. Jornais

O Artista, RJ, 1870-1 (11 ns.)
Echo Popular, RJ, 1890 (64 ns.)
A Voz do Povo, RJ, 1890 (4 ns.)
O Paiz, RJ, 1890 (março-maio); 1923 (fevereiro) — 1924 (junho)
Tribuna Operária, RJ, 1900 (2 ns.)
Reação, RJ, 1902 (1 n.)
Brasil Operário, RJ, 1903-4 (19 ns.)
A Nação, RJ, 1903-4 (66 ns.)
O Corsário, RJ, 1904 (2 n.)
União Operária, RJ, 1904 (1 n.)
Lumen, RJ, 1904 (2 ns.)
Avante, RJ, 1905 (5 ns.)
Gazeta Operária, RJ, 1902-6 (23 ns.)
A Voz do Trabalhador, RJ, 1908-1909; 1913-1915.
Avante, RJ, 1908 (6 ns.)
O Operário, RJ, 1908-9 (9 ns.)
Liberdade, RJ, 1909 (3 ns.)
Tribuna do Povo, RJ, 1909 (2 ns.)
Echo do Mar, RJ, 1909 (22 ns.)
O Baluarte, RJ, 1910 (2 ns.)
A Voz do Povo, RJ, 1911 (12 ns.)
A Guerra Social, RJ, 1911 (9 ns.)
O Graphico, RJ, 1916-9 (92 ns.)
O Debate, RJ, 1917 (16 ns.)
Voz do Povo, RJ, 1920 (fevereiro-dezembro)
A Pátria, RJ, 1923 (fevereiro) — 1924 (junho)
A Nação, RJ, 1923 (julho) — 1924 (junho)
A União, RJ, Centro Católico do Brasil, 1913-23.

2. Revistas

Na Barricada, RJ, 1915
Movimento Comunista, RJ, 1922 (fevereiro) — 1923 (maio)
A Ordem, RJ, Centro D. Vital, 1938-45
Revista do Trabalho, informações sociais, legislação e doutrina, RJ, 1933 (outubro) — 1945 (novembro)
Cultura Política, Revista mensal de Estudos Brasileiros, RJ, s. ed. 1941-1945.

3. Publicações oficiais

BRASIL. Congresso Nacional. Anais da Câmara dos Deputados. Rio de Janeiro, Imp. Nacional, 1934-1936.
BRASIL. Ministério do Trabalho, Indústria e Comércio. Boletim do Ministério do Trabalho, Indústria e Comércio, Rio de Janeiro, Imp. Oficial, 1934-1945.
BRASIL. Comissão Técnica de Orientação Sindical. Curso de Orientação Sindical, RJ C.T.O.S, 1944.

4. Arquivos privados

Arquivo Getúlio Vargas, RJ, CPDOC/FGV
Arquivo Salgado Filho, Lux, 1933-34, RJ, Arquivo Nacional
Arquivo Agamenon Magalhães, RJ, CPDOC/FGV
Arquivo Alexandre Marcondes Filho, RJ, CPDOC/FGV
Arquivo Filinto Müller, RJ, CPDOC/FGV

5. Depoimentos

BORGHI, Hugo. *Depoimento,* RJ, CPDOC/FGV, 1977. Mimeo.
BRANDAO, Otávio, *Depoimento,* RJ, CPDOC/FGV, 1977. Mimeo.
CESARINO Junior, Antonio. *Depoimento* a Maria Vitoria Benevides, SP, 1981. Mimeo.
DAMASCENO, João. *Depoimento,* RJ, CPDOC/FGV, 1983. Mimeo.
FARIAS, Hugo. *Depoimento,* RJ, CPDOC/FGV, 1982-83. Mimeo.
FREITAS, Antonio Cardoso de. *Depoimento,* RJ, CPDOC/FGV, 1983. Mimeo.
GAMA, Almerinda de Farias. *Depoimento,* RJ, CPDOC/FGV, 1984. Mimeo.
LACERDA, Elvira Boni. *Depoimento,* RJ, CPDOC/FGV, 1983. Mimeo.
LEITE, Hilcar. *Depoimento,* RJ, CPDOC/FGV, 1984. Mimeo.
LIMA Sobrinho, Alexandre José de Barbosa. *Depoimento,* RJ, CPDOC/FGV, 1981. Mimeo.
MAGALHÃES, Jacy Montenegro. *Depoimento,* RJ, CPDOC/FGV, 1984. Mimeo.
PEIXOTO, Ernani do Amaral. *Depoimento,* RJ, CPDOC/FGV, 1977-84. Mimeo.
ROCHA Filho, Euzébio. *Depoimento,* RJ, CPDOC/FGV, 1984. Mimeo.
SOUZA, João Lopes. *Depoimento,* RJ, CPDOC/FGV, 1983. Mimeo.

TALARICO, José Gomes. *Depoimento,* RJ, CPDOC/FGV, 1978-79. Mimeo.
VIANNA, José de Segadas. *Depoimento,* RJ, CPDOC/FGV, 1983. Mimeo.
VITAL, João Carlos. *Depoimento,* RJ, CPDOC/FGV, 1975. Mimeo.

6. Livros e artigos

ABRANCHES, Sérgio Henrique
  1985. "Nem cidadãos nem seres livres: o dilema político do indivíduo na ordem liberal-democrática" em *Dados. Revista de Ciências Sociais,* v. 28, n. 1, pp. 5-25.
ADOR, Carlos Augusto
  1986. *A Insurreição Anarquista no Rio de Janeiro,* RJ, Dois Pontos.
ALBUQUERQUE, Marli Brito M.
  1983. *Trabalho e Conflito no Porto do Rio de Janeiro* (1904-1920), UFRJ, Tese de Mestrado (mimeo).
ALMEIDA, Maria Hermínia Tavares de
  1978. *Estado e Classes Trabalhadoras no Brasil* (1930-1945), SP, USP, Tese de Doutorado (mimeo).
ANTUNES, Ricardo C.
  1982. *Classe Operária, Sindicatos e Partidos no Brasil:* um estudo sobre a consciência de classe da Revolução de 30 até a Aliança Nacional Libertadora, SP, Cortez.
  1983. *O que é Sindicalismo,* SP, Brasiliense.
ARAÚJO, Ricardo Benzaquem
  1985. *O Dono da Casa:* Notas sobre a imagem do poder no mito Vargas. Trabalho apresentado ao grupo Pensamento Social Brasileiro, ANPOCS, Águas de São Pedro (mimeo).
  ARAÚJO, Rosa Mª Barbosa de
  1981. *O Batismo do Trabalho:* A Experiência de Lindolfo Collor, RJ, Civ. Brasileira.
ARENDT, Hanna
  1971. *Sobre a Revolução,* Lisboa, Morais.
  1979. *Totalitarismo, o Paroxismo do Poder,* v. III de *As Origens do Totalitarismo,* RJ, Documentário.
BABEUF, SAINT SIMON, BLANQUI, FOURIER
  1980. *O Socialismo Pré-Marxista,* SP, Ed. Global.
BAILY, Sammuel L.
  1967. *Labor Nationalism and Politics in Argentina,* New Jersey, Rutgers Univ. Press.
BAKUNIN, ROCHER, TOMASI, CASTORIADIS e MALATESTA
  1979. *Antologia do Socialismo Libertário-1,* RJ, Ed. Mundo Livre.
BANDEIRA, Clovis Moniz e ANDRADE, A. T.
  1965. O *Ano Vermelho,* RJ, Civilização Brasileira.

BANDECCHI, Brasil
   1980. *Liga Nacionalista,* SP, Ed. Parma.
BARROS, Roque Spencer Maciel de
   1959. *A Ilustração Brasileira e a Ideia de Universidade,* USP, Tese de Livre Docência (mimeo).
BASBAUM, Leôncio
   1976. *Uma Vida em Seis Tempos* (memórias), SP, Alfa-Ômega.
BATALHA, Claudio H. de Moraes
   1986. *Le Syndicalisme "Amarelo" a Rio de Janeiro (1906-1930),* Thèse de Doctorat de l'Université de Paris I (mimeo).
BAUDRILLARD, Jean
   1977. *Le Miroir de la Production:* ou l'illusion critique du matérialisme historique, Tournai, Casterman.
BEIGUELMAN, Paula
   1977. *Os Companheiros de São Paulo,* SP, Símbolo.
BENCHIMOL, Jaime Larry
   1982. *Pereira Passos: Um Haussman Tropical.* As transformações urbanas da cidade do Rio de Janeiro no início do século XX, RJ, COPPE/UFRJ, Tese de Mestrado (mimeo).
BENDIX, Reinhaid
   1964. *Estado Nacional y Cidadania,* Buenos Aires, Amorrortu.
   1966. *Trabajo y Autoridad en la Industria.* Las ideologías de la dirección en el curso de la industrialización. Argentina, Ed. Univ. de Buenos Aires.
BENEVIDES, Maria Vitória
   1981. *A UDN e o Udenismo,* RJ, Paz e Terra.
BERLIM, Isaiah
   1980. "Dois conceitos de liberdade", em Preston King (org.), *O Estudo da Política,* Brasília, UnB.
BERNARDO, Antonio Carlos
   1982. *Tutela e Autonomia Sindical: Brasil, 1930-1945,* SP, T.A. Queiroz Ed.
BILAC, Olavo
   1917. *A Defesa Nacional* (discursos). RJ, Liga da Defesa Nacional.
BOSI, Ecléa
   1979. *Memória e Sociedade: Lembranças de Velhos,* SP, T.A. Queiroz.
BOTTOMORE e NISBET (org.)
   1980. *História da Análise Sociológica,* RJ, Zahar.
BRANDÃO, Berenice Cavalcante
   1975. *O Movimento Católico Leigo no Brasil:* as relações entre Igreja e Estado, 1930-1937, UFF, Tese de Mestrado (mimeo).
BRANDÃO, Otávio
   1978. *Combates e Batalhas* (Memórias), SP, Alfa-Ômega.

BRENTANO, Leopoldo S. J.
1938. "Sindicatos Profissionais em Pelotas e Porto Alegre", em *Primeira Semana de Ação Social do Rio de Janeiro:* Relatórios apresentados e conclusões votadas, 1936, RJ, Tip. do *Jornal do Commercio,* pp. 254-87.

BRESCIANI, Maria Stella M.
1982. *Paris e Londres no Século XIX:* o espetáculo da pobreza, SP, Brasiliense.

BRETAS, Marcos
1984. *A Organização Policial no Distrito Federal: 1889-1907,* RJ, Fundação Casa de Rui Barbosa (mimeo).

BUBER, Martin
1971. *O Socialismo Utópico,* SP, Ed. Perspectiva.

CAMARGO, PANDOLFI, ARAÚJO e GRYNSPAN
1985. *Anatomia de um Golpe,* CPDOC-FGV (mimeo).

CAMPOS, Reynaldo Pompeu
1982. *Repressão Judicial no Estado Novo:* esquerda e direita no banco dos réus, RJ, Achiamé.

CÂNDIDO, Antônio
1970. "Dialética da malandragem: caracterização das Memórias de um Sargento de Milícias", *Revista do Instituto de Estudos Brasileiros,* SP, USP.

1980. *Teresina etc.,* SP, Paz e Terra.

CARDOSO, Fernando Henrique
1975. "Dos governos militares a Prudente — Campos Sales", em FAUSTO, Boris (org.), "O Brasil Republicano", t. III, 12 v. de *História Geral da Civilização Brasileira,* SP, DIFEL.

1977. *Capitalismo e Escravidão no Brasil Meridional:* o negro na sociedade escravocrata no Rio Grande do Sul, RJ, Paz e Terra.

CARONE, Edgard
1979. *Movimento Operário no Brasil (1877-1914),* SP, DIFEL.

CARVALHO, José Murilo
1977. "As forças armadas na Primeira República: o poder desestabilizador" em FAUSTO, Boris (org.), "O Brasil Republicano", t. III, v. 2 de *História Geral da Civilização Brasileira,* SP, DIFEL.

1984a. *O Rio de Janeiro e a República,* Seminário Habitação Popular no RJ: Primeira República, Fundação Casa de Rui Barbosa (mimeo).

1984b. *A Revolta da Vacina,* Seminário Rio Republicano, Fundação Casa de Rui Barbosa (mimeo).

1985. "República e Cidadanias", em *Dados.* Revista de Ciências Sociais, RJ, v. 28, n. 2, pp. 143-61.

1986. "O povo do Rio de Janeiro: bestializados ou bilontras?", *Revista Rio de Janeiro,* RJ, n. 3, pp. 5-15.

CARVALHO, Maria Alice Rezende de
1983. *Cidade e Fábrica:* a construção do mundo do trabalho na sociedade burguesa, Tese de Mestrado, SP, UNICAMP (mimeo).

CELSO, Afonso
1908. *Porque me Ufano do meu País,* RJ/SP, Laemmert Ed.

CERQUEIRA Filho, Gisálio
1975. *A Influência das Ideias Socialistas no Pensamento Político Brasileiro, 1890-1922.* Tese de Mestrado, RJ, IUPERJ (mimeo).

CHAUI, Marilena
1982. *Seminários: O Nacional e o Popular na Cultura Brasileira,* SP, Brasiliense.

Confederação Brasileira do Trabalho. Conclusões do 4° Congresso Operário Brasileiro realizado no Palácio Monroe no Rio de Janeiro de 7 a 15.11.12. RJ, Typ. Leuzinger, 1913.

Confederação Operária Brasileira. Relatório contendo as resoluções do Primeiro e Segundo Congresso Operário Brasileiro reunidos em abril de 1906 e setembro de 1913, RJ, Typ. do *Jornal do Commercio,* 1914.

Confederacián Internacional Sudamericana de Policia, Buenos Aires, 1920; Convenio y Actas. Buenos Aires, 20/29 febrero de 1920, Imp. de J. Tragant.

CONNIF, Michael L.
1981. *Urban Politic in Brazil:* the rise of populism (1925-1945), Univ. of Pittsburgh Press.

COSTA, Caio Túlio
1983. *O que é o Anarquismo,* SP, Brasiliense.

COSTA, Emilia Viotti
1966. *Da Senzala à Colônia,* SP, DIFEL.

COSTA, Jurandir Freire
1979. *Ordem Médica e Norma Familiar,* RJ, Graal.

COSTA, Wilma Peres
1984. *Jacobinos,* Seminário Rio Republicano, Fundação Casa de Rui Barbosa (mimeo).

CRUZ, Maria Cecília Velasco e
1981. *Amarelo e Negro:* matizes do comportamento operário na República Velha. Tese de Mestrado, RJ, IUPERJ.

D'ARAÚJO, Maria Celina Soares
1984. *Militares, Repressão e o Discurso Anticomunista no Golpe de 1937,* CPDOC/FGV, RJ (mimeo).

DIAS, Everardo
1960. "Maurício de Lacerda", *Revista Brasiliense,* n. 27, jan.-fev.

1977. *História das Lutas Sociais no Brasil,* SP, Alfa-Ômega.

DRUMOND, José Augusto
1985. *Elementos de uma Análise Política Anarquista,* UFF (mimeo).

DULLES, John W. Foster
1977. *Anarquistas e Comunistas no Brasil,* RJ, Nova Fronteira.

ELIA, Francisco Carlos da Fonseca
1984. *A Questão Habitacional no Rio de Janeiro da Primeira República: 1889-1930,* RJ, Dissertação de Mestrado, UFF (mimeo).
1972. *Mito e Realidade,* SP, Perspectiva.
s/d. *O Sagrado e o Profano:* a essência das religiões, Lisboa, Ed. Livros do Brasil.

ERICKSON, Kenneth Paul
1979. *Sindicalismo no Processo Político no Brasil,* SP, Brasiliense.

ESTRADA, Rodrigo Duque
1958. "Primeiras ideias socialistas no Brasil", *Revista Brasiliense,* SP, n. 20, nov.-dez.

FALCON, Francisco
1986. *Iluminismo,* RJ, Ática.

FAUSTO, Boris
1976. *Trabalho Urbano e Conflito Industrial (1890-1920),* RJ, DIFEL.

FERREIRA, Maria Nazareth
1978. *A Imprensa Operária no Brasil: 1880-1920.* Petrópolis, Ed. Vozes.

FOOT, Francisco e LEONARDI, Victor
1982. *História da Indústria e do Trabalho no Brasil* (das origens aos anos vinte), SP, Global Ed.

FORJAZ, Maria Cecília Spina
1982. *Tenentismo e Forças Armadas na Revolução de 30,* SP, USP, Tese de Doutorado (mimeo).

FORREST, Alan
1973. "The condition of the poor in revolutionary Bordeaux", *Past and Present,* n. 59, may, The Past and Present Society.

FRANCO, Maria Sylvia de Carvalho
1976. *Homens Livres na Ordem Escravocrata,* SP, Ática, 2ª ed.

FURET, François
1978. *Penser la Révolution Française,* Paris, Gallimard.

GEERTZ, Clifford
1978. *A Interpretação das Culturas,* RJ, Zahar.

GOMES, Angela M. de Castro
1979. *Burguesia e Trabalho. Política e Legislação Social no Brasil (1917-1937),* RJ, Campus.
1980. *"A representação de classes na Constituinte de 1934"* em GOMES, Angela Castro (coord.), *Regionalismo e Centralização Política:* partidos e Constituintes nos anos 30, RJ, Nova Fronteira.
1981. "Confronto e compromisso no processo de constitucionalização (1930-1935)", em FAUSTO, Boris (org.), "O Brasil Republicano" t. III, v. 10 da *História Geral da Civilização Brasileira,* SP, DIFEL.

HAHNER, June E.
1975. *Relações entre Civis e Militares no Brasil (1889-1898)*, SP, Pioneira.

HALL, Michael
1969. *The Origins of Mass Imigration in Brazil, 1871-1914*, Diss., Columbia Univ. (mimeo).

HARDING, Timothy
1973. *The Political History of Organized Labor in Brazil*, PhD, Stanford Univ. (mimeo).

HARDMAN, Francisco Foot
1984. *Nem Pátria, nem Patrão:* vida operária e cultura anarquista no Brasil, SP, Brasiliense.

HECLO, Hugh
1975. *Modern Social Politics in Britain and Sweden:* from relief to income maintenance, New Haven, Yale Univ. Press.

HIRSCHMAN, Albert D.
1979. *As Paixões e os Interesses:* argumentos políticos a favor do capitalismo antes de seu triunfo, RJ, Paz e Terra.

HIPPOLITO, Lúcia P.
1985. *De Raposas e Reformistas. O* PSD e a experiência democrática brasileira (1945-64), RJ, Paz e Terra.

HUMBOLT, W. von
1969. *On the Limits of State Action,* Cambridge, At the Univ. Press.

JOLL, James
1980. *Europe since 1870:* an international history, N.Y., Penguin Books.

KRISCHKE, Paulo
1979. "O nacionalismo e a Igreja Católica: a preparação para a democracia no Brasil, 1930-1945", *Revista de Cultura Contemporânea,* Ano I, n. 2, CEDEC, SP, Paz e Terra.

LACLAU, Ernesto
1979. *Política e Ideologia na Teoria Marxista:* capitalismo, fascismo e populismo, RJ, Paz e Terra.

LAMOUNIER, Bolivar
1980. "Pensamento político, institucionalização acadêmica e relação de dependência no Brasil", em *Dados,* Revista de Ciências Sociais, RJ, v. 23, n. 1, pp. 29-57.

LANDI, Oscar
1982. *Sobre Languajes, identidades y ciudadanias políticas* (mimeo).

LASLETT, John H. M.
1970. *Labor and Left: A Study of Socialist and Radical Influences in American Labor Movement, 1881-1924,* K.Y., Basic Books, Inc. Publishers.

LAUERHASS, Jr., Ludwig
 1972. *Getúlio Vargas and the Triumph in Brazilian Nationalism:* a study on rise of the nationalist generation of 1930. Los Angeles, Univ. of California.

LEBRUN, Gérard
 1982. *O que é o Poder,* SP, Brasiliense.

LEOPOLDI, Maria Antonieta P.
 1984. *Industrial Associations and Politics in Contemporary Brazil,* D. Phil., Hilary Term. (mimeo).

LEUENROTH, Edgard
 1963. *Anarquismo:* roteiro da libertação social, RJ, Mundo Livre.

LIMA, Luiz Costa
 1981. *Dispersa Demanda:* ensaios sobre literatura e teoria. RJ, Francisco Alves.

LINHARES, Hermínio
 1959. "O comunismo no Brasil", *Revista Brasiliense,* SP, ns. 25 e 26, set.-out. e nov.-dez.
 1977. *Contribuição à História das Lutas Operárias no Brasil,* SP, Alfa-Ômega, 2ª ed.

LOBO, Eulália Maria Lahmeyer
 1976. "O encilhamento", em *Revista Brasileira de Mercado de Capitais,* v. 2, n. 5, mai./ago., pp. 261-301.
 1978. *História do Rio de Janeiro.* Do capital comercial ao capital industrial e financeiro, RJ, IBMEC, 2 vs.
 1979. "O problema da deflagração da greve no Rio de Janeiro" (mimeo).
 1981. "Condições de vida dos artesãos e do operariado do Rio de Janeiro de 1880 a 1920", *Nova Americana,* n. 4, Torino, Ed. Giulio Einaudi.

LOBO, Eulália M.L. e STOTZ, Eduardo N.
 1985. "Flutuações cíclicas da economia, condições de vida e movimento operário: 1880-1930" em *Revista do Rio de Janeiro,* v. 1, n. 1, Niterói.

LOPES, José Sergio Leite
 1982. "Formas de proletarização, história incorporada e cultura operária", em *Comunicação,* n. 7, Museu Nacional, UFRJ.

MAC CONARTY, James Paul
 1973. *The Defense of the Working Class in Brazilian Chamber of Deputies, 1917-1920,* Tulane Univ. (mimeo).

MACHADO, Mário
 1980. "Ideologia, socialização política e dominação", em *Dados,* Revista de Ciências Sociais, v. 23, n. 2, RJ.

MAGNANI, Silvia I.
 1979. *O Movimento Anarquista em São Paulo (1906-1917).* Tese de Mestrado, UNICAMP, Campinas (mimeo).

MANNHEIM, Karl
1963. *Ensayos sobre Sociología y Psicología Social*, México/Buenos Aires, Fondo de Cultura Económica.
1968. *Ideologia e Utopia*, RJ, Zahar.

MARANHÃO, Ricardo
1979. *Sindicatos e Democratização*, SP, Brasiliense.

MARAN, Sheldon Leslie
1975. *Anarquistas, Imigrantes e o Movimento Operário Brasileiro: 1890-1920*. RJ, Ed. Paz e Terra.
1977. "Labor and left in Brazil 1890-1921: a movement aborted", *Hispanic American Historical Review*, v. 57, n. 2, Duke Univ. Press.

MARSHALL, T. H.
1967. *Cidadania, Classe Social e "Status"*, RJ, Zahar.

MARTINS, Heloisa T. Souza
1979. *O Estado e a Burocratização do Sindicato no Brasil*, SP, Hucitec.

MATTA, Roberto da
1978. *Carnavais, Malandros e Heróis:* para uma Sociologia do Dilema Brasileiro, RJ, Zahar.

MAUSS, Marcel
1974. "Ensaio sobre a dádiva. Forma e razão da troca nas sociedades arcaicas", em *Sociologia e Antropologia*, SP, EPU.

MEINECKE, Friedrich
1970. *Cosmopolitanism and the National State*, Princeton, Princeton Univ. Press.

MILL, James
1978. "Essay on government", *Utilitarian Logic and Politics,* Oxford, Oxford Univ. Press.

MONTEIRO, Ana Maria F. da Costa
1985. *Empreendedores e Investidores em Indústria Têxtil no Rio de Janeiro: 1878-1895. Uma Contribuição para o Estudo do Capitalismo no Brasil*. Dissertação de Mestrado em História, UFF, Niterói (mimeo).

MOORE, Barrington
1978. *Injustice:* the social bases of obedience and revolt, N.Y., M.E. Sharpe.

MORAES Filho, Evaristo de
1952. *O Problema do Sindicato Único no Brasil*, RJ, (s/ed.)

MORAES Filho, Evaristo (org.)
1981. *O Socialismo Brasileiro*, Brasília, UnB Ed.

MORRIS, James D.
1966. *Elites, Intellectuals and Consensus:* Chile: a study of the social question and the industrial relations system in Chile, N.Y., Cornell Univ.

MOSS, Bernard H.
1976. *The Origins of the French Labor Movement, 1830-1914*: the socialism of skilled workers, Berkeley/Los Angeles/London, Univ. of California Press.

MOSSE, George L.
1965. *The Culture of Western Europe:* The nineteenth and twentieth centuries (1870-1919), Chicago, Rand McNally.

MOTA, Lourenço Dantas (coord.)
1981. *A História Vivida* (I), SP, O Estado de S. Paulo.

MOURA, Gerson de
1980. *Autonomia na Dependência:* a política externa brasileira de 1935 a 1942, RJ, Nova Fronteira.

MUNAKATA, Kazumi
1981. *A Legislação Trabalhista no Brasil,* SP, Brasiliense.

NABUCO, Joaquim
1975. *Um Estadista do Império,* RJ, Ed. Nova Aguilar

NAGLE, Jorge
1974. *Educação e Sociedade na Primeira República,* SP, EDUSP.

NEGRO, Hélio e LEUENROTH, Edgard
1919. *O que é o Marxismo ou Bolchevismo,* SP (s/ed.).

NAIRN, Tom
1982. "A classe trabalhadora da Inglaterra", em *Ideologia na Ciência Social,* RJ, Paz e Terra.

NEVES, Luiz Felipe Baeta
1978. *O Combate dos Soldados de Cristo na Terra dos Papagaios.* Colonialismo e repressão cultural, RJ, Forense.

NEVES, Maria Cecília Baeta
1973. "Greve dos sapateiros de 1906 no Rio de Janeiro: notas de pesquisa", em *Revista de Administração de Empresas, RJ,* 13(2), pp. 49-66.

NIEMEYER, Waldir
1933. *O Movimento Sindicalista no Brasil,* RJ, (s/ed.).

O'DONNELL, Guillermo
1974. "Corporatism and the quesfion of the State", em Malloy, James (ed.), *Authoritarianism and Corporatism in Latin America,* Univ. Pittsburgh Press.
1981. Anotações para uma Teoria do Estado, em *Revista de Cultura e Política,* ns. 3 e 4, nov./jan. e fev./abril, CEDEC, Paz e Terra.

OFFE, Claus and WIESENTHAL, Helmut
1979. "Two logics of collective action: theoretical notes on social class and organizational form", em *Political Power and Social Theory,* v. 1, JAI Press, Inc.

OITICICA, José
1970. *Ação Direta: Meio Século de Pregação Libertária,* seleção, introdução e notas de Roberto das Neves, RJ, Ed. Germinal.

OLIVEIRA, Lúcia; VELLOSO, Monica P.; GOMES, Angela C.
1982. *Estado Novo:* ideologia e poder, RJ, Zahar.

OLIVEIRA, Lúcia Lippi
1986. *Ilha de Vera Cruz, Terra de Santa Cruz, Brasil:* um estudo sobre a nacionalidade brasileira, USP, Tese de Doutorado (mimeo).

OLSON, Mancur
1970. *The Logic of Collective Action:* public goods and the theory of groups, N.Y., Schokero Books.

PÁDUA, José Augusto Valladares
1985. "A capital, a República e o sonho: a experiência dos partidos operários de 1890" em *Dados,* Revista de Ciências Sociais, v. 28, n. 2, pp. 163-192.

PAIM, Antonio (org.)
1979. A *Filosofia Política Positivista II,* RJ, PUC/Conselho Federal de Cultural/ Ed. Documentário.

PANDOLFI, Dulce Chaves
1984. *Pernambuco de Agamenon Magalhães,* Recife, Massangana.

PAOLI, Maria Celia
1982. "Os trabalhadores urbanos na fala dos outros: tempo, espaço e classe na história operária brasileira", em *Comunicação,* n. 7, Museu Nacional, UFRJ.

PEIRANO, Mariza G. S.
1982. *Documentos e Identidade Social:* Reflexões sobre Cidadania no Brasil. Série Antropologia Social n. 30, Brasília, UnB.

PEREIRA, Astrogildo
1963. "Crítica exclamativa", *Revista Brasiliense,* SP, n. 48, julho-agosto.
1979. *Ensaios Históricos e Políticos,* SP, Alfa-Ômega.

PIGNATON, Álvaro Afonso J.
1977. "Origem da industrialização no Rio de Janeiro", *Dados,* Revista de Ciências Sociais, RJ, n. 15, pp. 139-153.

PINHEIRO, Paulo Sérgio
1975. *Política e Trabalho no Brasil,* RJ, Paz e Terra.
1979. "Violência no Estado e classes populares", *Dados,* Revista de Ciências Sociais, RJ, n. 22, pp. 5-24.

PINHEIRO, Paulo Sérgio e HALL, Michael M.
1979. *A Classe Operária no Brasil, 1889-1930,* Documentos, SP, Alfa-Ômega, v. I.

PIZZORNO, Alessandro
1976. "Introducción al estudio de la participación política" em PIZZORNO, KAPLAN Y CASTELLS, *Participación y Cambio Social en la Problemática Contemporanea,* Buenos Aires, SIAP.

1978. "Political exchange and collective identity in industrial conflict", em CROUCH, COLIN e PIZZORNO, Alessandro (eds.), *The Ressurgence of Class Conflict in Western Europe Since 1968,* N.Y., McMillan Press.

1981. "State, society and representation: the changing relationship" em BERGER, Suzanne (ed.), *Organizing Interests in Western Europe:* pluralism, corporatism, and the transformation of politics, Cambridge, Cambridge Univ. Press.

POLANYI, Karl
1980. *A Grande Transformação:* As origens de nossa época, RJ, Campus.

POTTER, Anne L.
1981. "The failure of democracy in Argentina 1916-1930: an institutional perspective", *Journal of Latin American Studies,* v. 13, may, Cambridge Univ. Press.

PRZEWORSKI, Adam
1977. "O processo de formação das classes", *Dados,* Revista de Ciências Sociais, RJ, n. 16, pp. 3-31.

1980. "Social democracy as a historical phenomenon", *New Left Review,* 122, july-august, pp. 27-58.

QUEIROZ, Suely Robles
1987. *Os radicais da República,* SP, Brasiliense.

REIS, Elisa Pereira
1982. *State Penetration and Citizenship in Brazilian Countryside,* IPSA, Rio (mimeo).

1983. *The Nation-State as Ideology:* the Brazilian Case, IUPERJ, Série Estudos, n. 18, Rio (mimeo).

REIS, Fábio Wanderley
1974. "Solidariedade, interesses e desenvolvimento político", em *Cadernos DCP,* n. 1, março, UFMG.

RIBEIRO, Marcus Venício Toledo
1979. "Condições de vida da classe trabalhadora", em *Centro de Memória Social Brasileira.* Assistência Médica no Rio de Janeiro: uma contribuição para sua história no período 1870-1945. RJ, FINEP/SBI/CMSB (mimeo).

RIMLINGER, Gaston V.
1971. *Welfare Policy and Industrialization in Europe and Russia,* N.Y., London, Sydney, Toronto, John Wiley Sons.

RODRIGUES, Edgard
1969. *Socialismo e Sindicalismo no Brasil,* RJ. Laemmert Ed.

RODRIGUES, José Albertino
1966. *Sindicato e Desenvolvimento no Brasil,* SP, DIFEL.

RODRIGUES, Leôncio Martins
1970. *Industrialização e Atitudes Operárias,* SP, Brasiliense.

1981. "Sindicalismo e classe operária: 1930-1964", em FAUSTO, Boris (org.), "O Brasil Republicano", t. III, v. 10 de *História Geral da Civilização Brasileira,* SP, DIFEl.

ROTH, Guenter
1979. *The Social Democrats in Imperial Germany,* New York, Arno Press.

SAHLINS, Marshall
1965. "On the sociology of primitive exchange", em BANTON, Michael (ed.), *The Relevance of Models for Social Antropology,* London, Tavistock Publications.

1979. *Cultura e Razão Prática,* RJ, Zahar.

SANTOS, Augusto de Azevedo
1966. *Fragmentos de História Operária no Brasil,* RJ, s/ed.

SANTOS, Luiz A. de Castro
1985. "O pensamento sanitarista na Primeira República: uma ideologia de construção da nacionalidade" em *Dados,* Revista de Ciências Sociais, v. 28, n. 2, pp. 193-210.

SANTOS, Wanderley Guilherme
1979. *Cidadania e Justiça:* a política social na ordem brasileira, RJ, Campus.

1982. "Autoritarismo e após: convergências e divergências entre Brasil e Chile", *Dados,* Revista de Ciências Sociais, v. 25, n. 2, pp. 151-165.

1985. "O século de Michels: competição oligopólica, lógica autoritária e transição na América Latina", *Dados,* Revista de Ciências Sociais, v. 28, n. 3, pp. 283-310.

SCHORSK, Carl E.
1983. *German Social Democracy,* 1905-1917; the development of the great schism, London, Harvard Univ. Press.

SCHWARTZ, Roberto (coord.)
1982. "Os pobres na literatura brasileira" em *Novos Estudos CEBRAP,* v. 1, n. 2, abril, Ed. Brasileira de Ciências Sociais.

SCHWARTZMAN, BOMENY, COSTA
1984. *Tempos de Capanema,* SP, EDUSP/Paz e Terra.

SEVCENKO, Nicolau
1983. *Literatura como Missão:* Tensões sociais e criação cultural na Primeira República, RJ, Brasiliense.

1984. *A Revolta da Vacina:* mentes insanas em corpos rebeldes, SP, Brasiliense.

SEWELL Jr., William H.
1974. "Social change and the rise of working-class politics in nineteenth century Marseille", *Past and Present,* n. 65, nov., The Past and Present Society.

1981. "La confraternité des prolétaires: conscience de classe sous la monarchie de juillet", *Annales,* n. 4, juilet-aôut, Paris, Armand Colin.

SILVA, José Elias; CAMPOS, Manoel e MOUTINHO, Antonio
1916. *O Anarquismo perante a Organização Sindical,* RJ, s/ed.

SILVA, Lígia Maria Osório
1977. *Movimento Sindical Operário na Primeira República.* Campinas, IFCS/ Univ. Estadual de Campinas, Tese de Mestrado (mimeo).

SKIDMORE, Thomas E.
1976. *Preto no Branco: Raça e Nacionalidade no Pensamento Brasileiro,* RJ, Paz e Terra.

1979. "Workers and soldiers: urban labor movements and elite reponses in thentieth-century Latin America", in BERNHARD, Virginia (ed.), *Elites, Masses and Modernization in Latin America, 1850-1930,* Texas, Univ. of Texas Press.

SIMÃO, Azis
1966. *Sindicato e Estado,* SP, Dominus.

SODRÉ, Emmanuel
1970. *Lauro Sodré na História da República,* RJ, ed. do autor.

SOUZA, Amaury de
1978. *The Nature of Corporatist Representation:* leaders and members of organized labor in Brazil, Cambridge, PhD, Massachusetts Institute of Technology.

SOUZA, Amaury de e LAMOUNIER, Bolivar
1981. "Estado, sindicato e trabalhadores", *Dados,* Revista de Ciências Sociais, RJ, v. 24, n. 2, pp. 139-159.

STOTZ, Eduardo
1984. "A formação da classe operária no Rio de Janeiro: 1870-1890", *Relatório de Pesquisa, Convênio UFF-FINEP.*

1986. *A União dos Trabalhadores Metalúrgicos na Construção do Sindicato Corporativista*: 1930-45, Tese de Mestrado, UFF (mimeo).

STUART MILL, John
1963. *Da Liberdade,* SP, Ibrasa.

TELLES, Jover
1962. *O Movimento Sindical no Brasil,* RJ, Vitória.

THEOTÔNIO Júnior
1962. "O movimento operário no Brasil", *Revista Brasiliense,* n. *39,* jan.-fev.

THOMPSON, E. P.
1968. *The Making of the English Working Class,* London, Penguin Books.

1971. "The moral economy of the English crowd in the eighteenth century", *Past and* Present, n. 50, february, The Past and Present Society.

TODARO, Margareth
1971. *Pastors, Prophets and Politicians: a Study of the Brazilian Catholic Church, 1916-1945,* Columbia Univ., PhD (mimeo).

TURNER, Victor W.
1974. *O Processo Ritual:* estrutura e antiestrutura, Petrópolis, Vozes.

VALE, Osvaldo Trigueiro do
1978. *O General Dutra e a Redemocratização de 45,* RJ, Civ. Brasileira.

VARGAS, Getúlio Dorneles
1938. *A Nova Política do Brasil,* RJ, José Olympio.

VELLOSO, Monica Pimenta
1978. *"A Ordem".* Uma revista de doutrina política e cultura católica. *Revista de Ciência Política,* v. 11, n. 2, setembro.

1980. *Análise da Revista 'A Ordem'.* Documento de Trabalho, CPDOC/FGV.

1983. *Os Intelectuais e a Política Cultural do Estado Novo,* RJ, CPDOC/FGV (mimeo).

VERSIANI, Flávio e VERSIANI, Mª Tereza
1975. "A Industrialização Brasileira antes de 1930: uma Contribuição" in *Estudos Econômicos,* v. V, n. 1, 1975.

VIANNA, Luis Werneck
1978a. *Liberalismo e Sindicato no Brasil,* RJ, Ed. Paz e Terra.

1978b. "Estudos sobre sindicalismo e movimento operário. Resenha de algumas tendências", *Boletim Informativo e Bibliográfico de Ciências Sociais,* RJ, n. 3, pp. 9-24.

1981. "Fábrica e sistema político: anotações teóricas para uma investigação empírica". *Dados,* Revista de Ciências Sociais, RJ, v. 24, n. 2, pp. 191-211.

1984. "Atualizando uma bibliografia: 'novo sindicalismo', cidadania e fábrica". *Boletim Informativo e Bibliográfico de Ciências Sociais,* RJ, n. 17, pp. 53-68.

VIANNA, Segadas
1953. *O Sindicato no Brasil,* RJ, Olímpica Ed.

VILLELA, Annibal V. e SUZIGAN, Wilson
1975. *Política do Governo e Crescimento da Economia Brasileira:* 1889-1945, RJ, IPEA/INPES

WANDERLEY, Bartolomeu Maurício
1959. *Histórico sobre a Vida Operária Metalúrgica,* RJ (mimeo).

WEFFORT, Francisco
1968. *Classes Populares e Política,* Tese de Doutorado, USP, SP.

1972. *Sindicatos e Políticas.* Tese de Livre Docência, USP, SP.

1978-9. "Democracia e movimento operário: algumas questões para a história do período 1945-1964", *Revista de Cultura Contemporânea,* Ano 1, ns. 1 e 2, SP, CEDEC, e *Revista de Cultura e Política,* Ano 1, n. 1, SP, CEDEC.

WEID, Elisabeth von der e BASTOS, Ana Maria R.
1986. *O Fio da Meada:* Estratégia de expansão de uma indústria têxtil, RJ, Fundação Casa de Rui Barbosa (mimeo).

WIARDA, Howard J.
1974. *O Movimento Operário Católico Brasileiro: Os Dilemas do Desenvolvimento Nacional,* Trad. Pe. Urbano Rausch S.J., RJ, Centro João XXIII (mimeo).

WOLF, Kurt H. (ed.)
1950. *The Sociology of George Simmel,* Illinois, The Free Press.

WOODCOCK, George

   1981. *Os Grandes Escritos Anarquistas,* Porto Alegre, L&PM Ed. (2ª ed.).

ZAIDAN FILHO, Michel

   1981. *Pão e Pau: Política de Governo e Sindicalismo Reformista no Rio de Janeiro (1923-1926),* SP, Tese de Mestrado (mimeo).

   1985. *PCB (1922-1929), na Busca das Origens de um Marxismo Nacional,* SP, Global.

ZATZ, Inês Gonzaga

   1983. *O Governo, o Povo, a Nação,* Brasília, UnB (mimeo).

Este livro foi impresso nas oficinas gráficas da Editora Vozes Ltda.,
Rua Frei Luís, 100 – Petrópolis, RJ.